못 말리게
시끄럽고,
참을 수 없이 웃긴
철학책

혼란스러운 세상에서 논리적으로 생각하는 법

못 말리게 시끄럽고, 참을 수 없이 웃긴 철학책

Nasty, Brutish, and Short

스콧 허쇼비츠 지음 | 안진이 옮김

어크로스

줄리, 렉스, 행크에게

차례

3부

보이지 않는 세상을 보고 싶어

일러두기

1. 본문 하단의 각주와 괄호 안에 있는 설명은 지은이의 것이며, 옮긴이가 주는 괄호 안에 넣고 '-옮긴이'를 덧붙여 구분했다.
2. 본문에서 언급한 단행본 중 국내에서 번역 출간된 경우 국역본의 제목을 따랐다. 국내에서 번역 출간되지 않은 단행본의 경우 첫 언급에서는 원서 제목을 표기한 뒤 옮긴이가 번역한 한국어 제목을 병기하였으며, 이후 언급에서는 옮긴이가 번역한 한국어 제목으로만 표기하였다.
3. 원서에서 이탤릭체로 강조한 부분은 굵은 글씨로 표시했다.

머리말

생각하는 사람이 되려면

"나 치아히 좀." 행크는 몸에 수건만 걸친 채 욕실에 서 있었다.

"뭐라고?" 줄리가 물었다.

"치아히 피요해."

"몸은 잘 헹궜니?"

"치아히 피요하다니까." 행크는 이제 짜증을 내기 시작했다.

"몸부터 헹궈야지. 욕조로 다시 들어가."

"치악카!" 행크가 요구했다.

"스콧!" 줄리가 소리쳤다. "행크에게 철학자가 필요하대."

나의 직업은 철학자. 그런데 지금까지 내가 필요하다고 말한 사람은 없었다. 나는 욕실로 달려갔다.

"행크, 행크! 아빠가 철학자란다. 무슨 일인데?"

행크의 어리둥절한 얼굴. "아빠는 치악카 아냐." 단호한 목소리.

"행크, 아빠가 철학자야. 그게 아빠가 하는 일이거든. 무슨 고민이 있니?"

행크는 입을 벌렸지만 말을 하지는 않았다.

"행크, 고민이 뭐냐니까?"

"이 하이에(사이에) 머가(뭐가) 껴서 이상해."

치실. 행크는 철학자philosopher가 아니라 치실flosser을 달라고 했던 거였다. 포크 모양의 플라스틱에 실을 고정시킨 작은 도구. 다시 생각해보니 당연히 그렇다. 필요한 건 치실이다. 잠시 위안을 주는 값싼 플라스틱 물건들로 쓰레기 매립지를 채우는 게 삶의 목표인 세 살짜리 아이에게는 더욱 그렇다. 사람들은 철학자를 필요로 하지 않는다. 사람들은 철학자들에게 대놓고 그런 소리를 하곤 한다.

⌒

"철학자들은 무슨 일을 하는 거죠?"

"음…… 생각을 합니다."

"뭘 생각하는데요?"

"뭐든지 다요. 정의, 공정, 평등, 종교, 법률, 언어…….."

"그런 생각은 저도 하는걸요. 그럼 저도 철학자인가요?"

"그럴 수도 있죠. 정의나 평등에 관해 깊이 사색하시나요?"

나는 이런 대화를 몇 번이나 했는지 셀 수 없다. 실제로 이런 대화를 해보진 않았기 때문이다. 위 대화는 그저 처음 만난 사람에게 내가 철학자라고 소개한 상황을 상상해본 것이다. 대개의 경우 나는 그냥 법조인이라고 소개한다. 상대가 법조인일 때만 빼고. 법조인을 만날 때는 내가 우위에 서기 위해 법학 교수라고 말한다. 하지만 상대가 법학 교수일 때는 무조건 나를 철학자로 소개한다. 그리고 철학자와 이야기할 때 나는 다시 법조인이 된다. 이것은 어느 누구와 대화를 나누더라도 내가 유리한 위치에 서기 위해 정교하게 고안한 게임의 법칙이다.

하지만 나는 철학자다. 지금도 그게 믿기지 않는다. 처음부터 철학자가 되려고 했던 건 아니다. 조지아 대학교에 입학했을 때 나는 '심리학 입문'이라는 수업을 듣고 싶었다. 그런데 그 수업은 일찍 정원이 다 찼고 '철학 입문'은 신청이 가능했다. 만약 심리학 수업에 한 자리가 비어 있었다면 나는 심리학자가 되었을 것이고, 이 책에는 현실적인 육아 조언이 잔뜩 담겼을 것이다. 이 책에도 육아 조언이 조금은 담겨 있지만 대부분은 별로 현실적이지 못하다. 나의 조언은 대충 다음과 같다. 당신의 자녀들(또는 다른 사람의 자녀들)과 대화를 많이 하라. 아이들은 진짜 웃긴다. 훌륭한 철학자들도 사실은 진짜 웃긴다.

나는 철학 입문 수업의 첫날에 결석을 했다. 내가 속한 집단(철학자들이 아니고 유대인들)에서는 날짜가 조금씩 달라지긴 하지만 매년 가을의 어느 시점에 새해를 축하하기 때문이다. 그러나 나는 두 번째 수업에는 출석했고, 그 수업이 끝날 때쯤 철학에 푹 빠져들었다.

수업을 담당했던 클라크 울프Clark Wolf 교수님은 학생들 전원에게 무엇이 가장 중요하냐고 묻고, 강의실을 돌아다니면서 학생들의 대답을 그들의 이름과 함께 칠판에 쓰고, 그 답과 비슷한 견해를 제시했던 유명 철학자들의 이름을 그 옆에 적었다.

행복: 로빈, 라일라, 아리스토텔레스
즐거움: 앤, 아리스티포스, 에피쿠로스

옳은 일을 하는 것: 스콧, 니라지, 칸트

중요한 것은 없다: 비자이, 에이드리언, 니체

칠판에 내 이름이 적힌 걸 보니 '무엇이 중요한가'에 관한 내 생각도 의미가 있다고 느껴졌다. 그리고 아리스토텔레스, 칸트, 니체 같은 사람들의 이름이 나오는 대화에 나도 참여할 수 있겠다는 생각이 들었다.

그건 말도 안 되는 생각이었다. 우리 부모님도 내가 그런 생각을 하는 걸 마땅찮게 여기셨다. 통닭구이를 파는 어느 음식점에서 아버지와 마주 앉아 있다가 철학을 전공할 생각이라고 말씀드린 기억이 난다. "철학이 뭐냐?" 아버지가 물었다. 그건 좋은 질문이었다. 아버지는 철학이 뭔지 몰랐다. 아버지가 철학이 뭔지 몰랐던 이유는 그가 수강 신청을 했던 시절에는 심리학 강좌에 남는 자리가 있었고, 그래서 심리학이 아버지의 전공이 됐기 때문이다. 그런데 가만히 생각해보니 문제가 있었다. 철학이 뭔지는 나도 몰랐다. 몇 주 전부터 철학 수업을 듣고 있었는데도. '철학이 뭐지? 그리고 나는 왜 철학을 공부하려고 하지?'

나는 아버지에게 말로 설명하기보다 직접 보여주기로 했다. "우리는 지금 우리가 테이블 앞에 앉아 통닭구이를 먹으면서 대학 생활에 관한 이야기를 나누고 있다고 생각하잖아요." 내가 말문을 열었다. "그런데 그게 아니라고 생각해보는 거예요. 만약에 누군가가 우리의 뇌를 훔친 다음 커다란 통에 넣고 전기 자극을 줘서 '우리가 닭고기를 먹으며 대학 이야기를 나누고 있다'고 생각하게 만드는 거라면요?"

"그런 게 가능한가?" 아버지가 물었다.

"아닐걸요. 그런데 핵심은 그게 아니고요, 문제는 뇌를 도둑맞지 않았다는 걸 우리가 어떻게 아느냐는 거죠. 우리가 '통에 담긴 뇌'가 아니고, 통닭구이 식사가 환각이 아니라는 걸 어떻게 확신하죠?"

"넌 그런 걸 공부하고 싶다는 거냐?" 아버지의 얼굴에 떠오른 표정은 격려가 아니었다.

"맞아요. 아버지도 그게 걱정되긴 하시죠? 우리가 안다고 생각하는 모든 게 사실은 틀렸을 수도 있잖아요."

아버지는 그걸 걱정해야 한다고 생각하지 않았다. 그때는 영화 〈매트릭스〉가 나오기 전이었으므로, 내가 키아누 리브스의 권위를 빌려서 그게 절박한 문제라고 주장할 수도 없었다. 나는 뇌와 커다란 통에 관해 몇 분 더 웅얼웅얼 이야기하다가 이렇게 덧붙였다. "철학과에는 논리학 수업도 많아요."

"그래? 그럼 그런 수업들을 듣는 게 좋겠구나." 아버지가 말씀하셨다.

⌒

앞에서 내가 철학자라는 것이 믿기지 않는다고 말했다. 그러나 그 말은 옳지 않다. 정말로 신기한 건 내가 아직도 철학자라는 사실이다. 그날 저녁에, 또는 한참 전에 우리 아버지가 나를 말리지 않았다는 것도 신기하다. 나는 거의 말을 배우자마자 철학자가 됐기 때문이다. 그건 나만 그런 게 아니다. 아이들은 모두 다 철학자다. 그 아이들이 어른이 되면 더 이상 철학자가 아니게 된다. 어쩌면 철학을 그만두고 더 실용적인 일을 시작하는 건 어른이 되는 과정의 일부인지도 모른다. 그게 사실이라면 나는 온전한 어른이 되지 못한 것이다. 나를 아는 사람들은 그 이야기를 듣고도 놀라지 않을 것이다.

그건 우리 부모님의 노력이 부족했기 때문은 아니다. 내가 맨 처음 철학적 수수께끼를 풀어보려고 했던 때가 기억난다. 그때 나는 여섯 살이었고, JCC 유치원의 발표 시간에 그 수수께끼를 떠올렸다. 종일 수수께끼를 고민하던 나는 집에 갈 시간이 되자, 복도 건너편에서 유치원 수업을 하던 어머니에게 쪼르르 달려가서 그 이야기를 꺼냈다.

"엄마." 내가 말했다. "엄마한테 빨강이 어떻게 보이는지 나는 몰라."

"너도 알아. 빨갛게 보이지." 어머니가 대답했다.

"응……. 근데, 그게 아니야." 나는 더듬더듬 말했다. "나한테 빨강이 어떻게 보이는지는 내가 아는데, 엄마한테 빨강이 어떻게 보이는지는 내가 몰라."

어머니는 어리둥절한 표정이었고, 솔직히 말하자면 내가 횡설수설했을지도 모른다. 나는 여섯 살짜리 아이였으니까. 하지만 나는 내 말을 어머니에게 이해시키려고 무던히 애를 썼다.

"빨강은 저렇게 보인단다." 어머니가 어떤 빨간색 물체를 가리키며 말했다.

"저게 빨강인 건 나도 알아." 내가 대답했다.

"그러면 너도 아는 거니까 됐지?"

"빨강이 엄마한테 어떻게 보이는지는 내가 모르잖아."

"똑같이 보인다고 했잖니." 어머니는 슬슬 짜증이 나는 것 같았다.

"맞아." 내가 말했다. "그런데 그게 엄마한테 어떻게 보이는지를 나는 모르잖아. 나는 그게 나한테 어떻게 보이는지만 알아."

"저건 다 똑같이 보인단다, 얘야."

"엄마가 그걸 어떻게 알아?" 내가 고집을 피웠다.

"엄마는 알아." 어머니는 그 물체를 다시 손으로 가리켰다. "저건 빨강이야. 그렇지?"

어머니가 내 말뜻을 이해하지 못했지만 나는 주장을 굽히지 않았다. "우리는 똑같은 걸 빨강이라고 불러." 내가 설명을 시도했다. "그건 엄마가 빨간 물건을 가리키면서 저게 빨강이라고 나한테 말했기 때문이야. 그런데 엄마한테 파랗게 보이는 게 나한테는 빨갛게 보일 수도 있잖아?"

"그런 일은 없어. 저건 파랑이 아니라 빨강이잖니?"

"엄마랑 나랑 똑같이 저걸 빨강이라고 부르는 건 맞아. 그치만 내가 파랑을 보는 거랑 엄마가 빨강을 보는 게 똑같을 수도 있다고."

우리가 그런 식으로 얼마나 더 길게 이야기를 나눴는지는 기억나지 않지만, 어머니는 끝내 나의 주장을 이해하지 못했다. (어머니, 만약 지금 이 책을 읽고 계시다면 제가 기꺼이 다시 설명해드리겠습니다.) 그리고 나는 어머니가 다음과 같은 말로 대화를 마무리했다는 걸 똑똑히 기억한다. "그런 걱정은 하지 마라. 그건 중요한 문제가 아니야. 네 눈은 정상이란다."

그건 누군가가 나에게 철학을 그만두라고 말한 최초의 사건이었다. 그리고 그게 마지막은 아니었다.

내가 어머니에게 거듭 설명했던 그 수수께끼를 철학자들은 색채 전이 스펙트럼shifted color spectrum이라고 부른다.[1] 이런 주장을 처음 했던 사람은 17세기 영국의 유명한 철학자 존 로크John Locke로 알려져 있다. 로크의 사상은 미국 헌법의 토대를 만든 사람들에게도 영향을 미쳤다. 그러나 나는 수많은 유치원 아이들이 그걸 먼저 생각해냈을 거라고 장담한다. (실제로 인간의 정신을 연구하는 탁월한 철학자 대니얼 데닛Daniel Dennett은 그가 가르치는 학생들 중 다수가 어릴 때 그런 고민을 해본 기억을 가지고 있다고 증언한다.)[2] 아마도 그 학생들의 부모는 어린 자녀가 하는 말을 이해하지 못했거나, 그게 중요한 의문이라는 사실을 깨닫지 못했을 것이다. 그러나 그건 중요한 수수께끼다. 그 수수께끼는 세계와 세계 안에서 인간의 지위에 관한 가장 심오하고 신비로운 질문으로 통하는 창이다.

로크는 이 수수께끼를 다음과 같이 해결했다. (영국식 억양을 넣어서 소리 내어 읽으면 이해가 더 잘 된다.)

만약 동일한 '사물'을 보고 여러 '사람'의 '머릿속'에서 동시에 서로 다른 '생각'이 떠오른다 해도…… 그게 '거짓이라는 오명'을 뒤집어쓸 일은 아니다. 예를 들어 '제비꽃'이 어떤 '사람'의 '눈'을 통해 그의 '머릿속'에 들어가서 만들어낸 생각이, '금잔화'가 다른 사람의 '눈'을 통해 그 '사람'의 '머릿속'으로 들어가서 만들어낸 생각과 똑같을 수도 있다. 순서가 바뀌어도 마찬가지다.[3]

당신이 무슨 생각을 하고 있는지 안다. 여섯 살 때의 내가 로크보다 쉬운 말로 설명을 잘했다. 적어도 나는 정신없이 따옴표를 남발하지는 않았다. 하지만 걱정 마시라. 당신이 오래전에 세상을 떠난 철학자들이 남긴 문장들 속에서 헤매게 하지는 않을 테니까. 이 책의 요지는 누구나 철학을 할 수 있고 모든 아이들은 철학자라는 것이다. 유치원생이 로크를 읽지 않고도 철학을 할 수 있다면, 우리도 할 수 있다.

그래도 방금 로크의 글을 읽었으니, 과연 우리가 그 글을 이해할 수 있는지 한번 보자. 로크는 무슨 말을 하려고 했을까? 저 짧은 문단에는 여러 가지 의문이 숨어 있다. 색채의 본성에 관한 의문, 의식의 특징에 관한 의문, 그리고 우리의 경험을 언어로 표현하는 일은 어렵거나 불가능할지도 모른다는 의문. 이 의문들 중 일부는 나중에 함께 살펴보자. 하지만 마지막 의문은 훨씬 큰 걱정으로 이어진다. 다른 사람들의 마음은 본질적으로 우리에게 닫혀 있다.

다른 사람들이 보는 세상은 우리가 보는 세상과 다를 수도 있다. 그건 단지 논쟁적인 주제에 관해 다른 사람들이 가진 의견이 우리의 의견과 다를 수도 있다는 비유가 아니다. 다른 사람들은 정말로 우리와 다르게 세상을 보고 있을지도 모른다. 만약 내가 당신의 머릿속에 뛰어들 수 있다면, 그래서 당신의 눈을 통해 당신의 뇌로 세상을 볼 수 있다면 모든 게 나의 시각과 정반대일지도 모른다. 멈춤 신호가 파란색으로 보이고, 하늘은 빨간색으로 보일 수 있다. 아니면 사물들의 차이가 아주 미묘해서, 색조만 조금 연하거나 조금 더 진할지도 모른다. 하지만 내가 당신의 머릿속에 들어가기란 불가능하므로 나는 당신에게 세상이 어떻게 보일지를 알지 못한다. 내가 가장 잘 아는 사람들인 아내와 아이들에게 세상이 어떻게 보이는지도 나는 알지 못한다.

그리고 그건 외로운 생각이다. 만약 로크의 주장이 옳다면 우리는 자신의 머릿속에 갇혀 있는 존재다. 우리는 다른 사람들의 경험과 단절되어 있다. 이것은 아주 중요한 의미의 단절이다. 우리는 다른 사람들의 경험이 어떨지를 추측할 수는 있지만, 알 수는 없다.

내가 보기에 유치원 아이들이 이런 생각을 곧잘 떠올리는 건 우연이 아니다. 그 나이의 아이들은 다른 사람을 이해하려고 노력하고 다른 사람의 마음을 읽는 법을 배워나간다. 다른 사람들이 무엇을 생각하는지 알아내지 못하는 사람은 세상에서 큰 성공을 거두지 못할 것이다. 우리는 다른 사람들의 행동을 예측할 수 있어야 하고, 우리의 행동에 대한 다른 사람들의 반응도 예측할 수 있어야 한다. 그런 능력을 갖추기 위해 아이들은 자기 주변 사람들의 믿음, 의도, 동기에 관해 끊임없이 가설을 세우고 실험을 해본다. 물론 아이들 스스로가 그런 표현을 쓰지는 않겠지만. 그건 아이들이 의식적으로 하는 행동이 아니다. 하긴 유아용 의자에서 빨대 컵을 떨어뜨리는 것도 물리학 실험이고 심리학 실험이지만, 아이들이 의식적으로 하는 행동이 아니기는 마찬가지다. (빨대 컵은 매번 바닥에 떨어지고, 누군가는 항상 그걸 줍는다.)

어린 시절의 내가 그날 유치원에서 왜 색채에 관해 생각했는지는 잘 모르겠다. 당시 생각하고 또 생각한 끝에 발견한 건 내가 다른 사람들의 마음을 읽는 데는 한계가 있다는 사실이었다. 예컨대 우리 어머니의 행동을 관찰하기만 해도 그녀의 믿음, 동기, 의도에 관해 많은 것을 알아낼 수 있었다. 하지만 아무리 열심히 관찰해도 내가 보는 빨강이 어머니가 보는 빨강과 똑같은지는 알아낼 수 없었다.

이 문제는 나중에 다시 다루려 한다. 앞에서 언급한 대로 이 수수께끼는 세상에서 가장 심오하고 신비로운 질문의 일부로 들어가는 창이다. 아이들은 항상 그 창을 들여다보지만, 대부분의 어른들은 그런 창이 있다는 것조차 잊어버리고 산다.

～

아이들은 그 창을 들여다본다고 내가 말하면 사람들의 반응은 회의적이다. 그들은 이렇게 대꾸한다. "그래요, 당신은 어릴 때 그 색채전이 스펙트럼이라는 걸 생각해냈다는 거죠? 그렇지만 당신은 결국 철학자가 됐잖아요. 평범한 아이들이 그런 생각을 하진 않아요." 나에게 아이들이 없었다면 나도 그 말을 믿었을 것 같다. 나에게는 아들이 둘 있다. 앞에서 당신과 만난 행크, 그리고 몇 살 위인 렉스가 있다. 렉스는 만 세 살 때쯤 철학적 의미가 담긴 말을 하기 시작했다. 렉스 자신은 그게 철학인 줄 몰랐지만.

아이들이 성장하는 동안에는 그들이 하는 말 자체가 철학이었다. 어느 날 줄리는 행크(그때 만 여덟 살이었다)에게 점심으로 뭘 먹겠느냐고 물어보면서 두 가지 선택지를 제시했다. "케사디아를 먹을래, 어제 저녁에 먹고 남은 햄버거를 먹을래?" 행크는 둘 중에 뭘 고를지를 놓고 심각하게 고민했다. 당신이 봤다면 우리가 행크에게 죽음이 닥치는데 엄마와 아빠 중에 누구를 구하겠느냐고 물어본 줄 알았을 것이다.* 행크가 마음을 정하기까지는 시간이 꽤 걸렸다.

"햄버거로 할래." 수십 년쯤 지나서 행크가 말했다.

"식탁 위에 놔뒀어." 줄리가 대답했다. 햄버거가 있을 때면 행크는 늘 햄버거를 고른다.

행크는 일이 그리된 게 마음에 들지 않았는지 울음을 터뜨렸다.

"왜 그러니, 행크?" 내가 물었다. "햄버거를 먹고 싶다면서."

"내가 정하라고 해놓고 엄마가 정했어." 행크가 대답했다.

"네가 정하게 해준 거지. 너는 햄버거라고 대답했고, 지금 햄버거가 네 앞에 있잖니."

"아냐." 행크가 반박했다. "엄마가 미리 생각해서 준 거야."

"그래. 그런데 엄마가 맞았잖니."

"그래도 기분 나빠." 행크가 고집을 피웠다. 엉엉 우는 동안 햄버거는 차갑게 식어버렸다.

그다음 주에는 내가 가르치는 법철학 수업에서 '사전 처벌prepunishment'이라는 주제를 다뤘다. 사전 처벌이란 어떤 사람이 범죄를 저지를 것을 합리적 의심을 넘어서는 수준에서 미리 알 수 있다면, 그가 죄를 짓기 전에 처벌할 수도 있다는 개념이다. 어떤 사람들은 범죄를 범할 가능성을 정밀하게 예측하기는 불가능하다고 생각한다. 솔직히 말해서 나는 그건 가능하다고 생각한다. 하지만 행크의 주장과 비슷한 또 하나의 반대 의견이 있다.

어떤 사람들은 아직 결정을 내리지 않았는데 마치 그가 이미 그 결정을 한 듯이 취급하는 건 그 사람을 존중하지 않는 행동이라고 말한다. 설령 그 사람이 어떤 결정을 할지 알고 있더라도 그렇다. 변

---

* 솔직히 말해서 행크는 그 질문에는 금방 답했을 것이다. 그리고 그 답변은 나에게 유리한 게 아니었을 것이다.

화를 일으키는 건 그의 결정이어야 하고, 결정을 내리기 전까지 그에게는 얼마든지 다른 방향으로 나아갈 자유가 있다. 그가 다른 방향으로 가지 않으리라는 걸 당신이 안다 해도 마찬가지다. (잠깐, 그는 자유로운가? 당신이 그의 행동을 예측할 수 있다는 말 자체가 그에게 자유의지가 없다는 뜻은 아닌가?) 나는 수업을 듣는 학생들에게 아들 행크의 일화를 이야기했다. 우리는 자신이 존중받지 못했다는 행크의 말이 맞는지 아닌지를 놓고 토론했다. 학생들 중 다수는 행크의 말이 옳다고 했다.

나는 종종 이런 식으로 강의를 한다. 우리 아이들이 등장하는 일화들 중 그날 수업에서 다룰 주제와 관련이 있는 이야기를 들려준다. 그러고 나서 아이들이 했던 말이 옳은지 아닌지에 관해 토론한다. 나는 동료들과 대화할 때도 그 방법을 즐겨 쓴다. 아이들은 훌륭한 사례를 많이 제공하기 때문이다. 이제 렉스와 행크는 법철학자들 사이에서 제법 유명해졌다.

예전부터 사람들은 나에게 우리 아이들은 평범한 아이들이 아니라는 말을 많이 했다. 우리 아이들이 철학적으로 사고하는 건 철학자 아빠가 있기 때문이라고도 했다. 나는 그렇게 생각하지 않는다. 아이들은 불쑥 아이디어를 내놓곤 한다. 우리가 나눴던 어떤 대화를 기억해내는 게 아니다. 어느 날 저녁 식사 자리에서, 만 네 살이었던 렉스는 자기가 평생 꿈을 꾸고 있었던 건 아니냐고 물었다. 철학자들도 수천 년 동안 같은 질문을 던졌다. 하지만 그들 중 누구도 렉스에게 그 질문을 알려주지 않았고, 렉스의 주변에서 그 문제를 논의하지도 않았다. (그 질문은 지식의 본질을 탐구하는 8장에서 다룰 것이다.) 우리 아이들이 여느 집 아이들과 다른 점이 있다면, 아이들이 철학을 하고 있을 때 내가 그걸 알아차리고 격려했다는 것이다.

나는 내 주장이 옳다는 근거를 찾아냈다. 학자로서 대부분의 시간을 아이들에게 헌신한 철학자 개러스 매슈스Gareth Matthews의 글을 발견한 것이다. 매슈스는 우리 아들 렉스가 만 한 살이었던 2011년에 세상을 떠났으므로 내가 그를 직접 만난 적은 없다. 만약 그를 만날 기회가 있었다면 정말 좋았을 것 같다. 매슈스는 아이들의 철학하는 능력에 대해 누구보다 잘 알았던 사람이기 때문이다.

매슈스가 아이들의 철학하는 능력에 관심을 가지게 된 계기는 나와 같았다. 그의 아이들이 철학적인 이야기를 했던 것이다. 그들이 키우던 고양이 플러피에게 벼룩이 생겼는데, 만 네 살이었던 딸 세라가 플러피에게 어떻게 벼룩이 생겼느냐고 물었다.[4]

"벼룩이 다른 고양이의 몸에 붙어 있다가 펄쩍 뛰어서 플러피에게 왔을 거야." 매슈스가 대답했다.

"그 고양이한테는 어떻게 벼룩이 생겼는데?" 세라가 물었다.

"또 다른 고양이한테서 왔겠지." 매슈스가 대답했다.

"그런데 아빠." 세라가 자기주장을 펼쳤다. "계속 그런 식으로 대답할 수는 없어. 끝없이 계속되는 건 숫자밖에 없단 말이야!"

당시 매슈스는 신의 존재를 증명하기 위한 우주론적 논증cosmological argument에 관한 강의를 하고 있었다.[5] 우주론적 논증에는 여러 가지가 있는데, 그중에는 아주 복잡한 것도 있다. 하지만 기본 구조는 간단하다. 모든 사건에는 원인이 있다. 하지만 그 인과관계를 끝없이 거슬러 올라갈 수는 없다. 따라서 '제일 원인first cause'은 반드시 있어야 하며, 그 제일 원인에는 어떤 원인도 없다. 어떤 사람들은 그 제일 원인이 신이라고 주장한다. 그중 가장 유명한 사람이 토마스 아퀴나스Thomas Aquinas였다.

이 논증에는 허점이 있다. 왜 인과관계의 사슬에 반드시 끝이 있어야 하는가? 우주는 영원한 것이고, 시작도 끝도 무한한 것일 수도 있지 않은가. 그리고 설령 '제일 원인'이 있다고 하더라도 왜 그게 '신'이어야 하는가? 물론 여기서는 우주론적 논증이 말이 되느냐 아니냐는 중요하지 않다. (우리는 12장에서 '신이 존재하는가'라는 질문을 던져볼 것이다.) 핵심은 세라가 우주론적 논증과 똑같은 논리를 펼쳤다는 데 있다. "나는 대학생들에게 '제일 원인' 논증을 가르치고 있다." 매슈스는 이렇게 썼다. "그런데 나의 만 네 살짜리 딸이 '제일 벼룩first flea' 논증을 스스로 생각해내다니!"[6]

그 일은 매슈스를 혼란에 빠뜨렸다. 그는 발달심리학 이론을 조금 알고 있었기 때문이다. 인지 발달 이론으로 유명한 스위스 심리학자 장 피아제Jean Piaget에 따르면 세라는 전조작기pre-operational stage에 해당했고,[7] 전조작기란 아직 논리를 활용하지 못하는 시기를 의미한다.* 그런데 세라의 논리는 탁월했다. 우주론적 논증보다 훨씬 설득력이 있었다. 당신이 무한 인과관계 논증에 관해 어떻게 생각하고 있든 간에, 고양이에 관한 무한 논증은 상상하기도 어려울 것이다.

알았다. 당신이 뭐라고 할지 짐작이 간다. 매슈스 역시 철학자라서 철학적인 아이를 키워낸 거라고. 그런 일화를 가지고 아이들 일반에 관해 많은 걸 알아낼 수는 없다고. 그러나 매슈스는 자기 아이

---

* 매슈스는 피아제가 아이들이 하는 말을 전혀 이해하지 못해서, 그들 생각의 섬세한 결을 놓친 장면들 몇 개를 소개한다.[8] 대개는 피아제가 아이들만큼 창의적이지 못했다는 게 문제였다.

들을 관찰하는 데 머물지 않았다.[9] 매슈스는 철학자가 아닌 사람들과도 대화를 나눴고, 그들의 아이들에 관해서도 비슷한 이야기를 많이 들었다. 그때부터 그는 학교를 찾아다니며 아이들과 직접 대화하기 시작했다. 철학적인 질문을 담은 이야기를 아이들에게 읽어주고 나서 아이들의 토론에 귀를 기울였다.

매슈스의 이야기들 중에 내가 가장 좋아하는 것은 이언이라는 남자아이의 엄마가 들려준 이야기다.[10] 이언과 어머니가 집에 있는데, 다른 가족이 놀러 왔다. 그런데 그 집의 세 아이들이 텔레비전을 독점하는 바람에 이언은 좋아하는 프로그램을 볼 수 없었다. 손님들이 가고 나서 이언은 어머니에게 물었다. "한 명이 이기적인 것보다 세 명이 이기적인 게 더 나은 이유가 뭐예요?"

그 질문은 내 마음에 쏙 들었다. 그건 아주 단순하면서도 전복적인 질문이다. 흔히 경제학자들은 공공 정책을 수립할 때 사람들의 만족도를 극대화해야 한다고 생각한다. 철학자들 중에도 같은 생각을 가진 사람들이 있다. 하지만 이언은 우리에게 질문을 던진다. 사람들이 이기적으로 행동할 때도 그들의 만족을 고려해야 할까? 이 질문은 민주주의에 대한 은근한 도전이기도 하다. 만약 이언의 어머니가 '무슨 프로그램을 볼까'라는 질문을 투표에 부친다면? 이기적인 아이들의 머릿수를 세는 것이 그 문제의 좋은 해답일까?

나는 그렇게 생각하지 않는다. 만약 이언이 내 아이였다면 이렇게 말해줬을 것이다. 우리가 손님들이 보고 싶은 프로그램을 틀었던 건 그들이 다수라서가 아니라 손님이라서였다고. 그건 손님 접대의 예절이고, 만약에 숫자가 거꾸로였더라도 우리는 똑같이 했을 거라고.

그럼 민주주의에 관해서는? 민주주의에 관한 이야기는 나중에 또 나온다. 우리 아들 렉스는 우리 가족이 민주적이어야 한다고 생각하기 때문이다. 일단 여기서는 다음과 같이 이야기하고 넘어가자. 만약 민주주의가 사람들의 이기적인 만족도를 단순히 합산하는 방식이라면, 나는 그런 민주주의를 옹호할 수 없다. 투표권을 가진 사람들은 공적인 마음가짐을 가져야 한다. 그들은 각자의 사익이 아니라 공익을 증진하고 정의나 공정 같은 중요한 가치를 지키려고 노력해야 한다. 오해하지 마시라. 나는 민주주의를 신뢰한다. 그러나 다수가 이기적으로 행동하는 건 더 많은 이기심에 불과하며, 뭔가를 결정하는 방법으로도 좋지 못하다는 점에서는 이언과 입장을 같이한다.

이언의 어머니는 아들의 질문을 듣고 혼란에 빠졌다. 그녀는 뭐라고 대답해야 할지 몰랐다. 대다수 성인들은 그럴 때 혼란할 것 같다. 어린아이들은 종종 어른들이 당연하게 여기는 것에 관해 질문한다. "성인들이 철학을 하려면 순수함을 키울 필요가 있다." 매슈스의 주장이다. "하지만 아이들에게는 그런 순수한 태도가 아주 자연스럽다."[11]

적어도 아주 어린 아이들에게는 그게 자연스럽다. 매슈스의 발견에 따르면 만 3세에서 7세 아이들에게 "즉흥적인 철학 여행"은 보편적인 현상이다.[12] 만 8세나 9세가 되면 아이들은 혼자 있을 때는 몰라도 여럿이 있는 자리에서는 철학 여행을 떠나는 횟수가 줄어드는 것으로 보인다.[13] 그 이유는 명확하지 않다. 그 나이에 이르면 아이들의 관심사가 바뀌어서일 수도 있고, 또래 아이들 또는 부모로부터 유치한 질문은 그만하라는 압박을 받아서일 수도 있다. 그래도 매슈스는 만 8세 이상인 아이들에게서 철학적인 대화를 이끌어내기가 쉽다는 것을 발견했다. 그는 아이들이 대단히 영리한 추론을 한다는 점에 놀랐다. 사실 그는 어떤 측면에서는 아이들이 어른들보다 나은 철학자라고 주장했다.

———

아이들이 어른보다 나은 철학자라는 말은 이상하게 들릴 수도 있다. '아동 발달'이라는 개념 자체가 아이들의 정신적 성숙을 전제로 한다. 아이들이 자랄수록 복잡한 사고를 잘하게 된다는 뜻이다. 매슈스의 견해에 따르면 적어도 어떤 능력에 관해서는 진실은 정반대다.* 아이들이 철학을 할 때는 "가장 상상력이 풍부한 어른도 따라가기 힘들 정도의 참신성과 독창성"을 발휘한다.[14] 참신성은 아이들이 세상을 신비로운 장소로 바라보기 때문에 가능하다. 몇 년 전 미셸 쉬나드Michelle Chouinard라는 심리학자는 어린아이들이 부모와 함께 보내는 동안 오가는 대화를 녹음해서 분석했다.[15] 그녀는 200시간이 조금 넘는 대화 속에서 약 2만 5000개의 질문을 찾아냈다. 아이들이 1분에 두 개 이상의 질문을 던졌다는 뜻이다. 그중 4분의 1 정도는 설명을 요구하는 질문이었다. 아이들은 '어떻게'와 '왜'를 알고 싶어했다.

또 아이들은 사물의 이치를 파악하기를 원했다. 다른 연구에서는 '어떻게' 또는 '왜'라는 질문에 답을 듣지 못한 아이들이 자기만의 설

---

* 나중에 10장에서 살펴보겠지만, 지금은 다수의 발달심리학자들이 매슈스의 견해에 동의한다. 아이들의 정신은 어른들의 정신보다 우수하거나 열등한 것이 아니고 어른들의 정신과 다를 뿐이다.

명을 만들어냈다는 사실을 발견했다.[16] 그리고 아이들은 대답을 듣고 나서도 만족하지 못할 때가 많았다. 그들은 다시 한번 '왜'냐고 묻거나, 어른들의 대답에 이의를 제기했다.

하지만 아이들이 좋은 철학자가 되는 가장 중요한 이유는 아직 언급하지 않았다. 아이들은 어리석게 보일 것을 걱정하지 않는다. 아이들은 '진지한 사람들은 그런 질문으로 시간을 허비하지 않아'라는 이야기를 들은 적이 없다. 매슈스의 설명을 들어보자.

철학자는 "그런데 시간이란 무엇일까?"라고 묻는다. 다른 어른들은 별생각 없이 자신은 그런 걸 궁금해할 시기가 한참 지났다고 단정한다. 다른 어른들은 이번 주에 장을 보러 가거나 신문을 사러 갈 시간이 있는지는 궁금해할지도 모른다. 그들은 지금 몇 시인지를 알고 싶어 하지만 "시간이란 무엇인가?"라는 질문을 던질 생각은 안 한다. 성 아우구스티누스는 이 점을 멋지게 표현했다. "그렇다면 시간이란 무엇인가? 아무도 나에게 그걸 묻지 않을 때는 나는 그걸 안다. 그런데 누군가가 그 질문을 해서 내가 설명하려고 하면 말문이 막힌다."[17]

나는 오랜 세월 동안 그것과 똑같이 어리석게 들리는 질문에 답하려고 노력했다. '법이란 무엇인가?' 나는 법학 교수니까 당신은 내가 그 답을 안다고 생각할 것이다. (나는 미시간 대학교에서 학생들을 가르치는데, 법과대학과 철학과 양쪽에 다 직위를 가지고 있다.) 솔직히 말하자면 대부분의 법률 전문가들은 아우구스티누스와 비슷하다. 우리는 법이 무엇인지 알고는 있지만, 누군가가 법이 뭐냐고 물어보는 순간 말문이 막힌다.

나의 동료들은 대개 자신들의 무지를 기꺼이 무시한다. 그들에게는 당장 처리해야 하는 중요한 업무가 있다. 그리고 내 생각에 그들은 내가 그 질문에 매달리는 걸 어리석다고 여기는 것 같다. 하지만 나는 모든 사람이 때로는 나처럼 어리석어야 한다고 믿는다. 현실적인 걱정을 잠시 제쳐두고 어린아이들처럼 생각해보자. 그러면 우리는 아이들이 세상을 바라보며 느끼는 경이의 일부를 다시 맛볼 수 있고, 우리 자신이 세상에 관해 얼마나 무지한지를 깨달을 수도 있다.

2학년이 된 첫날, 렉스는 나중에 무엇이 되고 싶은지 적어서 내라는 지시를 받았다. 선생님은 반 아이들의 장래 희망 목록을 집으로 보냈지만, 어느 아이가 어떤 직업을 가지고 싶다고 했는지는 알려주지 않았다. 그래도 그 목록에서 렉스가 쓴 직업을 골라내기는 어렵지 않았다. 미래의 소방관이 한두 명 있었고, 의사 몇 명과 교사 몇 명, 그리고 엔지니어가 예상외로 많았다. 하지만 '수학 철학자'는 단 하나였다.

그날 저녁 식사 시간, 나도 아직 답하지 못한 질문을 렉스에게 던졌다. "카인드 선생님께서 네가 수학 철학자가 되고 싶다고 했다고 하시던데. 철학이 뭐니?"

렉스는 0.5초 동안 생각하다가 대답했다. "철학은 생각하는 기술이야."

나는 아버지에게 전화를 걸었다. "우리가 통닭구이 음식점에서 저녁 먹었던 날을 기억하시나요? 제가 대학에 입학하고 처음 집에

왔을 때요. 그날 철학을 전공하고 싶다고 말씀드렸더니 아버지가 철학이 뭐냐고 물으셨잖아요. 이제는 답을 알아요!"

아버지는 기억나지 않는다고 하셨고, 철학의 정의에 큰 관심을 보이지도 않으셨다. 하지만 렉스의 말이 맞았다. 철학은 생각하는 기술이다. 우리는 철학적인 질문을 통해 우리 자신과 세상에 관해 생각하고, 우리 자신과 세상을 더 잘 이해하려고 노력하게 된다.

어른들과 아이들은 철학하는 방식이 다르다. 어른들은 생각하는 훈련이 잘되어 있고, 아이들은 창의적이다. 어른들은 세상에 관해 많은 것을 알고 있지만, 아이들은 사실 어른들이 아는 게 별로 없다는 걸 알려준다. 아이들은 호기심이 많고 용감한 반면, 어른들은 신중하고 폐쇄적이다.

언젠가 데이비드 힐스David Hills(스탠퍼드에서 강의를 하고 있다)는 철학이란 "아이들은 저절로 알게 되는 문제들을 변호사들에게 익숙한 방법으로 풀어보려는 미련한 시도"라고 말했다.[18] 힐스의 말은 전문 분야로서의 철학을 재치 있게 묘사하고 있다. 그러나 이 표현에 담긴 일의 분담은 우리에게 필요하지 않다. 어른들과 아이들이 함께 철학을 할 수도 있다.

사실은 어른들과 아이들이 함께 철학을 하는 게 좋다. 아이들과 어른들은 각기 다른 것을 제공하기 때문에, 아이들과 어른들의 대화는 협업이 된다.[19] 그리고 아이들과 어른들이 함께 철학을 하면 재미도 있다. 철학은 놀이라고도 할 수 있다. 개념을 가지고 하는 놀이.[20] 당연히 우리는 어린아이들처럼 생각해볼 필요가 있다. 그리고 우리는 아이들과 함께 생각을 해봐야 한다.

이 책은 아이들에게서 영감을 얻어 집필하긴 했지만 아이들을 위한 책은 아니다. 사실 아이들은 나의 트로이 목마다. 나는 어린아이들의 마음을 사로잡으려는 게 아니라 당신과 같은 독자들의 마음을 사로잡으려고 한다.

아이들은 당신과 함께 철학을 할 수도 있고 당신 없이 철학을 할 수도 있다. 나는 당신이 다시 철학에 도전하기를 바란다. 그리고 당신이 자신감을 가지고 아이들과 철학 이야기를 나누기를 바란다. 그러기 위해 당신이 일상생활에 숨어 있는 철학적 문제들을 인식하도록 해주고, 그런 문제들에 관해 약간의 해설을 제공하고 싶다.

이 책에서 내가 들려주는 이야기들은 주로 렉스와 행크에 관한 것이다. 어떤 이야기 속에서는 렉스와 행크가 철학을 한다. 렉스와 행크는 수수께끼를 발견하고 그걸 풀어보려고 한다. 어떤 이야기 속에서 렉스와 행크는 철학적 수수께끼가 담긴 말이나 행동을 하지만 그들은 그게 철학인 줄 모른다. 어떤 이야기들은 그냥 우리 부부의 불운한 육아 경험담이다. 무엇이 문제였는지를 철학적 관점으로 살펴볼 수 있다.

우리는 때로는 두 아이와 함께 생각해보고, 때로는 두 아이에 관해 생각해볼 것이다. 그리고 때로는 우리끼리만, 두 아이가 던지는 질문들에 관해 어른의 방식으로 생각해볼 것이다. 하지만 렉스와 행크는 할 말이 많은 아이들이라서 항상 우리 주위를 맴돌 것이다.

렉스와 행크는 우리를 현대 철학의 세계로 안내할 것이다. 최고의 여행이 대개 그렇듯 이 여행에는 조금 특이한 면이 있다. 우리가 생각해볼 문제들 중 일부는 보편적인 질문이다. 어떤 아이를 키우든 한 번쯤은 나오는 질문들. 권위, 처벌, 신에 관한 질문들이 여기에 해당한다. 또 어떤 질문들은 렉스와 행크가 우연히 관심을 가지게 된 것들과 관련이 있다. 예를 들면 우주의 크기에 관한 질문도 있다. 아이들은 각자 다른 것들에 관심을 가진다.

이 프로젝트에 관해 이야기하면 부모들은 자기 아이들이 했던 질문을 알려주곤 한다. 어떤 질문들은 정말 훌륭하다. 한 여자아이는 몇 주 내내 밤마다 잠자리에 누울 때 엄마에게 이렇게 물었다고 한다. "새로운 날이 어떻게 계속 오는 거야?"[21] 여자아이의 엄마는 지구의 자전에 관해 설명했지만, 과학적 원리는 딸의 관심사가 아니었다. 만약 내가 그 입장이었다면 아이에게 연속 창조 우주론continuous creation에 관해 이야기했을 것이다. 일부 기독교 사상가들에게 널리 알려진 연속 창조 우주론은 신이 태초에만 세상을 창조한 게 아니라 매 순간 세상을 새롭게 창조한다는 주장이다.[22] 그런데 그런 설명을 듣고 그 여자아이가 만족했을지는 잘 모르겠다. 그 아이의 질문은 어떤 부정적 감정에서 비롯된 것일 수도 있으니까. 어쩌면 그 질문은 세상과 마주해야 한다는 불안감을 표현한 건지도 모른다.

우리 아이들은 어두운 구석이 없다. 적어도 아직까지는. 그렇지만 우리 아이들은 언제나 뭔가를 알고 싶어 하므로, 우리는 넓은 범위에 걸쳐 이야기를 나눌 것이다. 이 책은 크게 세 부분으로 나뉜다. 1부에는 '도덕적으로 행동하기는 생각보다 힘들어'라는 제목이 붙어 있다. 여기서 우리는 권리란 무엇인가, 그리고 권리를 기각하려면 무엇이 필요한가라는 질문을 던진다. 또 우리는 잘못된 행동에 어떻게 반응해야 하는가라는 질문을 던진다. 복수를 정당화할 수 있는지에 관해 고민해보고, 처벌에 관해서도 숙고해본다. 처벌이란 무엇이며 왜 필요한가? 다음으로는 권위에 관해 생각해보자. '아빠가 그렇게 하라고 했으니까'는 아이들이 명령에 따라야 하는 이유가 될 수 있을까? 마지막으로 우리가 해서는 안 된다고 간주되는, 좋지 않은 말들에 관해 생각해보자. (미리 경고한다. 나는 욕을 조금, 아니 조금 많이 할 예정이다. 너무 가혹한 평가는 사절이다. 5장에서 나 자신을 변호하려고 한다.)

2부 '나도 내가 어떤 존재인지 모르겠어'에서는 정체성에 관한 질문을 던진다. 섹스sex, 젠더gender, 인종이란 무엇인가를 생각해보자. 하지만 우리는 도덕에 관해서도 계속 이야기할 것이다. 생물학적 성과 사회적 성에 관해 고민할 때는 스포츠에서 성이 어떤 역할을 해야 하는지를 묻는다. 그리고 인종에 관해 다룰 때는 특정 인종이라는 이유로 책임을 져야 하는가, 그리고 노예제와 인종차별에 대한 배상이 이뤄져야 하는가를 묻는다.

3부는 '보이지 않는 세상을 보고 싶어'라는 제목을 붙였다. 3부는 지식에 관한 질문으로 시작한다. 우리는 렉스와 함께 '우리가 평생 동안 꿈을 꾸고 있는 건 아닌가'라는 질문을 던져볼 것이다. 다음으로 우리가 아무것도 알지 못한다는 주장인 회의주의에 대해 검토할 것이다. 그리고 나서는 진실에 관한 질문을 던져본다. '이의 요정tooth fairy'에 관해서도 생각해보자. 그러고는 우리의 마음을 우리의 마음으로 데려가서 '의식이란 무엇인가'를 탐구하자. '무한'에 관해서도 깊이 생각해보고, 여정의 맨 끝에서는 '신은 존재하는가'라는 질문을 해보자.

우리는 논의를 빠르게 전개할 것이다. 적어도 철학자들의 기준으로는 그렇다. 우리가 다룰 주제들은 모두 철학자가 평생 연구할 수도 있는 것들이다. 우리로서는 논의의 가장 중요한 지점에 주목하는 것이 최선이다. 논의가 순조롭게 이뤄진다면, 당신은 이 책을 다 읽을 때쯤 책에 나온 수수께끼들을 아이와 함께 또는 당신 혼자서 깊이 생각해볼 준비가 될 것이다. 그건 내가 철학을 사랑하는 이유 중 하나다. 철학은 언제 어디서나 할 수 있다. 다른 사람과 대화를 나누면서도 할 수 있고 혼자서도 할 수 있다. 그저 생각에 생각을 거듭하면 된다.

그 목표를 달성하기 위해 나는 당신이 이 책을 다른 책과는 조금 다른 방법으로 읽기를 바란다. 대다수 논픽션 작가들은 책에 쓴 내용을 독자들이 믿기를 바란다. 그들은 독자들이 자신의 권위를 인정하고 자신의 세계관을 받아들이기를 희망한다.

그건 나의 목표와 거리가 멀다. 물론 당신을 설득해서 나와 같은 시각으로 사물을 바라보게 만들고 싶긴 하지만, 솔직히 말해서 당신이 철저한 사색을 하기만 하면 나와 다르게 생각하더라도 좋다. 오히려 내가 제시하는 주장들에 회의적으로 접근하기를 권하고 싶다. 내가 하는 말이 옳을 거라고 가정하지 말라. 내가 어딘가에서 틀렸다고 가정하고 어느 지점에 오류가 있는지를 찾아보라.

하지만 부탁이 있다. 무조건 반대하지는 말라. 내 말이 틀렸다는 생각이 든다면 그 이유를 찾아내라. 그 이유를 찾았다면 내가 거기에 뭐라고 반박할지도 한번 생각해보라. 그리고 당신은 그 반박에 뭐라고 반박할지, 그러면 나는 또 뭐라고 대답할지를 생각해보라. 그런 식으로 계속 생각해보라. 더 이상 배우는 게 없다고 느껴질 때까지. 그렇다고 너무 일찍 포기하지는 말라. 탐구를 거듭할수록 이해가 깊어진다.

이게 바로 철학자들이 연구하는 방식이다(적어도 어른 철학자들은 그렇다). 나는 제자들에게 늘 이렇게 말한다. '다른 철학자의 이론에 반대한다면, 그 철학자가 너희의 반대 의견을 이미 생각해봤으리라고 가정해야 한다. 그 철학자는 그 반대 의견이 명백하게 틀린 것이어서 언급할 가치도 없다고 생각했다고 가정하라. 그 이유를 찾아보라. 충분히 노력했는데도 틀린 지점을 발견하지 못했다면 그때 다른 사람들에게 너희의 생각을 이야기하라. 목표는 너 자신의 주장을 다른 사람들의 주장을 대할 때와 똑같이 비판적으로 대하는 습관을 들이는 것이다.'

나는 우리 아이들과 대화를 나눌 때도 이 조언을 따른다. 우리 집에서는 어느 누구도 "자기주장에 대한 권리(미국인들이 즐겨 쓰는 표현이다)"를 인정받지 못한다. 우리 집에서는 자기주장을 방어해야 한다. 나는 아이들에게 질문을 많이 한다. 아이들이 대답을 하면 나는 그 답에 관해 다시 질문해서 아이들이 자신의 주장에 대해 비판적으로 생각하도록 만든다. 그러면 아이들이 싫어할 때도 있지만, 나는 그걸 육아의 중요한 한 부분으로 여긴다.

모든 부모는 아이들의 관심사를 지원하거나 아이들이 새로운 관심사를 발견하도록 도와주려고 한다. 우리는 아이들을 미술, 문학, 음악에 노출시키고 아이들에게 운동을 권한다. 우리는 아이들과 함께 요리를 하고 춤을 춘다. 우리는 아이들에게 과학을 가르치고 아이들을 자연으로 데려간다. 그런데 대부분의 부모들이 그게 독자적인 영역이라고 인식하지 못해서 소홀히 하는 영역이 하나 있다. 그건 아이들을 생각하는 사람으로 만들어주는 것이다.

이 책을 읽는 동안 당신은 아이들을 생각하는 사람으로 만들어주는 다양한 방법을 배우게 될 것이다. 가장 간단한 방법은 질문을 던지고 그 대답에 관해 또 질문하는 것이다. 그렇다고 부모가 선생님 역할을 할 필요는 없다. 아니, 선생님 역할을 하지 않는 편이 더 낫다.

제나 모어 론Jana Mohr Lone은 워싱턴 대학교에서 아동을 위한 철학 센터Center for Philosophy for Children를 운영하고 있다. 그녀는 매슈스와 마찬가지로 학교들을 돌아다니며 아이들과 철학에 관한 이야기를 나눈다. 하지만 그녀는 아이들에게 철학을 가르치지는 않는다.[23] 모어는 아이들에게 철학을 가르치는 게 아니라 아이들과 함께 철학을 한다. 그건 작지만 중요한 차이점이다. 아이들은 이미 철학을 할 줄 안다. 어떤 의미에서는 아이들이 당신보다도 철학을 잘한다. 그러니 아이들과 협업을 한다는 마음을 가져라. 아이들의 생각을 진지하게 받아들여라. 아이들을 위해 문제를 해결해주려고 하지 말고 아이들과 함께 해결하려고 노력하라. 철학 이야기를 할 때는 너무 어려운 주제를 선택하면 안 된다. 당신도 아직 답을 모를 확률이 높기 때문이다.

그래서 나의 마지막 부탁은 다음과 같다. 당신이 가진 어른의 감수성을 잠시 내려놓으라. 대부분의 어른들은 우리 아버지와 비슷하다. 그들은 철학자들이 오랫동안 고민하는 수수께끼 같은 질문들에 대해 인내심이 없다. 그런 질문들은 실용적인 것의 반대편에 위치한다. 세상을 걱정한다고 해서 빨래가 될 것 같지는 않다. 하지만 나는 우리 아이들과 함께 잠시 동안이라도 그 각본을 뒤집을 수 있기를 바란다. 세상이 우리가 보는 것과 다를 수도 있는데 빨래가 다 뭔가?

~

요즘에 렉스와 행크는 이 책의 제목이 왜 '불결하고, 잔인하고, 짧은Nasty, Brutish, and Short(원서의 제목 – 옮긴이)'인지 궁금해하고 있다. 당신은 이 문구를 들어본 적이 있을지도 모른다. 이 문구는 로크와 거의 같은 시대에 살았던 토머스 홉스Thomas Hobbes에게서 따왔다. 홉스는 정부라는 게 아예 없다면 어떨까라는 의문을 품었다. 철학자들이 '자연 상태state of nature'라고 부르는 상태는 어떤 모습일까? 홉스는 그게 아주 끔찍할 거라고 생각했다. 그런 상태에서는 "만인의 만인에 대한 투쟁"이 벌어질 거라고 생각했다.[24] 홉스는 자연 상태의 삶에 대해 "고독하고, 빈곤하며, 불결하고, 잔인하고, 짧다"고 묘사했다.[25]

나는 자연 상태에 관해서는 잘 알지 못하지만, "만인의 만인에 대한 투쟁"이라는 표현은 어린아이들이 있는 집의 모습을 묘사하기에 적절하다고 생각한다.

우리는 운이 좋은 편이다. 우리는 고독하거나 가난하게 생활하지는 않는다. 그러나 우리 아이들은 불결하고, 잔인하고, 짧다(키가 작다).

또한 우리 아이들은 귀엽고 상냥하다. 사실 우리는 그런 점에서도 운 좋은 부모다. 렉스와 행크는 보기 드물게 귀엽고 상냥한 아이들이다. 그럼에도 불구하고 모든 아이들은 불결하고 잔인할 때가 있는 법이다. 그래서 우리는 앞으로 복수에 관해 생각해보고, 사람을 더 나은 존재로 만들기 위해 처벌이라는 수단을 활용해야 하는지도 생각해볼 것이다.

아이들은 자신들에 관한 묘사의 일부분에 대해 인정했다.

"너희들은 불결하고 잔인하니?" 내가 행크에게 물었다.

"나는 불결할 때도 있지." 행크의 대답이었다. "하지만 나는 잔인하진 않아."

렉스는 책 제목을 바꿔달라고 로비를 했다. 렉스가 원했던 제목은 '불결하지도 잔인하지도 않아, 키가 작을 뿐Not Nasty or Brutish, Just Short'이다. 그 목표를 달성하지 못하자 렉스는 그 제목으로 블로그를 하겠다고 졸라댔다. 그러니까 한번 지켜보시라. 렉스가 인터넷을 통해 당신에게 다가갈지도 모른다.

하지만 지금으로서는 렉스는 동생 행크와 함께 이 프로젝트의 주인공이다. 렉스와 행크는 내가 아는 최고의 철학자들 가운데 두 명이다. 렉스와 행크는 철학자들 중에서도 가장 웃기고 가장 재미있는 사람들이다.

1부

도덕적으로 행동하기는
생각보다 힘들어

1

권리

나에겐 탄산음료를 마실
권리가 있어

우리는 팔을 다친 남자에게도 삶에 대한 권리가 있기 때문에
그를 죽이는 건 잘못된 행동이라고 이야기했다.
하지만 선로에서 혼자 일하던 그 노동자에게도
삶에 대한 권리가 있는데, '스위치 앞의 방관자' 실험에서는
대부분의 사람이 별다른 가책 없이 그를 살해했다.

나는 욕조에 물 받는 일을 정말 좋아한다. 물론 나 자신을 위해 물을 받지는 않는다. 나는 20세기에 사회화된 이성애자 남성이므로 욕조에서 목욕을 하지 않고, 인간다운 감정을 100퍼센트 표현하지도 않는다. 하지만 우리 아이들은 목욕을 하기 때문에 누군가가 욕조에 물을 받아줘야 한다. 그리고 나는 매일 저녁 그 역할을 되도록 내가 맡으려고 한다.

왜냐고? 욕조는 위층에 있으니까. 그리고 아래층은 빌어먹을 난장판이니까. 아이들이 피곤해지면 운동에너지는 증가하고 자제력은 저절로 파괴된다. 그럴 때의 소음은 록 콘서트장을 방불케 한다. 누군가가 피아노 연습을 할 시간이라고 소리를 질러댄다. 아니면 피아노 연습을 할 시간이 없다고 소리를 질러댄다. 우리가 후식을 먹지 않았다고 소리를 지르기도 하고, 우리가 후식을 먹었다고 소리를 지르기도 하고, 누가 후식을 먹다가 셔츠에 묻혔다고 소리를 지르기도 한다. 아니면 그저 소리를 질러야 해서 소리를 지른다. 소리 지르기는 절대적 상수다.

그래서 나는 위층으로 달아난다. "내가 행크 목욕시킬 준비를 할게." 이렇게 말하고 계단을 껑충껑충 뛰어 올라간다. 나의 하루에서 가장 즐거운 시간을 향해. 나는 욕실 문을 닫고, 물을 틀고, 물 온도를 조절한다. 너무 뜨겁지도 않고, 너무 차갑지도 않게. 마치 물 온도를 잘 맞출 것처럼 종종거린다. 그럼에도 불구하고 물은 어김없이 너무 뜨겁다. 아니면 너무 차갑다. 아니면 둘 다일 수도 있다. 아이들은 무모순noncontradiction의 법칙을 거부하기 때문이다. 실패가 예정되어 있지만 마음만은 편안하다. 목욕물 소리가 고함 소리를 희미하게 만들기 때문이다. 나는 욕실 타일 바닥에 홀로 앉아 이런저런 생각(여기서 생각이란 휴대전화를 의미한다)과 함께 고독을 만끽한다.

아내는 나의 속셈을 알아냈다. 그래서 간혹 아내가 선수를 치곤 한다. "행크의 목욕물은 내가 받을게." 아내가 이렇게 말할 때마다 내 영혼은 상처를 입는다. 하지만 아내는 20세기에 사회화된 이성애자 여성이라서 그 좋은 기회를 날려버린다. 아내는 목욕물을 받긴 하지만, 욕조가 채워지는 동안 휴대전화를 만지작거리며 노는 대신 이성적인 행동을 한다. 이를테면 빨래를 한다든가. 아니면 불가사의한 행동을 한다. 아이들이 있는 방으로 돌아가서…… 부모 노릇을 한다?! 이럴 때 안타까움을 느껴야 한다는 건 나도 안다. 그리고 실제로 안타까움을 느끼긴 한다. 그런데 내가 안타까워하는 이유는 조금 다르다. 고독은 우리가 적은 비용으로 즐길 수 있는 최고의 사치다. 누군가는 고독을 만끽해야 한다. 나보다는 줄리가 고독을 즐길 자격이 있지만, 줄리가 그럴 생각이 없다면 나라도 해야 한다.

그래서 나는 아래층이 평소보다 더 난장판이라는 것도 거의 못 느끼고 욕실 바닥에 앉아 있다. 행크(만 다섯 살)가 엉엉 울고 있는 걸로 봐서 뭔가 심각한(여기서 심각하다는 말은 사소하다를 의미한다) 일이 벌어진 모양이다. 물을 더 채우면 안 되는 순간에 이르러서야 나는 물을 잠근다. 나의 고독은 산산이 부서진다.

"행크, 목욕 준비 다 됐다." 나는 아래층을 향해 소리친다.

대답 없음.

"행크, 목욕할 시간이야." 나는 행크의 울음소리보다 더 크게 소리친다.

"행크, 목욕할 시간이야." 렉스가 아주 만족스러운 투로 내 말을 전달한다.

"행크, 목욕할 시간이야." 줄리가 아주 화난 목소리로 말한다.

그러자 훌쩍훌쩍 우는 소리가 나를 향해 올라온다. 천천히. 한. 번. 에. 한. 걸음씩. 욕실에 도착한 행크는 흥분해서 씩씩거리고 있다.

나는 행크를 진정시키려 한다. "행크야," 내가 조용히 묻는다. "무슨 일 있니?" 대답이 없다. "행크." 내가 더 조용히 속삭인다. "무슨 일인데 그래?" 여전히 진정이 안 된다. 행크가 씩씩거리는 동안 나는 옷을 벗기기 시작한다. 마침내 행크가 욕조에 들어가고 나서 내가 다시 묻는다. "행크, 왜 기분이 안 좋니?"

"없어…… 나한테 없어……."

"뭐가 없다는 거니, 행크?"

"나한테는 권리가 없어!" 행크가 다시 눈물을 흘리며 흐느낀다.

"행크." 내가 부드럽게 말한다. 여전히 행크를 진정시키고 싶지만, 이제는 호기심이 동하기 시작한다. "권리가 뭔지는 아니?"

"몰라." 행크가 훌쩍인다. "그런데 나한테는 그게 없어."

이번에는 정말로 행크에게 철학자가 필요하다. 그리고 다행히도 행크에게는 철학자가 하나 있다.

"행크, 너에게도 권리가 있단다."

내 말에 행크가 관심을 보인다. 울음이 조금 잦아든다.

"행크, 너에게도 권리가 있어. 많이 있단다."

"정말?" 행크가 숨을 가다듬으며 묻는다.

"그럼, 있고말고. 권리에 대해 알고 싶니?"

행크가 고개를 끄덕인다.

"음, 타이기를 가지고 이야기를 해볼까?" 내가 말했다. 타이기는 행크의 단짝이다. 그 하얀 호랑이 인형은 행크가 세상에 태어난 직후부터 줄곧 행크의 곁에 있었다. "사람들이 너에게서 타이기를 빼앗을 수 있니?"

"아니." 행크가 말했다.

"사람들이 너한테 물어보지도 않고 타이기를 가지고 놀아도 되니?"

"아니." 행크가 대답했다. "타이기는 내 거야." 이제 울음은 거의 그쳤다.

"맞아." 내가 말했다. "타이기는 네 거란다. 그건 네가 타이기에 대한 권리를 가지고 있다는 뜻이야. 네가 허락하지 않으면 누구도 타이기를 가져가거나 타이기를 가지고 놀 수 없어."

"하지만 누가 타이기를 가져갈 수도 있잖아." 행크가 다시 울음을 터뜨릴 것 같은 얼굴로 반론했다.

"그래." 내가 말했다. "누가 타이기를 가져갈 수도 있지. 그래도 괜찮은 걸까? 아니면 그건 잘못된 행동일까?"

"그건 잘못이야." 행크가 대답했다.

"그렇지. 권리를 가진다는 건 그런 뜻이란다. 만약 누군가가 타이기를 가져가는 게 잘못이라면, 너한테는 그 사람이 타이기를 가져가지 못하게 할 권리가 있어."

행크의 얼굴이 밝아졌다. "나한테는 내 돔무들 모두에 대한 권리가 있어!" 행크는 '동물들'을 '돔무들'로 발음했다. 나는 행크가 '돔무들'이라고 할 때가 제일 좋다.

"맞아! 권리가 있지! 그 동물들이 네 거라는 말은 그런 뜻이란다."

"나는 내 장난감 모두에 대해 권리가 있다!" 행크가 외쳤다.

"그래, 권리가 있어!"

그 순간 행크의 귀여운 얼굴이 일그러졌다. 다시 눈물로 얼굴을 적시며 훌쩍인다.

"행크, 왜 슬퍼하니?"

"나한테 렉스 형에 대한 권리는 없잖아."

그게 아래층에서 벌어진 소동의 원인이었다. 행크는 렉스와 함께 놀고 싶었다. 렉스는 책을 읽고 싶었다. 그리고 행크는 렉스에 대한 권리가 없다. 그건 사실이다.

나는 설명했다. "그래, 너는 렉스 형에 대한 권리를 가지고 있지는 않아. 형이 놀고 싶은지 아닌지는 형이 정하는 거란다. 우리는 다른 사람에 대한 권리를 가지지는 않아. 사람들끼리 약속을 했다면 몰라도."

그건 지나치게 단순화한 설명이었다. 때때로 우리는 다른 사람이 약속하지 않은 일에 대해서도 그에게 요구한다. 하지만 나는 학생이 흥분을 가라앉힐 때까지 더 자세한 설명은 아껴놓기로 했다. 대신 우리는 렉스가 책을 읽고 싶다고 할 때 행크가 혼자서 뭘 하면 좋을지에 관해 이야기를 나눴다.

⌒

　행크는 눈물이 그렁그렁 맺힌 상태로 권리에 관해 날카로운 추론을 해냈다. 우선 나는 '다른 사람이 행크의 허락 없이 타이기를 가져가도 되는지 안 되는지'를 물었다. 행크는 안 된다고 대답했다. 하지만 0.5초 후에 더 나은 생각을 해냈다. 누군가가 행크의 허락 없이 타이기를 가져갈 수도 있다는 것이었다. 사실 행크가 렉스에게 그런 행동을 한 적도 있었다. 행크에게 타이기가 있다면 렉스에게는 '지래피'라는 동물 장난감이 있다. (우리 아이들의 이름 짓는 솜씨를 평가하기 전에, 어린 시절의 나는 이 아이들보다 훨씬 덜 창의적이었다는 것을 알아두라. 나의 인형 친구들 이름은 '원숭이'와 '기린'이었다.) 행크는 기어 다니는 요령을 익히자마자, 틈만 나면 렉스의 방에 들어가서 지래피를 자기 턱 밑에 끼고 재빨리 빠져나왔다. 행크가 타이기에 대한 권리를 가진 것과 마찬가지로 렉스는 지래피에 대한 권리를 가지고 있었다. 그러나 행크는 지래피를 가져올 수 있었고 실제로 가져왔다.

　이 이야기는 권리에 관해 무엇을 알려주는가? 음, 타이기에 대한 행크의 권리는 소유를 보호한다. 그런데 그 권리가 제공하는 보호는 물리적인 보호가 아니다. 다른 사람들이 빼앗아 가지 못하도록 타이기 주변에 힘의 자장이 작용하지는 않는다. 권리가 제공하는 보호는 철학자들의 용어로 규범적normative 보호다. 규범적 보호란 선한 행동을 지배하는 규범이나 기준에 의한 보호를 뜻한다. 선하게 행동하려는 사람이라면 행크의 허락 없이 타이기를 가져가서는 안 된다(정말로 훌륭한 이유가 있다면 몰라도. 이 점에 관해서는 잠시 후에 이야기해보자). 하지만 모든 사람이 선하게 행동하려고 하는 것은 아니다. 권리가 제공하는 보호는 다른 사람들이 그 권리를 인식하고 존중할 의지가 있느냐에 좌우된다.

⌣

다음으로 넘어가기 전에 언어에 관해, 그리고 언어의 세세한 규칙에 지나치게 얽매이는 사람들에 관해 짤막하게 언급하겠다. 나는 행크에게 누군가가 그의 허락 없이 타이기를 데려갈 수 있느냐고 물었고, 행크는 아니라고 했다. 그러고 나서 행크는 조금 더 깊이 생각해보더니 '그렇다'고 답했다. 처음에 행크가 했던 대답은 옳다. 그리고 두 번째 대답도 옳다.

잠깐, 뭐라고? 어떻게 그럴 수가 있을까? '할 수 있다can, could'와 같은 말들은 유연성이 대단히 높다. 이게 무슨 말인지 설명하기 위해 짧은 일화를 들려주겠다. 내가 옥스퍼드 대학교 학생이었던 시절 친구가 나를 자기 학교 근처의 술집에 데려갔다. 친구는 맥주 두 잔을 주문했다.

"미안해요, 학생. 안 되겠는데. 우리 문 닫았어요." 바를 담당하는 종업원이 말했다.

내 친구가 손목시계를 들여다보니 11시 1분이었다. 바는 11시

0분에 닫는다. "아유, 그러지 마시고요. 맥주 두 잔만 주세요."

"미안하지만 안 됩니다. 규칙이라서요."

"그래도 주실 수~는 있~잖아요." 내 친구가 말했다.

여기서 이야기를 잠깐 멈춰보자. 내 친구는 바를 담당하던 종업원이 '~할 수 있다'라는 말의 의미를 혼동하고 있다고 지적한 걸까? 아니다. 종업원이 우리에게 술을 판매할 수 없다고 한 말에는 이성적 판단이 담겨 있다. 그런데 어떤 의미에서 그는 술을 판매할 수 있었다. 내 친구가 길게 끌며 말했던 '~할 수 있다'는 그 종업원이 두 번째 의미에 주의를 돌리게 하려는 노력이었다. 종업원은 자기가 우리에게 맥주 두 잔을 판매하는 것은 허락되지 않는다고 말한 것이고, 내 친구는 그게 가능한 일이라고 말하고 있었다. 주위에 아무도 없었으므로 종업원의 행동이 탄로 날 리는 없었다.[*] 그리고 내 친구의 전략은 통했다. 그 종업원은 우리에게 맥주를 판매할 수 없었는데도(허락 여부를 의미), 그가 판매할 수 있었기 때문에(피해가 없다는 의미) 우리에게 맥주를 팔았다.

우리가 대화를 나누는 도중에 행크도 이것과 똑같은 전환을 이뤄냈다. 행크는 내가 '누군가가 타이기를 가져갈 수 있는지(허락 여부)'를 묻고 있다는 점을 이해하고 '아니'라고 대답했다(옳은 대답이었다). 하지만 잠시 후 행크는 '누군가가 타이기를 가져갈 수도 있다(가능성)'는 걱정을 하면서 다시 울음을 터뜨리기 직전이 됐다.

---

[*] 그리고 그게 가능하다는 데는 또 하나의 의미가 있었다. 그 종업원에게는 맥주와 맥주잔, 그리고 멀쩡한 두 손이 있었으므로 그에게는 맥주 두 잔을 따를 능력이 있었다. 그러니까 가능하다라는 단어의 의미 역시 맥락에 따라 달라진다.

왜 아이와의 이런 대화를 조목조목 분석하는 데 시간을 들이느냐고? 그게 철학자들이 하는 일이니까. 우리는 언어가 작동하는 방식에 세심한 주의를 기울인다. 틀림없이 당신 주변에도 이런 게임을 즐기는 사람이 한 명쯤은 있을 것이다.

"제가 차를 한잔 마실 수 있을까요?Can I have a cup of tea?" 당신이 정중하게 묻는다.

"잘 모르겠는데요. 차를 드실 수 있나요?I don't know—can you?"

이렇게 대답한 사람은 당신이 "차 한잔만 부탁드려도 될까요?May I have a cup of tea?"라고 물었어야 한다고 생각한다. 그리고 그는 예의가 없는 인간이다. 그를 당신의 인생에서 잘라내라. 그리고 인연을 끊으면서 그에게 "당신은 언어능력이 여섯 살짜리 아이보다 못하니까 아이들에게서 말하기를 배울 수 있고can, 배워도 되고may, 배워야 한다should"고 말해주자.[26]

⌒

이제 권리 이야기로 돌아가보자. 권리란 정확히 무엇인가? 언어로 정의하기는 쉽지 않다. 행크와 나는 어느 날 권리의 정의에 관한 이야기를 나눴다. 행크는 만 여덟 살이었고, 오후 시간을 이용해 방 청소를 했다. 행크는 나를 불러서 자기가 청소한 방을 보여주었다.

"와, 방이 엄청나게 깨끗해졌네." 내가 감탄했다.

"고마워, 아빠! 내가 거의 모든 걸 제자리에 갖다 놨거든."

"너의 권리는 어디에 놓았니?" 내가 질문을 던져봤다.

"그게 무슨 말이야?"

"너의 권리. 타이기에 대한 권리 같은 거 말이야. 그건 어디로 치웠니?"

"그건 안 치웠는데." 행크가 대답했다. "그건 내 안에 있어."

"정말? 어디에? 배 속에 있나?"

"아니." 행크가 말했다. "몸 안의 어디에 있는 게 아니고, 그냥 내 안에 있어."

"그걸 꺼내보지 그러니? 그러면 몸이 덜 무거울 텐데."

"권리는 꺼낼 수 있는 게 아니야." 행크가 말했다. "손에 들고 있을 수도 없어."

"트림을 해서 밖으로 내보낼 수는 있어?" 내가 물었다.

"아니." 행크가 말했다. "권리는 트림으로 내보낼 수 없는 거야."

그러고 나서 행크는 어디론가 달려갔다. 그래서 우리는 권리의 정의를 내리지 못했다. 권리를 트림으로 내보낼 수 없다는 사실은 알게 됐지만.

권리의 정의를 내리는 과제는 그냥 내가 끝마칠 수도 있다. 행크가 절반은 맞혔다. 권리는 우리가 손에 들 수 있는 물건이 아니고, 우리 몸 안에 있는 것도 아니다. 권리는 관계다.

내 말이 무슨 뜻인지 보여주겠다. 당신이 나에게서 1000달러를 받을 권리가 있다고 가정하자. 당신의 권리는 1000달러라는 돈을 요구할 수 있다는 것이다. 그 요구는 나에게 유효하며, 만약 당신에게 빚을 진 사람이 나 하나라면 오직 나에게만 유효하다. 경우에 따라 당신은 여러 사람에게 유효한 권리를 가지기도 한다(줄리와 내가 당신에게 돈을 빌렸을지도 모른다). 그리고 경우에 따라 당신은 세상의 모든 사람에게 유효한 권리를 가진다. 예컨대 당신은 주먹으로 얼굴을 가격당하지 않을 권리를 가지고 있다. 만약 누군가가 당신의 얼굴을 주먹으로 치겠다고 말한다면, 당신은 그에게 그런 행동을 하지 않을 책임이 있음을 상기시켜야 한다.

바로 위의 문장에서와 같이 당신에게 어떤 권리가 있을 때는 다른 누군가에게 어떤 책임이 부과된다. 내가 권리란 관계라고 말한 이유가 여기에 있다. 모든 권리에는 적어도 두 명의 관계자가 있다. 권리를 가진 사람과 책임을 지는 사람. 권리와 책임은 늘 함께 다닌다. 권리와 책임은 하나의 관계를 서로 다른 측면에서 설명하는 말이다.

이 관계는 어떤 성격을 지니는가? 이 문제에 관해서는 내가 항상 좋아했던 철학자 주디스 자비스 톰슨Judith Jarvis Thomson의 도움을 받아보자. 톰슨은 윤리학 전문가였고, 사고실험을 멋지게 설계하는 사람이었다. 사고실험이란 철학자들이 가설을 시험하기 위해 사용하는 짧은 이야기라고 생각하면 된다. 앞으로 우리는 톰슨의 이야기들을 조금 더 살펴볼 것이다. 톰슨은 권리에 관한 이론으로도 유명한 사람이다.[27]

톰슨의 이론에 따르면, 당신에게 권리가 있다는 것은 당신이 그 권리에 상응하는 책무를 가진 사람과 복잡한 관계를 맺는다는 뜻이다. 그 관계는 다양한 모습으로 나타난다. 예를 들어 내가 다음 주 화요일까지 당신에게 1000달러를 갚아야 한다고 치자. 만약 내가 그 돈을 못 갚을 것 같다는 생각이 든다면 당신에게 미리 알려주어야 한다. 또한 약속한 시한이 됐는데도 돈을 돌려주지 못한다면, 나는 사과를 하고 어떤 식으로든 당신에게 보상해야 한다. 하지만 가장 중요한 것은 다음과 같다. 모든 조건이 같다면 나는 다음 주 화요일에 당신에게 1000달러를 지불해야 한다.

여기서 '모든 조건이 같다면'이라는 말은 무엇을 의미할까? 그것은 철학자들이 자주 쓰는 문구로, 때로는 중대한 사건이 발생하기도 한다는 뜻이다. 나는 다음 주 화요일까지 당신에게 1000달러를 갚아야 한다. 그리고 화요일이 왔는데 내가 그 돈으로 집세를 내지 않으면 우리 가족이 길거리에 나앉을 판이다. 그래도 내가 당신에게 돈을 갚아야 할까? 아마도 그럴 것이다. 내가 돈을 돌려주지 않으면 당신이 더 힘든 처지가 될 수도 있다. 그러나 만약 당신에게 그 돈이 있느냐 없느냐가 그렇게까지 큰 문제가 아니라면? 그렇다면 나는 우선 집세를 내고, 당신에게 돈을 갚지 못한 것에 대해 사과를 하고, 최대한 빨리 보상을 해주려고 노력해야 한다.

오늘날 도덕철학의 가장 시급한 질문들 중 하나. 얼마나 심각한 사건이 발생할 때 권리를 기각할 수 있는가? 이 질문에 대한 답변 중 하나는 다음과 같다. "아주 심각하지는 않아도 된다." 즉 사람들의 권리를 존중하지 않고 권리를 침해해서 더 나은 결과를 얻을 수 있다면, 그럴 때마다 권리를 무시해도 된다. 이런 견해에 따르면, 당신이 내 얼굴을 주먹으로 쳐서 좋은 점이 나쁜 점보다 많다면 당신은 내 얼굴을 힘껏 때려야 한다.

어떤 사람들은 이런 주장이 합리적이라고 생각한다. 하지만 이 같은 주장은 권리를 무의미하게 만든다는 점에 주목하라. 우리는 누가 어떤 권리를 가지고 있는지에 대해 걱정하는 대신 이렇게 물을 수 있다. "당신이 지금 고려하고 있는 행동의 결과가 좋을까요, 나쁠까요? 결과가 좋다면 그 행동을 하세요. 결과가 나쁘다면 하지 마시고요." 이때 권리는 당신의 선택에 영향을 미치지 못한다.

이런 주장에는 결과주의consequentialism라는 이름이 붙어 있다. 어떤 행동의 도덕성을 판단할 때 결과를 기준으로 삼아야 한다는 주장이기 때문이다.[28] 결과주의 중에서 가장 유명한 이론은 공리주의utilitarianism다. 공리주의는 우리가 행복welfare 또는 효용utility의 극대화를 목표로 해야 한다고 주장한다. 행복 또는 효용의 극대화란 무엇인가? 그것은 여러 가지로 설명이 가능하다. 일반적인 설명 중 하나는 세상 전체의 고통과 쾌락을 비교하는 것이다. 당신이 내 얼굴을 주먹으로 칠지 말지를 판단해야 할 때, 공리주의자(어떤 종류의 공리주의자)는 내 얼굴을 때린 결과로 발생할 고통보다 사람들이 느낄 쾌감이 더 클지를 따져보라고 충고할 것이다. 옳고 그름은 방정식에 아예 포함되지 않는다.

로널드 드워킨Ronald Dworkin은 도덕성을 이런 식으로 판단하는 것을 못마땅하게 여겼다. 사실 그는 《법과 권리Taking Rights Seriously》라는 책을 쓴 사람이고, 그 책에서 그가 한 이야기는 음, 우리가 권리를 중요하게 여겨야 한다는 것이었다.[29] (드워킨은 법철학자였다. 이론의 여지는 있지만 지난 수십 년 동안 법철학자들 중에서 가장 영향력이 컸던 인물이다. 나의 철학 연구도 어떤 면에서는 그가 이룬 업적의 연장선상에 있다.) 드워킨은 권리의 중요성을 설명하기 위해 브리지와 같은 카드 게임의 비유를 활용했다. 그의 주장에 따르면 도덕성을 논의할 때는 행복보다 권리가 우선한다.[30]

드워킨이 어떤 생각을 했는지를 이해하기 위해 흔히 '이식수술'이라고 불리는 일화를 보자. 당신이 병원에서 일하는 사람인데 어려운 상황에 처했다고 가정하자.[31] 장기이식이 반드시 필요한 환자가 다섯 명 있다. 다섯 명의 환자는 각기 다른 기관을 필요로 한다. 그리고 즉시 이식수술을 받지 못하면 다섯 명 모두 죽게 된다. 바로 그때,

어떤 남자가 응급실로 걸어 들어온다. 그는 팔이 부러져서 응급실에 왔고, 생명이 위태롭지는 않다. 그런데 문득 이런 생각이 떠오른다. 당신이 그 남자를 죽이면 그의 장기를 사용해 다른 환자 다섯 명을 살릴 수 있다. 당신은 그에게 그렇게 해도 되겠느냐고 물어본다. 그는 절대로 안 된다고 대답한다.

그래도 당신은 그를 죽이고 다른 환자 다섯 명을 살려야 할까? 논쟁의 여지는 있지만, 다섯 명이 목숨을 잃는 대신 단 한 명만 목숨을 잃을 경우 사회 전체의 행복(효용)은 증가한다.* 그러나 사회 전체의 행복을 왜 따지는가? 그 남자에게는 생존에 대한 권리가 있다. 그리고 그의 권리가 다른 환자들의 행복보다 우선한다.

~

잠깐, 과연 그럴까? 우리는 현대 철학에서 가장 유명한 수수께끼의 문턱에 도달했다. '전차 문제(트롤리 문제Trolley problem)'라고 불리는 수수께끼가 그것이다.

문제를 이해하기 위해 우리에게는 새로운 일화들이 필요하다. 사

---

* 내가 '논쟁의 여지는 있지만'이라고 덧붙인 이유는 이차적 효과가 발생할 수도 있기 때문이다. 만약 사람들이 응급실에 갔다가 장기 적출을 위해 죽임을 당할 수도 있다는 걱정을 하기 시작한다면, 사람들은 되도록 응급실에 가지 않으려 할 것이고 그렇게 되면 사회 전체의 행복은 감소할지도 모른다. 철학자들은 상황을 설정할 때 여러 가지 조건을 달아서 이와 같은 이차적 효과를 제한하려 한다. 예컨대 '이식수술' 일화에서는 환자 살해가 비밀리에 이뤄지므로 아무도 모를 거라는 가정을 추가한다. 그러면 당면한 질문에 초점을 맞출 수 있다. 설사 사회 전체의 행복을 증진한다 해도 그 남자를 죽이는 행위는 잘못인가?

실 그것도 톰슨의 사고실험이다. 톰슨은 첫 번째 사고실험을 '스위치 앞의 방관자Bystander at the Switch'라고 불렀다.[32] 사고실험의 내용은 다음과 같다. 고장 난 전차가 선로를 따라 질주하는 중이다. 전차는 선로를 고치고 있는 다섯 명의 노동자를 향해 달려간다. 만약 전차가 계속 그 방향으로 질주하면 다섯 명 모두 죽을 것이다. 하지만 좋은 소식이 있다. 당신은 스위치 바로 앞에 서 있는데, 스위치를 누르면 전차가 다른 선로로 들어서게 된다! 아 참, 나쁜 소식도 하나 있다. 그 다른 선로에도 노동자가 있다. 단 한 명이지만. 만약 당신이 전차의 방향을 바꾼다면 그는 죽을 것이 틀림없다.

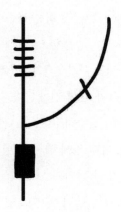

당신이라면 어떻게 하겠는가?

대부분의 사람은 스위치를 눌러서 전차가 다섯 명 대신 한 명만 죽이도록 하겠다고 대답한다.

그런데 잠깐! 우리는 방금 '이식수술' 일화에서 설사 한 남자를 죽여서 다섯 명을 살릴 수 있더라도, 그 남자에게도 살 권리가 있다고 하지 않았던가? 선로에서 혼자 일하고 있었던 노동자는 왜 똑같은 권리를 보장받지 못하는가?

　

최근에 나는 '전차 문제'에 관한 수업을 했다. 그 수업은 우리 집에서 열렸기 때문에 우리 아이들도 참여할 수 있었다. 아이들은 장난감 기차를 가지고 '스위치 앞의 방관자' 세트를 제작했다. 그리고 우리가 일화를 이리저리 바꿔가며 토론을 하는 동안 아이들이 모델을 변경했다.

우리 아이들이 가장 좋아했던 일화는 톰슨이 제시한 또 하나의 사고실험이었다. 이 일화에는 '뚱뚱한 남자'라는 제목이 붙어 있다.[33] (그렇다. 썩 좋은 이름은 아니다. 하지만 그의 몸무게가 이 실험의 핵심이라서 그렇다.) 사고실험은 다음과 같이 전개된다. 전차가 또 고장을 일으켜 노동자 다섯 명을 향해 질주하고 있다. 다만 이번에는 당신이 스위치 앞에 서 있지 않고, 다리 위에 서서 저 아래를 내려다보고 있다. 당신의 바로 옆에는 덩치 큰 남자가 난간에 기대 있다. 만약 당신이 그 남자를 살짝 민다면 그는 난간 너머로 넘어가 선로에 추락할 것이다. 그의 무게는 전차를 멈춰 세우고, 노동자들은 살 수 있다. 그러나 그 뚱뚱한 남자는 전차와 부딪치는 충격 때문에 사망할 것이다. 아니, 추락하는 동안에 이미 사망할 수도 있다.

당신이라면 어떻게 하겠는가? 그 남자를 밀어 떨어뜨려서 그를 죽이고 노동자 다섯 명을 구하겠는가? 아니면 전차가 다섯 명을 치도록 그냥 놓아두겠는가?

대부분의 사람은 그 뚱뚱한 남자를 밀지 않겠다고 대답한다. 그냥 다섯 명이 죽게 놔두겠다는 것이다.

그런데 그 이유가 뭘까? 우리가 지금까지 살펴본 모든 일화의 도덕적 계산은 동일하다. 다섯 명이 죽도록 놔둘 것인가, 한 명을 대신 희생시킬 것인가? '스위치 앞의 방관자'에서는 대부분의 사람이 한 명을 죽여도 괜찮다고 대답했다. '뚱뚱한 남자'와 '이식수술'에서는 대부분이 그렇게 하면 안 된다고 대답했다.

왜 그랬을까? 두 경우의 차이는 무엇인가? 바로 그것이 '전차 문제'다.

⌒

'전차 문제'는 우리가 '이식수술'에 관해 나눴던 이야기를 다시 생각해보게 만든다. 우리는 팔을 다친 남자에게도 삶에 대한 권리가 있기 때문에 그를 죽이는 건 잘못된 행동이라고 이야기했다. 하지만 선로에서 혼자 일하던 그 노동자에게도 삶에 대한 권리가 있는데, '스위치 앞의 방관자' 실험에서는 대부분의 사람이 별다른 가책 없이 그를 살해했다. 때때로 다수의 생명이 위태롭다면 한 사람의 삶에 대한 권리는 뒷전이 되는 것으로 보인다. 그렇다면 우리는 '이식수술'과 '뚱뚱한 남자'에서는 사람을 죽이는 것이 용납되지 않는 이유를 다시 찾아봐야 한다.

우리의 목표는 '이식수술'과 '뚱뚱한 남자'에서는 침해되었지만 '스위치 앞의 방관자'에서는 침해당하지 않은 권리를 찾는 것이다.

그런 권리가 있을까? 그런 것 같다. 영감을 얻기 위해 이마누엘 칸트Immanuel Kant를 만나보자.

칸트는 18세기 독일에서 살았다. 그는 플라톤, 아리스토텔레스 같은 인물들과 함께 역사상 가장 영향력 있는 철학자들의 목록에 빠짐없이 등장한다. 칸트는 엄격한 규칙에 따라 생활했던 사람이다. 그의 하루 일과가 항상 똑같았기 때문에 이웃들은 그가 산책하는 것을 보고 시계의 시간을 맞췄다고 한다.

칸트는 우리가 사람들을 단순히 우리의 목표를 달성하기 위한 수단으로 취급해서는 안 된다고 주장했다.[34] 칸트의 주장에 의하면 우리는 사람을 사람으로 대해야 한다. 사람을 사람으로 대하려면 그 사람을 인정하고 그의 인격을 존중해야 한다. 사람에게는 인격이 있기에 평범한 물건들과 구별된다(물건들은 지금도 목적을 위한 수단으로 적절히 이용되고 있다). 사람은 물건과 어떻게 다른가? 사람에게는 스스로 목표를 설정하고, 어떤 목표를 가져야 할지를 이성적으로 생각하고, 목표를 달성할 방법을 알아내는 능력이 있다. 사람을 사람으로 대하려면 그런 능력을 존중해야 한다.

중요한 사실 하나. 칸트도 경우에 따라서는 사람들을 목표 달성을 위한 수단으로 활용해도 괜찮다고 생각했다. 예컨대 어떤 학생이 나에게 추천서를 써달라고 부탁한다면, 그는 자신의 목표를 달성하기 위해 나를 이용하는 것이다. 그 학생은 내가 써주는 추천서가 자신의 취직에 도움이 되기를 바란다. 그렇다고 그가 마치 컴퓨터를 이용해서 지원서를 전송할 때처럼 나를 이용하기만 하는 건 아니다. 나에게 추천서를 써달라고 부탁할 때 그 학생은 나라는 사람에게 관여한다. 그 학생은 내가 그의 목표를 내 목표로 채택할지 아닐지를 나에게 선택하도록 한다. 컴퓨터는 그 문제에 대해 발언권이 없지만,

나에게는 선택의 여지가 있다.

'전차 문제'를 해결하는 데 칸트가 도움이 될까? 어떤 사람들은 도움이 된다고 생각한다. 그들의 주장에 따르면, 우리에게 유의미한 권리는 단순히 목표를 위한 수단으로 취급받지 않고 사람으로 대우받을 권리다.

우리가 다뤘던 일화들을 다시 들여다보자. '이식수술' 일화에서 팔이 부러진 남자를 죽인다면 당신은 그의 유의미한 권리를 침해하게 된다. 당신은 그에게 다른 사람들을 위해 희생할 의사가 있느냐고 물었고, 그는 아니라고 대답했다. 그런데도 그를 죽인다면, 당신은 그를 자기 삶을 스스로 결정할 자격이 있는 사람이 아니라 신체 기관들의 집합으로 취급하는 것이다.

'뚱뚱한 남자' 일화에도 같은 논리가 적용된다. 만약 당신이 뚱뚱한 남자를 난간 너머로 밀어버린다면, 그를 사람이 아닌 물건처럼 취급하는 것이다. 당신은 그 남자가 목표 달성에 필요한 몸무게를 가지고 있다는 사실만 중요하게 생각했다.

그럼 '스위치 앞의 방관자'는 어떨까? 얼핏 봐서는 당신의 행동은 잘못된 것 같다. 당신은 현장에 있었던 한 명의 노동자에게 허락을 받지 않았기 때문이다. 그럴 시간은 없었다. 하지만 잠깐. 당신은 그 노동자를 목표 달성을 위한 수단으로 이용한 것도 아니다. 그는 당신의 계획에 포함되지 않았다. 만약 그가 그 자리에 없었더라도 당신은 전차의 방향을 바꿨을 것이다. 그의 죽음은 단지 전차를 다른 선로로 돌려서 다섯 명의 목숨을 구한다는 계획에서 파생된, 불행한 결과일 따름이다.[35] 만약 그가 운 좋게 탈출했다면, 당신은 펄쩍 뛰며 기뻐할 것이다.

이 실험이 '뚱뚱한 남자'나 '이식수술'과 다른 점이 바로 여기에 있다. '뚱뚱한 남자'와 '이식수술'에서는 한 남자가 탈출할 경우 당신의 계획은 좌절된다. 그러니까, 확실하진 않지만, 우리가 '전차 문제'의 해법을 찾은 것도 같다.

⌒

그게 아닐 수도 있다. 톰슨도 당연히 칸트의 이론을 알고 있었다. 그리고 그녀 역시 우리가 방금 찾아낸 해법을 생각해봤다.[36]

그러나 톰슨은 그 해법을 채택하지 않았다.

왜 그랬을까? 톰슨은 또 하나의 이야기를 들려준다.

이번 사고실험의 제목은 '순환loop'이다.[37] 설정은 '스위치 앞의 방관자'와 거의 동일하지만 이번에는 뜻밖의 반전, 아니 순환이 포함된다. 전차는 다섯 명의 노동자를 향해 달려가고 있다. 만약 당신이 스위치를 당기면 전차는 노동자 한 명이 일하고 있는 다른 선로로 빠져나간다. 그러나 이 두 번째 선로는 한 바퀴 빙 돌아서 첫 번째 선로로 이어진다. 만약 두 번째 선로에 한 명의 노동자가 없다면, 전차는 고리 모양의 선로를 한 바퀴 돌아 반대편에서 다섯 명의 노동자를 칠 것이다. 그리고 마침 그 한 명의 노동자는 전차를 멈춰 세울 수 있을 정도로 덩치가 크다. 하지만 그럴 경우 그는 전차와 충돌해서 사망할 것이다.

이때 순환하는 전차의 방향을 돌려도 될까? 주의할 점. 이번에는 당신이 그 한 명의 노동자를 목표 달성을 위한 수단으로 취급하고 있다. 만약 그가 그 자리에 없다면(즉 그가 어떻게든 탈출에 성공한다면) 다

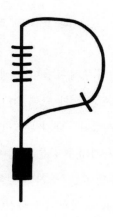

섯 명의 노동자를 구한다는 계획은 실패로 돌아간다. 앞에서도 말했지만 당신은 그의 큰 몸뚱이를 이용해 전차를 멈춰 세우려는 것이다. 그렇게 하지 못하면 다섯 명의 노동자가 죽을 테니까. 따라서 '순환'은 '뚱뚱한 남자'와 비슷해진다.

톰슨은 '순환' 실험에서도 전차의 방향을 돌리는 행위를 용납할 수 있다는 결론을 제시했다. 그녀는 그 한 명의 노동자 뒤에 선로가 조금 더 추가된다고 해서 도덕적 의미가 달라진다고 생각하지 않았다. 그녀의 견해에 따르면 '순환'은 '스위치 앞의 방관자'와 거의 똑같다. 그녀에게 선로가 길어지는 것은 의미 없는 사실이었다. 전차는 그 선로에 닿지도 않을 테니까!

만약 톰슨의 주장이 옳다면 칸트식 해법, 즉 목표를 위한 수단이 아니라 사람으로 대접받을 권리에 기초하는 해법은 '전차 문제'의 해결책이 못 된다.

어떤 철학자들은 톰슨의 주장이 옳다고 생각한다. 렉스도 그중 하나다. 우리는 최근에 '순환' 실험에 관해 이야기를 나눴다.

"너라면 스위치를 당기겠니?" 내가 물었다.

"응. 첫 번째 이야기랑 거의 똑같은 거잖아." 렉스의 대답이었다. 렉스가 말한 첫 번째 실험이란 '스위치 앞의 방관자'를 의미한다. "선로가 더 길어지기만 했지, 상황이 달라진 건 없어."

"달라진 게 있긴 하잖니." 나는 선로가 둥글게 순환하는 형태일 때는 노동자의 몸뚱이로 전차를 멈추게 된다는 점을 설명했다. "그래서 '뚱뚱한 남자' 실험이랑 비슷해지는 거야."

"흠, 듣고 보니 비슷하긴 하네." 렉스가 말했다. "하지만 그건 달라."

"어떻게 다른데?"

렉스는 조금 머뭇거렸다. "그 남자를 이용하는 건데, 진짜로 이용하는 건 아냐."

"그게 무슨 말이지?"

"그 남자는 이미 선로 위에 있잖아. '뚱뚱한 남자'에서는 내가 그 사람을 선로로 떨어뜨려야 하고. 내가 그 사람을 밀어야 한다는 거, 그게 다른 것 같은데."

렉스의 말이 맞았다. 그 점이 다르다. 문제는 '그 차이가 중요한가?'에 있다. 어떤 철학자들은 그게 중요한 차이라고 생각한다.[38] '이식수술'과 '뚱뚱한 남자'에서는 우리가 죽이려는 사람들과 신체 접촉을 해야 한다. 그건 오싹한 일이 틀림없다.

하지만 도덕적인 측면에서 그게 문제가 될까? 그 의문을 풀기 위해 다른 사례 하나를 제시하겠다. 이 실험의 제목은 '덫에 걸린 뚱뚱한 남자'라고 해두자.[39] 이 실험은 '뚱뚱한 남자'와 동일한 상황에서 시작한다. 질주하는 전차, 다섯 명의 노동자, 그리고 다리 위의 뚱뚱한 남자. 다만 공교롭게도 그 남자는 선로 바로 위의 낙하문에 서 있다. 만약 당신이 스위치를 당기면 남자는 바로 밑의 선로로 떨어지면서 전차를 멈추고 다섯 명의 목숨을 구할 것이다. 이번에도 그 남자는 죽게 되겠지만, 당신은 그에게 손가락 하나 대지 않아도 된다.

그런 차이가 있다고 해서 당신의 행동이 합리화될까? 나는 그렇게 생각하지 않는다. 그를 밀어서 떨어뜨리는 것보다 스위치를 당기는 편이 덜 오싹하긴 하다. 그러나 어느 쪽이든 당신은 그를 떨어뜨려서 죽게 만드는 것이다. 그 메커니즘이 중요해 보이지는 않는다.

'전차 문제'에 관한 문헌은 정말 많다.* 문헌에는 어지러울 정도로 다양한 사례들이 나온다. 그리고 그 사례들은 점점 복잡해진다. 산사태, 폭탄, 두 번째 전차, 그리고 선로를 바꾸는 회전판도 등장한다.

때로는 철학에서 전차 문제를 다루는 부분을 따로 떼어내 '전차학Trolleyology'이라고 부르기도 한다.[40] 전차학이라는 명칭에는 조롱의 의미도 담겨 있다. 뭔가가 선로를 이탈했다는 신호가 보인다. 처

---

* 그중에서도 가장 놀라운 글은 톰슨이 이 문제에 관해 마지막으로 남긴 말일 것이다. 톰슨은 말년에 생각을 바꿔서 '스위치 앞의 방관자'에서도 전차의 방향을 바꾸는 행위는 용납되지 않는다고 선언했다. 그녀는 그 실험이 '이식수술'이나 '뚱뚱한 남자'와 똑같다고 생각하게 된 것이다. 그녀의 주장이 옳다면 우리가 해결해야 할 '전차 문제'는 이제 없다. 그 세 가지 실험의 차이에 관한 판단을 내리는 것이 우리의 과제였기 때문이다. 하지만 사람들 대부분은 '스위치 앞의 방관자' 실험에서 전차의 방향을 바꾸는 행위가 용납된다고 생각한다. 그래서 '전차 문제'는 여전히 해결을 기다리고 있다.[41]

음에 우리는 진지한 도덕적 의문에서 출발했다. 우리의 권리는 어디까지인가? 권리에는 어떤 한계가 있는가? 그런데 어쩌다 보니 우리는 전차에 관해 끝없이 논쟁하고 있다. 그것도 현실에서는 발생하지도 않을 상황을 가지고 논쟁한다.

철학자가 아닌 사람들의 눈에는 우리가 미친 것처럼 보인다. 전차학에 관한 비판 중에 내가 가장 좋아하는 글은 데릭 윌슨Derek Wilson이라는 철도 기술자의 편지다. 그는 이 편지를 〈글로브 앤드 메일Globe and Mail〉에 보냈다.[42]

고장 난 전차가 등장하는 도덕적 딜레마는 정보가 부족한 탓에 철학 수업에서 사람들의 눈을 흐리게 되는 상황에 해당합니다. 전차와 기차에는 기관사가 움직이지 못하게 될 경우에 작동하는 '죽은 자의 페달(발을 놓으면 자동으로 동력원이 끊어지는 페달 – 옮긴이)'이 설치되어 있기 때문에, 설사 고장이 나더라도 차량이 멋대로 질주하지는 않습니다.

누군가가 노동자들의 생명을 구하기 위해 "스위치를 당기는" 것도 불가능합니다. 선로 스위치는 고의적인 기물 파손을 방지하기 위해 잠겨 있기 때문입니다. 그리고 그 사람의 반응은 전차의 속도에 따라 달라져야 합니다. 만약 전차의 속도가 시속 15킬로미터보다 느리다면, 그 사람이 펄쩍 뛰어 전차에 올라타서 경보를 울리는 방법으로 다섯 명 모두를 구할 수 있을 것입니다. 전차의 속도가 시속 15킬로미터에서 30킬로미터 사이라면, 그 사람은(스위치 자물쇠의 열쇠를 가진 사람이어야 합니다) 스위치를 돌려서 다른 선로에 있던 사람 한 명만 죽일 수도 있겠지요. 만약 전차가 시속 30킬로미터보다 빠르게 움직이고 있는데 스위치를 획 돌린다면 전차는 탈선할 것입니다. 전차가 탈선하면 승객들은 다치거나 죽겠지만 선로에 있던 노동자들은 무사할 것입니다. 그래서 이 경우에 최선의 선택은 승객들이 타고 있는 전차가 원래의 선로를 따라 달리도록 놓아두고, 안타깝지만 다섯 명이 죽게 두는 것입니다.

나는 두 가지 이유에서 이 편지를 아주 좋아한다. 첫째 이유는 이 편지가 현실 세계는 철학자의 가정만큼 단순하지 않다는 사실을 상기시키기 때문이다.

때로는 현실이 더 단순하다. 그게 윌슨의 시각이다. 전차에 관한 지식을 가진 사람의 눈에는 '전차 문제'가 해결하기 쉬운 문제라는 것이 보인다.

한편으로 윌슨은 현실 세계가 철학자들이 들려주는 이야기보다 복잡하다는 점을 보여준다. 우리가 얼마나 많은 사항을 빼먹었는지 한번 생각해보라. 죽은 자의 페달, 전차의 속도, 그리고 결정적으로 스위치는 잠겨 있을 것이라는 사실.

현실 속의 전차 문제들은 철학자들이 제시하는 '전차 문제'와 전혀 다르다! 그래도 철학자들이 지나치게 단순화한 이야기를 들려주는 데는 나름의 이유가 있다. 현실 세계는 우리를 향해 서너 개의 문제를 한꺼번에 던지는 고약한 습관을 가지고 있지만, 우리는 한 번에 한 가지 문제만 생각하려고 한다.

내가 윌슨의 편지를 사랑하는 두 번째 이유는 그가 철학자들을 비판하면서도 그 나름의 철학을 하고 있기 때문이다. 그의 직관은 공리주의에 기울어 있다. 그는 최대한 많은 사람을 구하려 한다. 그래서 그는 전차가 시속 30킬로미터 이하로 달리고 있을 경우 스위치를 돌려서 한 명을 죽여야 한다고 했다. 반면 전차가 빠르게 달리고 있다면 다섯 명이 죽도록 놓아두고, 전차가 탈선하면 죽게 될 전차 안의 승객들(아마도 선로 위의 노동자들보다 수가 많을 것이다)을 구해야 한다고 했다.

윌슨은 우리가 당연히 그렇게 행동해야 한다고 생각한다. 그게 너무나 당연해서 근거를 밝힐 필요도 없다고 여긴다. 하지만 사실 그건 당연한 것과 거리가 멀다. 만약 윌슨이 나의 수업을 듣는 학생이라면, 나는 그에게 '이식수술'에 관해 어떻게 생각하는지 물어볼 것이다. 전차가 시속 15킬로미터에서 30킬로미터 사이의 속도로 움직이고 있을 때 다섯 명을 구하기 위해 한 명을 희생시킬 생각이라면, '이식수술'에서도 한 명의 목숨을 빼앗겠는가? 그가 '아니요'라고 대답한다면 우리는 본격적인 토론에 착수해서 비슷비슷한 이야기들로 그를 괴롭힐 것이다.

⌇

전차 문제의 답은 무엇일까? 행크는 늘 답이 뭐냐고 묻는다. 나는 내가 가르치는 법적 사건들에 관해 행크에게 이야기를 들려주기 때문에, 행크는 법적 설명에 익숙하다.

"사건 이야기 하나 해줘, 아빠." 행크가 심심할 때 하는 말이다.

사건이 어떻게 해결되어야 한다고 생각하는지에 관해 행크와 이런저런 의견을 나누고 나면, 나는 법원이 어떻게 판결했는지를 알려준다. 그래서 내가 전차 문제를 처음 이야기한 날부터 행크는 줄곧 이렇게 묻는다. "판사는 뭐라고 했어?" 내가 그 이야기는 사실이 아니라고 설명해도 행크는 순순히 물러나지 않을 것이다. 답을 알고 싶은 마음이 정말 간절하다.

나도 답을 알고 싶다. 그러나 철학에는 정답을 찾아주는 열쇠가 없다. 우리 스스로 최선을 다해서 문제를 해결해야 한다. 만약 당신이 나에게 오후 시간을 내주고 화이트보드도 준다면, 나는 '순환'에 관한 렉스의 주장이 틀렸고 톰슨도 틀렸다는 사실을 열심히 설득할 것이다. 나는 선로가 조금 더 길어지면 상황이 달라진다고 주장할 것이다. 나는 새로운 사례를 화이트보드에 적을 것이다. 그리고 칸트철학의 일종인 '우리가 사람 다섯 명을 구하기 위해 사람 한 명을 이용하는 일을 허용해서는 안 된다'는 주장을 옹호할 것이다.

그 설명을 끝내고 나서는 놀라운 이야기를 꺼낼 것이다. 우회적인 방식이긴 하지만, 우리가 수집한 일화들은 낙태에 관한 논쟁에도 시사하는 바가 있다. 만약 국가가 한 여성에게 출산 때까지 임신을 유지할 것을 강제한다면, 그건 그녀의 신체를 목적을 위한 수단으로 이용하는 일이 된다. 설사 생명이 달려 있다 해도 그런 일을 허용할 수는 없다. (내가 그렇게 주장할 것이라는 이야기다. 앞에서 말했듯이, 그걸 논증하는 데는 상당한 시간이 필요하다.)

이제 나의 주장을 펼치면서 '전차 문제'의 순환 고리를 닫아보겠다. 철학에서 전차 문제가 처음 다뤄진 것은 필리파 풋Philippa Foot이라는 영국 철학자의 낙태에 관한 논문이었다.[43] 그리고 전차 문제를 유명하게 만든 사람은 톰슨이다. 그는 풋의 이야기를 정교하게 다듬어 대중에게 소개했다. 하지만 문제의 핵심은 전차가 고장 났을 때 데릭 윌슨, 또는 실제로 전차 일에 종사하는 사람들이 어떻게 해야 하는지를 알아내는 것이 아니었다.

철학자들에게 전차는 도덕의 구조에 관해 생각해보기 위한 도구였다. 우리가 어떤 권리를 가지고 있으며, 다른 사람들의 필요를 위해 그 권리를 양보해야 할 때가 언제인지를 생각해보기 위한 도구였다. 전차 문제는 낙태라든가…… 전시의 법률과 같은 심각한 문제들을 고민하는 데 활용되는 도구라 할 수 있다.

잠시 당신이 해리 트루먼이라고 상상하라. 당신은 일본의 나가사키에 원자폭탄('뚱뚱한 남자'라는 이름의)을 떨어뜨릴 것인지 말 것인지를 결정해야 한다. 원자폭탄은 수만 명의 목숨을 앗아갈 것이다. 하지만 원자폭탄을 투하하면 전쟁을 일찍 끝낼 수 있으므로 그보다 훨씬 많은 사람들의 목숨을 구하게 된다.[*]

다른 사람들을 구하기 위해 누군가를 죽여도 되는 때는 언제인가? 이것은 중요한 질문이다. 그리고 '전차 문제'는 우리가 이 문제를 고민하는 데 도움을 준다. 철학자가 아닌 사람들에게 이 질문이 어리석게 보인다면, 그건 전차 문제가 진지한 질문들이 빠진 채 대중문화로 넘어왔기 때문이다.

전차는 별로 중요하지 않을 수도 있다. 그러나 권리는 정말 중요하다.

⌒

어린아이들을 키울 때는 더욱 그렇다. 행크가 자기에게는 권리가

---

[*] 아니, 그건 당신의 믿음이다. 당신이 틀릴 수도 있다. 그리고 여기에는 도덕에 관한 또 하나의 질문이 숨어 있다. 당신이 결과를 확신하지 못할 때는 어떻게 결정을 내려야 할까?

하나도 없다고 말했을 때 그 아이는 권리가 뭔지 몰랐다. 그럼에도 불구하고 행크는 이미 능숙하게 자기 권리를 주장하고 있었다. 장난감을 가지고 놀고 싶어 하는 다른 아이를 차단하기 위해 "내 거야"라고 말할 때마다, 행크는 물건에 대한 권리를 주장하고 있었던 것이다. 그리고 잠깐 동안이나마 그 물건에 대한 다른 사람들의 접근을 배제할 권리도 함께.

병원에서 갓난아기를 집으로 처음 데려왔다면 당신의 주된 임무는 아기의 생명을 유지하는 것이다. 양육권을 가진 사람으로서 아기에게 젖이나 분유를 먹이고, 트림을 시키고, 목욕을 시키고, 끝없이 기저귀를 갈아줘야 한다. 그리고 다음 날 아침에 일어나서(당신이 잠을 잤다고 가정한다면) 그 일들을 똑같이 반복한다. 1년이 넘는 시간이 지나면 당신의 다음 과제는 그 아기를 공동체에 편입시키는 것이다. 그러려면 당신은 아이에게 권리와 의무를 알려줘야 한다. 아직 '권리'와 '의무'라는 단어를 사용하지는 않겠지만. 행크가 지래피를 납치할 때면 우리는 지래피는 렉스 거니까 먼저 물어보고 가져가야 한다고 말해줬다. 또 행크의 것은 무엇인지, 렉스가 행크의 허락을 받아야 할 때는 언제인지도 알려줬다.

우리는 아이들이 아주 어릴 때는 그런 식으로 소유권에 관해 가르쳐주다가 곧 약속, 사생활, 사적 공간에 관해서도 가르쳤다. 때로는 자기들의 권리와 의무가 무엇인지를 전혀 모르는 학생들을 위한 작은 로스쿨을 운영하는 기분이었다. 계약법 수업에서 아이들은 약속을 지켜야 한다는 걸 배웠다. 민사법 시간에는 다른 사람의 물건에 함부로 손대면 안 되고, 문이 닫혀 있을 때는 노크하라고 배웠다. 형사법 시간에는 나쁜 행동을 하면 벌을 받는다는 걸 배웠다.

도덕은 권리와 의무만으로 이뤄지지 않는다. 사실 아이에게 가장 중요한 교훈 중 하나는 항상 자기 권리만 내세우면 안 된다는 것이다. 남들이 자기 물건에 손대지 못하게 할 권리를 가지고 있다 해도, 적어도 가끔은 자기 것을 나눠줄 수 있어야 한다. 그게 바로 친절과 배려다. 아이들이 친절과 배려라는 덕목을 획득하면 권리의 중요성은 감소한다. 하지만 어린아이들을 키울 때는 여러 형태의 도덕성 교육이 가장 큰 비중을 차지한다. 우리가 권리에 관한 질문으로 여정을 시작한 이유가 바로 그것이다. 곧이어 우리는 복수, 처벌, 권위라는 주제로 넘어갈 것이다. 이 각각의 주제는 각기 다른 방식으로 권리와 연관된다.

우리 아이들은 권리에 관해 알고 나서부터 꼬마 변호사가 됐다. 아이들은 언제든지 자신의 권리를 주장하고, 자기가 남의 권리를 침해했다는 혐의를 받을 때면 스스로를 변호했다(나중에 처벌에 관한 장에서 보게 될 것이다). 행크는 권리가 무엇인지 알게 된 직후부터 매사에 권리를 주장했다.

어느 날 저녁, 우리는 아이들과 함께 타코를 먹으러 갔다. 행크(그때 만 여섯 살이었다)는 냉장고 안에 들어 있는 판타fanta를 보고 자기가 판타를 마셔도 되느냐고 여섯 번, 아니 열일곱 번쯤 물어봤다. 우리는 안 된다고 대답하고 자리를 잡았다. 뾰로통해진 행크가 항의하기 시작했다. 행크는 우리가 자기의 권리를 빼앗고 있다고 선언했다.

"어떤 권리를 빼앗았는데?" 내가 물었다.

"뭘 마실지 정할 권리."

"네가 그런 권리를 가지고 있다는 거니?"

"응!" 행크의 말투는 단호했다.

"왜?" 이건 내가 아이들에게 자주 사용하는 방법이다.

아이들은 '왜?'를 무기처럼 휘두른다. 대개 아이들은 진짜로 궁금해서 '왜?'라고 묻는다. 그럴 때는 부모가 능력껏 설명해주면 좋다. 물론 세상에 완전한 설명이란 없다. 모든 설명에는 빈틈이 있다. 그래서 아이들은 다시 '왜?'라고 물을 수 있다. 묻고 또 묻고. 지겹도록 묻는다.

처음에 아이들은 재미로 '왜?'를 연발한다. 아이들은 부모가 얼마나 많은 설명을 해주는지를 확인하려고 한다. 조금 큰 아이들은 '왜?'를 적절하게 사용하면, 부모의 권위에서 약한 곳이 드러난다는 사실을 알아차린다. 아니면 그저 부모의 약을 올리기 위해 '왜'라고 묻기도 한다.

그러나 어른들도 게임의 판을 뒤집을 수 있다. '왜?'라고 묻고 아이가 주장을 펼치게 하면 된다.

그래서 나도 행크에게 그 전략을 썼다. "뭘 마실지 정할 권리가 왜 너에게 있지?"

"몰라." 행크는 어깨를 들썩였다. "그냥 있어."

"그런 건 안 통해." 내가 말했다. "너한테 권리가 있다고 말하려면 이유를 댈 수 있어야 해."

행크의 머릿속 톱니바퀴 장치들이 작동하기 시작했다. 실제로 행크는 나에게 이유를 말했다. 하나도 아니고 둘씩이나.

"내가 뭘 마실지를 아빠가 정한다면, 아빠는 내가 안 좋아하는 걸 마시라고 할 거잖아." 이 첫째 이유를 '자기 이해 논증'이라고 부르자. 행크는 두 번째 이유도 말했다. "아빠가 뭘 마실지는 아빠가 정하잖아. 그러니까 내가 뭘 마실지는 내가 정할 수 있어." 이 이유를 '평등 논증'이라고 부르자.

이 두 가지 논증은 타당한 걸까? 아니다.

자기 이해 논증부터 살펴보자. 내가 행크에게 그 아이가 좋아하지 않는 음료를 마시라고 요구할 가능성은 거의 없다. 매일 저녁 행크의 선택은 둘 중 하나다. 우유 아니면 물. 행크는 우유를 잘 마시는 편이고, 물을 좋아한다고 말하지는 않지만 싫어하지도 않는다.

게다가 자기 이해 논증은 행크가 자신이 좋아하는 음료를 마시는 것이 중요하다는 가정에 입각해 있다. 그것도 중요하긴 하다. 하지만 더 중요한 것이 있다. 행크는 건강한 식생활을 해야 한다. 그래서 우리는 행크에게 물과 우유를 주고, 설탕이 함유된 음료는 특별한 날에만 마시도록 한다. 마음대로 골라 마시라고 했다면 행크는 일주일 안에 당뇨 환자가 됐을 것이다.

평등 논증은 어떨까? 평등 논증은 사람들이 비슷한 상황에 놓여 있을 때 설득력이 있다. 그런데 행크와 나는 비슷한 상황에 놓여 있지 않다. 나는 행크보다 많은 지식을 가지고 있다. 예컨대 나는 당뇨병에 관해 알고 있고 어린이들도 당뇨병에 걸릴 수 있다는 사실을 안다. 그리고 나에게는 자제력이 있지만 행크는 아직 그런 능력을 기르지 못했다. 가장 중요한 차이는, 나에게는 행크에 대한 책임이 있지만 행크에게는 나에 대한 책임이 없다는 것이다. 행크는 언젠가 어른이 되겠지만, 행크가 덩치만 큰 아이가 아니라 어른다운 어른이 되도록 해주는 것이 나의 책임이다. 그 책임을 완수하기 위해 나는 한계를 정해야 한다. 특히 행크가 마시는 탄산음료의 양을 제한할 필요가 있다.

이것은 모두 행크가 무엇을 마실지 스스로 정할 권리를 가지고 있지 않다고 생각하는 이유들이다. 이것은 행크가 무엇을 마실지를 결정할 권리가 나에게 있다고 생각하는 이유들이기도 하다. (아니다. 사실은 줄리와 내가 행크의 부모로서 함께 결정할 권리를 가진다.)

나는 이 이유들의 일부를 행크에게 설명했다. 그리고 행크에게 '네가 어른이 되면 스스로 선택하게 된다, 하지만 지금은 우리 말을 들을 수밖에 없다'고도 알려주었다.

그래도 나는 행크에게 하나는 양보했다. 분쟁의 종식을 원했기 때문이다.

"네가 더 이상 불평하지 않으면," 내가 말했다. "토요일 저녁에 엄마, 아빠의 친구들이 놀러 올 때 너도 탄산음료를 마시게 해줄게."

"약속하는 거지?" 행크가 물었다.

"응."

"좋아."

토요일이 왔다. 우리 부부의 친구들도 왔다. 행크는 우리의 친구들이 도착하자마자 자기의 탄산음료에 대한 권리를 주장했다.

음료를 가지러 가면서 행크는 이렇게 선언했다. "나에게는 루트비어root beer(생강 등 식물의 뿌리로 만든 탄산음료 – 옮긴이)에 대한 권리가 있어."

2

복수

나를 바보 멍청이라고
불렀으니까 복수해도 돼

케이든의 눈이 그 자체로 행크에게 도움이 될 건 없다.

하지만 케이든의 눈을 뽑는 행위는 확실히 도움이 된다.

만약 사람들이 행크가 반드시 복수하는 사람이라고 인식한다면,

그들은 행크를 공격하기 전에 신중하게 생각할 것이다.

행크가 학교를 쉬는 날이어서, 나도 하루 휴가를 냈다. 나는 침대에서 행크를 괴롭히고 있었다. 이렇게 말하면 이상하게 들릴 수도 있다. 그건 단지 내가 행크를 공중으로 던져 올려주고 행크는 깔깔거리고 있었다는 뜻이다.

그러다가 갑자기 행크가 조용해졌다.

"왜 그래, 행크? 괜찮니?"

"어제," 행크가 말했다. "케이든이 나를 '바보 멍청이'라고 불렀는데, 켈리 선생님이 나한테 와서 야단을 쳤어."

이 문장만 가지고도 당신은 나에게 많은 질문을 던질 것 같다. 어떤 질문은 대답하기가 쉽다. 케이든은 얼마 전에 만 네 살 생일을 앞두고 행크가 들어간 시커모어 어린이집의 같은 반 아이였다.* 켈리

---

* 사실 그 아이의 진짜 이름은 케이든이 아니다. 내 아이가 아닌 아이들의 이름은 바꿔서 썼다. 순진한 아이들을 보호하기 위해, 그리고 케이든을 보호하기 위해.

는 어린이집 선생님이었다. 나는 그걸 다 알고 있었기 때문에 다른 질문을 던졌다. "바보 멍청이가 뭐니?"

"아빠, 그건 나쁜 말이야."

"확실해? 어쩌면 '바보 멍청이'가 멋지다는 뜻일 수도 있잖아. 구글에서 찾아볼까?"

"아빠! '바보 멍청이'는 멋지지 않아."

우리는 잠시 그 문제로 입씨름을 벌였다. '바보 멍청이'라고 자꾸 말하는 게 재미있었고, 행크가 '바보 멍청이'라고 말하는 걸 들으니 더 재미있었기 때문이다. 물론 행크의 말이 맞았다. '바보 멍청이'가 무슨 뜻인지 아무도 모른다 해도 '바보 멍청이'라고 불리는 건 정말 싫은 일이다. 차라리 '망나니fuckface'라고 불리는 게 낫다. (재미있는 사실. '망나니'가 무슨 뜻인지도 아무도 모른다. 욕은 참 이상하다.)

어쨌든 행크가 말하고 싶어 했던 것은 이야기의 뒷부분이었다. 켈리 선생님이 와서 야단을 쳤다는 부분.

"켈리 선생님이 케이든에게도 야단을 치셨니?"

"아니." 행크가 씩씩거렸다. "나한테만 뭐라고 하셨어."

"왜? 케이든이 너를 뭐라고 불렀는지 선생님께 이야기했니?"

"처음에는 아니고, 나중에."

"나중에 어떻게 됐는데?"

그때부터 증인은 침묵하기 시작했다.

"행크, 너도 케이든에게 나쁜 말을 했니?"

침묵.

"행크, 너도 케이든에게 나쁜 말을 했느냐고."

"켈리 선생님이 나한테만 야단을 쳤어."

"무엇 때문에, 행크?"

증인은 입을 열지 않으려 했다. 나는 그걸 존중한다. 그래서 전략을 바꿔봤다.

"행크, 케이든이 너한테 나쁜 말을 했으니까 너도 케이든에게 나쁜 말을 해도 된다고 생각했니?"

"응." 행크는 그것도 모르느냐는 말투로 대답했다. "걔가 나를 '바보 멍청이'라고 불렀잖아."

⌣

이럴 때 좋은 부모라면 자녀에게 모타운 레코드사의 히트작인 〈악을 악으로 갚지 말자Two Wrongs Don't Make a Right〉라는 노래를 가르쳐주었을 것이다.* 이 노래는 빌보드의 '도덕 팝송' 차트에서 〈더 골든 룰The Golden Rule〉(황금률. 남에게 대접받고 싶은 대로 남을 대접하라는 뜻 ─ 옮긴이) 바로 다음 순위를 차지한다.

애석하게도 나는 좋은 부모가 아니다. 나는 끝내주는 부모다. 그래서 우리는 그날 20분 동안 '복수'와 관련된 노래들을 불러젖혔다. 제임스 브라운James Brown이 1973년에 발표한 펑크 팝송인 〈더 페이백The Payback〉부터 시작해서. ("복수! 나 화났어! 갚아주겠어! 다 돌려받을 거야!")

---

* 정말이다. 베리 고디 주니어Berry Gordy Jr.와 스모키 로빈슨Smokey Robinson이 〈악을 악으로 갚지 말자〉라는 노래를 만들었다. 1961년에 배럿 스트롱Barrett Strong이 이 노래를 녹음했고, 1963년에 메리 웰스Mary Wells가 다시 불렀다.

사실 나는 그렇게 쿨한 사람은 아니다. 적어도 현실의 시간에서는 그렇게 쿨하지 않다. 그래서 나는 제임스 브라운 노래를 틀지도 않았고, 행크에게 〈악을 악으로 갚지 말자〉를 가르치지도 않았다. 브라운 노래를 들려주지 않은 건 조금 후회된다. 나는 한참 지나고 나서야 아이들이 브라운의 가사를 재밌어한다는 걸 알았다. 사실 그 가사는 웃기다. ("아! 하! 좋다 좋아! 진짜 좋다!") 우리 아이들은 브라운의 음악도 좋아한다. 그럴 수밖에 없다. (그런데 제임스 브라운의 노래 중 어떤 곡을 아이들에게 들려줄지는 신중하게 골라야 한다. 자칫하면 행크와 내가 나눴던 섹스광에 관한 대화를 당신도 똑같이 아이와 해야 한다.)

내가 후회하지 않는 부분도 있다. 행크에게 '악을 악으로 갚지 말라'는 교훈을 줄 기회를 그냥 지나친 것. 그건 부모들이 잘 하는 말들 중에 내가 그리 좋아하지 않는 말이다. '악을 악으로 갚아야 하는 경우도 있기 때문'이다. 아니, 오히려 악을 악으로 갚아서 상황을 바로 잡을 수도 있다. 그런데도 악을 악으로 갚지 말라고 가르친다면, 우리는 아이들에게는 물론 스스로에게도 거짓말을 하는 셈이 된다.

⁓

우리는 왜 복수라고 하면 일단 거부하는가? 음, 우선 복수는 위험하기 때문이다. 누군가를 해치려고 하다가 당신이 다칠 수도 있다. 더 나쁜 것은 복수가 보복으로 이어지고, 그에 대한 복수가 또 보복을 부르고, 다시 복수, 다시 보복으로 이어진다는 것이다. 그래서 당신은 끝없는 폭력의 악순환에 갇혀버릴지도 모른다.

하지만 위험은 우리가 복수를 거부하는 유일한 이유가 아니다. 사람들은 폭력을 무분별한 행위로 생각한다. '눈에는 눈'이라는《구약》의 공식을 가져오고, 케이든이 행크를 공격했던 사건을 확대해보자. 케이든이 행크의 한쪽 눈을 뽑았다고 가정하자. 이때 행크가 케이든의 한쪽 눈을 뽑아서 구체적으로 무엇이 더 좋아지는가? 행크는 자기 눈을 돌려받지 못한다. 그저 한쪽 눈만으로 살아가야 하는 아이가 한 명 더 늘어날 뿐이다.

복수가 그렇게 무의미한 행위라면 우리는 왜 복수를 원할까?

하나의 가설은 누군가가 우리에게 잘못을 할 때마다 복수를 하고 싶어지는 것이 우리의 본성이라는 것이다. 실제로 어린아이들이 복수를 하려는 성향이 특별히 강하다는 증거가 있다. 한 연구에서는 만 4세에서 8세 사이의 아이들에게 컴퓨터게임을 시키고, 상대방(연구자들이 조작했다)이 아이들의 스티커를 훔치거나 아이들에게 스티커를 선물하는 상황을 연출했다.[44] 아이들은 복수의 기회가 생기자마자 스티커를 슬쩍한 상대에게 복수를 감행했다. 다른 참가자들의 스티커보다 상대방의 스티커를 훨씬 많이 훔친 것이다. 하지만 아이들은 친절을 베푼 상대에게는 똑같은 친절을 보이지 않았다. 선물을 받은 아이가 상대에게 선물을 줄 확률은 다른 사람들에게 선물을 줄 확률과 다르지 않았다. 이런 실험 결과를 보면 나쁜 행동에 복수하는 행동이 호의를 되갚는 행동보다 본능에 더 가까운 듯하다.

그리고 '복수는 인간의 본성이다'라는 가설을 뒷받침하는 증거는 또 있다. 과학자들은 모욕이 문자 그대로 복수하려는 마음을 불러일으킨다고 말한다. 사람들이 모욕을 당할 때 뇌에서 활성화하는 부위는 사람들이 배고픔이나 다른 갈망을 충족하려 할 때 활성화하는 부위와 동일하다. 그 부위는 바로 좌측 전전두 피질left prefrontal cortex이다.[45] 고대 그리스의 유명한 시인 호머Homer가 "복수는 달콤하다"고 말했을 때 그는 뭔가를 알고 있었던 것 같다.[46] 그런데 호머도 복수의 힘을 과소평가한 것 같다. 최근에 나는 "복수가 섹스보다 낫다"는 문구가 새겨진 티셔츠를 봤다. 그리고 이오시프 스탈린Joseph Stalin은 그런 주장을 극단까지 밀고 가서 "복수는 인생의 가장 큰 즐거움"이라고 말했다.*

그것까지는 잘 모르겠다. 섹스는 정말 즐거운 일이고, 스탈린은 반사회적 인격 장애자 아닌가. 물론 실제로 복수는 만족감을 선사할 수 있고, 우리가 복수에서 얻는 즐거움은 인류의 뇌 안 깊숙이 파묻혀 있는 어떤 회로의 기능인지도 모른다. 설령 우리가 동물적 본성에 따라 원래 복수를 추구하는 존재라 할지라도, 우리는 복수로 얻는 게 무엇인지 질문을 던져보고 복수의 충동에 따라 행동해야 할지 아니면 충동을 억제해야 할지를 생각해봐야 한다. 다시 말하자면 우리는 다음과 같은 질문을 던져봐야 한다. 복수는 정말 겉으로 보이는 것처럼 무의미한 일인가?

---

* 소설가 사이먼 시백 몬티피오리Simon Sebag Montefiore는 그 이야기를 이렇게 전한다. "술을 곁들인 저녁 식사 자리에서 카메네프Kamenev가 식탁에 앉은 모든 사람에게 인생의 가장 큰 즐거움이 무엇인지 이야기해보라고 청했다. (…) 스탈린의 답변은 다음과 같았다. '나의 가장 큰 즐거움은 희생양을 하나 고르고 치밀한 계획을 세워서 인정사정없는 복수를 완수한 다음에 잠자리에 드는 겁니다. 세상에서 그보다 달콤한 일은 없소.'"[47]

윌리엄 이언 밀러William Ian Miller는 나의 동료 중 가장 재미있는 사람이다. 그는 세계적인 복수 전문가로서 복수를 실행에 옮기는 문화에 관해 연구한다. 그리고 그는 흥미진진한 이야기들을 많이 알고 있으며 흥미로운 시각으로 세상을 바라보는, 재미있는 사람이다. 언젠가 밀러는 나에게 자신이 일부러 생명보험을 최소한으로 들어놓았다고 말했다. "내가 죽고 나서 가족들이 궁핍해지기를 바라진 않네. 그래도 가족들이 나를 그리워하면 좋겠어." 그는 나에게 생명보험에 많이 가입했느냐고 물었다. 내가 상당한 액수의 보험에 가입했다고 대답하자, 그는 나에게 "등 뒤를 조심해"라고 말했다. (우리가 그 대화를 나눴을 때 렉스는 아장아장 걷는 아기였다.)

밀러는 복수가 비이성적인 행위라고 생각하는 사람들에게 인내심을 발휘하지 않는다. 케이튼의 눈이 그 자체로 행크에게 도움이 될 건 없다. 하지만 케이튼의 눈을 뽑는 행위는 확실히 도움이 된다. 만약 사람들이 행크가 반드시 복수하는 사람이라고 인식한다면, 그들은 행크를 공격하기 전에 신중하게 생각할 것이다. 복수로 명성을 얻는 것은 일종의 보험이다. 복수는 우리가 다치지 않도록 해준다. 그리고 복수는 일반적인 보험보다 훨씬 낫다. 복수는 당신이 부상을 당하고 나서 그 상처를 치료하는 비용을 지급하는 대신, 부상 자체를 막아주기 때문이다.

그래서 복수는 합리적인 행동일 수도 있다. 그러나 냉정한 계산만으로는 사람들이 복수에서 얻는 즐거움을 설명하지 못한다. 그리고 사람들이 이성적 수준을 넘어서는 과도한 복수를 하려고 한다는 사실도 설명하지 못한다. 내가 보기에 복수의 기쁨은 다른 사람의 불행을 보며 행복을 느끼는 감정인 '샤덴프로이데schadenfreude'의 일종이다. 이 경우에는 당신에게 고통을 안긴 사람의 고통을 보며 기뻐하는 것이다.

그런데 왜 거기서 기쁨을 얻을까? 흔히 나오는 대답은 '그 사람은 그런 고통을 당해 마땅하니까'라는 것이다. 실제로 어떤 사람들은 '응보적 정의retributive justice'라는 특별한 정의가 있다고 생각한다. 남을 (부당하게) 고통스럽게 만든 사람들은 그들 자신도 고통을 겪어야 한다는 것이다. 그들에게 고통이 가해지지 않는다면, 그리고 고통이 가해지기 전까지는, 세상의 어떤 섭리가 작동하지 않는 것이다. 이런 논리에 따르면 복수의 기쁨은 정의가 실현되는 모습을 목격하는 즐거움이다.

이런 논리는 조금 비인간적인 것 같다. 복수를 원하는 사람들은 단지 정의가 실현되는 모습을 보는 게 아니라, 자기 손으로 상대에게 고통을 가하고 싶어 한다. 작동하지 않는 건 세상의 섭리가 아니다. 작동하지 않는 건 사람과 사람 사이의 관계에 대한 이론이다. 우리는 '이제 갚아줄 때가 왔다'라든가 '그 사람은 자기 행동의 대가를 치러야 한다'는 표현을 사용한다. 이런 말들은 복수를 설명하기 위한 비유인데, 채무자와 채권자의 역할이 정반대라는 점에서는 모순이다.[48] 하지만 그건 중요하지 않다. 요점은 다음과 같다. '너와 나 사이에 계산이 맞지 않으니까 이제 공평하게 맞춰야 한다.'

우리는 이런 논리를 진지하게 받아들여야 할까? 인류 역사 속의 수많은 사람들, 아니 대부분의 사람들은 그렇게 했다. 그래서 내가 그걸 심각하게 받아들이지 말자고 하기는 망설여진다. 그럼에도 불구하고 나는 진지한 의문을 품고 있다. 나는 세상의 회계장부가 어디에 보관되어 있는지도 모르겠고, 거기에 적힌 내용에 우리가 왜 신경을 써야 하는지도 잘 모르겠다. 그 장부가 신의 것이라면 그는 틀림없이 수입과 지출이 맞아떨어지게 할 것이다. ("복수는 나의 것이다"라고 신이 말하지 않았던가.)[49] 그리고 나는 우리가 직접 상대의 눈알을 뽑는 행위를 정당화하기 위해서는 단순한 비유만으로는 안 된다고 생각한다.

어떤 철학자들은 응보적 정의라는 개념 자체를 부정한다. 그들은 응보적 정의란 그릇된 비유일 뿐이고 그런 개념은 폐기해야 한다고 생각한다. 나는 우리가 응보적 정의라는 개념을 보완할 수 있다고 믿지만, 다음 장에서 '처벌'이라는 주제를 다루기 전까지는 그런 보완을 시도하지 않겠다. 지금은 다른 종류의 정의에 초점을 맞추고 싶다. 아니, 두 가지 정의를 탁자 위에 올려놓도록 하자.

오래전 아리스토텔레스는 '분배적 정의distributive justice'와 '교정적 정의corrective justice'를 구별했다.[50] 불평등에 대한 걱정은 곧 분배적 정의에 대한 염려다. 우리에게 파이가 하나 있는데 그 파이를 어떻게 나눌지를 두고 논쟁을 벌인다고 치자. 당신의 파이 조각이 내 조각보다 크다면, 나는 파이가 공평하게 나눠지지 않았다고 불평할 것이다. 이번에는 크기와 상관없이 우리가 각자 파이 조각 여러 개를 가지고 있다고 가정하자. 그런데 당신이 내 파이 조각을 훔쳐간다. 아리스토텔레스의 '교정적 정의'란 파이를 돌려주기를 요구하는 것이다. 교정적 정의에 의하면 나의 손해를 당신이 보상해야 한다.

복수는 교정적 정의를 실현하는 하나의 방법일까? 그런 것도 같다. '눈에는 눈'이라는 원칙은 '내 파이를 돌려달라'와 크게 다르지 않다. 만약 행크가 케이든의 눈알을 뽑는다면, 케이든은 그가 잃어버린 것을 돌려받아야 한다. 즉 눈알을 도로 가져와야 한다. 하지만 케이든은 잃은 것을 되찾을 수 없다는 점에 주목해야 한다. 케이든의 눈은 행크에게는 필요가 없다. 행크가 케이든의 눈알로 사물을 볼수는 없으니까.

밀러는 그럼에도 불구하고 '눈에는 눈'이 교정적 정의를 실현하는 하나의 방법이며 독창적인 방법이라고 주장한다.[51] 여기서 핵심은 복수의 보상이 항상 동일한 것으로 이뤄질 필요는 없다는 데 있다. 어떤 때는 당신이 나에게 파이를 돌려준다. 어떤 때는 당신이 파이 값을 돈으로 치른다. 눈알의 경우에도 마찬가지다.

밀러의 주장에 따르면 '눈에는 눈'의 목적은 눈알을 더 많이 뽑는게 아니다. 오히려 '동해 복수법talion('눈에는 눈'으로 대표되는 법칙을 어려운 말로 동해 복수법이라고 한다)'은 피해자들이 자신에게 잘못을 저지른 사람들에게 힘을 행사할 수 있도록 한다. 만약 케이든과 행크가《성경》에 나오는 시대에 살고 있었다면(그리고 둘 다 성인이었다면), 케이든이 행크의 눈알을 뽑는 순간 동해 복수법에 따라 행크가 케이든의 두 눈 중 하나를 소유하게 된다. 행크가 원한다면 케이든의 한쪽 눈알을 뽑을 수도 있다. 그리고 행크는 케이든이 자기 눈알이 뽑힐 거라고 생각하기를 바란다. 하지만 행크는 실제로 케이든의 눈알을 뽑지 않을 확률이 높다. 케이든이 돈을 내고 자기 눈알을 되사려고 할 테니까. 케이든이 눈알을 지키기 위해 지불한 비용은 행크가 잃어버린 눈알에 대한 보상이 된다.

다시 말하면 케이든은 자기 눈알을 잃게 될 거라고 예상하기 때문에, 교정적 정의의 요구에 따라 행크의 눈알에 대해 돈으로 배상한다. 우습게도 동해 복수법의 본질은 공감이다. 동해 복수법은 다른 사람의 고통을 느끼도록 강제한다. 당신이 어떤 사람을 다치게 한다면 당신은 그것과 정확히 똑같은 부상을 입을 처지에 놓인다. 그래서 당신은 다른 누군가에게 상처를 입히기 전에, 그 상처로 자신이 고생할 생각을 먼저 하게 된다. 희망적인 결과는 당신이 타인을 다치게 하는 행동을 멈추고, 그래서 아무도 부상을 당하지 않는 것이다. 만약 당신이 끝내 누군가를 다치게 만든다면, 동해 복수법은 당신에게 당신이 입힌 손해를 배상할 이유를 준다. 돈으로 배상하지 않는다면 곧 당신도 똑같은 고통을 겪을 테니까.

⌒

"렉스야, 아빠가 복수 이야기를 하나 들려줄까?" 어느 날 점심 식사 때 내가 렉스에게 말했다. 그때 렉스는 열한 살이었다.

"잔인한 이야기야?" 렉스가 물었다.

"아니." 나는 렉스를 안심시켰다.

"그럼 좋아."

"아, 그런데 조금 잔인하긴 하다." 내가 솔직히 말했다.

"나한테 그 이야기를 꼭 하고 싶어?"

"응, 해야겠는데."

"아빠는 지금 복수에 관한 글을 쓰고 있구나, 그렇지?"

이 아이는 나를 잘 안다. "응, 맞아."

"좋아. 이야기해봐."

내가 렉스에게 들려준 이야기는 아이슬란드의 사가(〈똑똑한 그뷔드 뮌드르의 모험담The Saga of Gudmund the Worthy〉)에 나온다.[52]

"스캬이링그Skæring라는 사람이 있었어. 그 사람이 항구에서 노르웨이 상인들과 거래를 하고 있었는데, 거래가 잘못돼서 상인들이 그의 손목을 잘랐단다."

"아빠! 그거 잔인한 이야기잖아. 엄청 잔인하네."

"그래, 그렇긴 하다. 하지만 이 부분만 잔인해. 아빠가 약속할게. 그다음에 무슨 일이 있었는지 들어볼래?"

"응." 렉스가 대답했다.

"스캬이링그는 그뷔드뮌드르라는 친척에게 도움을 청했어. 그뷔드뮌드르는 남자들 몇 명을 모아 함께 항구로 가서 노르웨이 상인들을 만났어. 거기서 그들이 뭘 했을 것 같니?"

"상인들을 죽였을 것 같은데."

"아니야. 그뷔드뮌드르는 항구에 가서 노르웨이 상인들에게 스캬이링그의 손에 대한 보상을 하라고 요구했어. 보상이 무슨 뜻인지 아니?"

"몰라."

"스캬이링그가 손을 잃은 걸 위로하는 의미에서 돈을 주라고 한 거야."

"그렇구나. 노르웨이 상인들이 돈을 냈어?"

"그들은 그뷔드뮌드르가 공정하다고 생각하는 금액을 말하면 그만큼의 돈을 주겠다고 말했어. 그런데 그뷔드뮌드르가 아주 큰 금액을 불렀어. 아주아주 큰돈."

"얼마나 큰돈이었는데?"

"삼천."

"그게 큰돈이야?"

"사가에는 그렇다고 나와. 스캬이링그의 손목을 자른 데 대한 보상이 아니라, 그 같은 사람을 죽인 데 대한 보상으로 여겨질 정도의 금액이었대."

"그 사람들이 그 돈을 냈어?"

"아니. 그들은 그뷔드뮌드르에게 화를 냈어. 지나친 요구를 한다고 생각한 거지."

"그뷔드뮌드르는 어떻게 했어?"

"맞혀봐."

"상인들을 죽였을 것 같아." 렉스가 진지하게 말했다.

"아니야."

"그 상인들의 손목을 잘라버렸구나!" 이제 렉스는 동해 복수법에 대한 감을 잡았다.

"아니야. 그런데 비슷하긴 해. 그뷔드뮌드르는 아주 영리한 사람이었어. 그가 도끼를 휘두르기 전에 뭘 했을 것 같니?"

"사람들에게 그 돈을 내지 않으면 손목을 자르겠다고 말했겠지!"

"바로 그거야! 그뷔드뮌드르는 자기가 직접 스캬이링그에게 삼천을 주겠다고 했어. 그 대신 노르웨이 상인 한 명을 골라서 그의 손목을 자르겠다고 했지. 그 상인에게는 다른 상인들이 마음대로 낮은 보상금을 줘도 된다고 말했어.”

“그게 통했어?” 렉스가 물었다.

“어땠을 것 같니?”

“상인들이 돈을 냈을 것 같은데.” 렉스가 말했다.

“맞아. 그들은 삼천을 냈단다.”

“그뷔드뮌드르는 영리한 사람이었네.” 렉스가 말했다.

⌒

그뷔드뮌드르는 영리했다. 그리고 동해 복수법도 영리했다. 노르웨이 상인들이 돈을 지불한 이유는 그뷔드뮌드르가 보상금의 의미를 다시 설정했기 때문이다. 보상금은 더 이상 스캬이링그의 손을 구입하는 값이 아니었다. 이제 보상금은 그들 각자의 손을 지키는 값이 됐다. 그리고 밀러의 관찰에 따르면, 대부분의 사람은 “다른 사람들의 손을 빼앗기 위해서보다 자기 손을 지키기 위해 더 많은 돈을 기꺼이 지불한다”.[53] 그건 이해가 간다. 손은 원래의 주인에게 붙어 있을 때 더 유용하니까.

그뷔드뮌드르가 영리했던 이유가 하나 더 있다. 그는 노르웨이 상인들이 돈을 내도록 만들었을 뿐만 아니라, 보상금을 지불하게 하는 과정에서 그들의 가치가 낮다는 언급으로 모욕감을 안겼다. 상인들은 그뷔드뮌드르에게 스캬이링그의 손 값을 정해보라는 호기로운 제안을 하고 나서 그가 제안한 금액을 거부했다. 그래서 그뷔드뮌드르도 직접 스캬이링그에게 거액의 보상금을 지불하겠다는 호기로운 제안을 할 수 있었다. 마지막으로 그뷔드뮌드르는 노르웨이 상인들을 겁쟁이로 만들어버렸다. 그들은 자신들의 손목이 잘릴 판이 되자 재빨리 보상금을 주겠다는 의사를 표현했기 때문이다.

그 모든 일을 하면서 그뷔드뮌드르는 처음부터 끝까지 자신의 명예를 드높였다. 그런데 잠깐, 명예란 무엇인가? 그리고 명예가 왜 중요한가? 명예는 간단한 정의를 거부한다. 명예는 사회적 위계 속에서 어떤 사람이 차지하는 위치를 정하는 추상적 속성이다. 그리고 사가 속의 아이슬란드와 같은 사회에서는 명예가 최고로 중요했다. 밀러는 이를 다음과 같이 설명한다.

> 명예는 어떤 사람이 가치 있는 사람인지에 대한 근거를, 사람들이 그의 말에 귀를 기울이고 그의 땅을 빼앗거나 그의 딸을 강간하기 전에 신중하게 생각할 이유를 제공했다. 심지어 그 사람이 어떤 말투를 사용하고 얼마나 큰 소리로 얼마나 자주 말을 하는지, 언제 누구에게 말을 하는지, 그리고 그가 말할 때 사람들이 주의를 기울이는지도 명예에 달려 있었다. 그 사람이 어깨를 얼마나 치켜들고 등을 얼마나 쭉 펴고 다니는지(비유적 의미가 아니고 문자 그대로의 의미에서), 그리고 그가 다른 사람을 얼마나 오래 응시할 수 있는지, 다른 사람을 응시할 수 있는지 없는지도 명예에 달려 있었다.[54]

간단히 말해서 명예는 다른 사람들의 눈에 비치는 당신의 가치였다. 명예에 관해서는 나중에 더 이야기를 나눠보겠다. 하지만 그뷔드뮌드르와 헤어지기 전에, 그가 스캬이링그의 문제를 처리했던 방법을 오늘날 법원이 처리하는 방법과 비교해보자.

오늘날 우리는 동해 복수법을 따르지 않는다. 하지만 법원은 여전히 교정적 정의를 실현하려고 노력한다. 만약 당신이 부상을 입었다면, 부상을 입힌 사람을 고소할 수 있다. 그리고 그 부상이 부당한 행동의 결과라는 점을 입증할 수 있다면, 법원은 당신이 배상을 받도록 해줄 것이다.

공식적으로 법원이 배상액을 정할 때는 감정이나 공감 따위에 호소하지 않는다. 재판이 잘 진행될 경우 배심원들은 원고가 입은 손해에 대해 공정하고 합리적인 보상을 제공해야 한다. 하지만 현실에서 원고 측 변호사들은 배심원들이 자신의 고객에게 연민을 느끼게 만든다. 그들은 원고가 입은 부상을 자세히 묘사해서 최대한 동정을 이끌어내 배상 액수를 높이려고 한다.

안타깝게도 연민은 공감보다 힘이 약한 것 같다. 나는 학생들에게 케이 켄턴Kay Kenton 사건을 가르친다.[55] 케이 켄턴은 하이엇 리전시Hyatt Regency 호텔 로비에 있었는데, 무게 15톤이 넘는 잘못 설계된 두 개의 공중 통로가 붕괴되면서 아래쪽에 있던 투숙객들을 덮쳤다. 사망자만 100명이 넘었다. 켄턴은 목숨을 건졌지만 치명적인 부상을 입었다. 목이 부러지고, 몸 전체의 감각을 상실하고, 호흡기와 방광과 장의 기능이 손상됐으며, 엄청난 통증과 트라우마에 시달렸다. 그 밖에도 문제가 한두 가지가 아니었다.

배심원은 켄턴에게 400만 달러의 배상금을 지급하라고 판결했다. 400만 달러라고 하니 큰 금액인 것 같다. 그러나 400만 달러로 어떤 치료를 받을 수 있는지 생각해보면 이야기는 달라진다. 켄턴이 부담해야 하는 의료 비용은 100만 달러가 넘을 것으로 추정된다. 사고 당시 켄턴은 로스쿨에 다니고 있었다. 그리고 제출된 증거에 따르면 그녀는 앞으로 변호사는 물론이고 어떤 직업도 가질 수 없게 됐다. 그녀가 잃어버린 평생 동안의 임금은 약 200만 달러로 계산됐다. 결국 배심원은 켄턴의 통증과 고통에 가격표를 붙이라는 요구를 받은 셈이다. 뺄셈을 해보면 배심원은 고통의 값을 약 100만 달러로 정한 듯하다.

이렇게 따져보면 배상금이 후하다는 생각은 들지 않는다. (그리고 켄턴의 변호사가 배상금의 25퍼센트 정도, 아니 어쩌면 더 큰 액수를 가져갔을 거라고 생각하면 배상금은 전혀 후하지 않은 것 같다). 누군가가 당신에게 치료비를 대주는 것은 물론 통증과 고통을 보상하기 위해 100만 달러를 더 주겠다고 한다면, 당신은 켄턴이 입은 부상을 감내하겠는가? 나는 아니다. 절대 안 된다.

그런데도 하이엇 측은 감히 배상금이 과다하다고 주장하며 금액을 절반으로 줄여달라고 법원에 요청했다. 법원은 그 요청을 기각했다. 이번에는 이런 질문을 던져보자. 하이엇 호텔은 C 스위트룸에 머무는 투숙객이 켄턴과 같은 부상을 입지 않도록 하기 위해 얼마를 지출할 의향이 있을까? 만약 우리가 동해 복수법을 따른다고 가정하면, 켄턴에게는 하이엇 호텔 CEO의 머리 위로 공중 통로(또는 같은 무게의 물체)를 떨어뜨릴 권리가 주어진다. 하이엇은 켄턴이 그걸 떨어뜨리지 않게 하기 위해 얼마까지 지불하려고 할까?

당신의 대답이 400만 달러보다 큰 액수라면, 나는 당신이 옳다고 생각한다. 나는 하이엇 측이 4000만 달러를 지불할 가능성도 있다고 본다. 아니, 그 이상일 수도 있다. 4000만 달러를 훌쩍 넘어서는 액

수도 가능하다. 그게 공감의 힘이다. 그리고 동해 복수법의 힘은 공감을 강제로 이끌어내는 데 있다.

나는 배심원들도 켄턴이 처한 상황에 연민을 느끼고 안타까워했을 거라고 확신한다. 그렇다고 해서 배심원들이 그녀의 고통을 똑같이 느꼈을 것 같지는 않다. 만약 하이엇 호텔 임원들이 동해 복수법에 따라 자신들도 같은 고통을 겪을 것을 걱정했다면, 그들은 그녀의 고통을 알았을 것이다.

⌐

'눈에는 눈'이라는 원칙이 이끌어내는 건 공감만이 아니다. '눈에는 눈' 원칙은 복수에 한계를 정해준다. 이 원칙에는 눈에 대해 눈 이상의 복수를 하면 안 된다는 뜻도 담겨 있기 때문이다.

인류는 진화의 과정에서 복수에 대한 욕망을 획득한 것 같다. 하지만 욕망은 통제를 벗어나기도 한다. 당신이 과식을 얼마나 자주 하는지를 생각해보라. (이 문장에는 나의 감정이 담겨 있다. '나는 너무 많이 먹는다'가 허쇼비츠 집안 남자들의 구호라고 렉스는 말한다.)

어떤 사람들은 '눈에는 눈'보다 많은 것을 원한다. 그들은 자신의 가치를 과대평가한다. 아니면 다른 사람들의 가치를 과소평가하든가. 그들은 지극히 사소한 일에 흥분해서 날뛰기도 한다.

복수의 문화는 이런 사람들에게 관대하지 않다. 이 같은 사람들이 있으면 평화가 보장되지 않기 때문이다. '눈에는 눈'이라는 원칙은 무엇이 합리적인 보상인가를 설정함으로써 이런 사람들의 행동을 억제시킨다.[56] 사람들이 스스로 합의에 도달하지 못할 때는 '조정자oddman'라는 사람이 개입해서 분쟁을 중재하기도 했다. '조정자'를 가리키는 단어 oddman에 '홀수'라는 뜻의 odd가 들어간 이유는 분쟁의 당사자가 아닌 제3자였기 때문이다. 밀러는 이를 다음과 같이 표현한다. "공평해지려면 조정자를 하나 데려와야 한다. 그렇지 않으면 갈등이 영원히 이어진다."[57]

배심원은 조정자의 후예라 할 수 있다. 배심원들은 조정자들과 같은 일을 한다. 그들은 공동체를 대표해서 합리적이라고 간주되는 보상을 결정한다. 그러나 그들이 보상을 정하는 방법은 조정자들이 썼던 방법과 다르다. 조정자들은 '눈에는 눈' 원칙을 강제로 적용했다. 그들은 오늘날의 배심원들처럼 우리의 신체 기관들을 헐값에 팔아넘기지 않았다.

조금 이상하게 들릴 것도 같다. 대중적인 통념 속의 미국 배심원들은 제멋대로 행동한다. 그들은 지나치게 적은 돈이 아니라 지나치게 많은 돈을 지불하라고 판결한다. 내 생각은 다르다. 보통 법원이 산출하는 피해 액수는 배심원들에게 '당신이라면 돈을 얼마나 받아야 그 부상을 감내하겠느냐'고 미리 물어볼 때 나올 액수보다 훨씬 적다.

때때로 나는 법대 학생들에게 '너희는 얼마를 준다고 하면 켄턴과 똑같은 부상을 입는 데 동의하겠느냐'고 묻는다. 대부분의 학생들은 아무리 큰돈을 준다고 해도 그런 일에는 동의하지 않겠다고 대답한다. 몇몇 학생들은 몇 억 달러라면 관심이 생긴다고 말한다. 가족을 위해 자신을 희생할 용의가 있는 학생들이다. 하지만 켄턴의 실제 보상금인 400만 달러를 받고 그 부상을 감내하겠다는 학생은 지금까지 한 명도 없었다.

우리는 복수가 일상이었던 시대의 사람들보다 우리 자신이 점잖다고 생각하고 싶어 한다. 우리는 그 시대의 삶은 "아주 폭력적인 사람들 속에서 저속하고, 불결하고, 잔인하게" 사는 거였다고 상상한다.[58] 밀러의 주장에 따르면 그건 착각이다. 동해 복수법을 따르는 마을에서는 생명의 가치가 높았다. 한 사람의 목숨을 빼앗으면 자기 목숨을 내놓아야 했다. 생명과 사람의 팔다리를 귀하게 여기지 않는 사람들은 우리다.*

그런 전제 아래 이야기하자면 나는 동해 복수법에 따라 살고 싶은 마음이 조금도 없다. 현대적 생활이 가능한 유일한 이유는, 우리가 배심원들이 신체 기관을 값싸게 취급하도록 놔두기 때문이다. 밀러가 지적하는 대로 "교통사고가 날 때마다 피해자의 친척에게 가해자를 살해할 권리를 준다면" 우리는 아예 운전을 하지 않으려 할 것이다.[59] 그리고 우리가 포기하게 될 것은 자동차만이 아니다. 현대 사회의 모든 기계장치들을 전부 포기해야 한다. 비행기, 기차, 트럭, 중장비……. 모터가 달린 장비는 거의 다 여기에 포함된다. 이 기계장치들을 움직일 수 있는 이유는 우리가 '눈에는 눈' 원칙을 기꺼이

---

* 적어도 법원에서, 과실에 어떻게 대응할지를 결정할 때는 그렇다. 밀러의 설명대로 우리는 건강을 관리하는 데 굉장히 많은 돈을 들인다. 특히 노년기의 의료비 지출은 엄청나다. 그런데 밀러는 그것은 "우리의 미덕이 아니라 악덕이고, 우리가 인간의 존엄을 지키려고 하기보다는 인간의 존엄을 하찮게 여긴다는 증거"라고 주장한다. "우리는 죽음과 고통을 두려워하는 나머지 스스로 생을 마무리하지 못하고, 우리의 손자 세대를 파산에 이르게 하면서까지 생애 말년에 무의미한 몇 년을 덧붙이려고 한다."[60] 나는 돈 문제에 관해서는 밀러가 틀렸다고 생각한다. 우리의 손자 세대가 의료보험 때문에 파산하는 일은 없을 것이다. 하지만 그가 관찰해서 나열한 현상들이 우리의 가치관에 관해 무엇을 말해주는지를 생각해볼 필요는 있다.

포기하고 보잘것없는 보상을 받아들이기 때문이다.

내가 순전히 현대적 생활의 편리함 때문에 복수 문화를 거부하는 건 아니다. 앞에서 나는 케이든이 행크에게서 자기 눈을 다시 살 수도 있다고 제안했다. 그러나 그렇게 하려면 케이든에게 돈이 있어야 한다. 돈이 없으면 케이든은 자기 눈을 포기하거나, 그가 소중히 여기는 다른 것을 행크에게 주어야 한다. 빚을 진 노예처럼 노동을 해서 눈의 값을 청산할 수도 있다.[61] 그렇다면 '눈에는 눈' 원칙은 사실 평등으로 통하는 길이 아닌 게 된다.

'눈에는 눈'이라는 원칙을 고수했던 사회의 불쾌한 속성은 노예제만이 아니었다. 명예라는 개념 자체도 야만적이었다. 앞에서 그뷔드 뮌드르가 스캬이링그의 손에 매긴 값은, 사람들이 스캬이링그 같은 사람을 죽였을 때나 내야 한다고 생각하는 금액이었다고 설명했던 것을 기억하는가? 사람의 가치 또는 그 사람의 신체 기관의 가치는 그의 명예에 따라 달라졌다. 어떤 사람들(여성, 하인, 노예)은 아예 가치가 없다고 간주되었다. 그런 사람들이 가치 있다고 여겨진 경우, 그것은 그들의 소유자가 가치 있는 사람이었기 때문이다. 또한 가치 있다고 인정된 모든 사람은 명예를 더 높이기 위해, 아니면 적어도 다른 누군가가 명예를 가로채지 못하게 하기 위해 항상 경쟁하고 있었다.

듣기만 해도 정말 피곤해진다. 우리는 사람의 가치가 조금 더 고귀한 기준(이를테면 페이스북의 가장 최근 게시물이 받은 '좋아요'의 수)에 따라 매겨지는 사회에 산다는 것에 감사해야 할 듯하다.

오, 잠깐. 내가 하려고 했던 말은 그게 아니다. '우리는 모든 사람의 가치가 동등한 사회에 사는 것에 감사해야 한다.'

헛소리는 집어치우자. 여전히 모든 사람이 동등하지는 못하다. 내가 하려던 말은 이거다. '우리는 모든 사람의 가치가 동등하다고 말하는 사회에 사는 것에 감사해야 한다.'

이건 진심으로 하는 말이다. 우리는 그런 이상에 도달하지 못했지만, 적어도 그런 이상을 가지고는 있다. 그리고 그것만으로도 도덕적인 발전이다. 그렇게 원대한 꿈을 가지고 있는 사회는 많지 않기 때문이다. 물론 우리가 모든 사람을 똑같이 가치 있게 대하는 사회를 실제로 건설할 수 있었다면 훨씬 좋았겠지만 말이다.

하지만 지금 하려는 이야기의 핵심은 다음과 같다. 우리는 복수 문화를 거부하지만, 그래도 과거에는 '눈에는 눈' 원칙이 정의를 실현하는 독창적인 방법이었다는 사실을 인정한다.

⌒

어린아이들은 '눈에는 눈' 원칙의 독창성에 관해 전혀 모르면서도 늘 복수를 하려고 한다. 왜 그럴까? 행크는 자기가 복수를 원하는 이유를 또렷하게 말하지 못했다. 그래도 표현해보라고 했더니 이미 증거로 제출된 사실을 반복했다. 케이든이 자기를 '바보 멍청이'라고 불렀다는 것. 행크는 마치 그것만으로도 이유가 충분히 설명된다는 듯이 굴었다.

아니다. 그것만으로 충분한 이유가 되지 않는다. 그러나 행크가 왜 복수를 하려고 했는지는 쉽게 짐작할 수 있다. 행크는 자기 자신을 지키려고 했다. 그렇다면 자기 자신을 지킨다는 게 뭘까? 그리고 행크는 왜 자기를 지켜야 했을까?

행크의 입장에서는 다른 아이들이 그를 만만한 표적으로 생각하지 않도록 해야 한다. 그 이유는 앞에서 설명한 바와 같다. '행크는 당하면 복수하는 아이'라는 평판을 얻는 것이 행크에게 유리하다. 물론 행크가 이걸 말로 똑똑히 표현하지는 못했지만, 그 아이도 느끼고 있었을 것이다. 만약 인류가 복수를 원하는 본성을 가지고 있다면 그 이유는 이것일 거라고 생각한다.

그러나 복수의 이유는 그것만이 아니라고 나는 생각한다. 행크의 입장에서는 미래의 안전 말고도 다른 게 걸려 있었다. 여기서는 이 주제에 관한 내 생각에 토대를 제공한 철학자의 도움을 받아보자. 철학자 패멀라 히에로니미Pamela Hieronymi는 드라마 〈굿 플레이스The Good Place〉에 자문을 제공했다. 그리고 마지막 편에 깜짝 출연했다. 히에로니미는 인간의 도덕적 행실을 예리하게 관찰하는 사람으로서, 우리가 잘못된 행동에 대응하는 방식에 관심을 가지고 있다. 특히 그녀는 잘못된 행동이 어떤 메시지를 보내는지, 그리고 우리가 왜 그 메시지에 반응해야 하는지를 연구한다.

케이든이 행크를 밀었다고 치자. 행크는 다칠 수도 있고 다치지 않을 수도 있다. 그러나 부상 여부를 떠나서 사람을 미는 행동에는 문제가 있다. 그 행동이 메시지를 보내기 때문이다. 그건 '행크는 케이든이 함부로 밀어도 되는 아이'라고 이야기하는 행동이다.

행크에게는 그 메시지에 저항할 이유가 있다. 실제로 히에로니미의 견해에 따르면 행크의 자존감self-respect이 걸린 문제다.[62] 행크는 자신이 함부로 밀어도 되는 아이라고 생각하고 싶지 않을 것이다. 그리고 무엇보다 행크의 사회적 지위가 위태롭다. 행크는 다른 아이들이 자기를 '함부로 밀어도 되는 아이'로 바라보기를 원치 않는다.

행크는 자신의 사회적 지위를 방어하고 자존감을 회복하기 위해 케이든에게 반응을 보여야 한다. 만약 행크가 아무런 반응도 하지 않고 다른 사람들도 가만히 있으면, 사람들은 케이든이 행크를 밀어도 되는 거라고 생각할 수 있다. 행크 스스로도 누가 자기를 밀어도 된다고 생각하게 될지 모른다. 생각보다 많은 사람들이 학대에 익숙해져서 그냥 감내하며 살아야 한다고 여긴다. 최악의 경우 사람들은 자신이 학대를 당해 마땅하다고 생각하기 시작한다.

행크는 어떻게 대응해야 할까? 히에로니미의 주장에 따르면 행크는 마땅히 분노와 원망을 느껴야 한다.[63] 이것들이 매력적인 감정은 아니기 때문에 사람들은 반사적으로 분노와 원망을 피하려 한다. 하지만 히에로니미는 원망을 자존감의 문제로 바라보는 철학의 오래된 전통을 지지한다.[64] 원망은 잘못된 행동에 함축된 메시지에 대한 저항이다. 만약 행크가 케이든의 행동에 대해 원망한다면, 행크는 케이든이 자신을 함부로 밀어서는 안 된다고 주장할 것이다. 혼잣말로 주장하는 한이 있어도.[65]

원망은 첫걸음일 뿐이다. 두 번째 걸음은 공개적 항의를 하는 것이다. 이는 우리가 우리 자신을 지키려고 하는 행동이다. 행크가 공개적으로 항의할 수 있는 방법은 몇 가지가 있다. 첫째는 단순히 케이든에게 '나를 함부로 밀면 안 돼'라고 말하는 것이다. 하지만 그냥 말만 하는 걸로는 충분하지 않을 수도 있다. 만약 케이든이 행크를 밀고도 아무런 대가를 치르지 않는다면, 행크가 뭐라고 말하든 간에 케이든은 아무 때나 행크를 밀어도 된다고 생각할지 모른다. 그리고 다른 아이들도 그렇게 느낄지 모른다.

따라서 행크에게는 케이든이 대가를 치르도록 만들어야 할 이유가 있다. 그럼 어떻게 할 것인가? 행크가 케이든을 밀어버릴 수도 있다. 그건 '나를 함부로 밀면 안 돼'라고 말하는 하나의 방법이다. 그리고 그게 다는 아니다. 그건 '나는 너와 대등한 사람이야. 네가 나를 밀면 나도 너를 밀어버릴 거야'라는 메시지를 전하는 행동이기도 하다.

사실 케이든은 행크를 밀지 않았다. 케이든은 행크를 '바보 멍청이'라고 놀렸다. 하지만 그건 단지 케이든의 메시지가 조금 더 명백하다는 뜻이다.

케이든은 자기 눈에 비치는 행크의 낮은 지위를 말로 표현했다. 케이든이 보기에 행크는 '바보 멍청이'였다. 아니면 적어도 '바보 멍청이라고 불러도 되는 아이'였다. 케이든은 행크에게만이 아니라, 그 모욕적인 말을 들을 수 있는 거리에 있었던 모든 아이들에게 그 메시지를 전했다.

행크가 정확히 어떻게 대응했는지는 나도 모른다. 어린이집에서 연락이 오지 않은 걸로 봐서는 상황이 아주 나쁘지는 않았던 모양이다. 내 짐작으로는 행크는 비슷한 말로 모욕을 되갚았을 것 같다. 케이든을 '바보 멍청이'라고 불렀거나 그것과 비슷한 말로 불렀을 것이다. 뭐라고 말했든 간에 행크는 자신을 지키고 있었던 것이다. 행크는 케이든에게, 그리고 그 대화가 들리는 거리에 있었던 모든 아이들에게 '나는 너희들이 바보 멍청이라고 불러도 되는 사람이 아니야'라고 말하고 있었다.

⌒

당신이 케이든과 행크의 싸움을 바로 앞에서 목격했다고 가정하

자. 당신이라면 행크를 따로 불러내 친구가 잘못했다고 해서 똑같이 잘못하면 안 된다고 말하겠는가? 나는 그럴 마음이 없다. 오히려 나는 행크가 앞으로 세상을 잘 살아갈 듯해서 안심할 것이다.

이 장의 앞부분에서 나는 악을 악으로 갚는 것이 상황을 바로잡을 수도 있다고 주장했고, 지금도 그 주장을 바꿀 생각이 없다. 최초의 악과 그것에 대응하기 위한 악은 상징적 의미가 다르다. 케이든이 행크를 '바보 멍청이'라고 부른 데는 자기가 행크보다 위라는 걸 보여주려는 의도가 있었다. 그래서 행크는 자기가 케이든과 대등한 위치라는 걸 증명하기 위해 모욕을 돌려주었다.

솔직히 말해서 '악을 악으로 갚는 것이 상황을 바로잡을 수도 있다'는 명제에서 걸리는 부분이 있다면, 두 번째 악은 정도가 지나치지만 않으면 악이 아니라는 것이다. 어떤 행동의 도덕성은 그 행동이 전하는 메시지를 통해 판단할 수도 있다. 입으로는 똑같은 말을 했을지라도, 자신을 지키려고 그 말을 하는 것과 다른 사람을 깎아내리기 위해 그 말을 하는 것 사이에는 하늘과 땅만큼의 차이가 있다.

⁓

"너희들은 복수해본 적이 있니?" 얼마 전에 두 아들에게 물었다. (이제 행크는 '바보 멍청이 대소동'을 잊어버렸다.)

"응." 렉스가 대답했다. "행크가 내 엉덩이를 때려서 나도 행크의 엉덩이를 때렸어."

"나도!" 행크가 매우 자랑스럽다는 투로 말했다. "렉스 형이 내 엉덩이를 때리면 나도 형 엉덩이를 때려."

"그래도 된다고 생각하니?" 내가 물었다.

"응, 우리는 형제잖아. 서로 엉덩이를 만져도 되는 사이야." 행크가 요점에서 벗어난 대답을 했다.

"학교에서 다른 사람한테 복수한 적은 없니?" 내가 물었다.

"없는데." 렉스가 대답했다. "악을 악으로 갚으면 안 되잖아."

"왜 안 되는데?"

"만약 어떤 애가 나쁜 행동을 했는데 내가 똑같이 나쁜 행동으로 복수하면 나도 똑같아지는 거잖아." 렉스가 대답했다.

"정말 그럴까?"

"응."

"음…… 처음에 나쁜 행동을 한 사람은 정말로 못되게 굴었고, 두 번째 사람은 자기를 지키려고 똑같은 행동을 한 거라면 어때?"

"오, 그럴 수도 있겠네." 렉스가 대답했다. "그런 거라면 똑같이 나쁜 행동은 아니야. 하지만 좋은 행동도 아니야."

"왜 아니지?"

"왜냐하면…… 항상 다른 방법이 있으니까."

그 말에도 진실이 담겨 있다. 자기를 지키기 위해 반드시 똑같이 되갚아줄 필요는 없다. 우리가 우리 아이들에게 이야기하는 것처럼 '말로 해결할' 수도 있다. 아니면 다른 사람들에게 자기를 지켜달라고 부탁할 수도 있다. 예컨대 켈리 선생님은 케이든에게 행크를 '바보 멍청이'라고 부르면 안 된다고 분명히 알려줄 수 있었다. 만약 행크가 켈리 선생님에게 도움을 청했다면 선생님은 그렇게 했을 것이다.

그러나 나는 '항상 다른 방법이 있다'는 렉스의 낙관적 견해에는 동의하지 않는다. 행크는 켈리 선생님에게 의지해서 케이든의 행동을 바로잡을 수도 있었을 것이다. 하지만 선생님들이 항상 구해주러 오는 건 아니다. 그리고 때로는 다른 사람에게 도움을 청하면 나약한 사람처럼 보인다. 만약 행크가 켈리 선생님에게 의존해서 자기를 보호한다면 선생님이 없을 때는 어떻게 하겠는가? 나는 우리 아이가 다른 아이들을 해치기를 바라지는 않는다. 그렇지만 우리 아이가 적어도 일상적인 모욕과 욕설로부터 자기를 지킬 줄은 알았으면 한다.

또 나는 우리 아이가 다른 아이들을 위해서도 나서주기를 바란다. 원망과 복수는 피해자들이 잘못된 행동의 암묵적 메시지에 저항하는 방법이다. 그리고 방관자들도 그 메시지를 거부하는 역할을 할 수 있다. 그들이 그렇게 하면 사건의 피해자들을 안심시키고, 모든 사람이 가해자와 같은 시각으로 바라보지 않는다는 사실을 알려주게 된다. 행크가 유치원에 다니던 시절의 일이다. 어느 날 저녁, 행크는 몇몇 친구들과 이제 같이 놀지 않을 거라고 말했다. 그 친구들이 놀이터에서 다른 남자아이를 괴롭히는데, 행크는 그런 행동에 함께하고 싶지 않다는 것이었다. 그리고 행크는 친구들이 그런 행동을 그만두게 하는 방법을 알고 싶다고 했다. 우리는 기분이 정말 좋았다. 행크는 친구를 지키기 위해 자기가 할 수 있는 일을 하고 있었고, 도움을 청해야 한다는 사실도 알고 있었기 때문이다.

⌒

어른들도 잘못된 행위에 대응할 때 도움이 필요하다. 어른들은 아이들처럼 부모와 교사에게 의지할 수는 없다. 하지만 어른들은 법원에 갈 수 있다. 조금 전에 나는 법원이 잘못된 행위에 대한 대응으로 교정적 정의를 실현하려고 노력한다고 말했다. 적어도 아리스토텔레스의 관점에서는 법원의 노력이 그다지 성공적이지 못했다. 하이엇 호텔은 켄턴에게서 많은 것을 앗아갔다. 켄턴은 일을 못 하고, 자립해서 살아갈 수가 없고, 통증에서 벗어날 수도 없다. (그 밖에도 많은 것을 빼앗겼다.) 켄턴이 받은 돈은 그 상황에 대처하는 데는 도움이 되겠지만 그녀가 잃어버린 것을 돌려주지는 않는다. 그리고 복수도 그녀가 잃어버린 것을 돌려주지는 못한다. 하이엇 임원에게 부상을 입힌다고 해서 켄턴의 부상이 회복되지는 않을 테니까.

그런데 교정적 정의에 관해 다른 방식으로 생각해볼 수도 있다. 우리는 피해를 복구할 수 없다고 생각해버릴 때가 너무 많다. 하지만 우리는 그 잘못된 행위가 보내는 메시지를 교정할 수는 있다.[66] 법정에 선 켄턴은 공동체를 향해 하이엇의 부당한 행위에 숨어 있는 메시지를 거부하라고 호소했다. 그녀의 요청에 따라 법원은 하이엇에게 그녀를 비롯한 모든 고객의 안전을 수호할 책무가 있음을 명확히 했다. 그리고 법원은 하이엇이 켄턴의 안전을 보장하지 못한 것이 중대한 사건이고, 용납되어서는 안 될 일이라는 점을 확인했다.

나는 많은 사람들이 법원에 갈 때 그런 것을 바란다고 생각한다. 그들은 보상만이 아니라 옹호를 원한다. 그들이 억울한 일을 당했고, 그들에게는 그런 대우를 받지 않을 권리가 있다는 것을 법원이 확실히 해주기를 원한다. 그리고 그 과실이 중대한 사건이라는 점을 명확히 해주기를 원한다.

나는 학생들에게 이 점을 설명할 때 테일러 스위프트Taylor Swift의 이야기를 들려준다.[67] 2013년 데이비드 뮬러David Mueller라는 라디오 진행자가 사진 촬영을 위해 자세를 잡고 있던 스위프트의 엉덩이를 만졌다. 그녀는 정식으로 항의했고, 뮬러는 해고를 당했다. 그는 자신이 스위프트의 엉덩이를 만진 적이 없다고 주장하면서 명예훼손으로 그녀를 고소했다. 스위프트는 폭행죄로 맞고소를 했다. 그녀는 피해 보상 액수로 1달러를 요구했고 소송에서 이겼다.

스위프트는 왜 그랬을까? 1달러라는 돈이 필요해서는 아니었다. 그녀의 소송은 돈을 위한 것이 아니었다. 그녀는 자신의 몸이 남자들이 원하기만 하면 마음대로 만져도 되는 공공재가 아니라는 점을 명확히 하기 위해 소송을 했다. 다시 말하면 그녀는 뮬러의 신체 접촉이 보낸 메시지를 거부하라고 법원에 요구했다. 판결은 뮬러에게, 그리고 그 판결을 듣고 있는 모든 남성에게 스위프트의 몸에 대한 권리는 오직 스위프트 본인에게만 있다고 선언했다. 그리고 법원이 폭행죄의 일반적인 원칙을 적용했기 때문에 그 판결은 모든 사람의 엉덩이에 관한 메시지를 보냈다. '손대지 마시오.'

소송을 하면 평판에는 불리하다. 하지만 재판은 우리에게 잘못된 행위가 보내는 메시지를 거부하라고 공동체에 호소할 기회를 준다. 그게 바로 교정적 정의다. 그리고 교정적 정의는 복수를 대체하는 가장 좋은 수단이다.

⌒

빌보드의 '도덕 팝송' 차트에 올라간 또 하나의 유명한 육아 프로파간다를 언급하지 않는다면 나는 게으른 사람이 될 것이다. "몽둥이와 돌은 내 뼈를 부러뜨리지만, 말로는 나에게 상처를 입힐 수 없다Sticks and Stones May Break My Bones, But Words Will Never Hurt Me(영어권 동요가사의 일부로, 원래는 아이들에게 육체적 폭력을 쓰지 말라는 뜻으로 하는 말이었지만 요즘에는 비열한 말 따위에 상처를 입지 말고 의연하게 대처하라는 뜻으로도 사용된다 - 옮긴이)."

우리 어머니는 이 문구를 좋아하셨다. 어떤 아이가 나한테 나쁜 말을 했을 때 어머니는 이 문구를 들려주면서 나도 말에 상처를 입지 않아야 한다고 설득하셨다. 하지만 어릴 때부터 나는 그게 진실이 아니라는 걸 알았다. 어떤 말들은 사람에게 상처를 입힌다. 뼈를 부러뜨리는 것보다 더 심한 상처를 입히기도 한다.

나는 우리 아이들에게 '몽둥이와 돌'이 나오는 노래를 가르치지 않을 작정이다. 우리 아이들이 '말로도 상처를 입힐 수 있다'는 사실을 불편하지 않게 받아들이기를 바라기 때문이다. 하지만 나는 그 노래에서도 배울 점은 있다고 생각한다. 좋게 말하면 그 문구는 약간의 허세다. 말은 사람을 다치게 할 수 있지만, 때로는 우리가 말에 상처 입지 않은 것처럼 행동하는 편이 낫다.

어떤 아이가 나를 '바보 멍청이'라고 부른다면 그 아이는 내가 발끈하기를 바라는 것이다. 그렇다면 내가 사실 그 말에 약이 올랐더라도 상대가 바라는 대로 행동하지 않는 것이 최선이다. 그리고 그 아이가 뭐라고 말하든 간에 나를 모욕하지는 못하리라는 의사를 전달할 수 있으면 더욱 좋다. 그 아이의 각본을 뒤집는 방법도 있다. 그 아이를 무시함으로써 '너는 중요한 사람이 아니니까 네 말에 신경 쓰지 않아'라는 신호를 보내는 것이다. 실제로 그렇게 행동하기는 쉽지 않다. 하지만 해낼 수만 있다면 그게 상대의 놀림을 멈추는 가장 좋은 방법이다.

어떤 아이가 나쁜 말을 했다는 이야기를 들었던 그날 밤, 나는 행크에게 그걸 가르쳐주었다. 나는 행크에게 세상에서 가장 힘이 센 문장을 알려주겠다고 제안했다.

"그게 뭔지 들어볼래?" 내가 물었다.

"응."

"준비됐니? 진짜 힘센 말이야."

"준비됐어." 행크가 거듭 말했다.

"누가 너한테 나쁜 말을 하거든 이렇게 말하는 거야. '네가 어떻게 생각하든 관심 없어.'"

"아빠는 내가 무슨 생각을 하든 관심이 없대!" 행크가 소리쳤다. 엄마의 주의를 끌어보려는 것 같았다.

"그게 아니란다. 아빠는 네 생각에 관심이 있어. 누가 나쁜 말로 시비를 걸면 네가 그렇게 대답하라고. 한번 연습해볼래?"

"응."

"넌 키가 너무 작아. 개미도 너보다는 크겠다."

행크가 키득거리다가 대꾸했다. "아빠가 어떻게 생각하든 관심 없어."

"그건 눈썹이니, 아니면 애벌레를 얼굴에 붙여놓은 거니?"

다시 키득키득. "아빠가 어떻게 생각하든 관심 없어."

"너 양치질은 한 거냐? 얼굴에서 방귀 뀐 것처럼 입 냄새가 고약하다."

깔깔깔깔. "아빠가 어떻게 생각하든 관심 없어."

우리는 두어 번 더 연습을 했다. 그러고 나니 아이들의 눈높이에 맞는 모욕적인 말이 더는 생각나지 않았다. 그래서 연습을 끝내고 밤 인사를 주고받았다.

나는 항상 하던 말로 대화를 마무리했다. "잘 자라, 행크. 사랑해."

"아빠가 어떻게 생각하든 관심 없어."

바보 멍청이.

3

처벌

일부러 그런 거 아니니까
난 무죄야

처벌은 그 사람에게 '당신은 사회적 지위를 상실했다'는
신호를 보낸다. 여기서 사회적 지위의 상실이란,
그 사람이 평소에는 감내할 이유가 없는 가혹한 처우를
이제는 감내해야 한다는 뜻이다.

"에이이이이이이이!"

"렉스, 조용히 해. 밥 먹는 시간이야."

"에이이이이이이이이이이이이이!"

렉스가 만 두 살이 채 되지 않았을 때였다. 렉스는 자기 목소리를 발견하고 있었다. 아니, 자기 목소리가 얼마나 커질 수 있는지 실험해보고 있었다. 렉스의 우렁찬 소리는 멈추지 않았다.

마침내 줄리가 열을 받았다. "잠깐 멈춰야겠다." 줄리는 이렇게 말하고 렉스를 유아용 의자에서 내려 거실로 데려갔다. 렉스의 첫 번째 타임아웃이었다. 그러나 렉스가 스스로 가만히 있을 리는 없으므로, 줄리가 렉스를 무릎 위에 앉히고 함께 앉아 있었다. "네가 너무 시끄러운 소리를 내서 잠깐 멈추는 거야." 줄리가 말했다.

"왜 우리 멈처?" 렉스가 물었다.

"네가 너무 시끄러운 소리를 내서 멈추는 거야." 줄리가 다시 설명했다.

"우리 멈처!" 렉스는 괴로워해야 할 아이에게 어울리지 않게 기뻐하고 있었다.

사회복지사인 아내의 말에 따르면, 타임아웃 시간은 아이의 나이와 똑같이 해야 한다. 그래서 2분 후에 줄리는 렉스를 데리고 식탁으로 돌아왔다.

"나는 더 멈추고 시퍼." 줄리가 렉스를 유아용 의자에 앉히고 안전벨트를 채우는 동안 아이가 말했다.

"이제 밥 먹을 시간이야, 렉스."

"더 멈추고 시퍼!"

"안 돼, 렉스. 밥 먹을 시간이야."

"에이이이이이이이이이이이이이이이이이이이이!"

⌒

타임아웃은 성공하지 못했고, 그 이유는 쉽게 짐작할 수 있다. 처벌은 불쾌한 것이어야 한다. 그런데 렉스는 타임아웃이 재미있다고 느꼈다. 그건 일상에서 벗어나는 일이었고, 엄마의 무릎 위에 앉아 있는 것도 싫지 않았다. 우리가 렉스에게 제대로 벌을 주려고 했다면 더 가혹했어야 한다.

그런데 잠깐. 왜 우리가 아이를 가혹하게 대해야 하는가? 아니, 질문을 바꿔보자. 누구든 간에 우리가 왜 그 사람을 가혹하게 대해야 하는가? 무엇이 처벌을 정당화하는가?

일반적인 대답은 응징retribution이다. 우리는 바로 앞 장에서 이러한 생각을 접했다. 어떤 사람들은 그들이 저지른 잘못 때문에 고통

116

을 받아 마땅하다는 것이다. 왜 그럴까? 이건 대답하기가 어렵다. 어떤 응보주의자들은 굳이 대답하지도 않는다. 그들에게는 비도덕적인 사람들이 죄에 상응하는 고통을 겪어야 한다는 것이 너무 당연한 일이다. 또 어떤 사람들은 우리가 앞 장에서 살펴본 것과 비슷한 비유를 제시한다. 잘못을 저지른 사람들은 사회에 빚을 진 거라는 논리다.[68] 그렇기에 그들은 자기 행동의 대가를 치러야 한다.

내가 지난번 논의에서 밝힌 대로, 설령 누군가가 잘못된 행동을 했다 할지라도 우리가 그에게 고통을 가하는 이유를 설명하기 위해서는 비유 이상의 것이 필요하다. 우리가 그 사람에게 고통을 주어야 한다는 강렬한 감정만으로도 안 된다. 처벌에 뒤따르는 부작용들을 정당화하려면 처벌로 어떤 목적을 달성할 수 있는지, 즉 어떤 좋은 결과를 얻을 수 있는지를 설명할 수 있어야 한다.

추후 나는 어떤 사람들에게 고통을 가하는 일이 왜 합리적인가에 대한 설명을 통해 응징이라는 개념을 보완할 것이다. 하지만 지금은 옹호를 잠시 멈추자. 우리가 왜 만 두 살짜리 아이를 가혹하게 다뤄야 하는지를 이야기하는 데서는 응징이라는 개념이 아무런 역할을 하지 못한다. 어쩌면 우리는 '어떤 성인들은 고통을 받아 마땅하다'는 주장을 이해할 수 있을지도 모른다. 그러나 어떤 아이가 고통을 겪는 일이 당연하다고 생각하기는 어렵다. 렉스 같은 어린아이라면 더욱 그렇다.

그렇다면 우리는 타임아웃으로 무엇을 얻으려고 했던 걸까? 음, 우리는 렉스가 비명을 그만 질러대기를 바랐다. 그리고 렉스가 점심을 먹었으면 했다. 그리고 가장 중요한 바람은 렉스의 비명 소리가 멈춰서 우리가 점심을 먹을 수 있게 되는 것이었다. 타임아웃의 직접적인 목표는, 소리를 질러대서 유리할 게 없다는 사실을 알려줌으로써 렉스가 입을 다물게 하는 것이었다.

우리가 하려고 했던 일을 어려운 말로 표현하면 '제지deterrence'가 된다. 그건 우리가 복수에 관해 생각했던 것과 같은 개념이다. 사람들은 유인incentive에 반응하는데, 그건 아이들도 마찬가지다. 렉스는 자기의 폐를 한껏 부풀려 소리를 지르면서 재미를 느꼈다. 우리가 그 행동을 멈추려면 그게 재미없어지게 만들어야 했다. 하지만 불행히도 렉스는 소리 지르기보다 타임아웃이 더 재미있다고 생각했으므로, 더 큰 소리로 다시 비명을 질러댔다.

만 두 살짜리 아이에게는 '제지'보다 '주의 분산distraction'이 더 나은 전략이었을 것 같다. 만약 이 전략도 통하지 않는다면, 소리를 지른 데 대해 처벌하기보다 그냥 무시하는 게 비명 소리를 더 빨리 멈추는 방법이었을 것이다. 적어도 우리 집 강아지 베일리를 전문 조련사에게 데려가서 상담했을 때 배운 바로는 그렇다. 베일리는 미니골든두들 품종이라서 소리 지르기를 좋아한다. 그리고 사람들을 향해 펄쩍 뛰어오르고 그들의 손을 할퀸다. 조련사는 우리에게 '보이지 않는 개'라는 게임을 알려줬다. 그건 세상에서 제일 간단한 게임이다. 베일리가 뛰어오르거나 할퀼 때 우리는 베일리를 완전히 무시한다. 우리는 베일리가 아예 그 자리에 없는 것처럼 행동한다. 베일리가 물러나는 순간 게임은 끝난다. 베일리가 물러나면 우리는 격하게 칭찬을 해주고 상도 준다. 게임의 목표는 베일리에게 뛰어오르지 않거나 사람을 할퀴지 않을 때 좋은 일이 생긴다는 사실을 가르치는 것이다. 다른 말로 하자면, 우리는 부정적 처벌이 아니라 긍정적 유인을 통해 강아지를 키운다.

그 방법은 잘 통한다. 너무 잘 통해서 놀랍기도 하다. 만약 내가 육아를 처음부터 다시 한다면 아기 렉스에게 목줄을 채워 조련사에게 데려갈 생각이다. 그 조련사는 진짜 유능하다. 우리가 아이들을 키웠을 때보다 훨씬 낫다. 그 조련사만 뛰어난 것도 아니다. 동물 조련사들은 나쁜 행동을 줄이고 좋은 행동을 격려하는 일을 능숙하게 해낸다. 대개의 경우 처벌을 하지 않고 그 일을 해낸다. 처벌이라는 방법은 적어도 확신이 있을 때만 사용한다.

⌒

그러면 우리는 왜 사람들을 처벌하는가? 우리는 왜 동물들을 훈련시키는 것처럼 사람들을 훈련시키지 않는가? 좋은 질문이다. 몇 년 전 〈뉴욕타임스〉는 에이미 서덜랜드Amy Sutherland의 에세이를 실었다. 서덜랜드는 동물 조련사 양성 학교에 관한 책을 집필하는 중이었다.[69] 조련사들이 일하는 모습을 지켜보던 중에 그녀는 문득 영감을 얻었다. 남편을 길들일 수 있을 것 같았다.

우연이지만 그녀의 남편 이름도 스콧이었다. 그는 적어도 그 당시에는 괴상한 습관들을 가지고 있었다. 옷을 바닥에 던져놓았고, 걸핏하면 열쇠를 잃어버렸다. 그리고 그런 일이 생길 때마다 갈팡질팡했다. 나는 이런 행동을 한 적이 전혀 없다. 적어도 지난 하루, 이틀 동안은 없다. 그러니까 내 아내가 서덜랜드의 에세이를 읽었을 때도 나에게 문제 될 건 없었다.

사실 그건 엄청나게 큰 문제였다. 나는 그 에세이를 보자마자 그걸 알아차렸다. 나는 우리 집 신문을 치워버리고, 내가 그날 읽은 내용을 절대 입 밖에 내지 않기로 결심했다. 이런, 내가 인터넷을 치울 방법은 없었다. 결국에는 줄리도 서덜랜드의 에세이를 봤다. 그녀가 찾은 글의 제목은 다음과 같다. 〈샤무에게서 배운 행복한 결혼 생활의 비결〉.[70] 그 에세이에서 서덜랜드는 자신이 공부를 시작하기 전에는 남편의 단점을 늘어놓으며 바가지를 긁었다고 했다. 그래도 달라지는 건 없었다. 남편의 버릇은 더 나빠졌다. 그런데 동물 조련사들이 그녀에게 나아갈 길을 알려주었다.

서덜랜드의 에세이를 보자. "특이한 동물들을 훈련시키는 조련사들에게서 배운 내용의 핵심은, 내가 좋아하는 행동에 보상하고 내가 좋아하지 않는 행동은 무시하는 것이다. 바다사자에게 잔소리를 한다고 해서 코끝에 공을 올려놓고 균형을 잡도록 만들 수는 없으니 말이다."[71] 자카르타의 관광 명소 시월드SeaWorld에서 만난 돌고래 조련사는 서덜랜드에게 소극적 강화 시나리오least reinforcing syndrome를 가르쳐주었다. 돌고래가 잘못된 행동을 하면 조련사는 그 행동을 철저히 무시한다. 그럴 때는 돌고래를 쳐다보지도 않는다. 반응을 얻지 못하는 행동은 대개 사라진다. 그리고 서덜랜드는 접근approximation이라는 기술도 배웠다. 접근은 동물이 조련사가 강화하기를 원하는 행동으로 한 발짝이라도 나아가면 보상을 제공하는 방법이다. 그러고 나서 또 한 발짝 내딛는다. 그리고 한 발짝 더. 그런 식으로 계속 앞으로 나아가다 보면, 바다사자가 코끝에 공을 올려놓고 균형을 잡는 묘기를 부리게 된다.

서덜랜드는 집에 와서 새로운 기술들을 실천에 옮겼다. 남편이 빨랫감을 빨래 바구니에 넣으면 고맙다는 인사를 했다. 그리고 바구니에 들어가지 않은 옷들은 무시했다. 정말로 남편의 옷 무더기가 작아지기 시작했다. 얼마 지나지 않아 서덜랜드의 바다사자는 코끝에 공을 올려놓게 됐다.

얼마 후 나는 줄리가 똑같은 실험을 하고 있다는 사실을 알아차렸다. 내 옷들에 대한 줄리의 불평이 뚝 끊겼다. 내가 옷을 치우면 줄리는 다소 지나치게 열정적인 감사 인사를 했다. 부엌에서도 내가 음식을 다 먹고 나서 접시를 싱크대에 쌓아두는 대신 식기세척기에 넣을 때마다 같은 장면이 재연됐다. 약간의 실험을 해봤더니, 내가 좋은 방향으로 아주 조금만 움직여도 긍정적 강화 반응이 나왔다.

"나를 샤무처럼 조련하는 거야?" 내가 물었다.

"에이, 망했다." 줄리가 대답했다. "당신도 그걸 봤구나?"

"그걸 안 본 사람이 어딨어." 내가 대꾸했다. 그 에세이는 몇 주 동안 〈뉴욕타임스〉 웹사이트에서 이메일로 전송된 횟수가 가장 많은 기사였다.

"그게 효과가 있더라고." 줄리가 미소를 띠며 말했다. 그리고 그 미소는 갑자기 사라졌다. 문제도 있겠다는 생각이 들었던 것이다. "당신도 나를 조련하고 있었어?"

나는 대답하지 않기로 했다. 아직도 나는 입을 꾹 다물고 있다.

우리는 둘 다 그 기사를 비밀로 하고 싶어 했다는 사실을 알고 한바탕 웃었다. 그러고 나서 휴전협정을 체결했다. 우리는 서로를 샤무처럼 조련하지 않기로 약속했다. 하지만 솔직히 말하자면 줄리는 여전히 나를 길들이고 있다. 나는 그걸 철저히 무시한다. 생각해보면 이거야말로 팽팽한 샤무 무술 대결이다. 줄리가 조련을 멈추면 나는 보상을 제공할 예정이다.

혹시 당신은 이런 이야기가 불쾌한가? 내가 줄리에게서 좋은 행동을 이끌어내기 위해 보상을 제공한다는 이야기가? 당연히 그래야 한다. 그리고 반대의 경우에도 마찬가지여야 한다. 배우자끼리 그런 훈련을 시킨다는 건 서로를 대하는 좋은 방식이 아니다. 사실 그건 사람들끼리 관계를 맺는 좋은 방식이 아니다. 그 이유를 알아보면 처벌에 관한 다른 견해를 이해하는 데도 도움이 될 것이다.

피터 스트로슨Peter Strawson은 옥스퍼드 대학교의 형이상학 교수였다. 그가 발표한 논문은 20세기 철학사에서 가장 유명한 논문 중 하나로 손꼽힌다. 그 논문의 제목은 〈자유와 원망Freedom and Resentment〉이다.[72] 이 논문에서 스트로슨은 사람들을 바라보는 시각이 두 가지로 나뉜다고 주장한다. 우리는 사람들을 인과의 법칙에 종속된 대상으로 바라볼 수도 있다. 그것은 사람들을 우리가 조종하거나 통제하는 물체처럼 여기는 시각이다. 사람들을 당신의 집 안에 있는 가전제품들과 거의 비슷한 시선으로 보는 것이다. 당신은 난방장치를 손으로 조작해서 원하는 온도를 얻는다. 당신은 전자레인지의 설정을 조작해서 음식이 타지 않으면서도 따뜻해지도록 한다. 당신은 보일러가 잘 돌아가게 하기 위해 필터를 갈아준다. 이 모든 행동에서 당신은 입력값을 조절해 결과에 영향을 미친다. 서덜랜드가 남편에게 하고 있었던 일이 바로 이것이다.

스트로슨의 주장에 따르면, 사람을 대상으로 바라본다는 것은 그 사람을 "관리되거나 다루거나 고치거나 조련할 수 있는 존재"로 여긴다는 뜻이다.[73] 서덜랜드는 자신이 남편을 그런 식으로 대했다는 것을 숨기지 않았다. 그녀는 자신이 했던 실험을 설명하면서 "남편을 쿡 찔러서 조금 더 완벽에 가까워지게" 하고 싶었고 "그를 나에게 조금 덜 거슬리는 짝으로 만들고" 싶었다고 말했다.[74] 여기서 동사들을 눈여겨보라. 서덜랜드는 남편을 쿡 찔러서 새로운 방향으로 나아가게 만들고 싶었고, 남편을 현재의 그보다 나은 사람으로 만들고 싶었다. 모든 면에서 남편은 그녀가 수행하는 프로젝트의 대상이었다. 그녀가 새로 배운 기술을 가지고 조작하는 물체였다.

스트로슨은 서덜랜드가 남편을 대하는 태도를 '목적형objective'이라고 불렀다(남편을 목표물로 보고 있었으므로). 스트로슨은 목적형 태도를 우리가 일반적인 인간관계에서 보이는 모습과 비교했다. 그는 일반적인 인간관계에서 나타나는 태도를 '반응형reactive'이라고 칭했다. 반응형 태도에는 분노, 원망, 감사 등이 포함된다. 우리가 배우자로서, 동료로서, 친구로서, 아니면 그저 같은 인간으로서 누군가와 관계를 맺을 때 우리는 상대방이 어떻게 행동해야 할지에 관한 기대를 품는다. 기본적으로 우리는 사람들이 선의로 우리를 대하기를 기대한다. 사람들이 그 이상의 호의를 베풀 때 우리는 감사를 느낀다. 하지만 사람들이 우리의 기대에 못 미치거나 우리를 소홀하게 취급할 때는 분노와 원망을 느낀다.[75]

스트로슨은 사람을 대상이 아닌 사람으로 대하는 데 있어 반응형 태도가 핵심이라고 주장했다. 사람들은 자신이 하는 일에 책임을 지지만 물체들은 책임을 지지 않는다. 온도 조절 장치가 망가졌다고 해서 내가 화를 내지는 않는다. 혹시 화를 낸다 해도 온도 조절 장치에 분노를 느끼는 건 아니다. 그 장치를 만든 사람들에게 화가 날 수도 있고 그걸 설치한 사람, 아니면 더 좋은 걸 사지 않은 나 자신에게 화가 날 수도 있다. 화는 책임이 있는 사람(아니면 적어도 책임이 있다고 여겨지는 사람)을 향할 때 의미가 있다. 그래서 분노에는 그 사람이 더 나은 행동을 했어야 한다는 판단이 실린다.

당신이 뭐라고 반론할지 안다. 때때로 당신은 살아 있지 않은 물건들에게 화를 낸다고? 나도 그렇다. 고장 난 컴퓨터를 향해 욕을 퍼부은 적이 여러 번 있다. 하지만 우리가 어떤 물체에게 화를 낼 때 우리는 그 물체를 의인화한다. 우리는 마치 그 물체가 자기가 하는 일에 책임이 있는 것처럼 대한다. 실제로는 그 물체가 사람이 아니라는 사실을 알고 있지만 말이다.

서덜랜드는 그 책략을 거꾸로 구사해서 사람을 물체처럼 대했다. 사실 그것도 말은 된다. 실제로 사람들은 조종과 통제를 당하는 대상이기 때문이다. 그러나 우리가 대상이기만 한 건 아니다. 우리는 우리가 하는 일에 책임을 진다. 아니, 적어도 책임을 질 수는 있다. 그리고 분노와 같은 반응형 태도는 우리가 서로에게 책임을 지우는 하나의 방법이다.

⌒

"애들아, 처벌이란 뭘까?" 어느 날 저녁 식사 시간에 내가 두 아들에게 물었다.

"그건 나쁜 거잖아." 행크가 말을 이었다. "밥 먹는 동안에는 그런 이야기 안 하면 안 될까?" 행크는 뭘 먹으면서 불쾌한 주제에 관해 대화하는 걸 좋아하지 않는다. 아니, 뭘 먹으면서 말하는 일 자체를 싫어한다.

그런데 렉스가 배턴을 집어들었다. "처벌은 누군가가 나한테 나쁜 행동을 하거나, 내가 원하지 않는 일을 하게 만드는 거야."

"그럼 네가 밖에 나가서 놀고 싶은데 아빠가 피아노 연습을 하라고 말한다면, 아빠가 너한테 벌을 주는 거니?" 내가 물었다.

"아니." 렉스가 대답했다.

"왜?"

"내가 뭘 잘못한 게 아니니까."

"그럼 처벌은 잘못한 일에 대한 반응인가?"

"맞아!" 렉스가 외쳤다. "그건 내가 무슨 나쁜 행동을 했기 때문에 누군가가 나한테 나쁜 행동을 하는 거야."

"내가 밥 먹을 때 그런 이야기는 안 하면 안 될까?"

⌣

그 대화는 행크 때문에 너무 일찍 끝나버렸다. 하지만 렉스는 처벌에 관한 그럴싸한 정의를 생각해냈다. 실제로 조엘 파인버그Joel Feinberg가 등장하기 전까지 처벌의 일반적 정의는 렉스가 했던 말과 비슷했다. 처벌이란 어떤 권위자가 잘못에 대해 가혹한 조치를 하는 것이다. (아니면 렉스의 설명도 괜찮다. 내가 나쁜 행동을 했을 때 누군가가 나에게 나쁜 행동을 하는 것.)

파인버그는 애리조나 대학교에서 철학을 가르쳤다. 그의 제자였던 클라크 울프는 나에게 처음으로 철학을 가르쳐준 교수였다. 또 한 사람의 제자인 줄스 콜먼Jules Coleman은 로스쿨에서 나의 멘토였다. 그러니까 파인버그는 철학이라는 영역에서 나의 할아버지뻘이라 할 수 있다. 그리고 파인버그는 저명한 형법 전문가로서 형법의 범위와 목표에 관한 권위 있는 책들을 출간했다.

파인버그는 처벌에 관한 일반적 정의에 문제가 있다고 생각했다.[76] 미식축구의 패스 방해에 대한 벌칙pass interference penalty을 생각해 보면 우리도 같은 문제를 발견할 수 있다. 이 벌칙은 가혹한 편이다. 패스를 방해하면 파울 지점에 공을 놓고 상대 팀이 공격을 시작하게 한다. 이로 인해 때로는 경기의 결과가 뒤바뀌기도 한다. 그리고 그 벌칙은 권위자(심판)가 잘못(패스 방해)에 대해 부과한다. 그래서 렉스의 정의가 옳다면 그 벌칙은 처벌이다. 그런데 뭔가 이상하다. 패스 방해에는 분명히 불이익이 따른다. 하지만 우리는 패스를 방해했다고 해서 선수들을 처벌하지는 않는다.

또 하나의 예를 보자. 당신은 눈보라가 칠 때 차를 옮겨놓는 것을 깜박했다. 그래서 제설차들이 왔을 때 당신의 차는 견인됐다. 이것 역시 가혹한 처사다. 당신은 직접 견인 차량 보관소로 가서 돈을 내고 차를 돌려받아야 한다. 하지만 이번에도 당신은 처벌을 받는 게 아니라 벌금을 내는 것 같다. 벌금이 당신의 차를 견인하고 보관한 비용을 넘지 않는다면, 당신이 벌칙으로 고통을 받았는지도 불분명하다. 당신은 그저 당신의 실수에 따르는 비용을 지불하라는 요구를 받은 것이다.

파인버그의 주장에 따르면, 렉스의 정의에는 처벌의 상징적 의미가 빠져 있다. 처벌은 분개와 분노 같은 반응형 태도를 표현한다. 국가가 어떤 사람을 범죄자로 분류해서 그를 감옥에 집어넣을 때, 국가는 그가 저지른 행위를 비난하는 것이다. 파인버그의 설명을 들어보자. "범죄자는 교도관들과 외부 세계의 적의를 여과 없이 느낀다.

게다가 그들은 그 적의가 자신의 잘못에 대한 타당한 반응이라고 생각한다."77

만약 처벌이 파인버그가 정의한 대로 반응형 태도를 표현하는 방법이라면 우리는 두 개의 결론에 도달한다. 첫째, 줄리가 렉스에게 시켰던 타임아웃은 진짜 처벌이 아니었다. 줄리는 그저 렉스가 소리 지르는 걸 멈추려고 했을 뿐이다. 줄리에게는 렉스의 행동을 비난하려는 의도가 없었다. 파인버그의 관점에 의하면, 줄리는 렉스에게 불이익을 주었다(사실은 불이익을 주는 것도 그리 잘되진 않았다). 그렇다면 우리는 지금까지 잘못된 스포츠 비유를 사용한 셈이다. 우리는 아이들에게 타임아웃을 '주면' 안 된다. 우리는 아이들을 페널티박스penalty box(반칙한 선수가 대기하는 자리 - 옮긴이)에 넣어야 한다.

두 번째 결론은 조금 더 심각한 내용이다. 처벌이 반응형 태도를 표현한다면 우리가 처벌할 수 있는 대상에 제한이 생긴다. 앞에서 살펴본 바와 같이 반응형 태도는 사람들에게 자신이 한 일에 대한 책임을 지우는 방법이다. 그래서 우리는 자기가 한 일에 정말로 책임이 있는 사람들만 처벌할 수 있다. 실제로 형법을 공부해보면 피고가 정말로 자기 행위에 책임이 있는지를 결정하기 위해 만들어진 수많은 법률 조항을 발견하게 된다. 우리는 (적어도 공식적으로는) 정신이 이상한 사람이나 능력 미달인 사람을 처벌하지 않는다.* 우리는 불가항력으로 범죄를 저지른 사람들을 처벌하지 않는다. 우리는 더 나은 행동을 했어야 한다고 생각하는 사람들만을 처벌한다.

사람들에게는 왜 자기 행동에 대한 책임이 있는가? 이건 어려운 질문이고, 지금 내가 포괄적인 답변을 할 수는 없을 것 같다. 그냥 짤막한 답을 해보겠다. 사람들은 상황을 인식하고 이성적으로 반응할 수 있지만 물체는(심지어 똑똑한 동물들도) 그렇게 못 한다. 베일리의 조련사는 베일리가 자신이 원하는 걸 얻기 위해서라면 뭐든지 할 거라고 자주 말한다. 만약 베일리가 펄쩍 뛰어오르고 사람들을 할퀴어서 자기가 원하는 관심을 받는다면, 베일리는 계속 그렇게 할 것이다. 만약 베일리가 펄쩍 뛰어 사람들을 할퀴어도 관심을 받지 못한다면, 그 행동을 그만두고 다른 시도를 할 것이다. 확실히 베일리는 충동을 조금은 억제할 줄 안다. 간식을 얻어먹기 위해 가만히 앉아서 기다리는 법도 배웠다. 하지만 베일리는 자기에게 이익이 된다고 판단할 때만 충동을 억제한다.

사람은 개와 어떻게 다른가? 당신이 만나본 사람들 중에는 개와 별로 다르지 않은 사람들도 있을 것이다. 자신의 즉각적 필요를 채우는 일이 아니면 움직이지 않는 사람들은 어디에나 하나쯤 있다. 그러나 사람들은 이성에 따라 행동할 수 있다. 이성이란 무엇인가? 이건 또 하나의 복잡한 질문이고, 나는 짤막한 대답만 하겠다. 거칠게 이야기하자면 이성은 '원한다'가 아니라 '해야 한다'다. 당신이 배

---

* '적어도 공식적으로는'이라는 문구는 우리가 지금까지 형법을 집행했던 과정이 이 점에서 성공적이지 못했다는 사실을 나타낸다. 교도소에는 중증 정신 질환으로 고생하는 사람이 많이 있다. 그렇다면 우리는 과연 그들에게 도덕적 책임이 있는지 의심해 봐야 한다.

가 고프다면, 그것이 나에게는 당신에게 먹을 걸 줘야 하는 이유가 된다. 설령 내가 당신이 쫄쫄 굶는 모습을 보기를 원한다 해도. 당신이 괴로워하고 있다면, 그것이 나에게는 당신의 발등 위에 서 있지 말아야 할 이유가 된다. 설령 내가 당신의 발등 위에 계속 서 있고 싶더라도. 내가 약속을 했다는 건 설사 다른 일을 하고 싶더라도 내 입으로 말한 행동을 해야 하는 이유가 된다.*

어떤 사람들은 이런 차이를 인정하지 않는다. 스코틀랜드 계몽주의를 대표하는 철학자 데이비드 흄David Hume은 이렇게 말했다. "이성은 열정의 노예일 뿐이고, 열정의 노예로만 남아야 한다. 이성은 열정에게 봉사하고 복종하는 것 외에 다른 역할을 흉내 낼 수가 없다."[78] 흄의 주장은 우리가 겉보기와 달리 베일리와 아주 많이 비슷하다는 것이다. 물론 나는 당신의 발등 위에 계속 서 있고 싶더라도 스스로 내려올 줄 안다. 하지만 흄의 주장에 따르면, 내가 그렇게 하는 이유는 순전히 그게 다른 욕구에 부합하기 때문이다. 이를테면 주먹으로 얻어맞지 않으려는 욕구 같은 것들. 흄에 의하면 이성은 우리의 욕구를 채우는 방법을 알아내는 데 도움을 준다. 이성은 욕구와 경쟁하지 않는다.

흄의 견해를 추종하는 사람들도 있지만, 나는 그중 하나가 아니다. 나는 이성과 욕구가 독립적으로 작동한다고 생각한다. 우리의

---

* 이런 것들은 이유에 해당하지만, 모든 게 결정적 이유는 아니다. 행크가 배고프다는 건 내가 행크에게 뭘 먹여야 하는 이유가 되지만, 다른 이유들이 먼저일 수도 있다(행크는 이런 상황을 자주 경험한다). 예컨대 저녁 식사 시간이 얼마 남지 않았다면, 우리는 행크에게 바로 먹을 걸 주지 않을 것이다. 다 같이 식사할 수 있을 때는 함께하는 것이 가치 있는 일이라고 생각하기 때문이다.

욕구들이 항상 이성으로 이어지지는 않는다. (히틀러가 유대인들을 몰살하기를 원했다는 것이 그가 실제로 유대인들을 살해할 이유가 되지는 않는다.) 그리고 이성이 항상(아니면 대부분) 욕구에서 비롯되는 것도 아니다. (나는 내가 원하지 않더라도 빚을 갚아야 한다. 그건 빚을 갚지 않으면 내가 힘들어지기 때문만은 아니다.) 한발 더 나아가서 나는 우리가 인간인 이유들 중 하나는, 원하는 일과 해야 하는 일을 구분하는 능력에 있다고 주장하고 싶다.

우리는 강아지 베일리와 이성적으로 소통할 수 없다. 베일리의 행동을 바꾸는 유일한 방법은 보상을 조절하는 것이다. 그러나 사람들끼리는 이성으로 소통할 수 있으며, 반응형 태도는 이성으로 소통하는 하나의 방법이다. 누구에게 화가 났을 때 당신은 왜 그렇게밖에 못 했느냐고 나무란다. 그 말을 들은 상대는 기분이 좋지 않을 것이다. 하지만 당신은 적어도 그를 물체나 동물이 아니라, 자기가 하는 행동에 책임을 져야 하는 인간으로 대하고 있다.

⌒

이제 우리는 서덜랜드의 실험에서 무엇이 우려되는지를 알 수 있다. 서덜랜드가 남편을 훈련시키기 시작했을 때 그녀는 더 이상 그를 한 사람으로 보지 않고, 자신이 조종하고 통제해도 되는 물체로 바라봤다. (당신이 1장에서 만났던 칸트의 주장을 떠올리고 있기를 바란다. 칸트 역시 우리가 사람들을 물체가 아닌 사람으로 대해야 한다고 주장했다.) 서덜랜드는 남편과 이성적으로 소통하지 않고 그의 행동을 유도하려고 했다. 적어도 그를 훈련시키려고 했던 측면에서는 그랬다. 나도 서덜랜드가 다른 측면에서는, 그리고 다른 시간에는 자기 남편을 인간으로 바라봤을 거라고 믿는다. 나는 그녀를 혹독하게 비판하고 싶지도 않다. 나중에 가면 나도 우리가 때로는 사람들을 대할 때(우리가 사랑하는 사람들을 대할 때도) 객관적인 태도를 취해야 한다고 주장할 것이다. 그래도 나는 우리가 배우자를 동물처럼 조련해서는 안 된다고 생각한다.

⌒

아이들은 어떨까? 우리는 아이들을 조련해야 할까? 그렇다. 적어도 아이들이 어릴 때는 매일, 온종일 조련해야 한다. 어린아이들은 아직 사람이 아니기 때문이다. 적어도 온전한 사람은 아니다. 만 두 살짜리 아이와는 옳고 그름에 관해 이성적으로 소통할 수가 없다. 때때로 우리가 어떤 말을 하고 아이들이 그 말을 따라 하면, 서로가 이성적으로 소통하고 있는 것처럼 보이기도 한다. 하지만 단언하건대 그건 이성적 소통이 아니다. 아이들은 아직 자기가 원하는 일과 자기가 해야 하는 일의 차이를 이해하지 못하기 때문이다.

나는 아이들과 다음과 같은 대화를 몇 번이나 나눴는지 모른다.

나:　너는 왜 [그걸 빼앗았니/그 아이를 때렸니/사람들 앞에서 바지를 내렸니]?
아이: 하고 싶어서.
나:　그래? 왜 그게 하고 싶었어?
아이: 그냥.

나: 왜 하고 싶었는데? 그렇게 해서 뭘 얻으려고 했니?

아이: 그냥 하고 싶었어.

나: 아빠가 몇 번이나 말했니? 욕구는 행동의 이유가 아니라고 했잖아.

아이: 알았어, 베이비붐 세대 아빠. 나도 흄을 읽었거든.

나: 뭐라고? 베이비붐 세대 아니거든. 아빠는 X세대란다.

아이: 이성은 내 열정의 노예야, X붐 세대 아빠.

농담이다, 절반쯤은. 어쨌든 이 가상의 대화에는 진지한 메시지가 담겨 있다. 어린아이들은 자기 행동에 책임을 지지 않는다. 어린아이들은 옳고 그름을 제대로 분간하지 못한다. 설사 분간할 수 있다 해도 자기 행동을 조절하지 못한다. 어린아이들은 그런 능력을 지니고 있지 않다. 그건 그들의 잘못이 아니다. 아이들은 원래 그렇다.

그래서 우리는 어린아이들에게 화를 낼 수가 없다. 물론 화가 나긴 하지만. 나는 렉스를 병원에서 집으로 데려온 직후부터 아이에게 화가 났다. 우선 렉스는 잠을 거의 안 잤다. 줄리는 힘든 분만을 했기에, 며칠 동안은 밤마다 내가 수유만 빼고 모든 걸 도맡아야 했다. 몇 시간 내내 울어대는 렉스를 안고 있는 동안 나는 정말 많은 감정을 경험했는데, 그중에는 렉스를 향한 분노도 있었다. 물론 그 분노는 오래가지 않았다. 왜냐하면 그건 렉스의 잘못이 아니었기 때문이다. 렉스의 잘못일 수가 없었다. 누구도 렉스를 향해 화를 낼 수가 없었다. 렉스는 자기가 하고 있는 행동에 대한 책임을 지는 존재가 아니었기 때문이다.

어린아이들에게는 객관적 태도를 취해야 한다. 그리고 아이들은 책임을 지기에는 너무 어리다. 우리가 생각하는 것보다 긴 세월 동안, 적어도 대여섯 살이 되기 전까지는 어리다고 봐야 한다. 하지만 일곱 살에서 여덟 살 정도면 아이들도 인간이 되기 시작한다. 그 전까지 아이들은 동물에 가깝다. 아주 귀여운 동물. 인간과 닮은 동물. 인간과 비슷한 소리를 내는 동물. 그러나 그들은 절대로 인간이 아니다. 어린아이들은 "관리하거나 처리하거나 고치거나 훈련시켜야 하는" 존재들이다.[79]

⁓

부탁하건대, 조련을 하려면 제대로 하라. 행크가 걸음마를 배우던 시절, 나는 행크를 '짐 아메리카Gym America'의 유아 놀이 프로그램에 데려가곤 했다. 행크는 고무공이 가득 채워진 놀이터를 좋아했다. 행크는 전속력으로 미끄럼틀을 내려가서 완전히 정지했다가 고무공 속으로 신중하게 뛰어들었다. (허쇼비츠네 아이들은 조심성이 많다.) 그 미끄럼틀을 좋아하는 아이는 행크만이 아니었으므로, 처음에는 아이들이 스스로 차례를 정해서 줄 비슷한 것을 만들기까지 무척 혼란스러웠다. 하지만 규칙은 엄격했다. '바로 앞의 아이가 고무공 구역을 완전히 벗어나기 전에는 미끄럼틀에서 내려가지 말아야 한다!'

한번은 내가 가장자리에 자리를 잡고 앉아서 아이들이 고무공 구역에서 나가는 걸 도와주었다. 한쪽 구석에 네댓 살쯤으로 보이는 어린 남자아이가 있었다. 그 아이는 줄을 서려고 하지 않았다. 아이는 계속 고무공 구역 안으로 뛰어들었다. 몇 번은 발을 헛디뎠다. 그리고 몇 번이나 고무공 구역에서 빠져나오려는 아이 위로 떨어져 부덮쳤다. 나는 그 아이의 어머니를 찾아서 도움을 청했다. 그 어머니는 대수롭지 않은 일이라는 듯이 말했다. "얘는 원래 이래요. 활동적인 아이거든요."

그야…… 맞는 말이다. 그 아이는 원래 그렇다. "그게 부모가 할 일이죠." 나는 절대 이렇게 말하지 않았다. "그 아이를 더 나은 존재로 변화시키는 거요."

때때로 우리는 성인들에 대해서는 처벌의 목적이 '재활'이라는 이야기를 한다. 아이들의 경우 '재활'이라는 표현은 부적절하다. 그 남자아이에게는 '재활'이 아니라 '최초의 활'이 필요했다. 그 아이는 다른 사람들과 함께 살아갈 수 있는 존재로 바뀌어야 한다.

그 남자아이의 엄마는 무엇을 해야 했을까? 우선 아이가 놀이 공간에서 함부로 돌아다니지 못하도록 했어야 한다. 자격 박탈도 처벌의 목표 중 하나다. 방화범을 감옥에 집어넣어서 좋은 점은 그가 수감되어 있는 동안은 아무것도 불태우지 못한다는 것이다. 만약 그 남자아이가 내 아들이었다면, 나는 아이의 셔츠를 꽉 붙잡아서라도 다른 아이들이 다치지 않게 했을 것이다. 그러고 나서 아이의 수준에 맞게, 아이의 눈을 보면서, 음?.?.?. 아이를 사람처럼 대했을 것이다.

이건 진심이다. 조금 전에 나는 어린아이들은 인간이 아니라고 말했다. 하지만 당신은 아이들을 인간처럼 대해야 한다. 아이들이 이성적으로 행동하지 못하더라도, 우리는 아이들에게 이성적인 말을 들려주어야 한다. 당신은 이렇게 설명해야 한다. "다른 아이들이 다칠 수 있으니까 거기서 뛰면 안 된단다." 그리고 반응형 태도를 보여줘야 한다. 아이가 당신을 무시한 게 아니므로 분노는 적절하지 않다. 화를 낼 게 아니라 아이의 행동에 실망했고 슬프다고 말해야 한다.

이렇게 다 했는데도 아이가 계속 고무공 놀이터 위로 몸을 던진다면 페널티박스로 보내야 한다. 아니면 그냥 유아 놀이 프로그램에서 일찍 나오거나.

처벌과 관련해서 부모의 일차적 책무는 다른 사람들 모두에게 거슬릴 수도 있는 아이를 양육하는 것이다. 나는 그 남자아이 때문에 짜증이 났고, 그 아이가 다른 아이를 다치게 할까 봐 걱정스러웠다. 그렇다고 그 아이에게 화가 나지는 않았다. 그 아이가 한 행동은 아이의 잘못이 아니었다. 그 아이는 아직 이성적으로 상황을 파악하고, 이성에 따라 행동할 수 있다고 여겨지는 존재가 아니기 때문이었다. 그 아이를 그런 존재로 만드는 것이 그 아이 부모의 역할이었다. 그 역할을 수행하기 위해 부모는 아이에게 이성적 설명을 제공하고 반응형 태도를 보여주었어야 한다.

⌒

이런저런 설명을 다 했으니 주의할 점도 이야기하고 넘어가자. 아이들은 반응형 태도를 경험할 필요가 있다. 그런데 반응이 지나치게 격해질 때도 많다. 만약 당신이 진짜로 화가 났다면 타임아웃이 필요한 사람은 당신이다.

줄리와 나는 서로에게 항상 타임아웃을 준다. 내가 고함을 치는 소리를 들으면 줄리는 내가 진짜로 화났다는 걸 알아차리고 즉시 나를 밀어낸다. "알았어. 당신은 잠깐 가 있어." 그러고 나서는 줄리가 아이에게 무엇을 잘못했는지를 차분하게 이야기한다. 줄리가 화났을 때는 나도 똑같이 하지만, 줄리가 나를 대신할 때가 훨씬 많다. 사회복지사와 함께 육아를 하면 이런 게 좋다.

당신이 이성을 잃지 않았을 때도 말조심은 해야 한다. 아이가 수치심을 느끼게 하거나, 자기가 나쁜 아이라고 생각하게 하지는 말자. 교과서적인 조언은 아이들에게 그들이 한 행동에 관해서만 지적하고, 성격에 대해서는 언급하지 말라는 것이다. 하지만 그 조언은 옳지 않다. 아이가 바람직한 행동을 할 때는 그 행동이 성격의 반영이라고 칭찬해야 한다. 예를 들면 이렇게. "와, 그 장난감을 빌려주다니 정말 착하구나. 너는 모든 사람을 배려하는 친절한 아이야." 아이가 나쁜 행동을 하면 그 행동이 아이의 성격과 맞지 않는다고 비판해야 한다. 예를 들면 이렇게. "그 장난감을 빼앗은 건 좋지 못한 행동이야. 아빠는 슬프구나. 너는 원래 친구들과 함께 놀기를 좋아하는 친절한 아이잖니." 핵심은 아이가 긍정적 자아상을 만들어나가게 해주는 것이다. 아이들이 좋은 행동은 원래 자신의 내면에 있었던 걸로 여기고, 나쁜 행동은 교정할 수 있는 일탈적 행위로 생각하게 해주자.

사회복지사로서 줄리가 가진 경험에다 행운이 따랐던 덕택에 우리는 아이들이 어렸을 때부터 이런 전략을 생각해낼 수 있었다. 하지만 알고 보니 이 전략을 뒷받침하는 연구 결과가 상당히 많았다.[80] 당신이 긍정적 성격 특성들을 칭찬하고 책임감을 지닌 존재처럼 대한다면, 아이들은 책임감 있는 사람으로 자랄 확률이 높다. 당신이 아이들의 기질을 전적으로 통제할 수는 없다. 하지만 어느 정도는 아이들의 성격을 만들어낼 수 있다. 그래서 아이들을 '조련'하는 일은 가치가 있다.

어린아이가 갑자기 책임감 있는 어른으로 변하는 마법 같은 순간
은 없다. 아이들이 인지능력을 새롭게 획득해야 하므로 그런 변화
는 서서히 진행된다. (렉스를 병원에서 집으로 데려왔던 첫날 밤을 생각해보
라.) 처음에 당신은 아주 객관적인 렌즈를 통해 아이를 바라본다. 그
러다 아이가 자라면서 당신은 아이를 인간으로 받아들이기 시작하
며 아이의 행동에 대해 분노, 원망, 감사를 느낀다. 어느 날은 그런
감정들을 연기하기도 한다. 사실은 웃음을 참으려고 애쓰면서도 화
난 척을 한다. 그리고 바로 다음 날이면 아이가 더 나은 행동을 할 수
있었을 거라는 생각에 진짜로 화가 치민다.[81] 그리고 나서는 다시 원
래대로 돌아온다. 아이들의 발달은 고리처럼 빙글빙글 돌면서 앞으
로 나아가는 과정이기 때문이다.

행크가 걸음마를 배울 때쯤에 렉스는 커다란 도약을 했다. 당시
다섯 살이었던 렉스는 집 안을 자유롭게 뛰어다녔다. 행크가 움직이
지 못하는 아기였을 때는 렉스가 행크를 쉽게 피할 수 있었으므로
문제 될 게 없었다. 하지만 행크가 움직이게 되자 렉스가 뛰어다니
다 행크를 넘어뜨리기 시작했다. 대부분은 실수였다. 렉스가 행크와
쾅 부딪치고, 행크는 울음을 터뜨렸다. 그러면 렉스는 재빨리 법적
인 변론을 펼쳤다.

"일부러 그런 거 아냐!" 엄마나 아빠가 우연히 그런 장면을 목격
할 때마다 렉스는 이렇게 외쳤다.

렉스는 그 말만 하면 자기가 완전히 무죄가 된다고 생각했다. 하
지만 얼마 후 렉스는 그 말이 자신에게 적용될 수 있는 최악의 혐의

인 폭행죄에만 변명이 된다는 사실을 알았다. 그래서 나는 렉스에게 '과실negligence'이라는 개념을 알려주었고, 행크 주변에서는 조심해야 한다고 말해줬다. 내가 로스쿨 동료인 마고 슐랭어Margo Schlanger에게 배운 원칙도 가르쳐줬다. "너에게 그런 의도가 없었다니 다행이구나. 그런데 너에게는 렉스에게 부딪치지 않으려고 조심하려는 의도가 있었어야 해."

조금 복잡한 내용이지만 렉스는 그걸 금방 익혔다. 그래도 렉스는 번번이 행크와 부딪쳤다. 그리고 행크는 번번이 울어댔다. 렉스는 사건에 대한 새로운 변론을 펼쳤다.

"나는 조심하려고 했어!" 렉스는 이렇게 말하곤 했다.

그래서 나는 과실에 관해 조금 더 설명을 해줬다. '불법행위에 관한 법률Tort law'은 그 사람이 조심하려고 했는지 아닌지는 따지지 않고, 조심을 했는지 아닌지만 따진다고. 법은 사람의 마음이 아니라 사람의 행동에만 관심이 있다고. 그 이유는 여러 가지가 있는데, 가장 큰 이유는 그가 실제로는 조심하려고 하지 않았으면서도 조심하려고 했다고 말하기가 쉬워서라고. 렉스의 경우 종종 그랬다.

"네가 노력하고 있었다니 다행이구나." 나는 이렇게 말하곤 했다. "하지만 노력하는 걸로는 충분하지 않아. 너는 조심해야 해." 그러고 나서 나는 렉스에게 타임아웃을 시켰다.

그 타임아웃은 렉스가 처음으로 받은 심각한 벌처럼 느껴졌다. 우리에게도 그랬고 렉스에게도 그랬다. 우리가 벌을 주는 척만 한 게 아니라 진짜로 벌을 주려고 했기 때문이다. 우리는 렉스가 한 행동을 비난하고, 더 나은 행동을 했어야 한다는 뜻을 전달하려고 했다. 물론 그 타임아웃에는 그런 의미만 있었던 건 아니었다. 우리는 행크를 보호해야 한다고 느꼈고, 렉스가 행크 주변에서는 조심해야 한다는 사실을 명확히 알리고 싶었다.

렉스도 타임아웃을 심각하게 받아들였다. 우리가 정말로 화가 났다는 걸 느낄 수 있었기 때문이다. 렉스는 자기 행동이 우리의 기대에 못 미쳤다는 걸 알았고, 그래서 기분이 아주 나빴다. 간혹 렉스는 비난의 무게를 견디지 못하고 이성을 잃었다.

행크의 권리를 옹호하고 렉스가 더 조심하게 만드는 과정에서 우리는 일종의 교정적 정의를 실현하고 있었다. 렉스는 자신이 행크를 잘 살피고 다니지 않아도 되는 것처럼 행동하고 있었다. 우리는 렉스가 조심히 다녀야 한다는 사실을 분명히 선언했다. 말로만 이야기한 것이 아니다. 우리는 렉스가 부주의에 대한 대가를 치르게 했다.

그리고 우리는 약간의 응보적 정의를 실현하고 있었다.

응보적 정의란 무엇인가? 지금까지는 이 질문을 미뤄두고 있었지만, 드디어 이야기를 할 때가 왔다. 그리고 때로는 고통을 가하는 것이 합리화되는 이유도 알아볼 때가 왔다. 교정적 정의가 피해자의 권리를 옹호하는 것이라면, 응보적 정의는 잘못한 사람을 비난하는 것이다. 그러자면 그의 행동을 거부하는 하나의 방편으로, 잘못을 저지른 사람들의 사회적 지위를 적어도 일시적으로는 강등해야 한다. 처벌은 그 사람에게 '당신은 사회적 지위를 상실했다'는 신호를 보낸다. 여기서 사회적 지위의 상실이란, 그 사람이 평소에는 감내할 이유가 없는 가혹한 처우를 이제는 감내해야 한다는 뜻이다.[82]

성인들의 경우를 보면 이해하기가 더 쉽다. 스탠퍼드 대학교의 파티에서 샤넬 밀러Chanel Miller를 성폭행한 브록 터너Brock Turner에게 내려진 판결을 생각해보자.[83] 검사는 터너에게 6년을 구형했지만 판사는 6개월 구속 수감을 명령했다. 사람들은 그 판결에 분개했다.[84] 사실 그럴 만도 했다. 하지만 나는 다음과 같은 질문을 던지고 싶다. 그 판결의 어떤 점이 잘못됐을까? 세상의 회계장부에서 균형을 맞추지 못해서 문제였을까? 만약 그렇다면 회계장부의 균형을 맞추기 위해서는 얼마나 큰 고통이 필요할까? 그리고 그 고통을 구속 기간으로 어떻게 환산하는가?

나는 그 판결이 문제인 데는 좀 더 현실적인 이유들이 있다고 생각한다. 그 판결은 밀러와 터너에 관해 잘못된 메시지를 전달했다. 밀러의 권리를 회복하기에는 형기가 너무 짧았다. 판결은 마치 밀러에게 일어난 일이 별것 아니라고 말하는 것만 같았다. 아니, 밀러가 별것 아닌 존재라고 말하는 것만 같았다. (캘리포니아주에서는 950달러 미만의 물건을 훔치는 좀도둑질로도 징역 6개월을 선고받을 수 있다.)[85] 그 판결은 교정적 정의에 부합하지 않으며, 응보적 정의를 구현하지도 못했다. 판결은 터너가 그렇게 나쁜 행동을 한 건 아니니까, 단기간 타임아웃을 하고 나서 사회로 복귀하면 된다고 말하고 있었다.

미국에는 교도소에 갇힌 사람들이 놀랄 만큼 많다. 미국의 전체 인구 대비 수감자 비율은 다른 어느 나라보다 높다.[86] 그건 우리가 자랑스러워할 일이 아니다. 우리는 수감자를 대폭 줄여야 한다. 하지만 나라면 교도소를 전부 없애지는 않을 것이다. 사람들이 다른 사람의 권리를 악의적으로 무시할 때는 책임을 물어야 하고, 수감은 그런 책임을 묻기에 상당히 괜찮은 방법일 수도 있다. 어떤 사람을 교도소에 가두는 행위는 그가 현재로서는 다른 사람들과 함께 살아가기에 적합하지 않다는 신호를 보낸다. 어떤 사람을 수감하는 행위는 우리가 그를 신뢰하지 않으니 얼마간 떨어져 있어야겠다는 신호를 보낸다. 어떤 범죄에 대해서는 수감이 적절한 처벌이 된다.

아니, 미국의 교도소가 그토록 끔찍한 장소가 아니었다면 수감은 적절한 처벌이 됐을 것이다. 때로는 사람들을 공동체와 분리하는 것이 정당화된다. 그러나 수감자 밀도가 지나치게 높고, 수감자들이 다른 수감자 또는 교도관들의 폭력에 시달릴 위험이 있으며, 건강을 제대로 돌봐주지 않고, 수감자들을 비인간적으로 대우하는 교도소에 사람들을 꽉꽉 채워 넣는 일은 정당화되지 않는다. 잘못된 행동을 한 사람, 심지어 극악한 행동을 저지른 사람도 엄연히 사람이다. 우리가 그들의 인간성을 존중하지 않는 것은, 우리 자신의 인간성을 존중하지 않는 것이다. 그럴 때 우리는 암묵적으로 인간성을 잃어버리기 쉬운 것으로 취급하기 때문이다.

우리가 기억해야 할 것이 있다. 대개의 경우 우리는 교도소에 집어넣었던 사람들과 다시 함께 살아가야 한다. 처벌은 우리가 그들과 조화를 이뤄 살아갈 수 있다는 가능성을 열어놓아야 한다. 아니, 처벌은 그런 가능성을 확대해야 한다. 우리가 사람들을 비인간적으로 대한다면, 나중에 그들이 똑같이 되갚더라도 우리가 놀랄 자격은 없다. 그 반대도 성립한다. 우리가 사람들을 존중한다면 나중에 그 존중을 돌려받을 가능성이 높아진다. 때로는 처벌이 마땅히 필요하다. 친구들 및 가족들과 떨어뜨리는 가혹한 처벌도 필요할 수 있다. 하지만 사람들에게 죄를 묻더라도, 그들이 미국의 교도소처럼 고립된 환경에서 위험한 삶을 살게 해서는 안 된다.

당신은 이렇게 물을지도 모른다. 만약 우리가 보내는 메시지가 제일 중요하다면, 그리고 교도소가 그토록 끔찍한 장소라면, 잘못을 저지른 사람들을 그냥 말로 나무라면 안 되는 이유가 무엇일까?

우리는 왜 그들을 교도소에 가둬야 할까? '모든 메시지를 말로 전할 수는 없다'가 대답이다. 우리는 '말보다 행동'이라는 이야기를 자주 한다. 어떤 사람이 당신을 사랑한다고 말하면서도 당신을 사랑하는 것처럼 행동한 적이 없다면, 그를 믿을 수 있겠는가? 아마 믿지 않을 것이다. 사랑뿐 아니라 반감도 똑같다. 당신은 어떤 사람이 했던 행동에 관해 말로 화를 표현할 수 있겠지만, 당신이 그를 대하는 태도가 계속 똑같다면 사람들은 당신의 말을 진지하게 듣지 않을 것이다.

우리는 왜 사람들을 처벌하는가? 지금까지 제지, 재활, 자격 박탈 등 여러 이유들을 살펴봤지만, 가장 중요한 이유는 바로 '응징'이다. 우리는 비난을 전달하기 위해 처벌을 한다. 그리고 응보적 정의는 비난받아 마땅한 일이 생길 때마다 처벌을 요구한다.

⁓

그렇다고 해서 우리가 항상 처벌을 해야 한다는 뜻은 아니다. 때로는 정의를 실현하지 않고 넘어갈 수도 있다. 사실 가끔은 그냥 넘어가야 한다.

나는 루스 베이더 긴즈버그Ruth Bader Ginsburg 대법관 밑에서 서기로 일한 적이 있다. 나는 그녀에게 법에 관해서도 많이 배웠지만 삶에 대해서도 많은 걸 배웠다. 긴즈버그 대법관은 남편 마티와 행복한 결혼 생활을 유지하는 걸로도 유명했기에, 사람들에게서 부부 관계에 관한 조언을 요청받곤 했다. 그러면 그녀는 결혼식 직전에 시어머니가 자신에게 들려준 말을 사람들에게 전해줬다. 시어머니는

그녀에게 "결혼 생활을 잘 하려면 가끔은 귀가 어두운 게 좋다"고 말했다.[87]

시어머니의 조언은 '모든 사소한 일을 심각하게 받아들일 필요는 없다'는 뜻이었다. 사실 사소한 일들을 그냥 넘어가면 우리의 삶은 더 나아진다. 또한 객관적 관점으로 전환하는 것도 도움이 된다. 서덜랜드는 자기 남편을 조련하면서 다음과 같은 것을 발견했다. "과거에 나는 남편의 잘못에 기분이 상했다. 남편의 옷이 바닥에 굴러다니는 건 모욕이었고, 남편이 나를 소중히 여기지 않는다는 상징이었다."[88] 하지만 서덜랜드가 객관적 렌즈를 통해 남편을 바라보기 시작하자, 사실 그 행동들은 그녀와 관련이 없다는 걸 깨닫게 됐다. 남편의 어떤 습관들은 "너무 깊이 박혀 있었고 너무 본능적이어서 훈련으로 없애기가 어렵다"는 게 보였다.[89]

객관적 태도가 서덜랜드의 원망을 해소하는 데 도움이 됐다는 이야기를 들었더라도 스트로슨은 놀라지 않았을 것이다. 다른 사람에게 항상 객관적 태도를 취하는 건 위험한 일이다. 그런 태도는 다른 사람들과 당신 자신의 인간성을 위태롭게 한다. 당신이 다른 사람들을 책임 있는 존재로 바라보지 않는다면, 스스로에 대해서도 권리를 가진 사람으로 바라볼 수가 없다. 다른 사람들의 책임과 당신의 권리는 동전의 양면이기 때문이다. 하지만 스트로슨조차도 때로는 객관적 태도가 도움이 될 수 있다고 생각했다. 그는 "우리는 상황에 관여할 때의 긴장을 피하기 위해, 아니면 정책의 보조 수단으로, 아니면 그저 지적 호기심에서 객관적 태도를 채택할 수 있다"고 말했다.[90]

나는 앞에서 했던 주장을 고수하겠다. 나는 우리가 배우자를 조련해서는 안 된다고 생각한다. 그렇지만 때때로 (배우자에게) 객관적 태도를 취하자는 이야기는 꼭 하고 싶다. 우리는 완전히 이성적인 존재가 아니다. 우리는 이유를 인식하고 이성에 따라 행동할 수 있다. 하지만 모든 이유를 인식할 수는 없고, 우리가 인식하는 모든 이유에 따라 행동할 수도 없다. 우리는 깊게 새겨져 있어 쉽게 변하지 않는 우리 성격의 이런저런 측면들을 수용할 여유를 확보하고, 그것을 축복으로 받아들이기 위해 최선을 다해야 한다.

아이들은 성격이나 행동 방식이 아직 고정되지 않았으므로 이런 이야기가 아이들에게는 적용되지 않는다. 하지만 피로, 굶주림, 스트레스는 이성에 반응하는 능력을 떨어뜨린다. 그건 어른들도 마찬가지다. (줄리가 배고프고 화가 났을 때는 조심해야 한다.) 그리고 이 말은 아이들에게는 100퍼센트 들어맞는다. 피곤하거나 배가 고플 때마다 아이들은 최악의 모습을 보여준다. 그럴 때면 우리 집에도 긴장이 감돌았는데, 보통 줄리는 아이들의 나쁜 행동을 봐주려고 했다. "그냥 데려가서 재워." 줄리는 이렇게 말하곤 했다. 사실 나는 아이들에게 반응하고 싶었다. 아이들이 피곤하다는 것이 만능의 핑계라고 생각하게 되기를 바라진 않았기 때문이다. 지금에 와서 보면 우리는 둘 다 옳았던 것 같다. 아니, 정의의 여신이 옳았다. 우리는 아이들을 조금 봐줘도 된다, 때로는.

결론의 범위를 조금 넓힐 수도 있다. 우리 사회는 대단히 징벌적이다. 우리는 피곤하고 굶주리고 스트레스를 받아서 경미한 범죄를 저지른 사람들을 잡아서 감옥에 넣어버린다. 우리는 그렇게 피로해서 망가지는 사람들이 줄어들도록 감옥 바깥의 세계를 개조해야 한다. 그런 노력을 기울이는 동안 기억해야 할 것이 있다. 우리가 잘못을 발견할 때마다 그걸 비난해야 하는 건 아니다. 어떤 일들은 그냥 눈감아줄 수도 있다, 때로는. 잘못을 눈감아주는 일은 조금 다른 종류의 정의, 더 심오한 정의를 실현하는 하나의 방법일 수도 있다.

⌒

때때로 우리는 아이들이 잠자리에 들기 전 온 가족이 침대에 드러누워 책을 읽는다. 행크가 아홉 살이었던 해의 어느 날 밤, 행크는 〈마인크래프트Minecraft〉에 관한 책을 읽고 있었다. 불을 끌 시간이 됐는데도 행크는 책을 내려놓지 않으려 했다.

"행크, 이제 책을 덮을 시간이야." 몇 번 경고한 다음에 줄리가 말했다.

"싫어." 행크가 날카롭게 말했다.

"그건 질문이 아니었단다, 행크. 밤이 늦었으니 이젠 자야 해."

"계속 읽을래." 행크가 책장을 한 장 더 넘기며 말했다.

"지금 책을 덮지 않으면 내일은 〈마인크래프트〉 게임 못 한다."

그건 심각한 위협이었다. 그때는 팬데믹 기간이었고, 〈마인크래프트〉는 행크가 친구들과 접촉하는 주된 수단이었다.

"책을 그만 읽으라는 건 너무해." 행크가 말했다. "내가 꼭 엄마 말대로 해야 된다는 법이라도 있어?"

"엄마 말은 들어야지." 줄리가 책을 빼앗으려고 행크에게 다가가며 말했다. "그리고 말투를 바꾸는 게 좋을 거야."

"내가 말하고 싶은 대로 말할 거야." 행크가 말했다.

그건 신중하지 못한 행동이었다. 잠시 후 다음 날의 〈마인크래프트〉는 취소됐다.

줄리가 행크를 침대로 보내고 나서 몇 분 후, 나는 밤 인사를 하려고 행크의 방에 들어갔다. 행크는 속이 상했는지 웅크린 자세로 벽에 기대 울고 있었다.

나는 행크의 옆에 앉았다. "오늘 밤에는 예의 바른 행동을 하기가 힘들었나 보구나."

"응, 힘들었어." 행크가 흐느꼈다. "그런데 그걸 내 탓이라고 했어."

"글쎄, 네가 예의 바르게 행동하지 않은 건 맞잖니." 내가 말했다.

"알아. 근데 그걸 내 탓이라고 하는 건 불공평해. 나는 힘들었단 말이야."

나는 가까스로 웃음을 삼켰다. 행크는 좋은 변호사 감이다. 항상 변명거리를 찾아내니까. 하지만 이번 변명은 인정할 수가 없었다. 설령 진짜로 행크가 힘들었다 치더라도 행크의 행동은 너무 뻔뻔해서 그냥 넘어가줄 수가 없었다.

그래도 나는 행크를 꼭 안아주고, 사랑한다고 말해줬다. 그리고 실없는 농담을 해서 행크가 씩 웃게 만들었다.

행크는 〈마인크래프트〉 금지 조치에 담긴 메시지를 이해했다. 자기가 좋지 못한 행동을 했다는 것도 알고 있었다. 하지만 나는 그게 행크가 그날 밤 마지막으로 듣는 메시지가 되기를 원치 않았다. 행크는 우리 가족의 일원이고, 아무리 나쁜 행동을 하더라도 항상 우리 가족의 일원일 테니까.

4

권위

"아빠가 하라고 했으니까"는
이유가 아니다

솔직하게 이야기를 해보자.

사실 '아빠가 그렇게 하라고 했으니까'는 이유가 못 된다.

그건 진짜 이유를 대지 못할 때, 아니면 이유를 대고 싶지 않을 때

부모들이 하는 말일 뿐이다.

내가 다섯 살 때 했던 생각이 옳았다.

"아빠가 시킨다고 다 해야 되는 건 아냐." 렉스가 말했다.

"아빠가 시키면 해야지."

"아니야."

"재수 없는 녀석."

⌒

그랬다. 정말 그랬다. 내가 "재수 없는 녀석"이라고 말하지 않았다는 것만 사실과 다르다. 내 머릿속에서는 그 말을 했다. 그리고 꿈속에서도 했다. 집을 나서야 하는데 아이가 신발을 신지 않으려고 하는 것만큼 괴로운 일은 없기 때문이다.

"신발 신어."

침묵.

"신발 신어라."

사람을 화나게 만드는 침묵.

"렉스, 신발 신고 나가야지."

"안 신어."

"렉스, 신발은 신어야 해. 얼른 신어."

"안 신어."

"당장 신발 신어."

"왜?"

발을 보호해야 하니까. 발에 더러운 걸 묻히면 안 되니까. 어디를 가든 "신발을 안 신으면 입장 불가"라는 표지판이 있으니까.

그리고 또 하나의 이유. 내가 신으라고 했으니까.

"신발 안 신을래."

"좋아. 거기 도착하면 신는 거야."

언제 이런 대화를 나눴느냐고? 나도 모르겠다. 이런 대화를 안 하고 넘어간 적이 있었던가?

렉스는 유치원에서 '네가 시킨다고 다 해야 되는 건 아냐'를 배웠다. 그때 렉스는 네 살인가 다섯 살이었지만, 그 후로도 오랫동안 렉스는 '아빠가 시킨다고 다 해야 되는 건 아냐'를 몸소 실천했다. 그건 유아기 아이들의 신조와도 같다.

아이들은 부모가 시키는 대로 하기도 한다. 그게 자기한테 유리할 때만.

⌒

렉스는 내가 시키는 대로 해야 했을까? 그건 '시킨다'가 무슨 뜻인지에 달려 있다.

내가 렉스에게 이것저것 시킨 건 맞다. 나는 렉스에게 할 일을 알려줬다. 하지만 앞의 대화문에서 보듯이 큰 성공을 거두진 못했다.

철학자들은 권력power과 권위authority를 다른 개념으로 본다.[91] 권력은 세상을 자기 뜻대로 움직여서 바라는 모습으로 만들 수 있는 힘이다. 당신이 원하는 일을 어떤 사람에게 시킬 수 있다면, 당신은 그에게 권력을 행사하는 것이다.

나는 렉스에게 권력을 행사했다. 비상시라면 렉스에게 강제로 신발을 신길 수도 있다. 실제로 신발을 억지로 신게 한 적도 있다. 그렇지만 다른 방법으로 내 뜻을 관철할 수도 있었다. 렉스가 내 말을 들을 때까지 자기가 원하는 일을 못 하게 하기도 했고, 내 말을 들으면 보상을 제공하기도 했고, 렉스를 설득하기도 했다. (사실 설득은 안 통한다.) 아니면 렉스에게 속임수를 쓸 수도 있다. (한동안 '뭐든지 해도 되는데 신발은 절대로 신지 마라'라는 말을 적절한 시점에 하는 것이 렉스에게 신발을 신기는 가장 빠른 방법이었다.)

또한 렉스도 나에게 권력을 행사했다. 만약 누군가가 점수를 매기고 있었다면, 나와 렉스 중에 누가 상대방을 자기 뜻대로 움직였는지를 판별하기가 어려웠을 것이다. 렉스는 나에게 이런저런 지시를 할 수는 없었다. 대신 렉스는 바닥에 드러눕거나, 축 늘어지거나, 원하는 걸 얻을 때까지 버틸 수 있었다. 또 렉스는 나를 조종하기 위해 의도적인 재롱을 피울 수도 있었다. 그 방법은 잘 통하는 편이었다. 여기서 배울 점 하나. 아무리 비대칭적인 관계라도 권력이 완전히 한쪽에만 있는 경우는 드물다.

그런데 권위는 대개의 경우 일방적이다. 정도의 차이는 있지만 렉스와 나는 서로에게 권력을 행사한다. 하지만 권위는 내가 렉스에게 행사한다. 권위란 무엇인가? 권위는 권력의 일종이다. 다만 권위는 어떤 사람에 대한 권력이 아니다. 적어도 직접적으로 누군가에게 권위를 행사하지는 않는다. 권위는 어떤 사람의 권리와 책임을 좌우하는 힘이다.[92] 당신이 한 사람에게 어떤 일을 하라고 명령만 해도 그게 그의 의무가 된다면, 당신은 그에게 권위를 가지고 있는 것이다. 그렇다고 해서 그 사람이 그 일을 할 거라고 장담할 수는 없다. 사람들은 의무적으로 해야 하는 일을 항상 하지는 않으니까. 어쨌든 그가 그 일을 하지 않을 경우에는 의무를 위반하는 게 된다.

내가 렉스에게 신발을 신으라고 말할 때, 나는 그게 렉스의 책임이라고 선언한 것이다. 며칠 전에 렉스에게 설거지를 하라고 했을 때도 마찬가지다. 내가 렉스에게 설거지를 지시하기 전까지는 그것은 렉스의 책임이 아니었다. 내가 그런 말을 안 해도 렉스가 알아서 했다면 정말 환상적이었을 것이다! 나는 렉스가 설거지를 하지 않았다고 해서 화를 낼 입장은 아니었다. 그런데 내가 렉스에게 설거지를 시킨 다음에는 상황이 뒤집힌다. 이제는 렉스가 설거지를 한다 해도 환상적인 일이 아니다. 그건 내가 기대한 일이다. 만약 렉스가 설거지를 하지 않으면 나는 화가 날 것이다.

철학자들은 권력과 권위의 차이를 설명하기 위해 권총 강도의 예를 든다.[93] 당신이 길을 가는데 권총을 든 괴한이 나타나서 가진 돈을 다 내놓으라고 요구한다. 그는 당신에게 권력을 행사하는가? 그렇다. 당신은 틀림없이 가진 돈을 전부 내놓을 것이다. 그는 당신에게 권위를 가지고 있는가? 아니다. 그가 돈을 요구하기 전에 당신은 그에게 돈을 줄 의무가 없었고, 지금도 당신은 그에게 돈을 줄 의무가 없다. 사실 당신은 그에게 '꺼져'라고 말할 권리도 가지고 있다(그걸 권하고 싶지는 않지만).

권총 강도와 매년 날아오는 세금 고지서를 비교해보라. 정부도 당신에게 돈을 내라고 요구한다. 만약 정부가 원하는 걸 들어주지 않으면 정부는 당신을 감옥에 집어넣을 것이다. 따라서 정부에게는 권력이 있다. 정부에게는 권위가 있는가? 음, 정부는 그렇다고 말할 것이다. 정부의 관점에서 당신에게는 세금을 납부할 의무가 있다. 당신에게는 정말로 그런 의무가 있는가? 민주주의 사회에는 '그렇다'라고 대답할 사람이 많을 것이다. 우리에게는 정부가 요구하는 세금을 낼 의무가 있다.

로버트 폴 볼프Robert Paul Wolff의 대답은 다르다. 그는 정부가 당신에게 어떤 의무도 부과할 수 없다고 생각한다. 그는 어느 누구도 다른 사람에게 어떤 일을 하라고 말하는 것만으로, 그 사람에게 어떤 의무를 부과할 수는 없다고 생각한다.

볼프는 연구자로서 활동하는 동안 줄곧(1960년대부터 연구를 시작했다) 하버드·시카고·컬럼비아·매사추세츠 대학교에서 강의를 했다. 아나키스트를 자처하는 사람인데도 주요 대학에서 강의했다는 점이 인상적이다. 그건 볼프가 거리로 나가서 소동을 피우고 혼란을 일으키려고 하는 아나키스트가 아니기 때문이다. (적어도 나는 그가 그런 아나키스트가 아니라고 생각한다.) 볼프는 철학적 아나키스트다. 그가 모든 권위를 의심한다는 말을 유식하게 표현하자면 그렇다.

왜 모든 권위를 의심할까? 볼프의 주장에 따르면, 우리는 이성적으로 사고하는 능력을 지니고 있으므로 자신이 하는 행동에 책임을 질 수 있다. 또 우리에게는 깊이 생각하고 행동함으로써 자기 행동을 책임질 의무가 있다.[94] 볼프는 책임감 있는 사람은 자율적으로 행동하려 한다고 설명한다. 그런 사람은 자기가 심사숙고해서 내린 결정에 따라 움직인다.[95] 책임감 있는 사람은 자신이 원하는 일은 뭐든지 할 자유가 있다고 생각하지 않는다. 그런 사람은 자신에게 다른 사람들에 대한 책임도 있다는 것을 안다.[96] 다만 자신이, 그리고 오직 자신만이 그 책임의 재판관이라고 주장할 뿐이다.

볼프의 주장에 의하면 자율성과 권위는 양립 불가능하다.[97] 자율성을 가지려면 결정을 다른 사람에게 위임하지 않고, 스스로 해야 한다. 그런데 권위는 결정을 위임하라고 요구한다.

볼프는 다른 사람이 시키는 대로 행동하는 게 항상 나쁘지는 않다고 설명하기도 한다. 그렇다고 순전히 어떤 일을 하라는 지시를 받았다는 이유로 그 일을 해서는 안 된다. 그게 올바른 일이라고 생각할 때만 해야 한다.

~

볼프의 결론은 생각보다 더 급진적이다. 그는 당신이 권위를 가진 사람의 명령을 따르기 전에 생각을 해보라는 정도의 이야기를 하는 게 아니다. 그는 그런 명령들이 아무런 의미가 없다고 주장한다. 단지 어떤 일을 하라고 지시하는 것만으로는 누구도 당신에게 의무를 부과할 수 없다. 경찰도, 부모도, 코치도, 상사도, 그 누구도 당신에

게 의무를 부과할 수 없다.[*]

이건 놀라운 발상이다. 그리고 얼마 지나지 않아서 철학자들은 볼프 이론의 문제점을 발견했다. 볼프를 비판했던 대표적인 철학자는 옥스퍼드 대학교에서 오랫동안 법철학 교수로 있었던 조지프 라즈Joseph Raz라는 사람이다.

라즈는 볼프가 이성의 작동 방식에 관한 중요한 지점을 놓쳤다고 주장했다. 때때로 당신은 해야 하는 어떤 일에 관해 생각하다가, 다른 사람을 따를 이유를 발견한다. 즉 스스로 결정하기보다 누군가의 지시를 따라야 할 때가 있다는 것이다.[98]

라즈의 이론을 이해하기 위해, 당신이 제빵을 배우고 싶어서 강좌를 신청했다고 가정하자. 강사는 최고의 제빵사다. 그리고 지금 그녀가 지시를 내리고 있다. "이 재료를 계량하고, 저 재료를 섞으세요. 그건 너무 많아요." 당신은 강사가 시키는 대로 해야 할까?

볼프라면 당신이 모든 지시를 의심해봐야 한다고 말할 것이다. 지시를 받을 때마다 '이게 진짜로 내가 해야 하는 일인가?'라는 질문을 던져봐야 한다는 것이다. 그런데 제빵에 관해 아는 것이 없는 당신이 어떻게 그 질문에 답할 수 있겠는가? 당신은 제빵에 관해 아무것도 몰라서 강좌에 온 것이 아닌가! 당신의 무지는 지시를 따라야 하는 훌륭한 이유가 된다.

지시를 좇는다고 해서 당신의 자율성을 잃어버리는 건 아니다. 물론 당신은 다른 누군가가 시키는 대로 움직이지만, 그건 순전히 제

---

[*] 적어도 당신이 성인이라면. 볼프는 아이들은 이성적으로 사고할 수 있는 능력에 비례해서 책임을 가진다고 말한다.[99]

빵사의 판단을 따르겠다고 스스로 결정했기 때문이다.[100] 물론 다른 사람의 지시대로 움직일 때가 너무 많다면 자율성은 훼손될 것이다. 그러나 때때로 결정을 위임하는 것이 옳은 일이라고 스스로 판단해서 그렇게 하는 것은 당신의 자율성에 어긋나지 않는다.

⌒

렉스와 행크가 나의 권위에 도전할 때마다 우리 아버지는 무진장 즐거워하신다. 아버지가 보기에 그건 '뿌린 대로 거두는' 거니까.

우리 어머니는 독재자의 면모를 가진 분이었다. 어머니는 법을 만들기를 좋아하셨고, 나는 그 법을 따르는 걸 좋아하지 않았다. 내가 어렸을 적부터 우리는 줄곧 교전 상태였다.

어머니가 법령을 반포하시면 나는 곧바로 이유를 물었다. "왜?"

"엄마가 그렇게 하라고 했으니까." 어머니는 보통 이렇게 대답하셨다.

"그건 이유가 안 되는데." 나도 내 주장을 굽히지 않았다. 나는 다섯 살짜리 철학적 아나키스트였다.

"이유는 그게 다야." 어머니는 완고한 분이었다. 그러니까 어머니의 주장은 항상 옳아야 했다.

내가 도움을 청할 때마다 아버지는 말씀하셨다. "그냥 엄마 기분을 맞춰줘라." 그 대답은 '엄마가 그렇게 하라고 했으니까'와 똑같이 나를 화나게 만들었다.

"우리가 왜 이 여자의 독재 밑에서 살고 있는 거지?" 나는 이런 의문을 품고 있었다. 아, 그건 다섯 살 때는 아니다. 하지만 열다섯 살 때는 확실히 그런 생각을 했다.

이제는 내가 '아빠가 그렇게 하라고 했으니까'라고 말하는 입장이 됐다.

나는 그 말을 하는 걸 좋아하지는 않는다. 그리고 처음부터 그렇게 말하는 경우는 거의 없다. 우리 아이들이 '왜'냐고 물으면 나는 내 생각을 기꺼이 설명한다. 문제는 항상 시간이 충분하지는 않다는 것이다. 또한 늘 세세한 부분까지 대화로 해결하기는 어렵다. 그 이유 중 하나는 아이들이 문제를 끝없이 물고 늘어지기 때문이다.

그리고 또 하나의 이유. 내가 내 입장을 설명한다 해도 아이들은 나의 시각으로 문제를 바라보지 못할 가능성이 높다. 그래도 괜찮다. 아이들이 나를 설득하려고 해도 괜찮다. 때로는 내가 아이들의 설득에 넘어가기도 한다. 하지만 아이들이 나를 설득하지 못하면 내 주장이 승리한다. 그러니까 '아빠가 그렇게 하라고 했으니까'는 내가 맨 처음에 내세우는 논리는 아니지만, 마지막으로 제시하는 논리가 되곤 한다.

⌒

솔직하게 이야기를 해보자. 사실 '아빠가 그렇게 하라고 했으니까'는 이유가 못 된다. 그건 진짜 이유를 대지 못할 때, 아니면 이유를 대고 싶지 않을 때 부모들이 하는 말일 뿐이다. 내가 다섯 살 때 했던 생각이 옳았다.

아니, 사실 옳지 않았다. 라즈의 이론은 '내가 그렇게 정했으니까'가 어떤 의미에서는 이유가 된다는 것을 보여준다. 사실 '내가 그렇게 정했으니까'는 결정적인 이유가 된다. 어떤 상황에서는 한 사람이 다른 사람에게 지시하는 것만으로 그가 해야 할 일을 정할 수 있다.

언제? 라즈는 제빵 수업과 같은 사례들을 토대로 다음과 같이 주장했다. 당신이 해야 하는 일이 무엇이든 간에 다른 사람의 지시를 따를 때 그 일을 더 잘하게 된다면, 당신은 그 말을 따를 의무가 있다.[101] 만약 당신이 제빵을 배우는 중인데 바로 앞에 전문 제빵사가 있다면, 그가 시키는 대로 행동해야 한다. 그렇지 않으면 당신의 케이크는 최고로 멋지게 부풀어 오르지 않을 테니까. 만약 당신이 농구를 하고 있는데 코치가 어떤 전술을 지시한다면? 그가 요구한 역할을 수행해야 한다. 그렇지 않으면 팀의 다른 선수들과 따로 놀게 될 테니까.

라즈의 견해에 의하면, 권위의 핵심은 대상자들에게 서비스를 제공하는 것이다. 실제로도 라즈는 자신의 이론에 '봉사로서의 권위service conception of authority'라는 이름을 붙였다.[102] 라즈는 권위자가 대상자들이 가진 모든 이유를 고려해야 한다고 주장한다. 그러고 나서는 그들이 그 이유들이 요구하는 일을 더 잘하도록 만드는 지시를 해야 한다. 만약 대상자들이 스스로 결정할 때보다 명령을 따를 때 일을 더 잘하게 된다면, 그 지시는 구속력을 가지고 대상자들에게는 그것을 좇을 의무가 생긴다.

권위자가 그런 종류의 봉사를 제공하는 방법은 여러 가지가 있으며, 지금까지 우리는 두 가지 방법을 살펴봤다.

첫째는 권위자가 대상자들보다 많은 것을 알고 있는 경우다.[103] 다시 말하면 권위자가 전문 지식을 더 많이 가진 사람일 수 있다. 당신이 만난 일류 제빵사는 바로 그 이유에서 권위를 가진다. 선임 의사가 신입 의사에게 지시를 하는 이유도 동일하다. 선임 의사는 경험이 풍부하기 때문에, 어떤 치료가 필요할지에 관해 더 나은 판단을 할 수 있다.

둘째, 권위자는 어떤 집단을 움직여 개인들이 각자 성취하기는 어려운 목표를 다 같이 달성하도록 해줄 수 있다. 일반적으로 권위자는 구성원들의 협력을 이끌어내는 방법으로 성과를 낸다. 철학자들은 이런 상황을 '조정 문제coordination problem'라고 부른다.[104] 전형적인 사례는 당신의 차 안에서 발견된다. 우리는 도로에서 다른 모든 운전자들과 같은 방향으로 차를 몰아야 한다. 그렇지 않으면 다른 차들과 충돌할 테니까. 이때 우리가 왼쪽에서 운전하느냐 오른쪽에서 운전하느냐는 문제가 되지 않는다. 그냥 한쪽을 고르면 된다. 교통 당국은 도로의 규칙을 정해 모든 사람의 행동을 조율함으로써, 우리 각자가 행동을 결정할 경우에 발생할 혼란을 피하도록 해준다.

도로의 어느 쪽에서 운전할 것인가는 순수한 조정 문제다. 답 자체가 중요하지는 않으므로 그냥 하나를 받아들이면 된다. 그러나 모든 조정 문제가 순수한 건 아니다. 때로는 어떤 해결책이 다른 해결책들보다 낫다. 다시 농구의 예를 들어보자. 농구팀이 무슨 전술을 구사하느냐는 중요한 선택이다. 어떤 전술은 다른 전술보다 성공 확률이 높기 때문이다. 하지만 그보다 훨씬 중요한 건 모든 선수가 동일한 전술을 실행하는 것이다. 설령 그보다 나은 전술이 있다 할지라도.

선수들이 호흡을 맞춰야 한다는 것은 농구 코치의 권위를 정당화하는 요인이다. 만약 코치가 선수들의 움직임을 잘 조정할 수 있다면 '내가 그렇게 하라고 했으니까'는 선수들이 그의 말을 따라야 할 이유가 된다. 경기가 끝나고 나서는 선수들이 코치의 선택에 의문을 제기할 수도 있다. 그러나 만약 경기 도중에 코치의 전략을 따르지 않는다면, 그의 전략대로 하는 경우보다 나쁜 결과를 얻을 것이 거의 확실하다.

여기서 중요한 사실이 하나 있다. '내가 그렇게 하라고 했으니까'는 선수들에게는 이유가 되지만 코치에게는 이유가 안 된다.[105] 코치는 자신이 왜 그런 선택을 했는지를 설명할 수 있어야 한다. 그에게 권위가 있다고 해서 내키는 대로 아무렇게나 행동할 권리가 생기는 건 아니다. 코치는 자기 능력을 최대한 발휘해서 가장 좋은 전술을 구사하려고 노력해야 한다. 그의 임무는 선수들이 그들에게 이유가 있는 일을 잘 해내도록 해주는 것이다. 여기서 이유란 경기에서 이기는 것이다. 코치의 권위는 그 일을 제대로 해내는 능력에 달려 있다.*

라즈라면 부모들에 관해서도 똑같은 이야기를 할 것이다. 만약 부모들이 아이들에게 이것저것 지시할 권리를 가진다면, 그건 부모들이 도와줄 때 아이들이 혼자 하는 것보다 더 나은 생활을 할 수 있기 때문이다. 의사 결정을 하는 사람으로서 부모들은 여러모로 유리한 입장이다. 우선 부모들은 아이들이 모르는 것들을 알고 있다. 예컨 대 나는 아이들에게 몇 시간의 수면이 필요한지 알고 있고, 아이들이 그 정도의 수면을 취하지 못할 때 어떤 일이 벌어지는지도 똑똑히 알고 있다. (공포 영화가 그보다 덜 무서울 것 같다.) 그래서 내가 취침시간을 정해주는 것이 우리 아이들 스스로 취침 시간을 정하는 것보

---

* 물론 코치도 실수를 한다. 모든 코치의 전술은 빗나갈 때가 있다. 라즈의 주장에 따르면, 코치의 지시가 전반적으로 선수들이 스스로 해낼 수 있는 것보다 더 나은 경기를 하도록 해주느냐 아니냐가 중요하다. 가끔 코치의 전술이 빗나간다고 해서 그걸 의심받지는 않는다. 하지만 실패하는 날이 많다면 의심이 생긴다.

다 낫다.

부모들이 아이들보다 나은 의사 결정을 할 수 있는 이유는 비단 지식만이 아니다. 대다수 부모들은 어린아이들보다 자제력이 강하다. 사실 성인이 어린아이들보다 자제력이 약하기는 어렵다. 아이들은 지금, 지금, 지금 일어나는 일에만 관심을 기울인다. 반면 부모들은 더 장기적인 시야를 가질 수 있고, 그것은 대개 아이들에게 이로운 방향으로 작용한다.

또한 부모들은 아이들을 위해 조정 문제를 해결할 수 있다. 예컨대 우리는 피아노 연습 시간표를 만들어서, 아이들이 잠자리에 들기 전 둘 다 연습하도록 해줄 수 있다. 아니면 우리는 행크에게 식기세척기에서 그릇을 꺼내는 일을 시켜서, 렉스가 설거지를 할 때 식기세척기가 비어 있도록 만들 수 있다. 물론 실제 생활은 그렇게 매끄럽게 돌아가지 않지만, 원칙적으로는 그럴 수 있다. 그래서 우리는 계속 노력한다.

부모들은 지금까지 예로 든 것들을 포함한 여러 가지 방법으로 아이들이 혼자 생활할 때보다 나은 생활을 하도록 해준다. 따라서 '아빠가 그렇게 하라고 했으니까'는 아이들에게 이유가 될 수 있다. 물론 겉으로 드러나지 않는 다른 이유들도 항상 있다. 부모들이 그런 결정을 하는 이유들. 내가 어릴 때 꼭 듣고 싶었던 게 바로 그런 이유들이었다. 그때 나는 어머니가 왜 그런 결정을 했는지를 나에게 알려주기를 바랐다. 그래야 내가 어머니에게 반박할 수 있으니까.

우리 어머니는 절대로 이유를 알려주지 않았다. 나는 어머니보다 조금 더 수용적이다. 나는 내가 매사를 대신 정해주지 않아도 되도록, 우리 아이들이 의사 결정을 하는 방법을 배우기를 바란다. 또 우리 아이들이 스스로 생각해서 문제를 해결하는 사람으로 성장하기를 바란다. 그래서 최대한 자주 내 생각을 아이들에게 들려준다. 그래도 '아빠가 그렇게 하라고 했으니까'라고 말할 이유는 계속 생긴다. 끝없는 대화를 중단하기 위해. 아니면 끝없는 대화가 시작되기 전에 미리 차단하기 위해.

그건 섬세한 균형을 맞춰야 하는 일이다. 나도 항상 잘 해내지는 못한다. 빨리 일을 처리해야 하는데 아이가 내 말을 듣지 않을 때는 화가 치밀어 오른다. 때로는 우리 어머니가 하셨던 말이 내 입에서 나온다. "이유는 알 필요 없어. 그냥 말 들어." 그래도 나는 스스로에게 상기시키려고 애쓴다. 아이들이 이유를 알고 싶어 하는 건 합리적인 행동이라고, 아이들에게도 설명을 들을 권리가 있다고, 지금이 아니면 나중에라도 설명을 해주자고. 그러나 나는 우리 아이들이 때로는 다른 누군가가 문제를 해결할 권위를 가진다는 것도 받아들일 줄 알기를 바란다.

아마 라즈는 권위에 관해서는 세계 최고의 권위자일 것이다. 사람들은 권위자가 자신을 따르는 사람들에게 봉사해야 한다는 그의 주장에 매력을 느낀다. 그리고 라즈의 영향력은 그 정도에 그치지 않는다. 그는 여러 세대의 철학자들이 법과 윤리에 관해 생각하는 방식에 결정적 영향을 미쳤다. 그런데 라즈가 내 인생에 가장 큰 영향을 미친 것은 그의 연구가 아니라 친절한 행동을 통해서였다.

나는 로즈 장학생으로 옥스퍼드 대학교에 진학했다. 로즈 장학금을 받으면 대학의 프로그램 중 하나에 지원해야 한다. 나는 철학과에 지원서를 제출했는데 즉시 거절당했다. 학교에서는 나에게 철학 말고 정치학을 공부하라고 했지만, 나는 정치학에 별다른 흥미가 없었다. 그래서 법대에 지원서를 내고 법학 공부에 뛰어들기로 했다. 어쩌면 나중에 동에 번쩍 서에 번쩍 하는 변호사가 될지도 모른다고 생각했다.

하지만 나는 철학과 헤어질 수 없었다. 옥스퍼드 대학교에 입학한 후에는 법학 강의를 들으면서 철학 강의도 함께 수강했다. 나는 라즈의 강의가 마음에 들었다. 그는 무서운 교수님이었지만, 그의 과목에는 나의 관심사들이 다 담겨 있었다. 그 강의들은 법철학에 관한 것이었다. 알아보니 옥스퍼드 대학교에서는 법철학으로 박사 학위를 받을 수도 있다고 했다. 그래서 나는 전공을 바꿀 수 있을지를 알아봤다. 몇몇 사람들은 안 된다고 했다. 너무 늦었다고도 했고, 내가 자격을 갖추지 못했다고도 했다. 모두 사실이었다. 그런데 라즈에게 물어봤더니 그는 좋다고 대답했다. 게다가 나를 자기 제자로 받아주었다. 그만큼 그의 일이 늘어나기 때문에 그건 굉장한 친절이었다. 나는 지금도 그걸 감사하게 여기고 있다.

나는 라즈의 친절에 어떻게 보답했을까? 음, 알다시피 나는 어렸을 적부터 어른들에게 반박하기를 좋아했다. 그런 성향은 학문의 세계에서도 똑같았다. 라즈의 제자가 되자마자 나는 권위에 관한 그의 이론이 틀렸다는 것을 증명하는 작업에 착수했다.[106] 그것도 '조금 틀렸으니 수정을 하자'는 식이 아니었다. '완전히 틀렸으니 처음부터 다시 시작해야 한다'는 식이었다.

라즈는 개의치 않았다. 아니, 못마땅한 마음이 있었더라도 나에게 이야기하지는 않았다. 나는 라즈가 못마땅해하지 않았다고 생각한다. 철학은 원래 그런 것이기 때문이다. 당신이 어떤 주장을 하면 온 세상이 나서서 당신이 틀렸다는 걸 증명하려고 한다. 그건 절망적인 일일 수도 있지만, 그보다 더 나쁜 건 사람들이 당신의 주장을 아예 외면하는 일이다. 비판할 가치가 있는 주장을 내놓지 않았다면 당신은 가치 있는 논문을 쓰지 못한 것이다.

무례하기로 유명한 셰프 고든 램지Gordon Ramsay를 통해 라즈의 권위 이론의 문제점을 알아보자. 몇 년 전 램지는 〈고든 램지의 신장개업Kitchen Nightmares〉이라는 TV 프로그램에 출연했다. 매회 램지는 장사가 안되는 레스토랑을 살려내려고 노력한다. 그러다 그는 부엌에 들어가서 어떤 불쌍한 사람이 형편없이 요리하는 모습을 지켜본다. 램지의 얼굴은 시뻘게지고, 화가 폭발한다. 그는 명령을 내리기 시작한다. 사람들에게 주방 일을 제대로 하는 방법을 알려준다. 그렇게까지 심술궂게 행동해야 할 이유는 없기 때문에 전체적인 분위기는 매우 불편하다. 한편으로는 묘한 만족감을 선사한다. 어떻게 보면 램지는 더 나은 음식을 제공하기 위해 정성을 쏟지 않았던 식당에서 지금까지 손님들이 대접받은 모든 음식에 대해 분개하고 있는 것이기 때문이다.

그 식당들의 주방에서 일하던 요리사들에게는 램지의 명령을 따를 의무가 있었을까? 램지는 미슐랭 스타를 받은 레스토랑을 운영하는 사람이므로 유능한 셰프라고 가정해도 무방하다. 누가 봐도 장사가 안되는 식당의 요리사들보다 램지가 더 실력 있어 보인다. 따라서 라즈의 주장이 옳다면 그 식당의 요리사들은 램지의 지시를 충실히 이행해야 한다. 그의 말을 거스르면 그들의 의무를 위반하는 것이 된다.

이제 이야기를 약간 변형해보자. 램지의 TV 프로그램은 잊어버리고, 램지가 스태프를 동반하지 않고 평범한 식당의 보통 손님으로 가족과 저녁 식사를 하러 갔다고 생각하자. 수프가 나왔다. 램지가 수프를 한 입 먹어봤는데 형편없었다고 치자. 램지는 자리에서 벌떡 일어나 주방으로 쳐들어간다. 그는 TV 프로그램에서 했던 것처럼 이런저런 지시를 내리기 시작한다. 요리사들이 모두 황당해하는 가운데 한 명이 램지를 알아본다.

"저 사람은 고든 램지입니다." 영문을 모르고 있는 동료들에게 그가 속삭인다.

이제 모든 사람이 상황을 파악했다. 주방에서 지시를 하고 있는 이 남자는 미친 사람이 아니다. 이 주방에서 요리 실력이 가장 뛰어난 사람이다. 그러면 모든 요리사가 그의 지시를 따를 의무가 있는 걸까? 아니면 그들은 "꺼져, 이 뚱보Gordo(램지의 이름인 Gordon을 변형한 말장난 – 옮긴이)야"라고 말해도 될까?

나는 '꺼져, 이 뚱보야'를 지지한다. 램지가 유능한 요리사라고 해서 그가 세상의 모든 사람에게 이것저것 지시할 권리를 가지는 건 아니다. 〈고든 램지의 신장개업〉에서는 요리사들이 그 프로그램에 출연하는 데 동의했으므로, 프로그램의 설정에 맞출 의무가 있었을 것이다. 하지만 그들에게 의무가 있었다 해도, 그 이유는 그들이 출연에 동의했기 했기 때문이지 램지가 그들보다 요리를 잘해서가 아니었다. 램지에게 재능이 있다고 해서 그가 아무 주방에나 불쑥 들어가 고함을 치며 명령할 권리를 얻지는 않는다.*

그래서 라즈의 주장은 틀렸다. 어떤 사람이 당신이 혼자 할 때보다 더 잘 해내도록 도울 수 있다는 사실만으로 그가 당신에게 지시할 권리를 얻지는 않는다.[107] 물론 그 사람의 말을 들으면 일을 더 잘해낼 수 있으므로 그의 말을 따르는 게 현명한 일이긴 하다. 그렇다고 당신에게 그의 말을 들을 의무가 있는 건 아니다. 당신에게는 삶의 다양한 영역에서 혼자 실수를 저지를 자유가 있다. 만약 당신이 자기 주방에서 맛없는 수프를 만들기를 원한다면 그건 당신의 자유다. 고든 램지가 당신에게 그의 방식대로 수프를 만들라고 요구할 수는 없다.

⌒

우리에게는 권위에 대한 새로운 접근이 필요하다. 언제나처럼 행크가 우리를 도와줄 것이다. 행크가 정치철학에 처음 입문한 것은 여덟 살 때 《라푼젤》을 디즈니식으로 변형한 뮤지컬 〈라푼젤Tangled〉을 보고 나서였다. 행크는 왕이 사람들에게 명령을 내릴 수 있다는 것을 잘 이해하지 못했다.

"왕이라고 불린다고 해서 뭐든지 맘대로 할 수는 없잖아." 행크가 주장을 펼쳤다.

"옛날에는 왕이 나라를 다스리는 사람이었어. 그런데 사람들이 그걸 좋아하지 않아서, 어떤 나라에서는 왕을 없앴지. 어떤 나라에

---

* 만약 램지가 아무 주방에나 불쑥 들어간다면 무단 침입죄가 성립하겠지만, 나는 그가 무단 침입을 했기 때문에 그에게 권위가 없다고 보지는 않는다. 그가 어느 간이식당의 카운터에 앉아서 즉석요리를 만드는 요리사에게 지시를 내리더라도 그건 무례한 행동이다. 그 간이식당은 그가 사람들에게 명령할 곳이 아니다.

는 아직도 왕이 있지만, 그 왕이 나라를 다스리진 않아."

"하지만 왕이라는 말이 특별한 건 아니잖아. 사람들이 왕이라고 불러준다고 해서 사람들한테 이래라저래라 하면 안 되지. 그건 그냥 이름일 뿐이잖아."

"그래, 맞아. 왕은 이름이지. 어떤 나라에서는 나라를 다스리는 사람을 황제나 차르 같은 다른 말로 부른단다."

"사람들이 뭐라고 부르느냐는 중요하지 않은걸." 행크가 말했다. "이름이랑 그 사람이 명령하는 건 다른 거잖아."

"그렇지. 그런데 왕은 사람의 이름이 아니란다. 그건 하나의 직업이야. 그리고 직업을 가지면 일에 대한 책임을 져야 해."

"왕이 직업이야?" 행크가 물었다.

"응. 코치 역할과 비슷한 거야. 브리짓 코치가 너희 축구팀을 이끄는 건 그분의 이름이 브리짓이라서 그런 거니? 아니면 그분이 코치라서 그런 거니?"

"코치라서." 행크가 대답했다. "코치 선생님들은 이름이 다 달라."

"맞아. 왕들도 그래. 중요한 건 직업이지, 사람들이 뭐라고 부르느냐가 아니야."

⌣

이 대화에서 행크와 나는 권위에 관한 더 나은 이론의 출발점을 만들었다. 어떤 직업은 사람들에게 권위를 부여한다. 그런 직업이 뭔지는 금방 떠올릴 수 있다. 팀장, 부모, 코치, 교사, 교통순경 등. 이 같은 역할을 맡은 사람들은 단지 어떤 행동을 하라고 명령하는 것만으로도 사람들에게(적어도 어떤 사람들에게는) 의무를 부여할 수 있다고 여겨진다. 그들에게 정말로 그런 힘이 있는지를 판단하려면, 그역할이 가치 있는 것인가라는 질문을 던져야 한다. 우리의 삶에 그들이 있으면 좋겠는가? 그들에게 부여된 권력은 반드시 필요한가? 여기서 우리는 그 권력만 따로 떼어내 생각해서는 안 된다. 그 역할의 나머지 부분과의 관계 속에서 그 권력을 생각해야 한다.[108]

내 말이 무슨 뜻인지 설명해보겠다. 부모가 된다는 것은 어떤 역할을 맡는다는 것이고, 그 역할에는 정말 많은 것이 포함된다. 당신이 누군가에게 그 역할을 설명하려면 자연스럽게 양육의 책임에서 시작하게 된다. 부모는 아이를 잘 먹여야 하고, 아이의 안전을 보장해야 하고…… 등등. 그리고 아이가 온전한 성인으로 자라도록 하는 것이 당신의 책임이다. 그러려면 당신은 아이에게 다양한 맥락에서 생각하고 행동하는 방법을 가르쳐야 한다.

아이가 지켜야 할 사항들을 정할 권리가 당신에게 없다면 부모로서의 책임을 완수하기는 어려울 것이다. 예컨대 우리는 아이들이 나중에 자기 생활을 책임질 수 있도록 하기 위해 아이들에게 집안일을 시킨다. 또 우리는 아이들이 가족 전체의 일, 예를 들어 집을 깨끗이 유지하는 일에 참여하는 것을 그들의 책무라고 여기기를 바란다. 그리고 아이들이 잠을 충분히 잘 수 있도록 하기 위해 아이들의 취침 시간을 우리가 정한다.

왜 부모가 아이들에게 권위를 가지는가? 부모는 아이들에 대한 책임을 지기 때문이다. 육아의 권리와 의무는 한 묶음이다. 아이들을 돌보는 환경은 각기 다르게 설정할 수 있다. 예컨대 부모 대신 온 마을이 아이들을 키우도록 할 수도 있다. 그리고 우리도 어느 정도는 아이들을 공동체에 위임한다. 그럼에도 부모에게 양육의 주된 책임을 부과하는 데는 합당한 이유가 있다. 그중 하나는 부모들이 자기 아이들에게 특별한 애착을 가진다는 것이다.

피터 파커의 법칙Peter Parker principle을 들어본 적이 있는가? 큰 힘에는 큰 책임이 따른다는 법칙이다.[109] 나는 '파커 피터의 법칙'을 제시하겠다. 큰 책임에는 큰 힘이 따른다. 이 법칙이 항상 성립하는 것은 아니다. 하지만 부모의 권위에는 '파커 피터의 법칙'이 적용된다. 우리가 아이들에게 지시를 하는 건, 아이들을 돌보는 일이 우리의 책임이기 때문이다.

이 이야기가 라즈의 이론과 어떻게 다른지 생각해보라. 라즈의 이론에서 부모가 권위를 가지는 이유는, 부모가 자기 아이에게 적절한 지시를 할 능력이 있기 때문이다. 그렇지만 세상에는 자기 자녀가 아닌 아이들을 능숙하게 지휘할 수 있는 사람들이 많이 있다. 우리 아이들이 어렸을 적에 그들이 만났던 거의 모든 어른들은 아이들이 스스로 결정하는 것보다 더 좋은 결정을 해줄 수 있는 사람들이었다. (생각해보라. 렉스는 신발을 신지 않으려고 고집을 부렸다.) 그러나 그 어른들 중 누구도 우리 아이들에게 지시할 권위를 가지고 있지는 않았다. 그들이 '권위자와 유사한 역할'을 맡고 있는 경우만 빼고말이다.*

여기서 우리가 배울 점은 권위는 사람이 아니라 역할에 결합된다는 것이다. 내가 우리 아이들이 지켜야 하는 규칙을 정하는 이유는, 내가 규칙을 잘 만들어서가 아니라 내가 아이들의 부모이기 때문이다. 말이 나온 김에, 만약 내가 규칙을 엉터리로 만든다면 나에게서 그 권위를 빼앗아야 한다. 부모 역할에 있어 능력은 중요하다. 그러나 능력이 권위를 부여하지는 않는다. 권위는 부모 역할이라는 묶음에 포함되어 있다.

다른 권위는 어떨까? 우리는 다른 권위에 대해서도 비슷한 이야기를 할 수 있을까? 아마도 역할에 따라 이야기가 달라질 것 같다. 예컨대 교사는 부모에 비해 아이들에 대한 책임이 한정적이고, 그래서 교사의 권위에는 한계가 있다. 교사는 아이들이 학교에 있을 때 그들의 웰빙과 교육 전반에 대한 책임을 진다. 교사는 그 책임을 이행하는 데 도움이 되는 지시를 할 수 있다. 그렇지만 어떤 아이가 집에서 간식을 몇 번이나 먹어야 할지, 텔레비전 시청을 얼마나 해도 될지를 교사가 정하지는 않는다. 그런 문제에 대해 의견이 있다면 부모에게 제안할 수는 있겠지만, 교사가 지시를 하지는 않는다.

모든 권위자가 한정된 책임을 가지는 것은 아니다. 대부분의 노동자는 성인이고, 고용주는 부모가 아니다. 그런데 왜 상사는 사람들

* 이 법칙은 아주 간단하다. 우리 아이들에게 뭔가를 지시할 수 있는 사람들은 코치, 교사, 육아 도우미처럼 권위자와 유사한 역할을 맡고 있는 사람들이다. 그리고 우리 아이들이 다른 아이의 집에 놀러 갈 때는 그 집의 부모들이 우리 아이들에게 지시할 권리를 조금은 가지게 된다. 그 권위의 일부는 장소에서 비롯된다. 그 집에서 어떤 행동을 할 수 있는지는 그 집의 주인이 결정해야 하기 때문이다. (소유자는 권위를 가지는 역할이다.[110] 소유물에 대해서도 권위를 가지고, 그 소유물과 다른 사람들의 관계에 대해서도 권위를 가진다.) 또한 그 권위의 일부는 그 부모가 일시적으로 우리의 역할을 대신한다는 사실에서 비롯되기도 한다. (법적으로 따지면 우리 아이들이 친구 집에 가 있을 때는 친구의 부모가 '대리 부모' 역할을 맡는다. 즉 부모를 대신한다.) 내가 그 집에 들어가는 순간, 그 집 부모의 권위는 다시 나에게 귀속된다.

에게 이런저런 지시를 하는가? 상사들은 그들의 상사, 그들의 고객과 주주 등에게 책임이 있다. 그리고 그 책임을 완수하는 데는 위계적 의사 결정이 도움이 된다. 어떤 측면에서 보면 상사는 사람들의 행동을 조정해서, 개개인이 해낼 수 없는 일을 집단이 해내도록 만든다는 점에서 농구 코치와 비슷하다. 그렇다고 상사가 지시를 하는 이유를 그가 사람들에게 지시하는 것이 유용하다는 사실만으로 설명할 수는 없다. 그가 주변의 모든 사람에게 상사 노릇을 할 수는 없지 않은가. 상사는 자기 밑에서 일하는 피고용인들에게만 지시를 내린다.

그럼 상사가 피고용인들에게는 왜 지시를 해도 될까? 그들은 그 일을 하기로 약속했기 때문이다. 이 점이 중요한 것 같다. 그리고 그들은 일을 그만하고 싶으면 그만둘 수도 있다. 이 점도 중요한 것 같다. 요약하자면 피고용인들은 지시를 따르는 데 동의했다고 말할 수 있다. 그건 그들이 선택한 일이다. 아마도 그 선택에 수반되는 급여에 만족하기 때문일 것이다.

이 이야기의 문제점은 현실에 근거하지 않았다는 것이다. 대부분의 노동자는 경제적 필요에 의해 일을 한다. 식료품, 집세부터 시작해서 반드시 필요한 지출이 정말 많다. 그래서 그들은 다른 일자리를 구하기 전에는 자유롭게 일을 그만둘 수 없다. 운이 좋으면 상사를 고를 수도 있지만, 상사들로부터 완전히 해방된다는 선택은 불가능하다. 그리고 일자리가 부족할 때는 노동자들이 상사를 선택할 여지도 줄어든다.

설상가상으로 미국 사회는 상사들에게 거의 독재자에 가까운 권한을 허용한다. 대다수 피고용인은 임의로 해고당할 수 있다. 어떤 이유로든 해고될 수 있고, 아무런 이유가 없어도 해고될 수 있다.* 이러한 환경에서 고용주는 피고용인들의 생활에 대해 거의 무한한 통제권을 가진다. 상사는 당신이 집 앞 잔디밭에 정치적인 팻말을 세워놓았다는 이유로 당신을 해고할 수도 있다.[111] 또는 당신이 상사가 좋아하는 색으로 머리를 염색하지 않았다는 이유로 해고당할 수 있다.[112] 아니면 당신이 일을 너무 잘해서 상사를 당황하게 해도 해고당할 수 있다.

내가 그게 나쁜 일이라고 생각한다는 인상을 받았다면, 당신의 느낌이 맞았다. 종신 교수인 나는 상사의 변덕으로부터 보호를 받는 소수의 미국인에 속한다. 나는 특별한 사유가 있지 않고서는 해고당할 위험이 없다. 그래서 내가 원하는 말을 자유롭게 할 수 있고, 1년마다 재계약 여부를 걱정하지 않아도 된다. 내가 원해서 그만두기 전까지는 내 자리는 내 것이다.

어떤 사람들은 나도 그런 보호를 받으면 안 된다고 말한다. 그들은 종신 고용 보장을 없애야 한다고 주장한다. 미국인들 대부분이 경제적 불안정 속에서 살아가는데 왜 교수들만 특혜를 누리느냐고 한다. 나는 질문을 뒤집는 게 낫다고 생각한다. 왜 수많은 미국인이 경제적으로 불안정한 삶을 살고, 그래서 그들의 고용주가 막대한 권력을 가지는 것을 그냥 놓아두어야 하는가?

당신이 이 질문에 관심이 있다면(나는 당신이 이 질문에 관심을 가지기를 바란다. 당신이 상사든, 직원이든, 둘 다든 간에) 철학자 한 사람을 소

---

* 대표적인 예외는 차별 금지법antidiscrimination law이다. 이 법에 따르면 인종, 종교, 성별 등의 이유로 사람을 해고할 수 없다.

개하고 싶다. 나와 함께 미시간 대학교에 있는 엘리자베스 앤더
슨Elizabeth Anderson은 오늘날 세계적인 영향력을 가진 사상가다. 앤더
슨은 사람들이 상호작용을 하는 가장 억압적인 권위자는, 정치권력
이 아니라 그들의 고용주라는 사실을 일깨운다.[113]

유통 업체들은 사전 경고 없이 피고용인들의 소지품을 자주 검사
한다. 그들이 물건을 훔쳤다고 의심할 이유가 전혀 없는데도.[114] 또
유통 업체들은 근무 직전에 근무 일정을 바꾼다.[115] 뿐만 아니라 유
통 업체들은 피고용인들의 머리 모양과 화장에 관한 규칙을 강제한
다.[116] 물류 창고와 공장에서 일하는 노동자들은 항상 감시를 당한
다.[117] 심지어 화장실 가는 시간까지 통제를 받는다.[118] 당신이 운 좋
은 사람이라서 사무직 일자리를 가지고 있다면 그런 종류의 권리침
해를 당하지는 않을 것이다. 그러나 당신도 언제든지 해고당할 수
있고, 그 때문에 무척 불안정한 상태로 살아간다.

앤더슨의 책《Private Government: How Employers Rule Our Lives
(and Why We Don't Talk about It)(회사가 우리 삶을 지배한다)》는 우리
가 어떻게 이런 상황을 받아들이게 됐는지, 그리고 앞으로는 어떻게
하면 좋을지를 논한다. 변화는 쉽게 오지 않겠지만 상황을 개선할
방법은 많다. 임의 고용at-will employment(정당한 사유 없이도 근로자를 자유
롭게 해고할 수 있는 형태 - 옮긴이)을 제한할 수도 있고, 노동자들을 직
장 협의체에 참여시켜 그들의 이해관계가 반영되도록 할 수도 있다.
아니면 노동의 맥락을 변화시키는 방법도 있다. 누구에게나 기본 소
득과 건강보험을 보장하면 사람들이 고용주의 학대를 참아가며 억
지로 일하지는 않을 것이다.

이상하게도 대다수 미국인들은 정부의 '지원금'이 자유를 방해한

다는 논리에 설득당한 것 같다. 사실은 사람들의 기본적 필요를 충족시키는 것이 곧 자유를 증진하는 일이다. 기본적 필요가 채워질 때 사람들은 자신에게 부당한 대우를 하는 상사에게 '아니요'라고 말할 수 있다.

어떤 사람들은 내가 제안하는 개혁이 미국 경제의 역동성을 떨어뜨릴 것이라고 우려한다. 나는 그렇게 생각하지 않는다. 이런 질문을 던져볼 필요가 있다. 그 역동성은 누구에게 도움이 되는가? 노동자들의 삶을 계속 불안정하게 유지해서 기업의 이윤이 늘어난다면, 우리는 그런 거래를 받아들여야 할까?

미국인들은 자유에 관한 이야기를 정말 많이 한다. 우리는 헌법적 권리를 사랑한다. 자유를 소중하게 여기는 사람이라면 미국의 노동 환경에 심각한 문제의식을 느껴야 마땅하다. 정부는 막대한 권력을 가지고 있다. 당신을 고용한 회사도 마찬가지다. 그리고 지금과 같은 구도라면 당신은 그 관계에서 아무런 권리가 없는 셈이다.

나는 당신이 직장에서 상사의 지시에 따르지 않아야 한다고 말하는 게 아니다. 대개의 경우는 지시를 좇는 것이 당신에게도 이롭다. 그리고 그게 중요한 일이라면, 예컨대 사람들의 건강과 안전이 걸린 일이라면 당신이 그 일을 하는 동안은 지시대로 이행할 의무가 있을지도 모른다.

그러나 나는 적어도 현재와 같은 구조에서 고용주와 직원의 역할을 옹호하고 싶지는 않다. 경제적 사다리의 가장 아래쪽에 위치한 사람들에게 그 역할들은 정당성을 가진 권위가 아니라 힘의 역학 관계에 지나지 않는다. 우리는 그 관계를 바꿔낼 수 있다. 그리고 그걸 바꿔내야만 한다.

고용주의 권위를 제한하자는 발상이 너무 급진적으로 들린다면, 정부의 권위를 제한한다는 발상도 한때는 급진적이라고 간주됐다는 사실을 떠올려보라. 그리 멀지 않은 과거에 왕과 왕비들은 절대적인 권위를 행사했다(그리고 독재자들은 아직도 절대적인 권위를 행사한다). 그들은 탁월한 철학자들의 지지를 받았는데, 그중 하나는 유명한 만화영화에 나오는 호랑이 캐릭터와 같은 이름을 가진 사람이었다. 토머스 홉스.

머리말에서 우리는 홉스를 만난 바 있다. 홉스는 영국 내전English Civil War과 같은 사건들이 벌어지던 격동의 세기에 살았던 인물이다. 그 자신도 여러 해 동안 프랑스에서 망명 생활을 했다. 아마도 그 시대가 정치적으로 불안정했기 때문에 홉스가 정치적 안정의 조건, 그리고 안정을 확보하지 못할 때의 사회적 비용에 관심을 가지게 됐을 것이다.

앞에서 살펴본 대로 홉스는 어떤 정부도 존재하지 않을 때 사회는 "만인의 만인에 대한 투쟁"으로 귀결된다고 믿었다.[119] 홉스는 왜 그렇게 생각했을까? 사람들은 대부분 이기적이기 때문이다. 특히 자원이 희소한 경우 사람들은 필연적으로 갈등을 일으킨다. 자연 상태에서는 누구도 안정을 얻지 못한다. 우리 중 가장 힘센 사람이라도 마찬가지다. 모든 사람이 다른 모든 사람에게 공격을 당할 가능성이 있기 때문이다. "가장 약한 사람이라도 가장 강한 사람을 죽일 정도의 힘은 가지고 있다." 홉스는 이렇게 말했다. "비밀스러운 술책을 쓰거나 다른 사람들과 공모하면 된다."[120]

홉스의 주장에 의하면, 그런 사회에서 인간은 투쟁하는 상태이기 때문에 가난하게 생활한다. 일해봤자 좋은 결실을 기대할 수 없으므로 일을 많이 하지도 않는다. 그런 사회에는 기계도 없고, 건물도 없고, 문화도 없고, 지식도 얕은 수준에 머문다.[121] 자연 상태에서 인간의 삶은 "고독하고, 가난하고, 불결하고, 잔인하고, 짧다".[122]

그러나 홉스는 출구를 발견했다.[123] 홉스는 모든 사람이 그들을 보호해줄 수 있는 한 명의 통치자, 예컨대 왕에게 복종하기로 합의하면 된다고 주장했다. 그런 합의가 효과가 있으려면 사람들이 모든 권리를 통치자에게 양도해야 한다. 그래서 통치자는 절대적인 권위를 가지게 된다. 누구도 통치자의 행동에 의문을 제기할 수 없다. 통치자가 할 수 있는 일에는 어떤 제약도 없다. 홉스는 통치자에게 제약을 가하려는 모든 시도는 권력을 둘러싼 갈등으로 이어진다고 주장한다. 갈등은 전쟁을 의미한다(홉스가 살았던 시대의 전쟁이 바로 그런 전쟁이었다). 그것은 피해야 하는 일이다.

역사는 홉스의 주장이 틀렸음을 증명했다. 적어도 맨 마지막 부분은 틀렸다.

존 로크 역시 사람들이 자연 상태에서 벗어나기 위해 어떤 종류의 정부를 구성해야 하는지에 관한 주장을 제시했다. 그러나 로크는 절대 권력을 가진 군주가 필요하다고 생각지 않았으며, 그런 군주제가 바람직하다고도 생각지 않았다. 그는 권력의 분산(현재와 같은 입법, 행정, 사법의 분리는 아니지만 비슷하긴 했다)을 주장했다.[124] 또 그는 입법부를 민중의 대표자(적어도 일부는)로 구성하는 방안을 지지했다.[125]

로크의 견해는 세계 각국의 입헌 민주주의에 지대한 영향을 끼쳤다. 미국 헌법의 초안을 만든 사람들은 정부의 권력을 셋으로 분할

했다. 그게 서로를 견제하는 가장 좋은 방법이라고 생각했기 때문이다. 그리고 그들은 '권리장전'을 채택해 정부의 권한을 제한하고, 국민에게 정부에 대항할 권리를 부여했다. 세계의 여러 입헌 민주주의국가들은 그 모델을 모방했다. 그 나라들은 완벽과는 거리가 멀지만, 그들의 성공은 우리가 단 한 명의 절대적인 권위자에게 우리의 삶을 위임하지 않고도 자연 상태에서 탈피할 수 있음을 보여준다.

⌣

"아이들은 모두 민주주의를 원해." 렉스가 자주 하는 말이다. "하지만 어른들은 모두 독재를 원해."

물론 렉스는 우리 가족에 관해 이야기하는 것이다. 렉스는 우리집 식탁에서 1인 1표제를 시행하고 싶어 한다. 2대 2가 되면 어떻게할 작정인지는 나도 모르겠다.

"민주주의가 뭐가 그렇게 좋은데?" 언젠가 그런 대화를 나누다가내가 물었다. 그때 렉스는 열한 살이었다.

"많은 사람의 의견을 들으면 더 좋은 결정을 할 수 있잖아."

"사람들이 혼란에 빠져 있으면? 아니면 사람들이 틀리면 어떡해?"

"그러면 좋지 않은 결정을 하는 거지." 렉스가 대답했다.

"그럼 우리는 좋은 결정을 할 수도 있고 나쁜 결정을 할 수도 있다는 거잖아. 민주주의를 원하는 다른 이유가 있니?"

"음, 어떤 일이 나랑 상관있다면 나도 의견을 말할 수 있어야지." 렉스가 말했다. 렉스는 어느 설비 회사가 우리 집 마당에 송전선을 설치하려고 한다는 이야기를 아주 복잡하게 늘어놓으며 자기주장을 펼쳤다. "그럴 때는 아빠도 의견을 말하고 싶지 않겠어?" 렉스가 물었다.

"당연하지." 내가 대답했다.

"그리고 민주주의는 공정하잖아." 렉스가 덧붙였다. "민주주의는 평등해. 모두의 의견이 똑같이 중요하니까."

그거야말로 민주주의를 옹호하는 주장의 핵심이다. 민주주의는 사람들에게 중요한 결정에 참여할 기회를 주고, 사람들을 평등하게 대우한다. 실제로 민주주의는 모든 사람을 동등한 존재로 취급하는 '1인 1표'라는 원칙을 통해 평등을 구현한다.

하지만 우리 가족은 민주주의가 아니다. 렉스가 아무리 여러 번 요청해도 민주주의가 되지는 않을 것이다. 그 이유는 내가 이미 설명했다. 우리는 우리 아이들에 대한 책임을 지고 있으며, 우리의 임무를 수행하려면 아이들이 좋아하지 않는 결정도 종종 해야 한다. 우리와 우리 아이들은 동등하지 않다, 아직은. 그래서 우리를 동등한 존재로 취급하는 의사 결정 방법을 채택하는 건 큰 실수가 될 것이다. 우리에게도 좋지 않고 아이들에게도 좋지 않다.

그래도 나는 '아이로 사는 건 힘든 일이다'라는 것만은 기억하려고 한다. 여러 명의 어른이 수시로 지시를 하기 때문이다. 그러면 아이는 말 그대로 통제권을 잃는 기분을 느낀다. 그래서 나는 아이들이 통제권을 원할 때 인내심 있게 대하려고 노력한다.* 문제는 아이들의 요구는 끝이 없다는 것이다.

---

* 그리고 대개는 실패한다.

"이제 나는 독립할래." 행크가 선언했다.

행크는 만 일곱 살이었다. 우리는 공원에서 산책을 하고 있었다. 아니, 사실은 내가 산책을 하고 있었다. 행크는 왜 우리가 운동을 해야 하느냐고 항의하면서 질질 끌려오다시피 하고 있었다.

"좋아." 내가 말했다. "어디서 살 건데?"

"집에서."

"누구 집에서?"

"우리 집."

"너한테는 집이 없잖니."

행크가 어리둥절한 표정으로 나를 쳐다봤다.

"나한테도 집 있어. 우리가 사는 집." 행크가 말했다.

"그게 아니지. 아빠는 집이 있단다. 렉스와 엄마도 집이 있어. 하지만 넌 방금 독립을 선언했잖니. 그러니까 넌 이제 집이 없는 거야."

침묵.

"알았어. 난 집이 없어." 행크가 퉁명스럽게 말했다.

"월세를 내고 집을 빌릴 수는 있단다." 내가 말했다.

"월세가 얼만데?"

"넌 얼마를 낼 수 있지?"

"1달러."

"좋아. 우리가 너를 받아줄게."*

나는 행크에게 1달러를 받지는 못했다. 집에 돌아가서 아이스크림을 주겠다고 하니 행크가 독립을 철회했기 때문이다. 그건 좋은 선택이었다. 어차피 행크의 독립은 오래가지 못했을 테니까.

5

언어

모든 아이는 "빌어먹을"을
능숙하게 말하는 법을
배워야 한다

어떤 단어들은 섹스, 배변, 질병처럼 금기시되는 주제와 관련이 있고,

또 어떤 단어들은 신성모독의 위험이 있다.

그런데 우리는 욕을 하지 않고도 이런 주제에 관해 이야기할 수 있다.

그래서 왜 특정한 단어들만 입에 담으면 안 되는지는

수수께끼로 남는다.

렉스는 혼자 자기 방에서 닐 더그래스 타이슨Neil deGrasse Tyson의 《기발한 천체 물리Astrophysics for Young People in a Hurry》라는 책을 읽고 있었다. 그건 오랫동안 유지된 우리의 잠자리 의식에서 벗어난 일이었다. 원래는 나와 줄리 중 한 사람이 침대에 드러누워 렉스와 함께 책을 읽었다. 얼마 전 렉스는 처음으로 캠프에 가서 하룻밤 자고 왔고, 열 살이 되고 나서는 혼자 있고 싶어 할 때가 생겼다. 그래도 나는 그 의식을 포기할 수 없었으므로 나 역시 책을 읽고 있었다. 우리 집의 손님용 침실에서, 나 혼자.

그때 렉스가 흥분한 얼굴로 뛰어들어왔다.

"아빠, 이 책에 실험을 해보라고 나오거든. 우리도 해볼까?"

"좋지." 내가 대답했다.

렉스는 책을 소리 내어 읽었다. "중력이 항상 물체를 끌어당긴다는 사실을 증명하는 간단한 방법. 이 책을 덮고 가장 가까이 있는 탁자에서 몇 인치 위까지 책을 들어 올린 다음, 손을 놓아보라. 그게 중

력의 작용이다. (만약 당신의 책이 떨어지지 않았다면 가장 가까이 있는 천체
물리학자를 찾아가서 우주 비상사태를 선포하라.)"[126]

렉스는 책을 덮어 앞으로 내밀었다. "셋…… 둘…… 하나."

책은 바닥에 떨어졌다.

"에이, 빌어먹을!" 렉스가 주먹을 흔들어대며 소리쳤다.

그러고 나서 렉스는 나를 쳐다보면서 씩 웃었다. 자신이 자랑스러
운 모양이었다. 나도 렉스가 자랑스러웠다.

⌒

여름 캠프에서 돌아왔을 때 렉스는 혼란스러워했고 분개하기도
했다. 캠프에서 같은 방을 썼던 아이들이 거친 말을 너무 자주 했기
때문이다.

집 밖에서 렉스의 행실은 흠잡을 데가 없었다. 캠프에 가기 전에
도 몇 가지 욕은 알고 있었고, 가끔 그게 무슨 뜻이냐고 묻긴 했다.
하지만 렉스가 욕을 하는 걸 우리가 들은 적은 거의 없었다.

어린 시절의 나도 렉스와 비슷했다. 적어도 집 밖에서는 흠잡을 데
없이 모범적인 아이였다. 사실 우리 가족에게 욕은 일상적인 소통 수
단이었다. 욕에 관한 나의 가장 오래된 기억은 우리 아버지가 가구
따위를 조립하려고 하다가 내뱉은 욕설들의 연속체였다. '이재수없
는육시랄죽일놈.' 다섯 살이었던 나는 그게 한 단어인 줄만 알았다.

줄리가 렉스를 임신했을 때 나는 내가 아들에게 우리 아버지와 비
슷한 교육을 하면 어쩌나 걱정했다. 다행히 렉스가 태어나자마자 조
심 스위치가 켜졌고, 나는 적어도 아이 앞에서는 욕을 하지 않게 됐

다. 줄리의 경우는 나보다 조금 더 힘들어했다. 그러나 렉스가 말을 할 수 있게 될 때쯤에는 줄리도 자제하는 요령을 익혔으므로, 아이들은 욕을 학교에 가서 배워야 할 판이었다.

아니면 캠프에서. 우리는 캠프장으로 렉스를 데리러 가면서 모험이 가득한 이야기를 듣기를 기대했다. 그러나 렉스는 욕설에 관한 이야기부터 늘어놓았다.

"애들이 욕을 정말 많이 했는데 상담사 선생님들은 신경도 안 썼어." 렉스가 우리에게 일렀다.

"그럼 너는?"

"나도 조금은 했어. 그래도 다른 애들만큼 많이 하진 않았어."

"그 정도면 괜찮아. 캠프는 그래도 되는 곳이란다."

"어떤 애들은 온종일 욕을 하더라." 렉스가 말했다.

"아이들은 캠프에 가면 원래 그래. 다만 때와 장소를 잘 가려야 한다는 걸 기억하렴. 캠프에서는 괜찮지만, 학교에서는 안 된단다."

"집에서는?" 렉스가 물었다.

"조금은 해도 돼. 무례하거나 못되게 굴지 않는다면."

그로부터 며칠 후, 렉스는 우주적 재앙을 일으키려다 실패하고 나서 최초의 '빌어먹을'을 입 밖에 냈던 것이다. 그건 제법 괜찮은 욕이었다. 타이밍도 완벽했다. 앞에서도 말했지만 나는 렉스가 자랑스러웠다.

왜 어떤 말은 나쁜 말인가? 어릴 때 나는 나쁜 말도 있다는 이야기

를 듣고 이상하다고 생각했다. '말은 소리의 연속체일 뿐이잖아. 소리가 어떻게 나쁠 수가 있어?'

물론 말이 단순한 소리의 연속체는 아니다. 말은 우리가 의미를 부여하는 소리의 연속체다. 그리고 단어의 의미 때문에 그 단어가 나쁜 말이 되는 건 아니다. 다음 영어 단어들을 한번 보라. poop, crap, manure, dung, feces, stool. 이 단어들은 모두 shit(똥)과 같은 뜻이다. 그런데 이 중에 우리가 사용하지 말아야 하는 단어는 shit밖에 없다.

왜 그럴까? 내가 그걸 알면 fuck이다.

금기로 여겨지는 단어들은 어느 언어에나 있다. 그런 단어들은 나라마다 다르지만 공통적 요소를 지닌다. 어떤 단어들은 섹스, 배변, 질병처럼 금기시되는 주제와 관련이 있고, 또 어떤 단어들은 신성모독의 위험이 있다. 그런데 우리는 욕을 하지 않고도 이런 주제에 관해 이야기할 수 있다. 그래서 왜 특정한 단어들만 입에 담으면 안 되는지는 수수께끼로 남는다.

리베카 로치Rebecca Roache는 욕이 되는 단어의 소리에서 그 이유를 찾는다. 언어철학자(다른 분야의 연구도 한다)로서 욕을 연구하는 로치의 관찰에 따르면, 욕이 되는 단어들은 그 단어들이 표현하는 감정과 똑같이 거친 느낌을 준다. 그녀는 그게 우연이 아니라고 생각한다. whiffy(역하다)나 slush(질퍽거리다) 같은 부드러운 단어로는 분노를 전달할 수가 없다. 그런 단어들을 사용해서 욕을 하는 일은 "공기압축식 경첩이 달린 문을 쾅 닫으려고 하는 것"과 비슷하다고 로치는 말한다.[127]

더불어 로치는 단어의 소리가 전부는 아니라고 설명한다. 그 말이 옳다. 짧고 거친 느낌을 주지만, 아무도 불쾌하게 느끼지 않는 단어도 정말 많다. cat(고양이), cut(자르다), kit(조립 용품 세트)와 같은 단어들이 그렇다. 그리고 욕으로 사용되는 어떤 단어들에는 동음이의어가 있는데, 그 동음이의어는 욕으로 간주되지 않는다. prick('찌르다'라는 뜻과 '멍청한 놈'이라는 뜻이 둘 다 있음 – 옮긴이), cock('수탉'이라는 뜻과 '음경'이라는 뜻이 있음 – 옮긴이), Dick(사람 이름으로도 쓰이고 '음경'이라는 뜻도 있고 '재수 없는 놈'이라는 뜻으로도 쓰임 – 옮긴이)을 보라. (이 단어들에는 공통점이 있다.) 그리고 공격적 의미를 지닌 단어들은 세월의 흐름과 함께 변화한다. 즉 우리에게는 사회적 설명이 필요하다.

로치의 주장에 따르면 욕으로 사용되는 단어들은 공격성의 점증offense escalation이라는 과정을 거쳐 탄생한다.[128] 이유야 어떻든 간에 사람들이 shit이라는 단어를 좋아하지 않는다면, 사람들은 누군가가 그 단어를 말할 때 불쾌해질 것이다. 그런 불쾌감이 널리 퍼지고 잘 알려진다면 shit이라고 말하는 행동은 모욕으로 받아들여질 것이다. 이런 순환이 거듭되는 동안 shit은 점점 공격적인 단어로 변한다. 어떤 단어가 공격적이라고 정해지고 나면, 그 단어를 입에 올리는 행동은 더욱 폭력적으로 보인다.

하지만 공격성의 점증 이론도 어떤 단어들이 욕설이 되는 이유를 온전히 설명하지는 못한다. 사람들은 별의별 단어를 다 싫어하기 때문이다. 나는 rhombus(마름모)라는 단어가 못 견디게 싫다. 그리고 이제는 당신도 알겠지만, 당신이 rhombus라는 단어를 계속 말한다면 나는 짜증이 날 것이다. 물론 그렇다고 rhombus가 욕이 되지는 않는다. 그 단어를 싫어하는 건 나만의 특이한 취향이니까.

로치의 주장에 따르면 욕설은 대부분 불쾌감을 유발할 거라고 예상되기 때문에 금기시되는 주제와 관련이 있다. 특히 호의적이지 않은 환경에서 그런 주제에 관해 이야기할 때 사람들은 불편해진다. 예컨대 나는 당신을 만난 적이 한 번도 없지만, 내가 '또라이asshole'라고 부르면 당신이 화를 낼 것이라는 사실을 안다. 내가 당신을 '쓰레기trash'라든가 '건방진 놈posh'이라고 불러도 아마 화를 낼 것이다. 다만 그걸 알려면 내가 당신에 대해 조금은 알고 있어야 한다. 당신은 이런 단어들을 듣고 언짢아할 수도 있고, 어쩌면 언짢아하지 않을 수도 있다. 그런데 '재수 없는 놈'이라고 하면? 당신이 화를 낼 것이 거의 확실하다.

로치의 설명을 들어봐도 애초에 어떤 단어들이 왜, 어떻게 사람들이 싫어하는 단어가 됐는가라는 의문은 해소되지 않는다. 왜 shit은 욕이고, 대변과 관련된 다른 단어들은 욕이 아닌가? 틀림없이 어떤 사연이 있을 것이다. 그러나 이는 철학자들이 말하는 종류의 이야기가 아니다. (그 문제는 역사학자들이 줄곧 탐구했다.)[129] 내가 하고 싶은 질문은 따로 있다. 욕을 하는 건 정말로 잘못된 일인가?

얼마 전 나는 렉스에게 그 질문을 던져봤다. 우리는 산책을 하던 중이었다.

"욕을 해도 되는 걸까?"

"어떤 때는 괜찮아." 렉스가 대답했다.

"그게 언젠데?"

"음, 사람들한테 못되게 굴면 안 돼."

이건 좋은 출발점이다. 당연히 렉스에게는 나쁜 단어들은 주로 나쁜 말을 하는 데 사용된다는 걸 걱정할 권리가 있다. 로치가 가르쳐준 대로, 나쁜 단어들은 나쁜 말을 하는 도구다. 만약 로치의 공격성 점증 이론이 옳다면, 나쁜 단어들은 나쁜 말을 하는 데 자주 사용되기 때문에 나쁜 것이다.

그러나 나쁜 단어들은 나쁜 말을 하는 유일한 방법이 아니다. 만약 당신의 말에 무시나 경멸의 뜻이 담겨 있다면, 나는 당신이 사용한 단어들이 그런 목적에 자주 쓰이는 단어인지 아닌지는 중요하지 않다고 생각한다. 모욕 자체가 잘못이지, 그 모욕을 전달한 단어들이 잘못인 건 아니다.

"그럼 못되게 굴지 않을 때는 욕을 해도 괜찮은 거니?" 내가 렉스에게 물었다. "네가 나쁜 말들을 하고 있는데, 그게 다른 사람에 관해서 한 말이 아니라면 어떨까?"

"그건 어떤 때는 괜찮고, 어떤 때는 안 괜찮아." 렉스가 대답했다.

"괜찮을 때는 언제지?"

"점잖은 장소에 있을 때는 욕하면 안 되지."

"점잖은 장소가 어떤 장소인데?" 내가 물었다.

렉스는 잠시 생각하다가 말했다. "사실 나는 '점잖은'이 무슨 뜻인지 몰라. 그냥 멋진 말 같아서 이야기한 거야."

"아빠가 보기에는 점잖다는 게 무슨 뜻인지 너도 아는 것 같은데?" 내가 말했다. "학교는 점잖은 곳이니?"

"응, 거의 그래."

"그럼 캠프는 어때?"

"전혀 점잖지 않아."

"우리 집은 어때?"

"점잖을 때도 있어. 그런데 행크와 내가 옷을 홀랑 벗고 춤출 때는 점잖지 않아."

그건 맞는 말이다. 나는 이를 증명할 수 있는 동영상을 가지고 있다. 최고의 동영상에서는 만 네 살도 안 된 행크가 거의 알몸으로 출연해서 이렇게 묻는다. "나 엉덩이 잘 흔들었어?" (그렇다.) 다른 동영상에서는 행크가 말을 타듯이 렉스 위에 올라타서 〈스테잉 얼라이브Stayin' Alive〉를 부른다. 둘 다 줄리가 출장을 떠난 동안 촬영한 영상이다. 줄리가 없을 때 우리는 진짜로 점잖지 못하게 생활한다.[*]

다시 렉스와 렉스의 대답으로 돌아가보자. 점잖은 장소에서는 왜 욕을 하면 안 될까?

우리는 어떤 사람에게 결례할 수도 있지만, 어떤 장소에 결례를 범할 수도 있다.

당신이 교회에서 욕을 한다면 그 장소에 결례를 범하게 된다. 그리고 교회 안에 있는 사람들에게도 결례가 된다. 사람들이 화를 내는 이유는 그곳이 욕을 해도 되는 장소가 아니기 때문이다. 술집이었다면 사람들은 당신과 함께 욕을 할지도 모른다. 하지만 교회는 다르다.

실제로 장소에 따라 규칙이 다르기 때문에 장소들이 차별화된다. 만약 아이들이 캠프에 가서도 교회에 있을 때와 똑같이 행동해야 한

---

* 그날도 나는 아이들이 늦게까지 자지 않고 댄스파티를 즐기게 해줬다. 행크는 계속 소리쳤다. "엄마가 없으니까, 불 끄는 시간도 없다!" 그건 행크가 잘못 생각한 거였다. 잠시 후 행크는 아빠 혼자 아이들을 돌보는 날에 대한 열정을 잃었다. 내가 재워주려고 했더니 행크가 말했다. "엄마가 돌아오면 좋겠어."

다면 캠프라는 장소가 굳이 있을 이유가 없다. 그리고 만약 아이들이 교회에 있을 때 캠프에서와 똑같이 행동하는 게 허용된다면 교회라는 장소가 있을 이유가 없다. 그리고 우리의 삶에는 캠프도 있고 교회도 있어야 한다. 그래서 렉스의 말이 옳다. 어떤 장소에서는 욕을 해도 괜찮지만 어떤 장소에서는 안 된다.

그리고 여기에는 윤리에 관한 중요한 교훈이 하나 숨어 있다. 어떤 잘못은 사람들이 그 행위에 관해 어떻게 생각하느냐를 떠나서 잘못이다. 예를 들어 살인과 강간은 사람들이 잘못이라고 생각하기 때문에 잘못인 게 아니다. 살인과 강간은 인류의 존엄을 근본적으로 훼손하기 때문에 잘못이다. 반면 어떤 잘못들은 사람들이 그게 잘못이라고 생각하기 때문에 잘못이 된다. 교회에서 욕을 하는 행위는 그런 종류의 잘못이다.*

로널드 드워킨(우리가 앞에서 만난 바 있는)은 이것을 '인습적 도덕conventional morality'이라고 불렀다.[130] 드워킨은 교회에서 허용되는 복장에 관해 이야기하면서 이 개념을 설명했다. 어떤 나라에서 남자들은 신에게 경배하는 장소에 들어갈 때 관습적으로 모자를 벗는다. 모자를 쓰고 들어가는 행위는 무례한 것으로 여겨진다. 사람들이 그렇게 간주하기 때문에, 적어도 다른 사람이 그 행동을 어떻게 볼지를 아는 사람이 그런 행동을 했을 때는 무례한 것이 된다. 그런데 관습은 쉽게 정반대가 되기도 한다. 내가 유대교 예배당인 시너고그에 들어갈 때는 머리를 뭔가로 덮어야 한다. 우리 유대인들은 그런 방법으

---

* 적어도 교회에서 특정한 욕(예컨대 신을 모독하는 욕)을 하는 행위는 그런 종류의 잘못이다. 신을 모독하는 욕설은 신에게 결례가 되기 때문에 잘못일 수도 있다.

로 존경을 표시하기 때문이다.

종종 인습적 도덕에는 임의적인 요소가 있다. 당신이 머리를 덮어서 존경을 표시하느냐, 머리를 드러내서 존경을 표시하느냐는 중요하지 않다. 중요한 건 공동체가 존경의 표시에 관해 합의했다는 사실이다. 사실 신성한 장소는 물론이고 공식적인 장소에는 그곳에서 할 수 있는 행위를 제한하는 규칙이 반드시 있다. 그 규칙이 있기에 그 장소는 다른 장소와 구별되고, 공적인 느낌 또는 신성한 느낌을 준다.

규칙이 항상 임의적이지는 않다. 도서관에서는 되도록 말을 삼가야 하고, 말을 하려면 작은 소리로 해야 한다. 그런 규칙은 도서관을 공부하기 좋은 장소로 만들어준다. 하지만 어떤 규칙은 하나의 장소를 우리 삶 속의 다른 장소들과 구별하는 것 외의 목적을 수행하지 않는다. 교회에서 모자를 쓰느냐 벗느냐에 관한 규칙, 또는 교회에 머무르는 동안 사용하는 언어에 관한 규칙이 그런 종류의 규칙이다. 그런 규칙은 우리가 특별한 장소에 와 있다는 신호를 보낸다.

대개의 경우 우리는 그런 규칙들을 따라야 한다. 그래야 우리가 특별한 장소들을 가질 수 있다. 오늘날에는 편안한 분위기가 점점 많은 장소로 확산됨에 따라 사회의 격이 많이 떨어졌다. 때로는 그것도 좋다. 여행자들이 멋지게 차려입어야 했던 시대로 돌아가는 것보다는 편안한 옷차림으로 비행기를 타는 게 낫다. 때로는 그게 좋지 않기도 하다. 우리가 시간을 보내는 장소들의 격을 높일 때 우리 자신의 격도 높아지기 때문이다.

물론 항상 격식을 차려야 하는 건 아니다. 우리에게는 편안하게 풀어지는 시간도 필요하다. 그래서 욕을 옹호할 여지가 많아진다. 렉스가 처음으로 내뱉었던 '빌어먹을'은 어떤 사람이나 장소를 모욕하지 않았으므로 무례하지 않았다. 그건 웃겼다. 그리고 대부분의 욕설은 그런 식이다. 그런 종류의 욕도 잘못일까? 대다수 부모들이 자녀의 언어를 통제하는 모습을 보면 그런 욕도 잘못이라고 보는 것 같다. 나는 그 부모들이 실수를 하고 있다고 생각한다.

욕으로 쓰이는 단어들의 문제는 그 단어들 자체가 아니다. 문제는 그 단어들이 보내는 신호에 있다. 단어들이 나쁜 신호를 보내지 않을 때는 입에 담지 말아야 할 이유가 없다. 그래서 우리는 렉스에게 말해준 것과 같은 규칙을 정했다. '사람이나 장소에 대해 못되게 굴거나 무례한 행동은 하지 말라. 하지만 그런 게 아니라면 가끔 욕을 해도 괜찮다.'

'가끔'이라는 조건은 왜 붙을까? 아마도 사람들은 우리가 어떤 장소의 격을 떨어뜨릴 수 있는 것처럼, 욕을 자주 하면 스스로의 가치를 낮추게 된다는 점을 우려하는 것 같다. 어떤 사람이 상스럽게 행동하면 그 사람 자체가 상스러워질 수도 있다는 것이다. 시종일관 그렇다면 그건 곤란하다. 나는 우리 아이들에 대해 그런 걱정은 안 한다. 우리 아이들은 행동 규범을 전환할 줄 안다. 맥락이 달라지면 그에 맞게 행동한다. 우리 아이들이 그렇게 하는 모습을 나는 늘 보고 있다.

그러나 나에게도 현실적인 걱정은 있다. 심각한 피해를 입히는 게 아닌데도 욕설을 심각하게 받아들이는 사람이 많다. 어릴 때 나는 그런 사람들 때문에 무진장 괴로웠다. 지금도 그런 사람들과 있으면 괴롭다. 하지만 세상을 살아나가려면 다른 사람들이 어떻게 반응할지도 알아둘 필요가 있다. 그게 내가 원하지 않는 반응이라도. 그리고 현재 우리 사회에서는 욕을 너무 많이 하는 것 같은 사람을 좋게 보지 않는다.

그런데 잠깐. 만약 사람들이 욕을 하는 게 잘못이라고 생각한다면 욕은 잘못인 거 아닐까? 인습적 도덕이 원래 그런 거 아닐까? 아니다. 무엇이 잘못인가에 관한 사람들의 견해가 의미 있으려면, 그 견해를 진지하게 받아들일 이유가 있어야 한다. 교회의 경우 신성한 장소를 유지하는 일의 가치가 사람들에게 그 장소를 신성한 곳으로 취급할 권력을 부여한다. 그래서 사람들은 그곳에서 허용되는 말과 행동에 관한 규칙을 정한다. 반대로 어떤 오지랖 넓은 사람이 캠프에서 또는 길거리에서 아이들이 어떤 말을 사용하는지에 관해 신경을 쓴다는 사실만으로, 그에게 아이들이 쓰는 언어의 기준을 정할 권력이 생기지는 않는다. 캠프나 거리에서 언어 사용을 규율하는 일에는 별다른 가치가 없기 때문이다.

부모는 특별한 경우에 해당한다. 우리가 권위에 관한 장에서 살펴본 대로, 부모는 적어도 합당한 범위 내에서는 자기 아이들에게 기준을 정할 힘을 가진다. 부모들이 그 힘을 활용해서 욕을 전면 금지하지는 않길 바란다. 욕에도 좋은 점이 있다. 사실 욕은 모든 아이가 제대로 배워야 하는 기술이다.

"욕을 하면 뭐가 좋지?" 아까의 그 산책 도중에 내가 렉스에게 물었다.

"기분이 좋아져." 렉스의 대답이다.

"그게 무슨 말이니?"

"화가 날 때 욕을 하면 기분이 좋아져."

"넌 화가 날 때 욕을 하니?" 렉스가 화나서 욕을 하는 걸 내가 들은 적은 없었다.

"응. 사람들에게 들리지 않게 혼자 중얼거려."

다행이다! 조금 더 크게 지껄여도 괜찮아.

리처드 스티븐스Richard Stevens의 유명한 연구를 보자. 스티븐스는 대학생들에게 얼음물이 든 양동이에 한쪽 손을 담그라고 했다. 두 번이나. 한 번은 욕을 해도 된다고 했고, 한 번은 욕을 허용하지 않았다. 대학생들이 욕을 했을 때는 손을 담그는 시간이 50퍼센트 가까이 길어졌고, 고통도 덜 느꼈다.[131] 게다가 후속 연구들에 따르면 센 욕설(shit이 아니라 fuck을 생각하면 된다)을 하면 욕에 수반되는 위안이 커졌다.[132] 나는 욕을 큰 소리로 하는 것도, 어느 정도 효과가 있다고 장담한다.

더 중요한 사실. 욕은 육체적 통증만 완화하는 게 아니다. 마이클 필립Michael Phillip과 로라 롬바르도Laura Lombardo는 욕을 하는 행위가 사회적 배제의 고통도 완화한다는 사실을 입증했다.[133] 필립과 롬바르도는 사람들에게 소외당했다고 느꼈던 일을 떠올려보라고 주문했다. 어떤 사람들에게는 회상을 하고 나서 욕을 하라고 했고, 어떤 사람들에게는 욕이 아닌 일반적 언어로 이야기하라고 했다. 욕을 했던 사람들은 욕을 하지 않았던 사람들보다 사회적 고통을 적게 느꼈다고 답했다. 이런 결과는 렉스가, 그리고 모든 아이들이 스스로 알아낸 사실과 일치한다.

나는 이 연구를 에마 번Emma Byrne의 《Swearing is Good for You: The Amazing Science of Bad Language(욕설의 과학)》라는 책에서 처음 발견했다. 욕에 관한 훌륭한 과학적 설명이었다. (몸짓언어를 배우는 침팬지들은 자기만의 욕을 만들어낸다. 당신은 그렇지 않을 것이다. 빌어먹을.)[134] 번은 욕을 하면 기분이 좋아지는 이유를 몇 가지로 추론한다. 그 이유는 감정이 실린 언어를 처리하는 뇌 부위들과 관련이 있을 것으로 짐작된다.[135] 다만 욕에 관한 과학적 설명은 아직 완성되지 않았고, 사실 세부적인 사항들은 중요하지 않다. 우리에게 중요한 사실은 욕을 하는 행동이 스트레스 완화에 아주 좋다는 것이다.

잠깐, 그게 다가 아니다! 번의 설명처럼 욕은 "집단의 유대"에도 도움이 될 수 있다.[136] 번은 사회적 상호작용을 매끄럽게 해주는 가벼운 놀림에 관한 연구를 재검토했다. 그녀는 욕을 통해 사회적 인정을 얻어낸 사람들의 이야기를 들려주고, 욕이 사람들의 소통을 원활하게 해주는 여러 경로를 보여준다. 그건 멋진 연구였다. 굳이 연구 논문을 읽어보지 않아도 당신은 번이 하려는 말을 이해할 것 같다. 어떤 집단이든 간에 화기애애한 집단을 찾아보라. 반드시 욕설이 오갈 것이다.

욕설을 바라보는 사회적 시각 때문에라도 나는 우리 아이들이 욕하는 기술을 제대로 익히기를 바란다. 언제, 어디서 욕을 해도 되는지를 아는 것만으로는 부족하다. 욕하기는 연습하면 잘할 수 있는 일이다. 그리고 욕을 잘하기란 쉽지 않다. 우선은 단어를 새로운 방식으로 사용하는 걸 익혀야 한다. fuck이라는 영어 단어는 동사로도 쓰이고 명사로도 쓰인다. 하지만 그 단어는 우리에게 익숙한 대화 속에서와 다른 방식으로 기능을 수행한다. '빌어먹어라fuck you'라는 문장을 생각해보라. 이 말은 명령문처럼 들리지만, 명령의 역할을 하지는 않는다. 이걸 '문 닫아라close the door'와 비교해보자. 나는 '문 닫아라'를 갖가지 문장에 삽입할 수 있다.

부탁인데 문 좀 닫아라.
가서 문 좀 닫아라.
문 좀 닫으라고 내가 말했잖니.

'빌어먹어라'는 이런 식으로 변형할 수가 없다. 아래와 같은 문장들은 말이 안 된다.

부탁인데 빌어먹어라.
가서 빌어먹어라.
빌어먹으라고 내가 말했잖니.

그렇다면 '빌어먹어라'에 들어간 '빌어먹다fuck'는 동사가 아니라는 이야기가 된다. '빌어먹다'는 부정적인 의사를 전달하기 위해 만들어진 특별한 단어다.*

이야기는 갈수록 더 이상해진다. '빌어먹어라'의 fuck은 때로는 동사 역할을 하기 때문이다.

5 언어: 모든 아이는 "빌어먹을"을 능숙하게 말하는 법을 배워야 한다   197

내일 나는 너를 빌어먹게 할 거야.

그가 너를 빌어먹게 하도록 두지 마.

이야기는 아직 안 끝났다. 다른 맥락에서는 '빌어먹다'가 웃기게 사용되기도 한다.[137] 다음의 두 문장은 말이 된다.

시끄러운 텔레비전 소리를 줄여라.

텔레비전이 시끄러우니까 소리를 줄여라.

아래 두 문장은 말이 안 된다.

빌어먹는 텔레비전 소리를 줄여라.

텔레비전이 빌어먹으니까 소리를 줄여라.

앞의 두 문장에서 '시끄럽다'는 형용사다. 뒤의 두 문장에서는 얼핏 '빌어먹는'이 '시끄러운'과 같은 역할을 하는 것처럼 보이지만 실은 그렇지 않다. '빌어먹는'을 똑같은 방식으로 변형할 수가 없기 때문이다.

---

* 이런 통찰은 제목만 보고는 무슨 내용인지 짐작하기 어려운 한 편의 글에서 비롯됐다. 〈명시적인 문법적 주어가 없는 영어 문장들〉. 1960년대에 사우스 하노이 연구소의 꽝푹동Quang Phuc Dong이라는 사람이 작성했다고 알려진 이 글은 1960년대에 팸플릿처럼 만들어져 돌아다녔다. 실제로 이 글을 작성한 사람은 시카고 대학교에서 강의하던 제임스 D. 매콜리James D. McCawley라는 언어학자였다. 그건 진지한 작업이었고, 욕으로 쓰이는 단어에 관한 후속 연구의 계기가 됐다. 하지만 그 글은 아시아인의 이름들을 조롱하고 있어서 지금 읽어보면 인종차별적으로 느껴진다.[138]

이런 장난은 하루 온종일도 칠 수 있다. 어떤 독자들은 이런 장난이 '빌어먹을 환상적fan-fuckin-tastic'이라고 생각할 것이다. 하지만 '환상 빌어먹을 적fanta-fuckin-stic'이라고 생각하는 사람은 하나도 없을 것이다. 왜냐하면 '빌어먹을'을 다른 단어에 삽입하는 데는 일정한 규칙이 있고, 당신은 존 J. 매카시John J. McCarthy의 전설적인 논문 〈운율의 구조와 욕설 삽입사〉를 읽어보지 않았더라도 그 규칙을 알고 있기 때문이다.[139]

fuck은 모든 영어 단어 중에서 가장 다용도로 사용되는 단어일 것이다. 그리고 fuck은 다른 어떤 단어도 못 해내는 일들을 가능케 하기 때문에, 가장 재미있는 단어가 틀림없다. 그러나 문법만 익힌다고 욕을 잘하게 되는 건 아니다. 번의 설명대로 우리는 욕을 할 때 다른 사람들이 어떻게 반응할지를 예측하기 위해, 그들의 감정에 관한 정교한 모델을 가지고 있어야 한다.[140] 욕에는 미묘한 변형이 정말 많다. 우리는 '꺼져fuck off'라는 말로 우정을 끝장낼 수도 있다. 그 말로 우정을 지킬 수도 있다. 우스개로 그 말을 할 수도 있고, 아무런 의미 없이 그 말을 할 수도 있다.

모든 건 맥락, 시점, 말투에 달려 있다. 그리고 욕을 잘하는 것을 결정하는 규범은 계속 변화한다. 그 규범은 사람들이 다 같이 정하기 때문이다. 그래서 나는 우리 아이들에게 욕을 잘하는 방법을 가르치려는 시도조차 하지 않으려 한다. 우리 아이들은 다른 모든 사람과 마찬가지로 시도하고, 실수하고, 관찰하면서 스스로 배울 것이다. 다만 나는 우리 아이들에게 연습할 여유를 주려고 한다. 언젠가는 아이들이 나에게 고마워하면서 뭐라고 말할 것이냐 하면……

이제 렉스는 최초의 '빌어먹을'을 말하던 수준이 아니다. 불과 1년이 지난 지금 렉스는 욕을 굉장히 잘한다. 우리가 그 사실을 알게 된건 내가 행크에게 처음으로 욕을 가르쳐준 날 밤이었다.

나는 아이들에게 우리 외할아버지와 외할머니에 관한 이야기를 들려주고 있었다. 외조부모는 착한 사람들이 아니었다. 그들은 심술궂고 이기적인 사람들이었다. 우리 아이들은 아빠의 외할아버지가 아이들을 좋아하지 않았다는 이야기를 듣고 충격을 받았다. 아이들은 그걸 이해하지 못했다. 그래서 나는 아이들을 이해시키기 위해, 우리 외할아버지가 나랑 놀아준 적이 한 번밖에 없었다고 이야기했다. 그때 나는 여섯 살이었고, 외할아버지와 외할머니가 우리 집에서 며칠 머물고 계셨다. 외할아버지는 바닥에 앉아서 주사위 노름을 하는shoot craps 법을 가르쳐주셨다. 왜 그랬는지는 나도 모른다. 그건 아이에게 필요한 기술은 아니었다. 하지만 나와 외할아버지가 함께한 모든 시간 중에서는 그게 최고였다.

여기까지 이야기하고 나서 나는 잠깐 입을 다물었다. 행크가 모르는 단어를 말할 차례라는 것을 알았기 때문이다. 나는 행크에게 '지금 아빠가 나쁜 말을 하려고 한다'고 미리 알려줬다. 렉스의 눈이 반짝였다. 그래서 나는 그냥 그 말을 했다.

그다음 번에 내가 외할아버지와 외할머니를 만났을 때는 밖에서 저녁 식사를 했다. 주사위 노름을 또 하고 싶었던 나는 외할아버지에게 물었다. "집에 가서 지랄 방구 던지기shoot the shit(crap과 shit은 모두 '똥'이라는 뜻을 가지고 있어서, 어린 시절의 저자가 헷갈린 것이다 – 옮긴이)

놀이 해도 될까요?"

외할아버지는 버럭 화를 냈다. 나에게, 그리고 나의 부모님에게. 나의 어머니와 아버지는 참지 못하고 계속 웃어댔다. 며칠 동안 외할아버지는 내 말버릇이 나쁘다고 야단이었다. 외할아버지는 나를 과소평가하고 있었다. shit은 내가 알고 있던 욕들 중 빙산의 일각이었다. 외할아버지는 내가 우리 아버지의 주제가를 큰 소리로 부르는 걸 들은 적이 없다. '이재수없는육시랄죽일놈.' 외할아버지가 나를 잘 알게 됐더라면 나를 사랑했을 것 같다.*

사실은 그럴 가능성은 전혀 없었다. 그리고 그게 내가 아이들에게 전하려고 했던 메시지였다. 그 결과 행크는 이제 shit이라는 단어를 알게 됐다. 그러니 설명을 해줄 필요가 있었다. 우리는 행크에게 shit은 poop(똥)이랑 같은 뜻이고 crap도 같은 뜻이라고, 그래서 아빠가 착각을 했던 거라고 말해줬다. 그리고 우리는 렉스에게 정해준 것과 똑같은 규칙에 따라 행크도 shit이라는 말을 써도 된다고 했다.

줄리는 행크에게 shit이라는 말을 한번 써보라고 권했다. "네가 어떤 나쁜 걸 발견했을 때 '오 shit!'이라고 말하는 거야. 한번 해볼래?"

---

* 당신이 나와 우리 부모님을 너무 가혹하게 판단하기 전에 변명을 좀 해야겠다. 나는 일탈적인 행동을 한 적이 없다. 네 살이나 다섯 살쯤 되면 대부분의 아이들은 욕을 한다. 어떤 아이들은 더 어릴 때부터 욕을 한다. 그리고 연구에 따르면 여섯 살 또는 일곱 살이 될 때쯤이면 아이들은 욕으로 쓰이는 단어를 상당히 많이 알게 되는데, 그중에는 절대 금기시되는 단어들도 많다.[141] 일탈적인 건 우리 아이들이다. 나와 줄리가 욕을 워낙 잘 참았기 때문에 우리 아이들은 평균보다 늦게 욕을 배웠다. 그래서 나는 아이들이 조금 걱정스럽기도 했다. 앞에서 말한 대로 나는 우리 아이들이 다양한 사회적 상황 속에서 능숙하게 행동하기를 바라는데, 사회적 상황 중에는 욕을 해야 하는 경우도 있기 때문이다. 물론 내가 지금 들려주는 이야기에서 알 수 있듯이 그건 괜한 걱정이었다.

행크는 약간 미심쩍어 하더니 들릴락 말락 하는 소리로 "오 shit" 이라고 말했다.

우리는 웃음을 터뜨렸고, 행크는 조금 창피했는지 식탁 밑에 숨었다. 잠시 후 행크가 다시 나타나서 조금 더 과감하게, 조금 더 큰 목소리로 말했다. "오 shit."

이제 우리는 진짜로 우스워서 웃고 있었다. 그리고 행크는 욕에 익숙해지고 있었다. "오 shit. 오 shit! 오 shit!"

그런데 렉스는 빡쳤던 모양이다(원문은 losing his shit으로, shit이라는 단어를 거듭 써서 말장난을 하고 있다 – 옮긴이). 몇 년 동안 렉스는 동생이 나쁜 단어를 배우지 않도록 하려고 애썼다. 렉스에게 욕은 자기와 동생이 차별화되는 지점들 중 하나였다. 렉스는 욕을 하기 때문에 자기가 더 어른스러워 보인다고 생각했다.

하지만 줄리와 나도 행크에게 합세했다. 우리는 좋은 부모니까. 우리 셋은 합창을 시작했다. "오 shit. 오 shit! 오 shit!"

줄리가 렉스에게 같이하자고 권했다. "렉스, 너도 해봐. 다 같이 하는 거야!" 우리가 좋은 부모라고 내가 이야기했던가?

렉스는 얼굴이 빨개져서 식탁 밑에 숨었다. 렉스는 잠시 그곳에 머물렀다가 우리의 합창 소리가 점점 커질 무렵에 불쑥 튀어나와 소리쳤다. "빌어먹을, 난 절대로 '오, shit!'이라고 안 할 거야!"

줄리는 평생 그렇게 웃어본 적이 없다고 했다. 나는 렉스에게 감동했다. 그 이유 중 하나는 렉스의 농담이 우리가 잠시 후에 살펴볼

'구별distinction'을 사용한 것이었기 때문이다.

렉스는 자기는 '오 shit'이라고 말하지 않겠다고 선언했다. 그렇게 말하면서 그 말을 했다. 아니, 적어도 그렇게 말한 것과 다름없다.

철학자들은 어떤 단어를 '사용'하는 것과 그 단어를 '언급'하는 것이 다르다고 본다. 다음 두 문장을 보자.

(1) 나는 가게에 간다.
(2) '가게'는 '가제'와 운율이 맞는다.

첫 번째 문장은 우리가 물건을 사러 가는 장소를 언급하기 위해 '가게'라는 단어를 사용했다. 두 번째 문장은 '가게'라는 단어를 그냥 언급만 했다. 이 문장은 가게라는 단어가 가리키는 장소가 아니라 그 단어 자체를 소환한다.

다른 예를 보자.

(1) Shit, 우유를 쏟았잖아.
(2) 아이들 앞에서 'shit'이라고 말하면 안 된다.

첫 번째 문장은 shit이라는 단어를 '사용'하지만 똥을 가리키는 건 아니다. 이 문장은 shit이라는 단어를 사용해서 감정을 표현한다. 반면 두 번째 문장은 shit이라는 단어를 '사용'하지 않는다. 그냥 '언급'만 한다.

단어를 사용하는 것과 언급하는 것의 구별은 철학의 기초에 해당한다. 철학자들은 세계에, 그리고 인간이 세계를 묘사하는 데 사용하는 단어들에 관심을 가진다. 그래서 철학자들에게는 자신이 이야기하고 있는 대상을 지시할 방법이 필요했다. 표준으로 통하는 방법은 당신이 단지 '언급'만 하는 단어를 따옴표 속에 넣는 것이다. 예를 들면 다음과 같다.

'shit'이라는 단어는 네 글자로 이뤄진다.

나는 이렇게 쓰면 문장이 보기 싫어진다고 생각한다. 특히 따옴표를 많이 쓰면 보기가 좋지 않다. 그래서 이 책에서는 다른 방법을 택했다. 내가 어떤 단어들을 언급만 할 때는 그 단어들을 굵은 글씨로 표시했다. 물론 굵은 글씨는 강조를 위해서도 사용되기 때문에 혼동의 여지가 있지만, 독자들이 그걸 구별할 수 있으리라고 생각한다.

렉스의 농담은 사용/언급의 구별을 활용하고 있었다. "빌어먹을, 난 절대로 '오 shit!'이라고 안 할 거야!" 렉스가 한 말은 어떤 의미에서는 틀렸다. 렉스는 실제로 '오 shit'이라는 말을 했기 때문이다. 그런데 다른 의미에서 렉스의 말은 사실이다. 그 문구를 사용하지 않고 그냥 언급만 했기 때문이다. 이런 갈등이 있어서 재미있는 농담이 된다. 렉스가 단지 언급한 문구들보다 그 아이가 실제로 사용한 문구(빌어먹을no fucking way)가 훨씬 강력하다는 사실도 재미를 더해준다.

그게 바로 세련된 유머 감각이다. 나는 현재의 렉스가 가진 그런 면을 정말 사랑한다.

나는 렉스보다 나이가 훨씬 많은데도 여전히 사람들에게 언어 사용을 감시당한다. 나의 편집자는 내가 '빌어먹을'을 너무 많이 쓴다고 지적한다. 그것 때문에 내가 욕에 관한 장을 책에 넣은 건 아니다. 하지만 그게 이유가 아니라고 말하지도 않겠다. (안녕, 지니!)

나는 왜 그렇게 욕을 많이 할까? 이유는 두 가지다. 첫째, 욕은 친근감을 조성하는 하나의 방편이다. 관계에는 각기 다른 규칙이 적용된다. 내가 당신과 함께 있을 때 '빌어먹을'이라는 말을 쓴다면, 나는 내가 우리 관계의 규칙을 그렇게 이해하고 있다는 사실을 드러내는 것이다. 우리는 낯선 사람은 당연히 아니고, 동료라기보다는 캠프 친구와 더 비슷한 관계다.

둘째, 내가 욕을 하는 이유는 철학에 관해 어떤 신호를 보내고 싶기 때문이다. 우리는 철학이 딱딱하고 복잡하다는 신호를 보낼 수도 있고, 철학은 재미있다는 신호를 보낼 수도 있다. 그래서 나는 재미있는 쪽을 택한다.

물론 그 재미는 진지한 내용을 전달하기 위한 것이다. 철학은 우리 삶의 모든 측면을 다뤄야 한다. 신성한 측면, 불경한 측면, 평범한 측면을 모두 다뤄야 한다.[142] 이 책을 쓰게 된 건 바로 그런 신념 때문이기도 하다. 나는 가장 평범한 경험 속에도 철학적인 질문들이 있다는 걸 당신에게 보여주고 싶다. 철학은 철학자들에게만 맡겨두기에는 지나치게 중요한 학문이라는 걸 당신에게 알려주고 싶다. 그리고 나는 당신이 철학은 재미있다고 생각하기를 바란다. 철학은 재미있어질 수 있고, 재미있어야 하고, 잘만 하면 재미있는 학문이기 때문이다.

비속어를 써가며 장난스럽게 철학에 접근하는 방법을 생각해낸 철학자는 나 말고도 또 있다. 해리 프랭크퍼트Harry Frankfurt의《개소리에 대하여On Bullshit》는 예상을 깨고 베스트셀러가 된 책이다. 이 얇은 책은 개소리란 무엇이며 우리가 왜 개소리에 빠져드는지를 설명한다. 이 책은 재미있다.* 하지만 내가 더 좋아하는 베스트셀러는 에런 제임스Aaron James의《그들은 왜 뻔뻔한가Assholes: A Theory》라는 책이다. 이 책의 내용은 제목인 '또라이 이론'과 일치한다. 또라이란 어떤 사람들이며, 우리는 왜 그런 사람들이 성가시다고 느끼는가를 설명한다. 나는 이 책이야말로 우리 시대의 필독서라고 생각한다.

때때로 철학자들은 고루하다. 나는 프랭크퍼트와 제임스에 관한 불평을 한두 번 들은 게 아니다. 그리고 나에 대한 불평도 들어봤다. 다른 철학자들은 우리 같은 사람들이 선정적인 이야기로 주목받으려고만 한다고 불평한다. 그건 틀린 말이다. 아, 물론 나는 철학이 재미있고 웃겨야 한다고 생각한다. 또한 나는 철학이 우리 자신을 이해하는 데 도움이 되어야 한다고도 생각한다. 우리는 신성하고 또

---

* 미리 경고하건대 그건 개소리다. 프랭크퍼트의 목표는 개소리의 본질을 설명하는 것이다. 그가 이 책에서 다루는 개소리, 그러니까 자기 말이 진실인지 아닌지 신경 쓰지 않고 늘어놓는 말은 개소리의 여러 종류 중 하나에 불과하다. 다른 종류의 개소리도 있다. 축구에서 이른바 '할리우드 액션'은 개소리다. 심판들의 오심도 개소리다. 대부분의 회의는 개소리다. 우리가 말로 된 개소리만 다루더라도 마찬가지다. 개소리의 대부분은 자신이 진실을 말하고 있지 않다는 사실을 당당하게 과시하는 사람들에게서 나온다. 그런 사람들은 끊임없이 당신에게 개소리를 늘어놓는데, 당신이 그걸 들어줘야 한다는 건 더 심한 개소리다. 언제 당신이 나한테 맥주를 한잔 사라. 맥주를 마시면서 개소리에 관한 더 나은 이론을 함께 만들어보면 좋겠다.

불경한 존재다. 철학도 신성하고 또 불경한 학문이 될 수 있다.

⌒

　나는 적어도 어떤 상황에서는 욕을 하는 것에 찬성하는 입장이다. 그러나 입에 담아서는 안 되는 말들도 있다. 우리 사회에서 특정 집단에 대한 혐오 발언은 절대적으로 금기시된다. 우리는 F로 시작하는 욕설은 금지라고 말하면서도 F로 시작하는 욕을 서슴없이 한다. '빌어먹을fuck'이라는 단어가 이제는 큰 불쾌감을 주지 않기 때문이다. 우리는 F로 시작하는 욕설에 항의하는 시늉은 하지만 진심으로 분개하지는 않는다. 반면 N으로 시작하는 단어(여기서 N이란 'nigger(검둥이)'와 같은 인종 비하적인 단어의 첫 글자를 말한다 – 옮긴이)는 분노를 유발한다.[143]

　혐오 표현에 관해서는 연구가 활발하게 이뤄지고 있다. 그런데 철학자들(그리고 언어학자들)은 혐오 표현이 작동하는 방식에 관해 언어적 측면에서만 논의하고 있다. 예컨대 '혐오 표현'이 무엇을 뜻하는지도 분명치가 않다. 다음 문장을 한번 보라.

　　유대 놈kike(유대인을 가리키는 금기어. 우리말에는 상응하는 단어가 없는데, 그렇다고 새로운 혐오 단어를 만들어내는 것도 부적절하다는 생각이 들어서 그냥 '유대 놈'이라고 표현한다 – 옮긴이)이 이 책을 썼다.

　이 문장은 진실인가? '유대 놈'은 유대인을 비하하는 말이다. 그리고 나는 유대인이다. 따라서 어떤 철학자들은 위 문장이 진실이라고 말할 것이다. 그래도 이건 해서는 안 되는 말이다. 무례하지 않은 동의어들이 있는데도, 굳이 금기시되는 단어를 선택해서 경멸을 표현하고 있기 때문이다. 또 어떤 철학자들은 '유대 놈'이라는 것은 존재하지 않는다는 이유로 이 문장이 거짓이라고 주장할 것이다. 이런 이야기를 하다 보면 '유대 놈이란 무엇인가'라는 의문이 생겨난다.[144] 그냥 '유대인'이 아닌 '유대 놈'이라니?

나는 이런 논의에 뛰어들고 싶지 않다. 내가 진짜로 관심 있는 문제는 도덕과 관련된 것이기 때문이다. 혐오 표현을 입에 담아도 되는 때가 있을까? 만약 있다면 그건 언제인가? 언어학적 질문들과 도덕적 질문들은 서로 얽혀 있는 것 같다. 언어학적 차원에서 혐오 표현이 어떻게 작동하는지를 알지 못하면 도덕적 질문에도 답할 수가 없다.

나에게 그걸 가르쳐준 사람은 미시간 대학교의 동료인 에릭 스완슨Eric Swanson이다. 철학과 언어학 교수이자 뛰어난 카약 선수인 스완슨에 따르면, 혐오 표현을 이해하는 열쇠는 그 표현과 이데올로기의 관계를 알아보는 것이다.[145] 이데올로기란 우리가 세상 또는 세상의 일부와 상호작용하는 방식의 토대가 되는 주장, 개념, 태도들의 긴밀한 결합이다.[146]

이데올로기 중에는 자본주의나 사회주의처럼 경제체제와 관련된 것이 있는가 하면, 자유주의와 보수주의처럼 정치 이념의 차이와 관련된 것도 있다. 한편으로 스포츠("승리는 전부가 아니다. 승리는 유일한 것이다")라든가 연극("쇼는 계속되어야 한다") 같은 특정 활동과 연관된 이데올로기도 있다. 그리고 박해의 수단으로 활용된 인종주의, 성차별주의, 반유대주의 같은 이데올로기도 있다.

이 목록이 보여주듯이 이데올로기라는 개념 자체는 좋은 것도 나쁜 것도 아니다. 사실은 인종차별 반대주의anti-racism라는 것도 세상을 이해하는 데 사용되는 주장, 개념, 태도로 구성된 하나의 이데올로기다(백인 우월주의, 특권, 집단 감금을 생각해보라). 그러나 어떤 이데올로기들은 나쁘다. 미국의 인종차별주의는 노예제, 인종 분리, 폭행 등 수많은 사회악을 낳았다. 피부색이 짙은 사람들을 열등한 사람으로 취급하고 그들을 함부로 대해도 된다고 이야기하는 이데올로기의 뒷받침이 없었다면, 그런 사회악은 상상조차 불가능했을 것이다.

스완슨은 혐오 표현이 이데올로기의 단서를 제공한다고 주장한다. 혐오 표현을 접할 때 사람들은 특정 이데올로기를 떠올리고, 그 이데올로기에 따라 행동할 가능성이 생긴다는 것이다.[147] "유대인이 이 책을 썼다"라고 말하는 것과 "유대 놈이 이 책을 썼다"라고 말하는 것의 차이는, 후자가 반유대주의 이데올로기를 연상시킨다는 것이다. 후자의 표현은 사람들이 반유대주의 이데올로기의 언어로 생각하게 만든다. 즉 유대인들은 더럽고, 돈을 밝히고, 온 세상을 지배하려고 하는 족속이라는 견해를 되새기게 된다. '유대 놈'이라는 단어는 다름 아닌 반유대주의라는 이데올로기 안에서 일정한 역할을 수행하기 때문이다.

'유대 놈'과 같은 혐오 표현을 사용할 때 당신은 그런 주장들을 상기시키는 데서 끝나지 않는다. 당신은 그런 단어를 사용하고 그 이데올로기 안에서 행동해도 괜찮다는 암묵적인 신호를 보내게 된다.[148] 그럴 때 당신은 다른 사람들에게도 반유대주의 관점으로 세상을 바라보라고 권하게 된다. 그런데 이 같은 관점으로 세상을 보는 것은 해로운 일이다. 그런 관점이 홀로코스트와 포그롬pogrom(특정한 소수 민족 집단을 겨냥하는 군중의 약탈이나 학살 행위 - 옮긴이)으로 이어졌고, 지금도 수많은 증오 범죄의 원인이 되고 있다.

어떤 이데올로기들은 금지되어야 한다. 누구도 그런 이데올로기의 단서를 제공해서는 안 된다. 적어도 그런 이데올로기가 용인될 수 있음을 암시하는 방식으로는 안 된다. 그건 절대로 입에 담지 말아야 할 단어들이 있다는 뜻이다.

⌒

정말 훌륭한 이유가 있다면 이야기는 달라진다. 그리고 그런 이유가 있을 때도 있다. 예컨대 특정 이데올로기를 비판하거나 그것에 저항하려면, 그 이데올로기를 암시하지 않을 수 없다. 제임스 볼드윈James Baldwin의 〈다음번에 불이 나면The Fire Next Time〉에 실린, 그가 조카에게 보낸 편지에는 N으로 시작하는 단어가 등장한다.[149] 마틴 루서 킹 주니어Martin Luther King Jr.의 〈버밍햄 감옥에서 보낸 편지Letter from the Birmingham Jail〉,[150] 그리고 《세상과 나 사이Between the World and Me》에 수록된 타네히시 코츠Ta-Nehisi Coates가 아들에게 보낸 편지에도 N으로 시작하는 단어가 나온다.[151] 이 편지들에서 N으로 시작하는 단어는, 그 단어가 대변하는 증오 이데올로기를 현실감 있게 전달하기 위해 사용된 것이다. 만약 직설적으로 말하지 않았다면 메시지는 무뎌졌을 것이다.

확실히 짚고 넘어가야 할 것이 있다. 나는 당신이 혐오 표현에 반영된 인종차별 이데올로기를 비판하거나, 그것에 저항하려는 의도가 있을 때마다 그 혐오 표현을 사용해도 된다고 말하려는 건 아니다. 혐오 표현을 사용할 수 있느냐 없느냐는 당신이 누구냐에 따라서도 달라진다.

어떤 사람들은 그게 이상하다고 생각하겠지만 사실은 이상하지 않다. 유대인인 나는 '유대 놈'이라는 말을 입에 담을 수 있다. 내가 그 말을 할 때 나는 반유대주의 이데올로기를 암시하긴 하지만, 어느 누구도 내가 그 이데올로기를 수용한다거나 다른 사람에게 그 이데올로기를 받아들이라고 권한다고 오해하지는 않는다. 비유대인이 '유대 놈'이라는 말을 하는 경우에도 그 이데올로기를 지지하는 건 아닐 테지만, 다른 사람이 그걸 알아차리기는 어려울 수도 있다. 따라서 유대인이 아닌 사람들은 가급적 그 단어를 사용하지 않는 것이 현명한 일이다.

그렇다면 나는 '유대 놈'이라고 말해도 되고 당신은 그렇게 말하면 안 된다는 이야기가 된다. (당신이 유대인이거나, 다른 훌륭한 이유가 있다면 몰라도. 예컨대 반유대주의의 역사를 가르치는 중이라거나.) 물론 내가 '유대 놈'이라는 단어를 말해도 된다고 해서 반드시 그 단어를 말해야 하는 건 아니다. 나의 바람과는 무관하게 그 단어는 반유대주의 이데올로기의 신호를 보내기 때문이다.

가끔 사람들은 애정을 전달하기 위해 혐오 표현을 사용한다. 그럴 때도 같은 원칙이 적용된다. 때로는 박해를 당하는 집단이 의도적으로 혐오 표현을 차용reclamation해서 의미를 바꿔버린다. '퀴어queer'가 가장 성공적인 예다. '퀴어'라는 표현은 한때 그 표적이었던 사람들에게 널리 받아들여지고 심지어는 선호된다. 사람들에게 '퀴어'는 더 이상 동성애 반대 이데올로기의 신호를 보내는 단어가 아니라 그 반대에 가깝다.

혐오 표현을 차용하는 전략에는 한계가 많다. 자기의 여자 친구들을 '년bitch'이라고 부르는 여성들은, 남성들이 똑같은 행동을 할 때와 같은 목표 지점을 마음속에 그리지 않는다. 당분간은 남성들이 그 단어를 사용할 때는 계속 성차별적 이데올로기의 단서를 보내게 될 것이고, 따라서 여성들이 그 단어를 쓸 때도 똑같이 해석될 것이다. 설사 그 정반대 이데올로기에 대한 신호를 같이 보낸다 할지라도. N으로 시작하는 단어도 마찬가지다. 아프리카계 미국인들 사이에서 그 단어는 종종 친근감의 표시로 사용된다. 하지만 아프리카계에 친화적이지 않은 백인들이 듣는 곳에서 그 단어를 말하는 경우에는, 인종차별적 이데올로기의 신호를 보내는 동시에 그 정반대 이데올로기도 함께 암시하게 된다.

그렇다고 차용이 잘못된 행동인 건 아니다. 박해를 당하는 집단이 자신들이 당한 박해와 관련된 단어들을 차용하는 데는 충분한 이유가 있다. 그런 행동은 그 단어들의 힘을 어느 정도 약화시킨다. 그리고 혐오 표현이 종종 애정을 표현하는 호칭으로 바뀌는 것도 우연은 아니다. 어떤 여성이 친한 친구를 '년'이라고 부른다는 사실은 두 사람이 가까운 사이라는 신호에 해당한다. 워낙 가까운 사이라서 단어의 의미를 바꿀 수도 있는 것이다.

차용의 비용이 편익을 능가하는가? 그건 내가 답할 수 있는 질문이 아니다. 나는 박해를 당하는 대부분 집단들의 바깥에 있는 사람이므로, 비용과 편익을 모두 분석할 입장이 아니다. ('유대 놈'이라고 불릴 때는 제외하고. 그 단어는 반유대주의자들이나 쓰라고 하자.) 그건 가장 큰 피해를 보는 사람들에게 던져야 하는 질문이다. 다만 나는 박해를 당하는 집단에서조차 이 질문들을 두고 논쟁이 벌어질 때가 많은 이유를 당신에게 알려주고 싶다.

⌒

어떤 사람들은 백인들도 내가 방금 제시한 것보다 더 자유롭게 N으로 시작하는 단어를 말할 수 있어야 한다고 생각한다. (분명히 말하건대 나는 백인들에게는 그럴 권리가 없거나 거의 없다고 주장한다.) 그들은 앞에서 소개한 '사용/언급'의 차이를 근거로 제시한다. 백인들이 누군가를 겨냥해서 혐오 표현을 사용하는 건 안 되지만, 그 단어를 그냥 언급하는 정도는 괜찮다는 주장이다.

오래전부터 나는 그게 합리적인 기준이라고 생각했고, 지금도 그 기준이 도덕적으로 유의미하다고 생각한다. 혐오 표현을 '사용'할 때 당신은 억압적인 이데올로기를 공개적으로 지지하는 것이다. 그리고 그 혐오 표현이 겨냥하는 사람이 누구든 간에 그를 비하하게 된다. 당신이 혐오 표현을 그냥 '언급'만 할 때는 당신이 그 이데올로기에 찬성하는 것도 아니고, 그 표현이 겨냥하는 사람을 모욕하는 것도 아니다. 그리고 그건 중요한 지점이다. 혐오 표현을 사용하는 건 중대한 잘못이 될 수 있다.* 그 단어를 그냥 언급하는 행위가 중대한 잘못인 경우는 드물다.

하지만 혐오 표현을 언급하는 건 완전히 무해한 행위도 아니다.

---

* 스완슨은 혐오 표현이 도덕적으로 심각한 문제인 이유는 그 표현과 관련된 이데올로기가 입히는 피해 때문이라고 주장한다. 바로 그래서 N으로 시작하는 negro(검둥이)는 백인들을 경멸적으로 부르는 비속어인 honky(흰둥이)나 cracker(남부 무지렁이)보다 더 나쁘고, nerd(괴짜)와 geek(오타쿠)보다 훨씬 더 나쁘다.[152]

그 표현을 언급하기만 해도 그 표현이 상징하는 이데올로기의 단서를 제공하기 때문이다. 물론 혐오 표현을 언급할 어떤 이유가 있을 수도 있다. 극도로 공격적인 혐오 표현이라도 마찬가지다. 앞서 설명한 대로 볼드윈, 킹, 코츠와 같은 사람들이 그 단어를 간접적으로만 언급했다면 의사를 효과적으로 전달하지 못했을 것이다. 훌륭한 이유가 있다면 혐오 표현을 최소한으로 언급하는 건 괜찮다. 하지만 이 문장에서 핵심은 '최소한'이다. 훌륭한 이유는 드물기 때문이다.[153]

스완슨은 백인들이 아주 예외적인 경우를 제외하고는 혐오 표현을 직접 사용하지 않고 'N으로 시작하는 단어'라고 말할 기회를 환영해야 하는 이유를 알려준다. 여기서 중요한 건 백인들이 할 수 없는 행동이 아니라 할 수 있는 행동이다. 그 단어를 간접적으로 언급할 때는 그 단어와 그것이 상징하는 이데올로기에 반대한다는 의견을 아주 명확하게 덧붙여라. 혐오 표현을 직접 언급하지 않고 'N으로 시작하는 단어'라고 말하는 행위는, 그 단어에 반대한다는 신호를 보냄으로써 인종차별주의에 작은 일격을 날린다.*

---

* 적어도 대부분의 경우에는 그렇다. 만약 당신이 'N으로 시작하는 단어'라고 말하더라도 지나치게 과장된 태도를 취하거나 그 표현을 너무 자주 사용한다면, 당신은 인종차별에 반대하는 이데올로기가 아니라 인종차별적 이데올로기의 신호를 보내려고 하는 것처럼 보인다. 즉 당신은 혐오 표현을 간접적으로 언급하더라도 직접적으로 언급할 때와 똑같이 잘못을 저지를 수 있다. 사람 사이의 소통은 원래 복잡하다. 확실하게 선을 긋는 규칙들만 가지고는, 사회적 의미가 변화할 때마다 바뀌는 유의미한 윤리적 경계선들을 포괄할 수 없다.

혐오 표현에 관한 스완슨의 이론은 금기가 아닌 단어들이 때로는 해로울 수 있는 이유를 이해하는 데도 도움이 된다. 언젠가 스완슨이 어린 아들을 돌보고 있는데, 어떤 낯선 사람이 그 광경을 보고 이렇게 말했다고 한다. "아이 엄마를 많이 도와주시는 게 보기 좋네요."[154] 이 말에는 혐오 표현이 들어 있지 않다. 그러나 그 낯선 사람은 '도와주다'라는 단어를 선택함으로써 엄마들에게 돌봄의 일차적 책임을 부여하고, 아빠들은 온전한 부모가 아닌 조력자로 바라보는 이데올로기를 암시했다. 그 낯선 사람은 그 말을 통해 그런 이데올로기에 찬성했고, 미묘한 방법으로 스완슨에게도 그런 식의 시각을 가지라고 종용했다. 분명히 그녀는 친절한 말을 건넨다고 생각했을 것이다. 그리고 그녀는 실제로 친절하게 행동했다. 문제는 그녀의 친절이 스완슨과 그의 배우자를 깎아내리고 있었다는 것이다.

혐오 표현에 관한 스완슨의 이론은 언어에 국한되지 않는다. 스완슨의 이론은 무례하게 행동하려는 의도가 없었는데도, 간혹 우리의 행동이 무례가 되는 이유를 이해하는 데 도움이 된다. 예컨대 남성이 여성을 위해 문을 열어주는 행동은, 남성들은 약하고 유순한 여성들을 도와주는 강인한 기사도적 존재라는 이데올로기를 암시한다. 그 이데올로기 안에서 그 행동은 좋은 의도에서 비롯된 것이다. 그래서 가끔 남성들은 여성들의 반발을 의아하게 여긴다. 하지만 그런 행동에 반발하는 여성들은 평등의 이데올로기에 기초한 다른 종류의 존중을 원한다.

여기에서 얻을 수 있는 보편적인 교훈 하나. 우리의 말과 행동을 결정하는 이데올로기에 주의를 더 많이 기울여야 한다. 좋은 의도에서 나온 행동이라도, 우리가 거부해야 마땅한 이데올로기를 반영하거나 지지하는 경우가 종종 있기 때문이다.

⌒

"혹시 네가 아는 혐오 표현이 있니?" 이 장을 집필하면서 내가 렉스에게 물었다.

"하나 있어. 아빠가 가르쳐줬잖아."

'아뿔싸.' 나는 속으로 탄식했다.

"어떤 거?"

"레드스킨스Redskins(아메리카 원주민을 피부색으로 비하하는 단어로, 오늘날에는 금기어에 속한다 – 옮긴이). 그 미식축구팀을 그렇게 부른다고 했잖아."

나는 마음이 놓였다. 렉스와 그 대화를 나눈 기억이 났다. 우리가 제일 좋아하는 야구팀인 애틀랜타 브레이브스에 관한 대화였다. 그때 나는 렉스에게 브레이브스가 팀 이름을 바꿔야 한다고 이야기했다. 팀의 공식 입장은 아메리카 원주민들을 기리는 의도에서 그런 이름을 지었다는 것이었고(Braves는 아메리카 원주민 전사들을 가리키는 Bravos에서 따온 이름이다 – 옮긴이), 아마 실제로도 그랬을 것이다. 문제는 브레이브스 팀의 의도가 아니라 그 이름이 암시하는 내용이다. 아메리카 원주민들을 야만인으로 바라보는 이데올로기. 브레이브스 팀은 수십 년 동안 그런 이미지를 받아들였다. 게다가 그보다 좋은 이름이 있었다. 나는 팀 이름을 '더 트래픽The Traffic'이라고 지어야 한다고 주장했다.

그때 렉스가 한마디를 더 했다. "그리고《행진하라March》에서 배운 말도 있어."

《행진하라》는 민권운동의 영웅이었다가 나중에 하원의원이 된 존 루이스John Lewis의 일대기를 다룬 그래픽 노블 연작이다. 당신에게 아직 청소년이 안 된 자녀가 있다면 꼭 구입하시라. 아니면 한 권 사서 당신이 봐도 된다. 정말 좋은 작품이다.

"백인들이 흑인들을 부를 때 쓰는 단어 있잖아." 렉스가 말했다.

그러고 나서 렉스는 그 단어를 말했다.

나는 렉스에게 그 말에 관해 알고 있는 걸 이야기해보라고 했다.

렉스는 그 말을 쓰는 건 아주 나쁜 일이라고 했다. 세상에서 제일 나쁜 일인 것 같다고도 말했다.

우리는 왜 그게 그토록 나쁜 일인지에 관해 이야기를 나눴다. 렉스는 이미《행진하라》와 같은 책들을 보면서 역사를 제법 많이 아는 상태였다. 그래서 우리는 그 단어가 왜 해로운지, 그리고 그 단어가 왜 과거의 사건들과 그 사건들에 연관된 온갖 악한 것들을 연상시키는지에 관해 이야기했다. 그러고는 그 단어의 역사에 비추어볼 때 그 단어를 입에 담는 것이 얼마나 무례한 행동인지에 관해 대화했다.

그 모든 이유에서 나는 렉스에게 다시는 그 단어를 말하면 안 된다고 이야기했다.

"미안." 렉스가 걱정스러운 얼굴로 말했다. "난 몰랐어."

"미안해할 필요는 없단다." 내가 말했다. "아빠는 그걸 알려주고 싶었어. 그래서 너한테 물어본 거란다."

2부

나도 내가 어떤 존재인지
모르겠어

6

젠더

남자가 여자보다 느리게 뛰면
창피한 거야?

남자아이들이 여자아이들보다 운동을 잘해야 한다는 통념은,
한 남자아이의 남성성이 그 아이의 운동 능력에 좌우되게 만든다.
어떤 남자아이가 여자아이에게 진다면 그 아이는
남자답지 못하거나 남자도 아닌 걸로 보이기 쉽다.

렉스와 렉스의 친구 제임스는 2학년 때 처음으로 5K 마라톤에 나갔다. 렉스와 제임스는 34분 만에 결승선에 들어왔다. 아홉 살 남자아이들 중에서 9위와 10위. 아이들이 달리는 모습을 보기만 해도 뿌듯했던 우리는 결승선에서 두 아이를 맞이했다.

완주를 축하하는 자리에서 내가 물었다. "너희들 수지가 달리는 걸 봤니?" 2학년 때 렉스, 제임스, 수지는 굉장히 친한 사이였다. 학교 안에서나 밖에서나 항상 붙어 다녔다.

"아니, 수지는 어땠는데?" 렉스가 물었다.

"수지는 1등으로 들어왔단다. 진짜 빠르더라! 25분 만에 들어왔어." 사실은 25분이 조금 안 되는 기록이었다.

"수지는 우리보다 앞에서 출발했어." 렉스가 말했다. 마치 그게 수지가 9분이나 앞서서 결승선에 들어온 이유라도 되는 것처럼.

"수지가 너희보다 한참 앞에서 출발한 것 같지는 않은데." 내가 말했다.

"아니에요, 수지는 저 앞에 있었어요." 제임스가 말했다. "우리가 출발할 때 걔가 안 보였거든요."

"나한테는 보이던데." 내가 대답했다. "그리고 너희들의 번호판에 출발 시간을 기록하는 칩이 붙어 있었단다. 그래서 누가 먼저 출발하는지는 중요하지 않아."

"나도 알아." 렉스가 말했다. "하지만 우린 아이들 속에 갇혀 있었어."

"9분 동안이나?" 내가 물었다.

"우리는 최고로 빠르게 달리진 않았거든요." 제임스가 도전적으로 말했다.

"맞아." 렉스가 맞장구를 쳤다. "우리는 천천히 달렸어."

"그래, 그래." 나는 두 아이가 수지의 좋은 성적에 기뻐해주지 않는 것이 못마땅했다. "그렇지만 너희가 최대한 빨리 달렸더라도 수지를 따라잡진 못했을 거야. 걔는 정말 빨랐거든."

⌒

렉스와 제임스는 왜 변명을 했을까? 여자아이에게 졌기 때문이다. 남자아이들은 여자아이들에게 져서는 안 된다고 생각한다. 이건 여자아이들에게 불리하다. 그리고 남자아이들에게도 똑같이 불리하다. 사실 그게 여자아이들에게 불리한 이유 중 하나는, 그게 남자아이들에게 불리하기 때문이다.

남자아이들이 여자아이들보다 운동을 잘해야 한다는 생각이 여자아이들에게 불리한 이유는 명백하다. 이런 생각은 여자아이들이 선천적으로 운동에 소질이 없다는 통념을 반영한다. 그런 통념은 오랫동안 여자아이들을 운동에서 배제하는 것을 정당화했다. '남자아이들이 운동을 더 잘할 것이다'라는 온건한 가정도 여자아이들의 기회를 제약하기는 마찬가지다. 만약 사람들이 여자아이들이 운동을 잘하리라고 기대하지 않는다면, 여자아이들은 격려를 덜 받을 것이고 운동경기에 나갈 기회도 적게 얻는다. 그래서 그 가정은 일종의 자기 충족적 예언이 된다. 결과적으로 남자아이들이 스포츠에서 더 나은 성적을 거둔다. 남자아이들이 선천적으로 운동을 잘해서가 아니라, 우리가 남자아이들의 운동 능력에 더 많은 투자를 하기 때문이다.

그게 남자아이들에게는 왜 나쁜가? 남자아이들이 여자아이들보다 운동을 잘해야 한다는 통념은, 한 남자아이의 남성성이 그 아이의 운동 능력에 좌우되게 만든다. 어떤 남자아이가 여자아이에게 진다면 그 아이는 남자답지 못하거나 남자도 아닌 걸로 보이기 쉽다. 그리고 그 남자아이는 그런 메시지를 깊이 각인해서 자기 자신을 어딘가 모자란 존재로 바라보게 된다.

그건 남자아이들에게 좋지 않은 일이다. 그리고 여자아이들에게도 좋지 않은 일이 된다. 왜냐하면 남자아이들은 자신들의 남성성을 방어해야 한다는 압박을 느끼기 때문이다. 때때로 남자아이들은 여자아이들에게 질 위험을 아예 없애기 위해 여자아이들을 배제한다. 아니면 자신들이 우월하다는 사고방식을 유지하기 위해 여자아이들의 성과를 폄하한다. 5K 마라톤에서 렉스와 제임스가 했던 행동이 바로 그것이었다. 두 아이는 수지의 성과를 깎아내림으로써 그게 자신들에게 위협이 되지 않게 하려고 했다.

아이들을 비난하지는 말라. 그 아이들이 이 시스템을 만든 건 아니니까. 또한 아이들이 시스템 안에서 자기들의 위치를 지키려고 하긴 했지만, 그 위치를 특권이라고 하기는 어렵다. 그건 수많은 남자아이들이 충족하지 못하는(혹은 충족하기를 원치 않는) 기준을 충족해야 한다는 압박이다. 실패는 단순히 여자아이들이 점유하고 있는 자리, 특권이 없는 자리로 떨어지는 데서 끝나지 않는다. 남자아이로서 기준에 미달하는 아이는 여자아이로서도 환영받지 못한다. 그 아이는 남자아이들과 여자아이들 양쪽에서 전혀 환영받지 못한다.

⌒

나에게 이런 문제는 단순한 이론이 아니다. 어릴 때 나는 반에서 가장 작은 남자아이였는데, 스포츠에서는 그게 심각한 문제가 된다. 내가 불굴의 의지와 인내와 탁월한 신체 조정 능력으로 약점을 보완했……고 말하고 싶지만, 현실의 나는 〈토이 스토리〉에 나오는 '포테이토 헤드'의 여러 부분들을 마구잡이로 섞어놓은 듯이 움직인다.

적어도 내가 어떤 운동에 도전할 때마다 나의 움직임은 그랬다. 나는 몸놀림이 어설프지는 않다. 균형 감각과 반사 신경도 좋은 편이다. 몸매도 이만하면 괜찮다. 그런데 내 머리가 몸을 온전히 통제하지 못한다. 마치 인형극에 나오는 인형들의 줄이 서로 엉켜서 모든 동작이 조금씩 이상해진 것과도 같다. 내가 그걸 해결해보려고 애를 쓰면 쓸수록 줄은 더 심하게 엉킨다.

나는 어린 시절 내내 남자아이로 인정받을 수 있는 운동 실력의 경계선에 위태롭게 서 있었다. 누군가가 편을 나누자고 제안할 때마다 나는 불안에 사로잡혔다. 편을 가르게 되면 실력에 따라 냉정하게 순위가 매겨질 테니까. (정말이다. NBA 선수 선발은 여덟 살 아이들에게 맡겨야 한다.)

어느 해 여름, 어머니가 일주일 동안 진행되는 스포츠 캠프에 나를 보냈다. 그것까지는 괜찮았다. 나는 운동을 좋아했으니까. 다만 나는 운동을 잘하지는 못했다. 캠프 마지막 날 교사들은 우리를 두 팀으로 나눠서 종일 시합을 시켰다. 나는 점심시간에 두 명의 교사가 아이들을 어떻게 나눌지 의논하는 것을 들었다.

"스콧을 고르셨다고요?" 교사 한 명이 말했다. 마치 그게 자기 몸에 불을 붙이는 것보다 조금 더 나쁜 선택이라는 듯한 말투였다.

"스콧이랑 [이름 삭제함]밖에 안 남아 있었거든요." [이름 삭제함]은 그 캠프의 유일한 여자아이였다. 그 아이는 수지와는 달랐다. 그 아이는 나보다 덩치가 크고 힘도 셌지만 대부분의 운동을 처음 접했다. 운동신경이 특별히 뛰어나지도 않았다.

"고민 많이 하셨겠네요." 다른 교사가 말했다.

"그래도 남자아이가 낫겠다고 생각했죠. 뭔가 다를 테니까요."

와! 와! 나의 특권을 확인하는 순간이었다. 하지만 그 여자아이의 특권도 짚어보자. 스포츠 캠프에 여자아이가 혼자 참가한 것만 해도 쉽지 않았을 것이다. 그리고 자기가 가장 나중에 선택된 걸 알았다면, 그 아이도 틀림없이 상처를 받았을 것이다. 그렇다고 [이름 삭제함]의 여성성이 위협당하지는 않았다. 그 여자아이가 못 따라오는 것에 대해 아무도 놀리지 않았고, 그것 때문에 그 아이가 여자답지 못하다는 식의 이야기를 하지도 않았다. 여자아이는 반드시 스포츠를 잘하지 않아도 되니까. 스포츠 캠프에서도.*

남자아이들은 스포츠를 잘해야 한다. 나는 그렇지 못했지만, 캠프 교사는 그래도 나를 남자아이로 취급해줬다. 나는 감사한 마음이었다. 아무도 그 교사의 말을 듣지 못했다는 데 감사했다. 다른 아이들이 들었더라면 그만큼의 친절도 베풀지 않았을 테니까.

～

렉스는 그 5K 마라톤에 관한 대화를 나와 조금 다르게 기억한다. 그렇다면 렉스가 어떤 기억을 가지고 있는지도 들어봐야 한다.

"그때 일은 그런 게 아니었거든." 나의 기억을 이야기하자 렉스는 이렇게 항변했다.

"너는 어떻게 기억하는데?"

"마라톤이 끝나고 나서 아빠가 우리를 놀리기 시작했어. 수지가 더 빨랐다면서 말이야."

"아빠가 정말로 수지에게 졌다고 너희를 놀렸을 거라고 생각하니?" 내가 물었다.

"음…… 그때는 그렇게 들렸는데."

확실히 해두자. 나는 우리 아들이 여자아이에게 졌다고 해서 놀릴

---

* 지금 나는 여자아이들도 스포츠를 잘해야 한다는 압박을 받아야 한다고 말하려는 게 아니다. 물론 여자아이들도 어떤 상황에서는 스포츠에 대한 부담을 느낀다. 남자아이들과의 차이라면, 어떤 여자아이가 운동을 못한다고 해서 사람들이 그 아이의 여성성을 의심하지는 않는다는 것이다. 사실 여자아이들에게는 정반대의 문제가 종종 생긴다. 여자아이가 운동을 잘하면 사람들이 그 아이의 여성성을 의심한다. 나는 어린아이들에게서는 그런 모습을 발견하지 못했다. 하지만 청소년기에 이르면 그게 문제가 되고, 여자아이들이 스포츠를 잘하면 사태는 악화된다.[155]

사람이 절대 아니다. (방금 설명한 대로 나 자신이 이 문제에 민감하게 반응한다.)

렉스가 왜 내 말을 그런 식으로 받아들였는지는 알 것 같다. 수지가 얼마나 잘 달렸는지를 언급하는 것만으로도 렉스의 불안감을 부추기기에 충분했다. 그리고 그때 나는 렉스가 수지의 성과를 기뻐해주는 게 중요하다고 생각했기 때문에 그 이야기를 계속했다.

우리는 그 일에 관해 대화를 나눴다. 나는 이 책에서 그 이야기를 꺼낸 것과 똑같은 방법으로 대화를 시작했다.

"남자아이들은 여자아이들에게 지면 안 된다고 배운단다."

"아무도 우리한테 그런 걸 가르치진 않았는데." 렉스가 말했다.

"정말 그렇게 생각하니?"

"음…… 어른들이 그런 말을 하지는 않아."[156] 렉스가 신중하게 대답했다. "그래도 우리는 그렇게 생각하게 되는 것 같아."

"너희는 왜 그렇게 생각하게 될까?"

"잘 모르겠어." 렉스가 말했다. "여자아이가 남자아이를 이겼을 때 사람들이 보이는 반응 때문 아닐까? 그리고 팀을 짤 때도 그렇고. 그냥 다들 남자아이가 더 잘해야 한다고 생각하는 것 같아."

"실제로 남자아이들이 더 잘하니?"

"아니." 렉스가 주저 없이 대답했다. "어떤 여자아이들은 축구를 진짜 잘해."

"남자아이들이 여자아이들에게 지면 아이들이 놀리니?"

"응." 렉스가 대답했다. "나랑 친한 애들은 웬만해서는 누구를 놀리지 않아. 하지만 어떤 남자아이들은 그런 애들을 놀려."

"여자아이들은 어때?"

"남자아이가 여자아이한테 지면, 여자아이들도 그 남자아이를 놀릴걸."

　　　　　　　　　　⌒

성차별은 참 복잡하다.

성차별은 대개 여성과 여자아이들에게 나쁘다. 또한 성차별은 남성과 남자아이들에게도 나쁠 수 있다. 우리는 여자아이들을 도우려면 남자아이들도 같이 도와야 한다. 종종 남자아이들이 위협당한다고 느낄 때 힘들어지는 건 여자아이들이기 때문이다.

성차별은 단지 남자아이들이 여자아이들에게 하는 것만이 아니다. 여자아이들이 남자아이들에게 성차별을 하기도 한다. 그리고 여자아이들이 여자아이들에게, 남자아이들이 남자아이들에게 성차별을 하기도 한다. 우리는 모두 성차별에 동참하고 있다. 우리 모두 성고정관념에 의해 결정된 역할에 깊이 몸을 담그고 있기 때문이다. 그리고 우리 모두 그 역할에 순응해야 한다는 압력을 느끼기 때문에 우리 모두 성차별로 고통받는다.

역할에 관해서는 나중에 다시 이야기할 것이다. 우선은 5K 마라톤 이야기를 조금 더 하자.

수지가 1등을 했다는 이야기는 앞에서 했다. 그런데 블레이크도 1등을 했다. 비록 수지가 블레이크보다 1분 가까이 빨리 들어왔지만 말이다.

잠깐만, 이게 무슨 말인가? 두 번째로 들어왔는데 어떻게 1등을 할 수가 있지?

답. 블레이크는 남자아이다. 그리고 5K 마라톤은 남녀의 등수를 따로 매겼다. 아이들 모두가 같이 달렸지만, 실제로는 두 개의 경기가 진행되고 있었다. 하나는 여자부, 하나는 남자부.

그러면 여기서 나오는 질문. 우리는 왜 스포츠 경기를 남녀 따로 진행하는가? 수지에게는 도움이 필요하지 않았다. 수지는 반에서 가장 빠른 여자아이였다. 또한 수지는 반 전체에서 가장 빠른 아이기도 했다. 그러면 우리는 이런 질문을 던져볼 수 있다. 블레이크에게도 1등 메달을 주는 게 바람직한 일이었을까? 2등 메달을 쳤더라면 블레이크와 다른 모든 남자아이들에게 교훈이 됐을지도 모른다. 여자아이가 남자아이들과 경쟁해도 시상대의 맨 위에 설 수 있다는 교훈.

그건 상당히 가치 있는 교훈인 것 같다. 그리고 만약 5K 마라톤이 남녀 따로 진행되지 않았다면, 남자아이들은 이듬해에도 교훈을 얻었을 것이다. 수지는 가장 빠른 남자아이를 무려 2분이나 앞질러서 격차를 두 배로 벌렸다. 그리고 그 남자아이보다 빨리 달린 여자아이가 하나 더 있었다. 그 남자아이는 세 번째로 결승선에 도착했다. 그런데도 그 남자아이는 1등이 되어 집으로 돌아갔다. 적어도 그 경기에서는 확실히 열세인 성性 중에 1등이었다.

⌒

그렇다면 5K 마라톤은 왜 성별을 분리해서 진행했을까? 사실 나는 꼭 그래야 했다고는 생각하지 않는다. 나는 렉스와 수지만큼 어린 남자아이들과 여자아이들이 서로 경쟁하면 안 될 이유를 모르겠다. 솔직히 말하자면 여자아이들이 운동에서 남자아이들과 똑같이 우수하거나, 더 우수할 수도 있다는 사실을 확인하는 것이 남녀 모두에게 좋다고 생각한다.

하지만 그런 접근법은 유통기한이 짧다. 몇 년만 지나면 남자아이들이 수지를 추월하기 시작할 것이다. 우리 아이들은 아니다. 대부분의 남자아이들은 그렇지 못할 것이다. 그래도 어떤 남자아이들은 수지보다 빨라질 것이다. 적어도 대다수 스포츠에서는 남성들 운동 능력의 최고치가 여성들의 최고치를 다소 능가하기 때문이다.

최상위 수준으로 가면 성별에 따른 차이가 뚜렷해진다. 100미터 단거리경주를 예로 들어보자. 플로렌스 그리피스 조이너Florence Griffith Joyner는 10.49초라는 여성 세계신기록을 보유하고 있다.* 그건 어마어마하게 빠른 기록이다. 그런데도 우사인 볼트Usain Bolt가 9.58초로 남성 세계신기록을 세웠을 때보다 1초 가까이 느리다.

남녀의 기록 전반을 비교하자면, 플로렌스 조이너와 동일한 속도로 달린 남자 선수는 남성 최상위 선수들 사이에서는 느린 편이라서 2019년 마라톤 시즌 기준으로 801위를 기록했을 것이다.[157] 그 남자 선수는 고등학생 선수들 사이에서도 그다지 두드러지지 않을 것이다. 2019년의 경우 만 18세 미만 남자 선수들 중 12명 이상이 세계에서 가장 빠른 여자 선수보다 빨리 달렸다.[158]

---

* 그 기록은 논란의 여지가 있다. 그날 경기가 열린 시각에 풍속계가 고장 나 있었던 것으로 짐작되기 때문이다. 풍속계에는 바람이 전혀 잡히지 않았지만, 나중에 조사한 바에 따르면 그 시점의 풍속이 허용치를 한참 초과했다고 한다. 만약 그 경기 기록을 삭제한다 해도, 플로렌스 조이너는 10.49초보다 약간 느린 10.61초라는 세계신기록을 보유하게 된다.[159]

성인이 된 후에도 여성들이 남성들과의 경쟁에서 줄곧 이기는 스포츠 종목들도 분명 있다. 잠시 후에 우리는 그런 종목 몇 가지를 살펴보려고 한다. 다만 현재로서는 그런 종목이 많지 않기에, 스포츠 경기의 성별을 분리하지 않을 경우 여성들은 중요한 대회에서 우승을 거의 못 할 것이다. 아니면 대회장에 여성들의 모습이 좀처럼 보이지 않을 수도 있다. 여성들은 본선에 진출하지 못하는 경우가 많을 것이기 때문이다.

"그래서 어쨌다는 거지?" 당신은 이렇게 묻고 있을지도 모른다.

그건 어리석은 질문이 아니다. 엘리트 스포츠에서 배제되는 사람은 한둘이 아니다. 실력은 뛰어나지만 키가 너무 작아서 NBA에서 뛰지 못하는 농구 선수들도 있다. 실력이 우수한 미식축구 선수들이 체구가 작아서 NFL에 진출하지 못할 수도 있다. 실력은 출중하지만 속도가 느려서 프리미어 리그에 나가지 못하는 축구 선수들도 있다.

어떤 스포츠에는 이런 문제를 해결하는 방편이 있다. 우리 할머니의 막내 남동생은 1930년대에 복싱 선수로 활약했다. 그분은 베니 "아이리시" 코언Benny "Irish" Cohen이라는 이름으로 선수 생활을 했다. 그분은 아일랜드인이 아니었지만 그분의 매니저가 아일랜드인이었다. 그리고 아이리시 코언이라는 이름은 이중으로 아일랜드를 연상시켰다(Cohen은 아일랜드인들의 대표적인 성이다 – 옮긴이).

베니는 훌륭한 복싱 선수였다. 전성기 시절 그는 자기 체급에서 세계 랭킹 3위까지 올라갔다.[160]

생각해보라. 베니는 밴텀급에서 싸웠다. 베니의 키는 157센티미터였고 몸무게는 53.5킬로그램이었다. 지금의 나라면 그를 내려다볼 수 있을 것이다. 이건 내가 한 번도 말해본 적 없는 문장이다. (복싱에서 나는 슈퍼 라이트급이다. 내게 딱 맞는 명칭이다.) 만약 베니가 헤비급 선수와 함께 링에 들어갔다면 그는 살아남지 못했을지도 모른다. 다행히 복싱은 선수들을 체중별로 분류해서, 베니 같은 선수들도 좋은 성적을 거둘 수 있도록 한다.

복싱이라는 스포츠는 그것 때문에 더 좋은 스포츠가 됐다. 체구가 작은 선수들을 지켜보면 나름대로 재미가 있다. 체구가 작은 선수들은 체구가 큰 선수들보다 동작이 빠르고, 어떤 작은 선수들은 기술이 뛰어나다. 복싱 팬들은 P4P_{pound-for-pound} 랭킹에서 누가 최고인지를 두고 논쟁을 벌인다. P4P 랭킹이라는 명칭은, 어떤 체급에서 최고인 선수가 위 체급으로 가면 승리하지 못할 수도 있다는 뜻을 담고 있다. 실제로 많은 사람들은 슈거 레이 로빈슨_{Sugar Ray Robinson}을 최고의 P4P 랭킹 선수로 간주한다. 로빈슨은 웰터급에서 활약하다가(67킬로그램) 미들급으로 옮겼다(73킬로그램). 무하마드 알리_{Muhammad Ali} 같은 최고의 헤비급 선수들과 맞붙었다면 로빈슨은 무참히 깨졌을 것이다. 체급이 달랐기에 로빈슨은 복싱의 기준을 정한 선수가 될 수 있었다.

어떤 사람들은 비슷한 논리로 성별 분리에 찬성한다. 만약 윔블던 선수권대회에서 남성과 여성의 시합이 따로 치러지지 않았다면, 우리는 윌리엄스 자매의 탁월한 경기를 구경하지 못했을 것이다.

그건 나의 의견이 아니다. 세계적으로 유명한 테니스 선수 세리나 윌리엄스_{Serena Williams}의 의견이다. 앤디 머리_{Andy Murray}와 시범 경기를 하면 어떻겠느냐는 질문을 받았을 때 윌리엄스는 이렇게 답했다. "제가 보기에 남성 테니스와 여성 테니스는 완전히 다릅니다. 거의 별개의 종목이에요. 제가 앤디 머리와 시합을 한다면 5~6분 안에, 어쩌면 10분 안에…… 6 대 0으로 지겠죠. 남자들은 훨씬 빠르고 서브가 강하고 리시브도 강해요. 게임 자체가 완전히 달라요."[161]

물론 다르다는 것이 열등하다는 뜻은 아니다. 어떤 스포츠는 여성 경기가 남성 경기보다 낫다고 볼 수도 있다. 어떤 농구 팬들은 남성들의 NBA보다 여성들의 WNBA를 더 많이 시청한다. 여성 선수들은 다양한 기술을 구사하기 때문이다. 그들은 개개인의 운동 역량에 덜 의존하고, 팀으로서 잘 협력하며, 세트플레이와 전술적 방어를 보여준다.[162] 실제로 어떤 사람들은 WNBA가 옛날 농구를 복원했다고도 이야기한다. 그리고 그들은 슈퍼스타 위주로 진행되는 오늘날의 NBA 경기보다 WNBA 경기를 더 즐겨 본다. (참고. 최근에 렉스는 왜 NBA는 MNBA라고 불리지 않느냐고 물었다. 일리가 있는 말이다.)

다양한 운동선수들을 발굴하고 개성 있는 경기 스타일을 발견할 수 있다는 건 성별이 분리된 스포츠의 장점임이 틀림없다. 그러나 그 장점이 전부는 아니고 가장 중요한 부분도 아니다. 첫째, 그런 이점은 반드시 성별 분리를 통해서가 아니라 다른 형태로도 획득할 수 있다. 복싱이 그 증거다. 우리가 그런 접근법을 모방할 수도 있다. 농구에 신장별로 체급을 만들고, 축구 선수들을 속도별로 나누고, 테니스에서는 근력에 따라 체급을 나눈다고 치자. 스포츠를 분리할 때마다 우리는 새로운 운동선수들과 새로운 경기 방식을 발견할지도 모른다. 그러나 키 작은 사람들끼리 하는 농구를 보고 싶다고 외치는 사람은 없다. 그런 경기는 분명히 재미있을 텐데도.

성별 분리를 이런 식으로 설명할 때의 문제점은 또 있다. 이런 주장은 모든 스포츠에 적용되지는 않는다. 최상위급 남자 농구 선수들과 여자 농구 선수들은 경기하는 스타일이 서로 다르다. 반면 달리기에서는 성별 분리를 한다고 해서, 서로 다른 경기 방식이 눈에 띄지 않는다. 누가 달리든 빠른 건 빠른 거다.* 만약 그 5K 마라톤이 남녀 따로 치러지지 않았다면, 수지가 남자아이들에게 바로 그런 사실을 가르쳐줄 수 있었을 것이다.

결국 스포츠의 성별 분리는 평등과 관련이 있다는 생각이 든다. 키 작은 사람들끼리 하는 농구가 개개인의 실력보다 팀워크에 더 많이 의존하더라도, 아무도 그런 경기를 보고 싶다고 외치지 않는다는 건 우연이 아니다. 키 작은 사람들의 농구 경기를 보는 것은 여성들이 농구 경기에 참여하는 것만큼 중요하다고 느껴지지 않는다.

⌒

그러면 여성들이 농구 경기에 참여하는 건 왜 중요한가? 이 질문에 답하기 위해, 스포츠가 중요한 이유를 먼저 생각해보자. 제인 잉글리시Jane English는 철학자이자 뛰어난 아마추어 운동선수였다. 그녀는 불행히도 젊은 시절에(만 31세) 마터호른 산을 오르다가 목숨을 잃었다.[163] 그녀는 사망하기 직전에 〈스포츠의 성 평등〉이라는 논문

---

* 남성과 여성이 달릴 때 생체역학적 차이가 있긴 하지만, 그런 차이는 전문가의 눈에나 보인다. 그리고 우리가 여자 선수들이 달리는 모습을 보기를 원하는 이유는 그들의 생체역학이 남자 선수들의 생체역학과 달라서가 아니다.[164]

을 발표했다.[165]

잉글리시의 주장에 따르면 우리가 스포츠에 참가할 때의 이점은 두 가지로 정리된다. 첫 번째는 건강, 자존감, 그리고 "그냥 순수한 재미" 등의 기본적 이점basic benefits이다.[166] 잉글리시는 우리 모두가 스포츠의 기본적 이점을 누릴 권리를 가지고 있다고 주장했다. 그녀는 월터라는 소년이 마틸다라는 소녀보다 레슬링을 잘한다고 가정했다. 그리고 월터의 실력이 더 우수하다고 해서 "건강, 자존감, 그리고 재미를 위해 레슬링에 참여할 기회를 마틸다에게도 동등하게 주지 못할 이유는 없다"고 주장했다.[167] 오히려 월터가 실력이 더 좋다는 이유만으로 마틸다의 참여 의욕을 떨어뜨리는 것은 불공정한 일이라고 잉글리시는 지적했다.

잉글리시는 오락적 스포츠는 "연령, 성별, 소득수준, 능력과 무관하게 모든 사람이 즐길 수 있도록" 해야 한다고 주장한다. 그래야 모든 사람이 스포츠의 기본적 이점을 누릴 수 있기 때문이다.[168] 잉글리시는 자신의 주장을 실천하며 살았다. 그녀는 열성적인 수영 선수, 육상 선수, 테니스 선수였다. 세상을 떠나기 몇 달 전에는 지역 육상 대회에서 해당 연령의 10K 경기 신기록을 수립했다.[169]

그 기록을 수립함으로써 잉글리시는 스포츠의 희소한 이점scarce benefits 중 하나를 획득했다. 스포츠의 희소한 이점이란 명성, 돈, 그리고 1등 같은 것들이다. 잉글리시의 주장에 따르면 우리 모두가 경기에서 1등이 되는 건 당연히 불가능하며, 우리 모두가 팬들에게 편지를 받는 입장이 될 수도 없다.[170] 희소한 이점을 획득하려면 실력이 중요하다.

그리고 평등도 중요하다. 실제로 잉글리시는 스포츠를 통해 명성과 재산을 획득할 기회는 남성과 여성에게 동등하게 주어져야 한다고 제안했다.

잉글리시는 어느 여성 선수 개인이 명성이나 재산에 대한 권리를 가지지는 않는다고 주장한다. 심지어 그 여성이 우승할 가능성이 있는 경기에 대한 권리도 갖지 못한다고 지적한다. 스포츠의 희소한 이점들을 동등하게 보장받을 권리는 여성이라는 집단 전체에 주어진다. 여성들이 스포츠에서 눈에 띄는 역할을 수행하는 것이 중요하기 때문이다.[171]

왜 그럴까? 또 한 사람의 철학자가 그 질문에 가장 좋은 대답을 내놓았다. 그 철학자도 운동을 잘하는 사람이다. 앤절라 슈나이더Angela Schneider는 1984년 하계 올림픽에 캐나다 국가 대표 조정 선수로 참가해, 4인승 종목에서 은메달을 획득했다.[172] 조정 선수로서 은퇴한 후 슈나이더는 스포츠 철학자가 됐다. 그건 세상에서 가장 멋진 직업이다. 슈나이더는 약물 남용, 아마추어리즘, 스포츠와 도박의 관계와 같은 주제들에 대해 글을 쓴다.

슈나이더가 지적한 대로 우리는 뿌리 깊은 불평등 사회에 살고 있다. 여성들은 "시스템 안에서 힘 있는 자리와 대중의 관심을 얻지 못한다".[173] 그리고 여성들의 "재능과 성과"는 종종 "인정받지 못하고 언급되지 않는다".[174]

스포츠는 이 문제가 두드러지게 나타나는 영역이다. 현대사회에서 우리는 운동선수들을 다른 누구보다 찬양하지만, 몇몇 종목에만 관심을 기울인다. 그 종목들의 대부분은 남성의 신체에 특혜를 부여한다. 이러한 현상은 적어도 두 가지 측면에서 문제가 된다.

첫째, 대표성이 중요하다. 여자아이들은 여성이 스포츠에서 두각

을 나타내는 모습을 볼 필요가 있다. 그러지 못하면, 그들은 스포츠
는 자신들에게 맞는 활동이 아니라고 생각해버릴지도 모른다. 그러
면 그들은 스포츠의 기본적 이점들을 놓치게 된다.

둘째, 우리 사회는 스포츠에서 높은 성과를 내는 사람들에게 막대
한 힘과 영향력을 부여한다. 전설적인 농구 선수 마이클 조던Michael
Jordan은 큰돈을 벌어 NBA 팀을 하나 인수했다. 최근 그는 인종차별
과 싸우기 위해 1억 달러를 내놓겠다고 약속했다.[175] 미식축구 선수
콜린 캐퍼닉Colin Kaepernick도 인종차별과의 싸움에 동참했다. 그는 애
국가가 울려 퍼지는 동안 무릎을 꿇는 단순한 동작으로, 경찰의 과
잉 진압에 항의하는 운동에 힘을 실었다. 그는 다른 누구도 할 수 없
는 방법으로 그 문제에 주의를 환기시킨 셈이다. 그는 일요일마다
NFL 촬영기사들의 주의를 집중시키는 사람이기 때문이다. 그리고
사회의 변화를 위해 노력하는 운동선수들은 캐퍼닉과 조던만이 아
니다. 무하마드 알리, 매직 존슨Magic Johnson, 그레그 루가니스Greg Lou-
ganis, 제시 오언스Jesse Owens, 재키 로빈슨Jackie Robinson. 사람들의 태도
를 변화시킨 운동선수들의 목록은 아주 길다.

성별 분리 덕분에 이 목록에는 여성들도 여러 명 포함된다. 요즘
에는 세리나 윌리엄스, 메건 러피노Megan Rapinoe, 마야 무어Maya Moore
가 눈에 띈다. 그들 이전에는 베이브 디드릭슨 자하리아스Babe Didrik-
son Zaharias, 마르티나 나브라틸로바Martina Navratilova, 빌리 진 킹Billie Jean
King이 있었다.

이 목록만으로도 스포츠의 성별 분리를 지지하는 강력한 논거가
된다. 이 여성들, 그리고 이들을 비롯한 수많은 여자 운동선수들이
우리에게 영감을 주지 못했다면 세상은 지금보다 더 나빴을 것이다.

성별 분리는 여자아이들에게는 당연히 필요하다. 또한 나머지 사람들을 위해서도 성별 분리가 필요하다.

우리는 단지 누가 제일 빨리 달리는지 또는 누가 제일 높이 뛰는지를 알아보려고 스포츠를 관람하지 않는다. 슈나이더의 말처럼 스포츠는 "우리가 어떤 존재인지, 그리고 우리의 능력이 어디까지인지에 관한 우리 자신의 생각을 정의하고 결정한다".[176] 우리가 운동선수들을 추켜세우면 그 대가로 그들도 우리를 추켜올린다. 운동선수들은 끈기와 단호함과 인내를 몸소 보여준다. 그들은 역경 속에서 싸운다. 그들은 성공한다. 그리고 실패한다. 우아한 모습을 보여줄 때도 있고, 별로 우아하지 못할 때도 있다. 우리는 스포츠를 보면서 그걸 배운다. 그래서 우리는 남자 선수들만이 아니라 여자 선수들도 볼 수 있어야 한다.

⌒

슈나이더는 스포츠의 성별 분리를 옹호하지만, 만약 세상이 진짜로 평등하다면 성별 분리는 불필요할 거라고 생각한다. 세상이 진짜로 평등하다면 남성과 여성은 모든 스포츠에서 서로 경쟁할 수 있고 양쪽 다 우수한 성과를 거둘 것이다.[177]

남녀가 함께 겨루기 위해서는 남자아이들과 여자아이들이 스포츠에 참여하라는 격려를 똑같이 받아야 한다. 운동선수로 생활하는 동안에도 남녀가 동등한 지원을 받아야 한다. 그리고 스포츠의 범위가 넓어져서 여성들의 운동 잠재력을 충분히 실현할 수 있어야 한다.

지금도 어떤 스포츠 종목들은 여성들의 신체에 특혜를 부여한다.

여자 기계체조가 대표적인 예일 것이다. 남자 기계체조에는 평행봉이 없지만, 만약 남자들도 평행봉을 한다면 '체조 요정'으로 불리는 시몬 바일스Simone Biles가 그들과 겨뤄 대승을 거둘 가능성이 높다. 평행봉은 구조적으로 무게중심이 낮은 곳에 위치하는 사람이 유리하기 때문이다.[178]

남자들과 겨뤄서 이길 수 있는 여성은 바일스만이 아니다. 피오나 콜빙거Fiona Kolbinger라는 이름을 들어본 적이 있는가? 2019년 콜빙거는 자전거로 유럽 대륙을 가로질러 3500킬로미터가 넘는 거리를 달려야 하는 대륙횡단 레이스Transcontinental Race에 참가했다. 대륙횡단 레이스는 육체적으로 무척 힘들다. 경기가 일주일 이상 지속되는 동안 선수들은 누구의 도움도 받지 못하고 전적으로 혼자 지낸다. 그리고 시계는 멈추지 않으므로 언제, 어디서 잠을 자고 음식을 먹을지도 전략적으로 정해야 한다. 콜빙거는 어떻게 됐을까? 그녀는 대륙횡단 레이스에서 당당히 우승을 차지했다. 2위로 들어온 남자 선수와 열 시간 넘게 차이가 났다.[179]

재스민 패리스Jasmin Paris는 더욱 인상적이다. 그녀는 장거리 산악 마라톤인 '몬테인 스파인 레이스Montane Spine Race'에서 26마일(약 42킬로미터)을 83시간 만에 완주하며 신기록을 세웠다. 그녀는 유선염 발병을 막기 위해 경기 도중에 수시로 멈추고 모유 유축을 했다. 그런데도 그전까지 그 마라톤에 참가했던 어떤 남성들보다도 12시간이나 빨리 결승점에 들어왔다.[180]

콜빙거와 패리스가 누구나 아는 이름이 아니라는 사실이야말로 불공정의 증거다. 슈나이더의 말처럼 여성들의 성과는 쉽게 무시당한다. 그러나 그들의 승리는 여성들의 운동 잠재력이 남성들의 운동

잠재력보다 작지 않다는 증거가 된다. 여성들은 다른 종류의 잠재력을 가지고 있을 뿐이다.

남자들은 여자들보다 빨리 달린다. 그런데 사흘 연속으로 달리기를 시키면 이야기는 달라진다. 삼 일째가 되면 재스민 패리스가 그들을 앞지른다.

⌒

우리 아이들은 여성 스포츠를 무척 좋아한다. 그건 여성 스포츠가 스포츠라서 그렇다. 점수표나 시계만 주면 아이들은 어떤 경기든 기꺼이 시청한다.

그리고 우리 아이들이 열광하는 선수들 중 일부는 여자 선수들이다. 여자 월드컵 기간에 우리는 아동 사이즈의 러피노(메건 러피노는 미국의 뛰어난 여자 축구 선수 이름이다 – 옮긴이) 유니폼을 찾는 일에 상당히 많은 시간을 들였다. 그때 우리는 여행 중이었으므로, 그 경기들을 시청하기 위해 텔레비전이 있는 곳을 정말 열심히 찾아다녔다.

그중 한 경기를 보다가 렉스가 질문을 던졌다. 내가 당신에게 방금 들려준 이야기를 복잡하게 만드는 질문이다.

"트랜스젠더 여성도 여자 축구를 할 수 있어?"

"규칙이 어떻게 되는지 잘 모르겠네." 줄리가 대답했다. "그 문제는 사람마다 의견이 달라서 말이야."

"왜?"

"트랜스젠더 여성들이 유리하니까 불공평하다고 생각하는 사람들도 있거든."

"난 트랜스젠더 여성들도 참가할 수 있어야 한다고 생각해." 렉스가 말했다. 우리 모두 그 말에 찬성했다.

하지만 우리처럼 확신을 가지지 못하는 사람도 많다. 어떤 사람들은 트랜스젠더 여성들이 여성 스포츠에 참가하도록 허용하면 성별 분리의 목표가 훼손된다고 주장한다.

⌣

나는 그게 틀린 주장이라고 생각하며, 그 이유를 설명하고 싶다. 이 문제를 본격적으로 다루기 전에 섹스sex와 젠더gender의 개념을 확인하고 넘어가자. (당신이 젠더학 전공이라면 지금 팝콘을 가지러 가는 게 좋겠다. 아니면 그냥 빠르게 훑고 넘어가든가.)

섹스는 생물학적 개념이다. 섹스는 사람들 신체의 물리적 특징에 따라 결정된다. 그리고 섹스는 우리가 어릴 때 배웠던 것만큼 단순하지는 않다. 사람들을 '남성'과 '여성'이라는 범주로 분리하는 기준이 되는 단 하나의 특징은 존재하지 않기 때문이다. 실제로는 남성을 대표하는 특징들의 집합(XY 염색체, 고환, 외부 생식기 등)과 여성을 대표하는 특징들의 집합(XX 염색체, 난소, 내부 생식기 등)이 있다. 그런데 양쪽 집합의 특징을 다 가지고 있는 사람들이 존재하는가 하면, 양쪽 다 해당하지 않는 사람들도 존재한다. 그래서 모든 사람이 '남성' 또는 '여성'인 건 아니다. 어떤 사람들은 간성intersex이다.*

어떤 사람들은 '섹스'와 '젠더'를 같은 뜻으로 사용하지만, 사실 이 두 단어의 의미는 동일하지 않다. 젠더는 생물학적 성이 아니라 사회적 역할에 따른 성이기 때문이다. 여성은 한 묶음의 기대에 종속

된다. 그녀의 외모는 어때야 하는지, 옷은 어떻게 입어야 하는지, 걸음걸이는 어때야 하는지, 말투는 어때야 하는지, 어떤 일을 해야 하는지, 어떤 감정을 느낄지, 어떤 생각을 할지 등등. 끝도 없다. 남성도 똑같이 한 묶음의 기대를 받는다. 단지 기대의 내용이 다를 뿐. 아이들도 같은 처지다. 남자아이들과 여자아이들은 사회적 성 역할을 수행하는 작은 남성들과 여성들이다.

대다수 부모들의 젠더에 관한 첫 번째 경험(적어도 자기 아이의 성 역할에 관한 첫 번째 경험)은 임신 18주차 전후에 하는 초음파 촬영이다. 나는 행크의 초음파 촬영을 생생하게 기억한다. 초음파 전문의는 줄리의 배에 마법 지팡이를 올렸다가 금방 치워버렸다.

"정말로 알고 싶으세요?" 그녀가 물었다.

"네, 우린 알고 싶어요." 줄리가 말했다.

"좋아요. 얘는 성별을 알아보기가 어렵지 않거든요."

그녀가 마법 지팡이를 다시 올리자 선명한 이미지가 나타났다. 마치 "내 성기 봤어요?"라고 말하듯이 두 다리를 쩍 벌린 자세였다.

우리는 사진에 그 대사를 넣어서 가족들에게 전송했다.

아니, 그러진 않았다. 대신 우리는 가족들에게 아기가 아들이라고 알려줬다. 전에 줄리가 렉스를 임신했을 때도 우리는 성별을 미리 알았지만, 그때는 가족들에게 전하지 않았다. 집 안이 남자아이 물건으로 가득 차기를 원하지 않았기 때문이다. 하지만 그 싸움에서는

---

* 간성인 사람들이 얼마나 될까? 그건 연구자들이 무엇을 '간성'이라고 간주하는지에 달려 있으므로 정확히 이야기하기는 어렵다. 엄격한 정의를 기준으로 하면 4500명 중에 한 명 정도가 간성이다. 느슨한 정의를 기준으로 하면 100명 중 한 명이 간성이 된다.[181]

오래전에 졌으므로 행크에 관해서는 미리 알렸던 것이다.

요즘 어떤 부모들은 '젠더 공개' 파티를 열어 이 소식을 알린다. 우리 아이들이 배 속에 있었을 때는 그런 파티가 없었기 때문에 나는 젠더 공개 파티가 어떤 자리인지 잘 모른다. 그런 파티를 성공적으로 개최하려면 특수부대 요원이라도 있어야 할 것 같다고 생각할 뿐이다. 이상하게도 초음파실에 있었던 부모는 그 중요한 정보를 얻지 못한다. 그 정보는 한 친구에게 전달되고, 그는 케이크를 주문한다. 그 케이크는 파란색(남자아이) 또는 분홍색(여자아이)인데 색을 감추기 위해 아이싱을 올려야 한다. 파티가 진행되는 동안 긴장감이 점점 고조된다. 결정적인 순간에 부모가 케이크를 자른다. 케이크 색이 공개되면 손님들은 마치 그 결과를 반기는 것처럼 환호성을 지른다. 만약 다른 색깔이 나왔더라도 정확히 똑같은 환호성이 터져 나왔을 것이다.

지금까지 설명한 건 단조로운 젠더 공개 파티의 모습이다. 어떤 부모들은 아기의 젠더를 알고 신이 나서 폭발물을 터뜨린다. 적어도 두 차례의 파티에서 화재가 발생했다.[182] 한번은 젠더 공개 파티에서 포탄에 맞아 사람이 죽었다.[183] 또 한번은 집에서 만든 파이프 폭탄으로 사망했다.[184] 나는 특이한 빛깔의 케이크를 그다지 좋아하지 않는다. 모름지기 디저트는 초콜릿색이어야 한다. 오해하지는 마시라. 불꽃보다는 분홍색 또는 파란색 케이크가 훨씬 낫다.

⌒

잠깐 퀴즈. 젠더 공개 파티라는 이름은 적절한가?

답. 아니다. 적절하지 않다. 초음파는 태아가 음경과 질 중에 어느 것을 가지고 있는지, 아니면 난소와 고환 중에 어느 것을 가지고 있는지를 알려줄 뿐이다. 화면에는 앞으로 태어날 아이의 신체적 특징만 나타난다.

그래서 사실은, 그 파티는 '섹스' 파티다.

마케팅 담당자들이 왜 그런 명칭을 거부했는지는 당신도 짐작할 것이다. 초대장을 한번 상상해보라.

초대합니다
캐런과 카터의
섹스 파티!

할머니는 경우에 맞는 선물을 사오지 못할 것이다.

사실 이런 행사는 단순한 섹스 파티가 아니다. 젠더를 부여하는 파티도 된다.

케이크를 자르는 순간, 모든 사람은 암묵적으로 그 아이(아직 태어나지도 않은 아이)가 특정한 사회적 역할을 가진 것처럼 대하기로 합의한다. 케이크가 파란색이라면 우리는 그 남자아이에게 야구방망이와 야구공을 선물할 것이다. 케이크가 분홍색이라면 우리는 그 여자아이에게 인형과 드레스를 사줄 것이다. 그리고 같은 일을 해도 임금을 적게 지불할 것이다.

그게 그 환호성의 의미였다.

아이들의 말처럼, 파티 중에서는 뭐니 뭐니 해도 섹스 파테이partay (17세 이하 청소년들이 알코올 없이 즐기는 파티 - 옮긴이)가 최고다!

⌒

웃자고 하는 얘기였다. 하지만 여기에는 진지한 화두가 하나 있다. 우리는 아이들을 만나기도 전에 그 아이들에게 역할을 할당한다. 그리고 우리가 나눈 역할은 그들 삶의 토대가 된다. 그 역할은 아이들에게 제약을 가할 수도 있다. 역사 속에서 여성이 단지 여성이기 때문에 할 수 없었던 모든 일을 생각해보라.

사람들은 그런 제약을 정당화하기 위해 여성의 신체를 근거로 들곤 했다. 사람들은 여성의 신체가 육체적으로 힘든 일이나 스포츠에 적합하지 않다고 했다. 왜냐하면 [임신이나 월경에 관해 이러쿵저러쿵 떠들었다]. 그건 터무니없는 소리였다. 세리나 윌리엄스가 임신을 하거나, 왼팔이 부러지거나, 심한 독감에 걸리더라도 그녀의 몸은 여전히 내 몸보다 테니스에 적합할 것이다. 그리고 여성의 특징 중에 육체적으로 힘든 일이나 스포츠에 참여하지 못할 이유가 되는 건 하나도 없다.

젠더 역할과 우리 몸의 관계는 그 정도로 긴밀하지 않다. 그리고 젠더 역할과 우리 뇌의 관계도 그렇게 긴밀한 것 같지 않다. 예컨대 여자아이와 분홍색을 연관 짓는 것은 순전히 문화적인 현상이다. 1918년 쓰레기 같은 잡지 〈언쇼의 유아 세계Earnshaw's Infants' Department〉에 실린 기사를 보자.

일반적으로 받아들여지는 법칙은 남자아이들에게는 분홍색 옷, 여자아이들에게는 파란색 옷을 사라는 것이다. 분홍색은 단호하고 강한 색이라서 남자아이에게 잘 어울리는 반면, 파란색은 섬세하고 얌전해서 여자아이들에게 입히면 더 예쁘기 때문이다.[185]

사람들의 생각에 혼란을 일으키고 싶은가? 다음번 젠더 공개 파티를 열 때 언쇼의 법칙대로 해보라.

신체, 뇌, 젠더 역할 사이에 아무런 연관성이 없다고 말하려는 건 아니다. 우리도 부모로서 두 아들이 우리가 권장하지도 않았던 전형적인 남자아이들의 분야에 관심을 키워가는 모습을 봤다. 우리가 우리 아이들에게 어떤 신호를 보내는지, 그리고 아이들이 친구들에게서 어떤 이야기를 듣는지를 정확히 파악하기란 정말 어렵다. 여기서는 과학도 한계가 있다. 아이들이 서로 다른 젠더 규범을 접하는 시스템 안에서는 통제된 실험이 불가능하기 때문이다. 하지만 적어도 우리는 이렇게 말할 수 있다. 지난 수십 년 동안 사회의 변화 속도가 무척 빨랐다는 사실로 미뤄볼 때, 뇌 또는 신체의 그 어떤 특성보다도 문화가 젠더 역할을 결정하는 데 큰 역할을 한다고 짐작된다.

그리고 바로 그 이유에서 페미니스트들은 오래전부터 젠더 역할을 느슨하게 만들거나 젠더 역할 자체를 폐기하자고 주장했다. 젠더 역할을 느슨하게 만들려는 노력은 큰 성공을 거뒀다. 뛰어난 여성 운동선수들의 목록만 봐도 알 수 있다. 그리고 변화는 스포츠에 국한되지 않았다. 이제 여성들은 그들이 진출한 모든 분야에서 지도자로 활약하고 있다. 물론 여성들은 여전히 장벽에 부딪치고, 여성 지도자의 수는 충분하지 않다. 확실히 그 장벽은 생물학적인 것이 아니라 사회적인 것이다.

—

트랜스젠더 여성들에 관한 렉스의 질문은, 아이들에게 경직된 젠
더 역할을 부여하는 것이 염려되는 또 하나의 이유를 드러낸다. 어
떤 아이들은 우리가 그들에게 할당한 역할과 일체감을 느끼지 못한
다.[186] 심지어는 우리가 그들에게 그 역할을 부여하게 만든 자기 신
체의 특징으로부터 소외감을 느낀다.* 어떤 아이들은 성장하는 과정
에서 성 정체성의 전환을 경험한다. 그리고 렉스가 했던 질문을 던
진다. 스포츠 성별 분리가 이뤄지는 세상에서 트랜스젠더 운동선수
들은 어느 쪽에 참여해야 할까?

트랜스젠더 남성들이 남성 스포츠 경기에 참가하는 것을 걱정하
는 사람들은 별로 없다. 몇몇 사람들이 그렇게 해서 성공했음에도
말이다.[187] 반면 트랜스젠더 여성들이 여성 스포츠 경기에 참여하는
것에 대해서는 논란이 많은 편이다. 그 이유 중 하나는 트랜스젠더
여성들이 더 유리할 거라는 걱정이다.

실제로도 트랜스젠더 여성들이 더 유리한 것 같다. 트랜스젠더 운
동선수들의 성적을 연구하는 과학자 조애나 하퍼Joanna Harper를 만나
보자.[189] 하퍼는 트랜스젠더 여성들이 어떤 스포츠 종목에서는 실제

---

* 최근에 실시된 갤럽 여론조사에 따르면 Z세대(1997년에서 2002년 사이에 출생)의
1.8퍼센트는 트랜스젠더라고 한다.[188] X세대(1965년에서 1980년 사이에 출생)와 베이비붐
세대(1946년에서 1964년 사이에 출생)에서는 트랜스젠더 비율이 0.2퍼센트에 불과하므로
지난 수십 년 동안 트랜스젠더가 상당히 많이 증가한 셈이다.

로 유리한 입장이라고 생각한다.[190] 단 그들이 호르몬 치료를 받지 않았거나, 받기 전이어야 그렇다. 문제는 남성 호르몬인 테스토스테론이다. 일반적으로 남성들이 여성들보다 테스토스테론의 양이 많고, 바로 그 차이가 남성들이 여성들을 능가하는 힘과 속도를 가지는 원인이라고 사람들은(적어도 어떤 사람들은) 믿는다.

하퍼는 개인적 경험을 통해 그 문제에 접근한다. 그녀 자신도 트랜스젠더 운동선수이기 때문이다. 그녀는 30년 이상 남성 마라톤에 출전하고 나서 성전환을 했고, 호르몬 치료를 시작한 후에 여성으로서 마라톤 대회에 출전했다. 하퍼는 호르몬제 때문에 자신의 속도가 12퍼센트나 느려졌다고 증언한다.[191] 다만 하퍼는 이제 속도가 더 느린 사람들과 경쟁하게 됐으므로 순위만 봐서는 큰 변동이 없었다.[192] 하퍼가 수집한 데이터는 그녀의 경험이 특이한 것이 아님을 보여준다.[193] 그러나 하퍼의 연구는 규모가 작았고, 연령과 훈련 시간 같은 다른 변수들이 결과에 영향을 미칠 수 있었다는 점에서 반박의 여지가 있다.[194]

과학은 당신이 생각하는 것보다 모호하다. 비전문가들이 보기에는 테스토스테론이 아주 중요할 것만 같다. 운동선수들이 테스토스테론 주사를 맞으면 성적이 크게 향상된다고 알려져 있기 때문이다. 그런데 리베카 M. 조던 영Rebecca M. Jordan-Young과 카트리나 카케이지스Katrina Karkazis는《Testosterone: An Unauthorized Biography(테스토스테론)》라는 책에서 테스토스테론과 운동 성과 사이에 일관성 있는 관계는 존재하지 않는다고 주장한다.[195] 실제로 좋은 성과를 내는 남성 운동선수들도 때로는 테스토스테론 수치가 낮게 나온다. 또한 테스토스테론을 복용하면 경기 성적이 향상된다는 사실이, 자연적으로 생성되는 테스토스테론도 똑같은 작용을 한다는 뜻을 내포하지는 않는다. 운동선수의 신체는 이미 테스토스테론에 익숙해져 있을 가능성이 있다.

그럼에도 불구하고 적어도 어떤 맥락에서는 테스토스테론이 트랜스젠더 여성들에게 유리하게 작용한다고 생각하는 사람이 많다. 그리고 테스토스테론을 둘러싼 논란이 있기 때문에, 염려의 대상은 반드시 트랜스젠더 여성들만이 아니다. 간성인 여성들의 일부도 테스토스테론 수치가 남성들의 수치에 더 가깝다. 그래서 그들이 여성 스포츠에 참가하는 문제도 논란의 대상이 되고 있다.

스포츠 정책 담당자들은 이 논쟁에 잘 대처하지 못하고 있다. 그들은 오랫동안 운동선수들의 섹스와 젠더를 문제 삼음으로써 선수들에게 낙인을 찍었다. 그리고 그 선수들에게 모욕적인 신체검사를 강제했다. 그들이 했던 일들은 대부분 수치스러운 것이기 때문에 그 행적을 자세히 서술하지는 않겠다. 그리고 동일한 이유에서, 그들이 정밀 검사를 시켰던 운동선수들의 이름도 밝히지 않으려고 한다.

내가 하고 싶은 질문은 따로 있다. 트랜스젠더 여성들과 간성인 여성들이 실제로 유리하다고 치자. 그게 문제가 되는가? 하퍼는 그렇다고 대답했고, 짐작건대 스포츠 정책 담당자들도 같은 의견인 것 같다. 그렇지 않다면 트랜스젠더와 간성 운동선수들의 신체를 깐깐하게 검사하지 않았을 테니까.

대체 그게 왜 문제가 돼야 할까? 하퍼의 주장에 의하면 여성 스포츠의 목적은 "여성 운동선수들에게 의미 있는 경쟁을 제공하는 것"이다.[196] 트랜스젠더 여성들과 간성인 여성들은 그들이 "다른 여성들의 경기장을 과도하게 변화시키지 않는" 경우에만 경기에 참여할 수 있다는 것이 하퍼의 견해다.[197] 스포츠 정책 담당자들도 같은 의견인 듯하다. 그들은 하퍼의 제안에 따라 여성 스포츠에서 테스토스테론 수치를 핵심 기준으로 삼아 적격성을 판별하는 시스템을 만들려고 하고 있다.[198]

테스토스테론 수치는 간단한 혈액검사로 확인할 수 있으므로 수치스러운 검사를 요구하는 것보다는 낫다. 그래도 나는 그게 좋은 방법이 아니라고 생각한다. 어떤 여성들은 배제당하고 낙인찍힐 것이다. 또 어떤 사람들은 그런 검사가 없었다면 선택하지 않았을 약물을, 오직 테스토스테론 수치를 낮추기 위해 복용해야 한다는 압력을 느낄 것이다. 그 약물은 무해하지 않다. 조던 영과 카케이지스는 테스토스테론 수치를 인위적으로 낮추면 "우울, 피로, 골다공증, 근력 저하, 성욕 감퇴, 대사이상"이 발생할 가능성이 있다고 지적한다.[199]

우리는 제인 잉글리시에게서 배운 것을 기억해야 한다. 스포츠의 희소한 이점에 관해서는 어떤 개별 선수도 유의미한 경쟁에 대한 권리를 가지지 않으며, 공평한 경기장 같은 것은 애초에 존재하지 않는다. 확신하건대 우사인 볼트와 경기를 했던 남자 선수들은 자신들의 승률이 높다고 생각하지 않았을 것이다. 전성기의 마이클 펠프스Michael Phelps와 경기를 했던 남자 선수들도 마찬가지일 것이다. 하지만 누구도 나머지 남자 선수들이 유의미한 경쟁을 할 수 있도록 하기 위해, 볼트나 펠프스가 더 이상 경기에 출전하지 말아야 한다고 주장하지는 않았다.

즐기기 위해 운동을 하는 선수들에게는 유의미한 경쟁이 중요하다. 매번 뒤처지기만 한다면 당신은 재미를 느끼지 못할 것이고, 실력을 향상시키지도 못할 것이다. 스포츠의 기본적 이점을 획득하기 위해서는 수준이 맞는 사람들과 경기를 해야 한다. 그러나 엘리트 체육에서는 선수들이 그런 요구를 할 수가 없다. 이것은 베로니카 아이비Veronica Ivy가 했던 주장이다.[200] 아이비는 트랜스젠더 여성이고, 사이클 세계 챔피언이다. 몇 년 동안 아이비는 스프린트 종목에서 여성 동일 연령대 세계신기록을 세웠다. 그리고…… 그녀는 철학자다.

아이비는 운동선수의 신체가 각기 다르다는 점을 지적한다. 선수들의 신장, 체중, 근육 등은 제각각이다. 2016년 올림픽에서 높이뛰기 종목 1위에 오른 여성은 10위에 오른 여성보다 키가 20센티미터나 컸다.[201] 당연히 1위를 기록한 선수는 큰 키 덕분에 훨씬 유리했지만, 누구도 그 이유로 대회가 불공정했다고 생각하지는 않았다. 그런데 트랜스젠더 선수들의 신체 차이는 왜 다르게 취급하는가?

또한 아이비는 트랜스젠더 여성들이 남성 스포츠에서 경쟁하기는 적합하지 않을 때가 많다고 지적한다. 성전환을 법적으로 인정받고 나서는 더욱 그렇다.[202] 트랜스젠더 여성들을 여성 스포츠에서 배제하는 것은 그들을 스포츠에서 완전히 배제하는 것과 같다. 그게 나쁜 이유는 잉글리시가 우리에게 가르쳐주었다. 스포츠의 기본적 이점은 누구나 누려야 한다. 그리고 슈나이더가 우리에게 알려준 이유 때문에도 그건 좋지 못하다. 트랜스젠더 운동선수들도 스포츠가 제공하는 힘과 영향력에 접근할 수 있어야 한다.

우리는 사람들 신체의 물리적 특징에 관해서는 그만 걱정하고, 섹스가 아닌 젠더를 기준으로 스포츠를 분리해야 할 것 같다. 만약 어떤 사람이 자기 자신을 여성으로 바라본다면,[203] 그 사람에게 여성 스포츠에 참가할 자격을 줘야 한다.*

~

그런데 잠깐. 자신이 여성이라고 선언하기만 해도 여성으로서 대회에 참가할 수 있다면, 남성들이 순전히 운동경기에서 승리하기 위해 여성인 척을 하지는 않을까? 아니다. 남성들이 여성으로서 경쟁해서는 그들이 원하는 승리의 영광을 얻을 수 없다.[204] 스포츠의 역사에는 그런 의심을 받는 사례가 한두 개 있긴 하다. 그러나 돌이켜 보면 그 선수들은 간성이었을 것으로 짐작된다.[205] 남성이 메달을 따기 위해 여성으로 행세하는 일은 현실에 있을 법하지 않다.

당신이 트랜스젠더 여성과 간성인 여성을 그런 눈으로, 즉 여성 행세를 하는 남성으로 바라본다면 또 몰라도. 슬프게도 그런 시각을 가진 사람이 적지 않다. 그래서 나는 잠시 시간을 내서 그게 왜 틀린 시각인지를 설명하려고 한다.

어떤 역할을 연기하는 것과 그 역할을 자기와 동일시하는 것은 다

---

* 트랜스젠더 여성들이 여성 스포츠를 지배하게 되더라도 그런 주장을 고수하겠느냐고? 나는 그런 우려는 공상에 가깝다고 생각하기 때문에 그 문제는 주석에서만 다루겠다. 스포츠에서 트랜스젠더 여성들이 시스젠더cisgender(생물학적 성과 성 정체성이 일치하는 사람-옮긴이) 여성들을 밀어내리라고 예상할 이유는 별로 없다. 이미 트랜스젠더 여성들이 여성 스포츠에 참가하고 있는데 시스젠더 여성들의 지위는 유지되고 있다. 만에 하나 내 생각이 틀렸다면? 그러면 문제가 될 거라고 생각한다. 그렇다면 스포츠의 성공은 특정한 신체 부위를 가지고 태어난 사람들에게 자동으로 주어지는 것이 되니까. 그거야말로 우리가 폐기하려는 주장이다. 만약 트랜스젠더 여성들이 시스젠더 여성들을 몰아낸다면, 우리는 스포츠에 모두를 참가시킬 새로운 방법을 찾아내야 할 것이다. 나는 그런 문제가 발생할 거라고 생각지 않는다.

르다. 〈더 맨The Man〉의 뮤직비디오에서 테일러 스위프트는 남자 연기를 한다. 남자처럼 옷을 입고, 남자처럼 걸어 다니고, 지하철에서 남자처럼 두 다리를 벌린다. 하지만 그녀는 단지 연기를 하고 있을 뿐이지 그 역할을 자신과 동일시하지는 않는다.

나 역시 매일 남성성을 연기한다. 내가 옷을 입을 때도, 걸어 다닐 때도, 말할 때도…… 항상 남성 역할을 한다. (지하철에서 남자들처럼 앉지는 않는다. 그렇게 앉는 건 이해가 안 된다.) 차이점은 나에게는 그게 그냥 연기가 아니라는 것이다. 나는 남성의 역할을 나 자신과 동일시한다. 나는 스스로를 남성으로 바라보지, 남성을 연기하는 사람으로 바라보지 않는다.

트랜스젠더 여성들과 간성인 여성들은 어떤 역할을 연기하는 게 아니다. 그들은 그 역할을 자신과 동일시한다. 그들은 스스로를 여성으로 간주한다. 그러니까 우리도 그들을 여성으로 바라봐야 한다.

물론 우리는 '여성'이라는 단어를 특정한 신체 부위를 가지고 태어난 사람들에게만 쓸 수도 있다. 하지만 그 단어를 그런 식으로 사용할 때 우리는 단지 사람들이 그들의 신체를 토대로 선택된(그들 자신이 선택하지 않은) 역할에 순응해야 한다고 고집함으로써, 그들 삶의 가능성을 제한한다. 그건 성차별이다. 그리고 '여성'이라는 단어가 오랫동안 그렇게 사용됐다고 해서 앞으로도 그렇게 쓰여야 하는 건 아니다.

나는 이 문제를 이해하는 과정에서 철학자 로빈 뎀브로프Robin Dembroff의 도움을 받았다. 뎀브로프는 예일 대학교에서 철학을 가르친다. 그는 젠더란 무엇이고 젠더는 어떤 원리로 작동하는가에 관한 글을 쓴다. 뎀브로프의 설명에 따르면 젠더에 관한 대화는 종종 혼란스럽다. 사람들은 '여성'이라는 단어에 단 하나의 의미만 있다고 가정하고, 자신들이 선호하는 관점을 밀어붙인다. 사실 '여성'의 정의는 여러 가지가 있으므로, 그 범주를 설정하는 방법도 하나가 아니다.[206]

그걸 알고 나면 새로운 질문을 던질 수 있다. '여성이란 무엇인가'라고 묻는 대신, 우리가 어떤 범주의 개념을 사용해야 하는가를 물어보라. 출생 시점의 신체 부위를 기준으로 삼는 개념? 아니면 사람들의 자기 정체성을 따르는 개념?

철학의 하위 범주 중에 개념 윤리학conceptual ethics이라는 분야가 있다.[207] 개념 윤리학은 다음과 같은 질문을 던진다. 우리는 세계를 이해하기 위해 어떤 범주들을 사용해야 하는가? 결혼에 관해 잠시 생각해보자. 동성 결혼에 반대하는 사람들은 결혼이란 오직 남성과 여성의 결합이라고 말하곤 한다. 그것도 분명 결혼에 대해 생각하는 하나의 방식이고, 오랫동안 지배적이었던 사고방식이다. 그러나 그 범주를 더 포용적인 다른 방법으로 해석할 수도 있다. 결혼을 두 사람의 동반자가 서로에게 헌신하는 관계로 바라보는 것이다.

어떤 선택이 가능한지를 알았으면 다음과 같은 질문을 던져보자. 우리는 결혼의 여러 개념 중 어떤 것을 사용해야 하는가? 모든 맥락에서 답이 동일하지는 않을지도 모른다. 성 평등을 중시하는 정치적 공동체 내에서는 포용적인 견해를 선호할 이유가 있다. 포용적인 견해를 채택하면 사람들이 성별에 따른 제약 없이 동반자를 선택할 수 있다. 반대로 교회에서는 종교적 이유 때문에 결혼에 관한 전통적인 견해를 선호할 것이다.

만약 우리가 결혼이란 무엇인가에 관해 논쟁을 벌인다면, 한쪽만 옳은 것이 된다. 논쟁의 틀을 재구성해서 '어떤 결혼 개념을 사용할 것인가'를 쟁점으로 만든다면, 양쪽을 다 만족시킬 수 있을 것도 같다. 예컨대 성 평등을 보장하면서도 종교의 자유를 중시하는 정치집단이 있다고 상상하자(즉 우리의 공동체). 그런 공동체는 법적인 이유에서 결혼을 포용적으로 바라보는 시각을 강하게 옹호하는 한편, 종교 집단들에는 각자 자기 종교의 의식에 따라 결혼을 해석하도록 허용할 수도 있다.

그럼 여성들은? 앞에서도 말했지만 범주를 포용적으로 해석하는 방법이 있고, 제한적으로 해석하는 방법도 있다. 우리는 '여성'의 진짜 의미가 무엇인가라는 질문을 던질 수도 있다. 하지만 그 질문은 표적을 비켜간다. 왜냐하면 젠더는 우리가 어떻게 해석하느냐의 문제이기 때문이다. 젠더는 생물학적 범주가 아니라 사회적 범주다. 따라서 더 나은 질문은 이것이다. 우리는 어떤 '여성' 개념을 사용해야 할까?

나는 우리가 포용적인 여성 개념을 사용해야 한다고 생각한다. 우리가 사람들이 스스로 결정하는 자기 정체성을 따른다면 더 많은 사람이 진실하다고 느껴지는 삶을 살 기회를 얻고, 강요된 삶을 산다고 느끼는 사람들은 줄어들 것이다.[208]

아마도 당신은 '트랜스젠더 여성은 여성이다'라는 구호를 들어봤을 것이다. 만약 당신이 '여성'이라는 단어를 포용적인 의미로 사용한다면 이 구호는 사실이 된다. 또한 이 구호는 아직 확신을 가지지 못하는 사람들에게 '여성'이라는 단어를 포용적인 의미로 사용하라고 권하는 초대장 역할도 한다.

우리는 이 초대를 받아들여야 한다. 스포츠 안에서도, 밖에서도.

마지막으로 한 번만 더, 복잡한 이야기를 더 복잡하게 만들어보자. 지금까지 우리는 남성 스포츠와 여성 스포츠에 관해 이야기를 나눴다. 그런데 모든 사람이 자신을 남성 또는 여성으로 인식하는 건 아니다. 특히 요즘 젊은 사람들 중에는 전통적인 젠더 역할을 거부하는 사람들이 비록 소수지만 점점 늘어나고 있다. 그들은 자신을 '논바이너리non-binary'라고 부른다.*

사람들은 각기 다른 이유로 논바이너리라는 정체성을 채택한다. 대개는 남성의 젠더 역할이나 여성의 젠더 역할 중 어느 쪽도 자신에게 맞지 않는다고 느껴서 논바이너리를 표명한다. 그리고 뎀브로프와 같은 사람들에게는 또 하나의 이유가 있다. 그들은 논바이너리라는 정체성을 하나의 정치적 선언으로 받아들인다.[209] 뎀브로프는 젠더 역할이 우리의 삶을 결정하는 것에 반대한다. 그런 사람들은 하나의 젠더 역할을 수용하기를 거부하고, 그 역할들이 우리에게 가하는 제약을 폐지하기를 원한다.

뎀브로프의 프로젝트를 통해 우리는 젠더 역할을 전환하는 것이 왜 불편을 유발하는지를 이해할 수 있다. 물론 불편을 느끼는 이유는 여러 가지가 있고, 그중 하나는 자신과 다른 사람들을 향한 적대감이다. 하지만 좋은 의도를 가진 사람들조차 젠더가 복잡해지는 현

---

* 2015년 전미 트랜스젠더 평등 센터National Center for Transgender Equality에서 실시한 조사에 따르면, 트랜스젠더 정체성을 가진 사람들 중 3분의 1이 조금 안 되는 사람들이 자신은 논바이너리라고 답했다.[210]

실에 혼란을 느끼곤 한다. 나는 그게 젠더 역할이 우리 삶에 개입하는 방식과 관계가 깊다고 생각한다.

사회적 역할은 어디에나 있다. 그리고 그 역할들이 없으면 생활이 불가능하다. 사회적 역할들은 다양한 맥락에서 누가 무엇을 할지를 정해준다. 또 사회적 역할은 상호작용의 각본을 정해준다. 식당에 들어갈 때 나는 종업원을 찾는다. 나를 테이블로 안내해줄 사람은 종업원이니까. 교실에 들어설 때 나는 선생의 정체성을 가진다. 선생은 수업을 책임지는 사람이다. 만약 수영장에서 누군가가 물에 빠져 허우적거리는 걸 봤다면 나는 안전 요원에게 알릴 것이다. 안전 요원이 구조 훈련을 받은 사람이니까.

젠더 역할도 그런 기능을 수행한다. 당신이 파티에 참석해서 새로운 사람을 만난다고 상상해보라. 그 사람의 젠더는 그 사람의 가족에 대한 책임, 그 사람의 직장 생활, 그 사람의 관심사, 또는 그 사람이 바로 그 순간 파티에서 하고 있는 경험에 관한 당신의 가정에 어떤 영향을 미치는가? 물론 젠더는 완벽한 지침은 못 된다. 하지만 젠더는 그 사람과 대화를 나누기 전에 밑그림을 그려보는 데 도움이 된다.

젠더는 우리가 상호작용하는 방식에 미묘한 작용을 한다. 줄리가 자주 하는 말처럼 내 목소리는 여성들과 이야기할 때는 부드러워지고, 남성들과 이야기할 때는 굵어지며, 전화로 낯선 사람과 통화할 때는 더 굵어진다(이건 내가 10대 소년 시절에 들인 습관이다. 사람들이 내 목소리를 듣고 우리 어머니로 착각하는 게 싫어서였다). 그리고 남성들과 함께 있을 때와 여성들과 함께 있을 때 나의 몸가짐도 다르다. 남성들과 함께 있을 때는 내 영역을 확고하게 표시한다. 내 영역을 지킨다는 것은 비유적인 의미로도 그렇고 문자 그대로의 의미로도 그렇다. 나는 다른 사람에게 떠밀리는 걸 좋아하지 않는다. 여성들, 특히 내가 잘 모르는 여성들과 함께 있을 때는 조금 거리를 둔다. 내가 너무 가까이 다가서면 잘못된 신호를 보내게 될 것이 걱정된다.

어떤 사람의 젠더를 읽어낼 수 없을 때는 곤란해진다. 전형적인 단서들이 없으므로 상호작용은 조금 더 어려워진다. 뎀브로프는 그럴 때는 잠시 멈춰 서서 '우리의 인간관계를 조직하는 데 젠더의 역할이 필요한가'라는 질문을 던져보라고 권한다.[211] 뎀브로프는 우리가 서로를 남성 또는 여성으로 대하고 관계를 맺는 것보다 인간으로서 관계를 맺는 편이 더 낫다고 생각한다.

스포츠는 어떨까? 우리는 남성이나 여성으로서가 아니라 사람으로서 경쟁해야 할까? 나는 그렇게 생각하지 않는다. 적어도 아직은 아니다. 우리는 젠더에 따라 구획된 세상에 살고 있으며, 앞으로도 당분간은 그런 세상에 살 것이다. 지금까지 살펴본 대로 여성들이 스포츠의 이점을 안정적으로 누리도록 하려면 여성 스포츠는 필요하다.

그럼 논바이너리 운동선수들은 어떻게 해야 할까? 그들은 어느 경기에 참가시켜야 할까? 이건 어려운 질문이다. 논바이너리 운동선수들에게 어떤 경기에 참가할지를 직접 선택하게 할 수도 있다.[212] 하지만 그렇게 하려면 논바이너리 선수들이 젠더라는 틀에서 하나를 선택해야 하는데, 그들은 애초에 젠더 구별을 피하기 위해 논바이너리를 선택한 것이다. 어쩌면 '젠더 중립'이라는 범주를 따로 만들 수도 있겠다. 그러나 현재로서는 젠더 중립 경기에 참가할 선수들이 부족할 것 같다.

이 문제에 좋은 해결책이 있는지는 잘 모르겠다. 아직은. 그렇지만 우리의 아이들이 좋은 해결책을 찾아낼 거라고 확신한다. 젠더의 문제에 대해 우리는 새로운 가능성을 발견하는 법을 배우고 있으며 사회도 변화하고 있다. 젊은 사람들은 아직 굳어진 행동 방식이 없기 때문에 변하기가 더 쉽다. 나는 그들이 스포츠 안과 밖 모두에서 세상을 더 공정하고 포용적인 곳으로 만들 것이라고 믿는다.

⌒

내가 이 장을 마무리하는 동안 행크는 옆에서 책을 읽고 있었다.

"아빠, 어떤 걸 쓰고 있어?" 행크가 물었다.

"남자, 여자, 그리고 스포츠."

행크는 어리둥절한 표정을 지었다. "스포츠? 철학책을 쓰는 거 아니었어?"

"철학책 맞아. 철학은 모든 것에 담겨 있단다. 아빠는 남자아이들과 여자아이들이 스포츠 경기를 같이 해야 하는지 아닌지에 대해 쓰고 있어. 넌 어떻게 생각하니?"

"같이 해야지." 행크가 말했다. "그걸 쓰는데 왜 그렇게 오래 걸려?"

"이 장을 어떻게 끝낼지 모르겠어."

"나는 장을 끝내는 방법을 알아." 행크가 말했다.

"오, 그러니?"

"응. 진짜 흥미로운 문장을 하나 쓰고 나서, '그런데 그때……'라고만 쓰는 거야. 그래서 사람들이 책장을 넘기게 만드는 거지."

그런데 그때…….

7

인종

내가 저지르지 않은 잘못에
책임을 지라니

안타깝게도 인종이라는 개념은 불행을 초래했으며

지금도 불행을 불러오고 있다.

이처럼 불행한 결과들은 인종에 관해 다르게 생각하는 방식을 알려준다.

우리는 인종을 생물학적 개념으로 바라보는 대신

사회적 개념으로 바라볼 수 있다.

미시간주의 도시 디어본에 위치한 헨리 포드 박물관은 근사하다. 당신이 네 살이라면 그렇지 않지만. 네 살짜리 아이에게 그 박물관은 무지무지 근사하다. 그런데 그곳에서는 아무것도 만지면 안 된다. 그 이유는 나도 모르겠지만 단 하나의 예외가 있다. 로자 파크스Rosa Parks가 전설적인 항의 시위를 시작했던 버스는 만져도 된다. 당신은 그 버스를 손으로 만질 수도 있고 그 버스에 타볼 수도 있다. 아니, 당신은 로자 파크스가 앉았던 바로 그 자리에 앉아볼 수도 있다. 만약 당신이 네 살이라면 반드시 그 자리에 앉을 것이다. 다른 모든 네 살짜리 아이들도 그 자리에 앉으려고 한다. 그리고 당신은 집에 돌아오는 길에 차 뒷좌석에서 질문을 퍼붓는다.

"로자 파크스는 왜 버스 뒤쪽으로 안 갔어?"

"로자 파크스는 왜 운전기사의 말을 안 들었어?"

"로자 파크스는 왜 버스 한가운데에 앉았어?"

당신의 아버지는 로자 파크스가 자신의 권리를 찾기 위해 행동하고 있었다standing up for herself고 설명할 것이다. 그녀 자신의 권리만이 아니라 모든 아프리카계 미국인의 권리를 찾으려 했다고 일러준다. 그러면 당신의 질문은 더 많아진다.

"로자 파크스는 왜 버스에서 일어섰어stand up?"

"로자 파크스는 왜 앉아 있지 않았어?"

"로자 파크스는 왜 버스를 탔어?"

그러다 졸음이 오기 시작하면 당신의 질문은 실존주의적 색채를 띨 것이다.

"왜 로자 파크스야?"

"왜 로자야?"

"왜?"

그때쯤이면 당신의 아버지는 서점 앞에 차를 세우고《나는 로자 파크스야I am Rosa Parks》라는 책을 구입할 것이다.[213] 왜냐하면 아이들에게 인종에 관한 이야기를 들려주는 일은 정말 중요하기 때문이다. 그리고 우리의 출발이 좋지 못했기 때문이다.

⌒

렉스는 그 책을 좋아했다. 그래서 나는《나는 마틴 루서 킹이야 I am Martin Luther King, Jr.》라는 책도 샀다.[214] 다음으로는《I am Jackie Robinson(나는 재키 로빈슨이야)》을 샀다.[215] 그다음은《When Jackie and Hank Met(재키와 행크가 만났을 때)》였다.[216]《재키와 행크가 만났을 때》라는 책은 인종차별과 반유대주의를 함께 이야기한다. 그것도 야구를 통해. 한마디로 홈런이다.

이 책들은 우리를 올바른 궤도에 올려주었다. 렉스는 미국 인종차별의 역사를 배웠고, 인종차별에 맞서 싸운 영웅들에 관해 알게 됐다. 그건 시기적절한 교육이었다. 때마침 경찰의 잔인한 진압에 대중의 관심이 쏠리면서 '흑인의 생명도 소중하다Black Lives Matter'라는 운동이 벌어졌고, 렉스는 신문과 뉴스에서 그 항의 시위의 장면들을 잠깐씩 봤다. 그래서 렉스는 영웅들이 과거에만 있었던 게 아님을 알게 됐다. 그리고 우리에게는 영웅들이 더 많이 필요하다는 사실도 깨닫게 됐다.

이 모든 경험과 교훈이 누적된 결과, 렉스는 몇 달 전 아침 식사 자리에서 거창한 선언을 했다.

"내가 흑인이었으면 좋겠어." 렉스의 말이었다.

나는 그 이유를 물었다.

"백인들이 흑인들에게 나쁜 짓을 많이 하잖아. 그게 슬퍼서 그래."

"슬픈 일이 많았지." 내가 대답했다.

"우리가 그런 짓을 하지 않았더라면 좋았을 텐데."

～

나는 렉스의 선언을 듣고도 놀라지 않았다. 그동안 우리는 흑인 영웅들과 백인 악당들이 나오는 책을 많이 읽었다. 그래서 렉스는 흑인이 되고 싶어진 것이다. 또 렉스는 고양이가 되고 싶다는 말도 했다. 렉스에게는 현실에서 이뤄지지 않을 소망이 많았다.

하지만 렉스의 말 중 마지막 부분을 듣고 나는 그 자리에 얼어붙고 말았다. '우리가 그런 짓을 하지 않았더라면 좋았을 텐데.'

그건 단순한 문장이었다. 그리고 거기에 담긴 감정도 단순했다. 그 문장의 주어가 문제였다. '우리.'

그 한 단어를 통해 렉스는 자신도 나와 함께 읽었던 노예제와 인종 분리 같은 잘못에 책임이 있는 '우리'의 일부라는 신호를 보냈다.

백인 중에는 그런 잘못에 대해 '우리'라고 표현하지 않으려고 하는 사람이 많다. 그들은 이런 식으로 말한다. "그 사람들이 그런 짓을 안 했으면 좋았을 텐데 말이죠." 아니면 그런 이야기 자체를 하지 않는다. 어쨌든 그들은 일인칭을 써서 그런 잘못에 대한 책임을 지려고 하지 않는다. 나쁜 짓은 다른 사람들이 했고, 그걸 바로잡는 일은 그 사람들의 책임이라는 투로 말한다. 그런데 그 다른 사람들은 죽고 없다. 그러니까 미안하지만, 그 일은 바로잡히지 않을 것이다.

반면 렉스는 자신을 나쁜 행동을 했던 집단의 일부로 바라보고 있었다. 그리고 그게 놀라웠던 이유는 렉스가 그때 고작 만 네 살이었기 때문이다. 자기는 도덕적으로 하나도 오염되지 않았다고 주장할 수 있는 사람이 있다면 그게 바로 렉스였다.

그런데 렉스는 그런 식으로 생각하지 않았다. 그 아이의 백인성은 손상됐다His whiteness was tainted('증인이 신빙성을 잃었다The witness was tained'라는 영어 표현을 변형한 것 – 옮긴이). 손상이 워낙 심해서 렉스는 자신이 백인이 아니기를 바라고 있었다.

⌒

렉스의 말이 옳은가? 백인성은 손상됐는가?

어려운 질문이다. 이 질문에 대답하려면 우리는 백인성이란 무엇인가를 먼저 알아봐야 한다. 렉스는 흑인이 아닌 백인이다. 백인이라는 건 무엇을 뜻하는가? 아니면 흑인이라는 건 무엇을 뜻하는가? 인종이란 무엇인가? 우리 모두 직관적으로는 그걸 이해하고 날마다 인종이라는 개념을 사용하지만, 인종이란 무엇인가를 말로 설명하기는 쉽지 않다. 실제로 어떤 사람들은 인종이란 존재하지 않는다고 생각한다.

어떤 개념상으로는 정말로 인종은 존재하지 않는다. 대다수의 사람은 인종이란 생물학적 개념이라고 생각한다. 신체의 물리적 특징들은 종종 인종을 구분하는 수단이 되기 때문에, 그건 어느 정도 타당한 생각이다. 우리는 피부, 머리카락, 얼굴의 특정 부분들의 생김새를 인종의 기준으로 삼는다. 알다시피 이런 특징들은 대부분 유전된다. 그리고 오랜 세월 동안 사람들은 이런 피상적 차이들이 기질의 차이를 의미하는 단서라고 여겼다. 예컨대 어떤 사람의 피부색을 보고 그 사람의 인지능력 또는 성격에 관해 뭔가를 유추할 수 있다고 생각했다.[217] 게다가 옛사람들은 그런 본질적인 차이들은 사회적 환경이 아니라 생물학적 요인에 의해 생긴다고 믿었다.

생물학적 요인은 그런 식으로 작동하지 않는다.[218] 피부색, 머리카락, 얼굴 생김새와 같은 인종의 피상적 기표들과 다른 성질들 사이에는 상관관계가 별로 없다. 역사 속에는 피상적 요소와 다른 성질들 사이에 상관관계가 있다는 것을 증명하려는 시도가 드문드문 있었지만, 모두 허풍이었다.[219] 인간 게놈 프로젝트를 이끌고 있는 크레이그 벤터Craig Venter는 다음과 같이 선언했다. "과학적 사실로 보나 인간의 유전암호로 보나, 피부색으로 지능을 예측할 수 있다는 관념을 뒷받침하는 근거는 하나도 없다."[220] 당연히 우리는 성격에 관해서도 똑같은 이야기를 할 수 있다.

사실 우리는 더 강하게 이야기할 수도 있다. 인종은 사람들을 생물학적으로 유의미한 여러 아종subspecies(분류학상 종의 하위 단계로, 나중에 종으로 분화될 가능성이 있다고 간주된다 - 옮긴이)으로 분류하지 않는다. 특정한 인종 사이에서 어떤 특징들이 다른 인종들 사이에서보다 더 자주 나타나긴 하지만, 모든 인종 집단에는 높은 다양성이 존재한다. 유전자에 관해 이야기하자면 인종 집단 내부의 변이는 인류 전체의 변이만큼이나 많다.[221]

우리는 모두 한 가문에 속한다. 아니, 적어도 같은 가계도에서 갈라져 나온 사람들이다. 연구에 따르면 오늘날 살아 있는 모든 사람은 몇천 년 전에 살았던 공통 조상의 후예다.[222] 이런 말이 이상하게 들린다면 잠시 시간을 들여 혈통의 원리에 관해 생각해보자.[223] 당신에게는 두 명의 부모, 네 명의 조부모, 여덟 명의 증조부모가 있다. 이런 식으로 숫자가 계속 늘어난다. 이렇게 계속 거슬러 올라갈 수도 있지만, 숫자가 제곱으로 계속 늘기 때문에 곧 문제에 부딪친다. 예컨대 33세대(800년에서 1000년 정도)를 거슬러 올라간다고 치고 계산하면, 당신의 조상은 80억 명을 넘어선다. 그러나 옛날에는 사람이 80억 명이나 있지도 않았다. 오늘날에도 인류는 80억이 안 된다.

이 퍼즐은 간단하게 해결된다. 당신의 가계도에 여러 번 등장하는 사람이 많은 것이다. 처음에는 가계도가 옆으로 확장되지만, 머지않아 수축한다. 유전학자 애덤 러더퍼드Adam Rutherford는 이렇게 설명한다. "당신의 6대조 할머니가 당신 고모의 4대조 할머니였을 수도 있다."[224] 모든 사람의 가계도를 한참 거슬러 올라가면 모든 사람이 공통 조상을 가지는 지점에 이르게 된다.

그건 놀라운 일이 아니다. 우리는 모두 10만 년쯤 전 동아프리카에 살았던 단일한 종족의 후손이니까.[225] 그런데 지금 살아 있는 모든 사람이 공통 조상을 가지는 지점까지 가기 위해서는 10만 년까지 거슬러 올라가지 않아도 된다. 통계학자들은 이른바 유전적 등점genetic isopoint(현재 존재하는 인류의 조상이 하나의 집단에 모두 포함되는 역사 속 시점 – 옮긴이)은 7000년 전쯤이거나 그보다 가까운 시점이었다고 추정한다.[226]

그 7000년 동안 인류는 지구 곳곳에 흩어졌고, 공동체를 이루고 살았지만 혈통이 그다지 많이 섞이지는 않았다. 그 결과 오늘날 과학자들은 어떤 특징들이 무리 지어 나타나는 집단을 발견할 수 있다. 그러나 과학자들이 인간이라는 종을 연구할 때는 몇 개의 인종으로 엄격하게 구분하지 않는다. 인종은 엄격하게 나뉜다는 일반인의 통념과는 다르다.[227]

사실 과학적으로 유의미하다고 판명된 집단 분류는 우리가 일반적으로 생각하는 인종 개념과 일치하지 않는다.[228] 내가 속한 집단인 아슈케나지 유대인Ashkenazi Jews(유럽계 백인 유대인 – 옮긴이)은 테이삭스병Tay-Sachs과 같은 특정 유전 질환들의 발병 비율이 높기 때문에 유전 상담사(환자와 가족에게 유전 관련 정보 및 유전 질환의 발병 가능성을 알려주고 대응을 돕는 직업 – 옮긴이)들에게는 친숙한 집단이다. 그러나 이로 인해 아슈케나지 유대인이 하나의 인종으로 분류되는 건 아니다. 아슈케나지 유대인의 대다수는 백인이다. 백인이라는 범주에는 아미시Amish(보수적인 기독교 분파로서 현대적 문명을 거부하고 독자적규율에 따라 생활하는 집단 – 옮긴이)와 아이리시Irish(아일랜드계 – 옮긴이)도 포함되는데, 유전학자들의 관점에서 아미시와 아이리시는 완전히 별개의 집단이다. 그렇다면 우리는 왜 이 모든 집단을 하나로 묶어서 이야기하는가? 과학은 이 질문에 답을 주지 않는다. 인종은 생물학적으로 유의미한 차이를 반영하지 않는다.

～

인종은 허구라는 뜻인가? 어떤 의미에서는 그렇다. 만약 당신이 '인종' 개념을 생각할 때 모든 인간을 생물학적으로 뚜렷한 차이를 나타내는 몇 개의 집단으로 구분할 수 있고, 그 집단들이 사회적으로도 유의미한 차이를 보인다고 가정한다면 당신은 잘못 알고 있는 것이다. 어떤 범주가 허구라는 사실을 발견할 때 철학자들은 우리가 그 범주에 관한 오류 이론가가 되어야 한다고 말한다. 그건 '아차, 그건 모두 실수였어요'를 고급스럽게 표현한 것이다. 그러고 나서 철학자들은 실수를 하게 된 과정을 설명하려고 한다. 인종과 생물학적 개념이 그토록 불행한 결과를 초래하지 않았더라면 '아차'가 유행어가 됐을 것이다.

안타깝게도 인종이라는 개념은 불행을 초래했으며 지금도 불행을 불러오고 있다. 이처럼 불행한 결과들은 인종에 관해 다르게 생각하는 방식을 알려준다. 우리는 인종을 생물학적 개념으로 바라보는 대신 사회적 개념으로 바라볼 수 있다. 구체적으로 말하면 인종을 인간 집단 사이의 위계를 구성하는 개념으로 생각할 수 있다.[229] 이런 사고방식에 따르면 흑인이 되기 위해서는 특정한 사회적 지위를 가져야 한다. 즉 노예제, 인종 분리, 대량 학살 등의 형태로 지배당하는 입장이어야 한다. 미국의 흑인 운동 지도자인 W. E. B. 듀보

이스W. E. B. Du Bois는 이런 주장을 아주 명쾌하게 정리했다. "흑인이
란 조지아주에서 버스 뒤쪽 좌석에 앉아야 하는 사람이다."[230]

만약 '흑인'이 버스 뒤쪽 좌석에 앉아야만 하는 사람들이라면, '백
인'은 어떻게 정의될까? 백인은 반드시 버스 뒤쪽 좌석에 앉지 않아
도 되는 사람들이다. 아니면 흑인들에게 뒤쪽에 앉으라고 지시하는
사람들일 수도 있다. 이런 시각에 따르면 '백인성'이란 '흑인성'을 그
대로 뒤집어놓은 것이다. 사실 '백인성'은 '흑인성' 때문에 존재한다
고도 말할 수 있다. 노예무역은 아프리카 곳곳의 사람들을 아메리카
대륙으로 운반했다. 아메리카로 오기 전까지는 그들에게 공통의 정
체성은 없었다. 하지만 아메리카에서 그들은 공통의 정체성을 획득
했다. 그들은 '흑인'이었다. 그리고 그들의 정체성은 그것과 반대편
에 서 있는 새로운 정체성을 요구했다. 즉 그들을 '흑인'으로 만들고
나니 나머지 사람들은 '백인'이 됐다.[231] 그건 평화로운 과정이 아니
었다. 제임스 볼드윈의 이야기를 들어보자. "그/그녀가 아메리카 대
륙에 오기 전까지는 어느 누구도 '백인'이 아니었다. 이 나라가 백인
의 나라가 되기까지는 몇 세대에 걸친 엄청난 강압이 있었다."[232]

이런 범주들의 사회적 성격은 그 범주들이 변화하는 과정을 통해
더 자세히 설명 가능하다. 유럽에서 건너온 이민자들이라고 해서 항
상 백인으로 인식되지는 않았다. 적어도 그들이 도착하자마자 곧바
로 백인으로 인식되지는 않았다. 예컨대 이탈리아계 이민자들, 특히
이탈리아 남부에서 온 이민자들은 '흑인'에 더 가까운 사람들로 인
식됐다. 실제로 그들은 인종차별적인 이유로 무차별 폭행을 당하기
도 했다.[233] 콜럼버스 데이Columbus Day(콜럼버스의 아메리카 대륙 발견을
기념하기 위해 미국과 일부 중남미 국가에서 정한 국경일 - 옮긴이)의 제정은

이탈리아계 이민자들을 미국 역사에 편입시켜, 그들도 '백인'으로 인정받도록 하려는 노력의 일환이었다.[234] 그 노력은 성공했다. 오늘날 이탈리아계 이민자들과 그들의 후손들은 현대 미국인들의 인종 개념에 따르면 의심의 여지가 없는 '백인'이다.

물론 사회적 역학 관계는 이렇게 압축된 역사보다 훨씬 복잡하다. 그리고 지금까지 나는 아메리카 원주민, 아시아인, 태평양 섬 주민들, 또는 미국과 별 관련이 없어 보이는 다른 집단들에 관해서는 언급하지 않았다.* 그러나 인종의 역사 전체를 알지 못해도 핵심은 파악할 수 있다. 생물학적인 인종 개념은 파산선고를 받았다. 다만 그렇다고 해서 우리의 사회적 관계에서 인종이 중요한 역할을 하지 못하게 된 건 아니다.

⌒

때때로 사람들은 그 사실을 덮기 위해 '인종은 사회적으로 만들어진다'고 말한다.[235] 그건 교활한 주장이다. 어떻게 보면 모든 개념은 사회적으로 만들어지기 때문이다. 심지어 과학적 개념도 그렇다. 잠

---

* 나는 다른 지역에서 인종이 작동하는 방식에 관해서도 언급하지 않았다. 철학자 마이클 루트Michael Root는 다음과 같이 말한다. "인종은 시공간을 초월하지 않는다. 오늘날 미국 뉴올리언스에서 흑인인 남성들은 수십 년 전 뉴올리언스에서는 흑백 혼혈로 여겨졌을 것이고, 오늘날 브라질에서는 백인으로 여겨질 것이다. 고대 아테네에서 소크라테스Socrates에게는 인종이 없었지만, 그가 오늘날 미국 미네소타주에 있었다면 백인 남성일 것이다."[236] 인종이 시공간을 초월하지 않는다는 사실은 인종 개념의 독단적 성격을 뚜렷이 보여주며, 인종이 근본적으로는 과학적 현상이 아니라 사회적 현상임을 알려준다.

시 명왕성에 관해 생각해보라. 내가 어렸을 적에 명왕성은 행성이었다. 그런데 어느 날 갑자기 행성이 아니게 됐다(2006년 8월, 국제천문연맹은 명왕성을 행성에서 제외했다 – 옮긴이). 무엇이 달라졌을까? 명왕성이 달라진 건 아니다. 명왕성은 과거와 똑같이 무게가 달의 6분의 1 정도 되는 얼음과 바위의 집합체였다. 달라진 건 우리였다. 우리가 행성을 정의할 때 명왕성을 제외하기로 결정했다.

왜? 자세히 살펴봤더니 태양계의 경계선 부근에 명왕성과 비슷한 크기의 다른 천체들이 여럿 있었기 때문이다.[237] 그래서 우리는 선택에 직면했다. 그 천체들을 모두 행성으로 간주할 수도 있었다. 그러면 행성의 개수가 기존보다 몇 개 늘어나게 된다. 아니면 우리는 행성이란 무엇인가에 관한 우리의 생각을 수정할 수도 있었다. 과학자들은 후자의 길을 택했고, 명왕성과 그 친구들에게 왜행성dwarf planet이라는 이름을 붙였다. 그 이유 중 하나는 행성들이 태양계의 중요한 요소라는 명제를 보존하기 위해서였다. 현재는 행성으로 인정받으려면 천체가 궤도 주변을 "평정해야" 한다.[238] 그런데 명왕성은 그렇지 못했다. 명왕성의 궤도 주변에서 운동하는 천체들이 수없이 많았고, 그 천체들은 명왕성이 아닌 태양의 둘레를 돈다.

행성이라는 개념은 우리가 만든 것이다. 그리고 우리는 태양계에 관해 계속 알아가면서 행성의 개념을 새롭게 정립했다. 오해하지는 말라. 행성들은 실제로 존재한다. 우리가 행성을 만들어낸 건 아니다. 행성이라는 범주는 우리가 만들었지만, 그 범주에 들어가는 물체들은 우리와 독립적으로 존재한다.

인종은 다르다. 사람들이 인종은 사회적으로 만들어진 개념이라고 이야기할 때 그 말은 인류가 인종을 발명하지 않았다면, 인종은 아예 존재하지 않았을 것이라는 뜻이다. 하지만 그 말에 담긴 뜻은 그게 전부가 아니다. 농구, 맥주, 다리(교각) 같은 것들도 우리가 발명하지 않았다면 존재하지 않았을 테고 우리와 독립적으로 존재한다. 인종과 다른 발명품들의 차이는, 인종은 순전히 사회적으로 만들어진 개념이라는 것이다.

인종은 진짜가 아니란 뜻일까? 그건 아니다. 인종은 실재한다. 인종을 빚과 비교해보라. 당신에게는 주택 담보대출이나 자동차 할부금이 있을지도 모른다. 이런 대출은 사회적으로 만들어진 것이다. 우리의 빚은 우리와 독립적으로 존재하지 않는다. 만약 인류가 갑자기 존재하지 않게 된다면 우리의 빚도 존재하지 않게 된다. 빚은 우리의 사회적 관계를 조직하는 개념이다. 그리고 빚은 실재한다. 빚은 절망을 안겨주기도 한다.

인종에 대해서도 똑같은 설명이 가능하다. 인종은 우리의 사회적 관계를 조직하는 하나의 방편이고, 빚과 마찬가지로 사람들에게 절망을 안겨주기도 한다.

그렇다면 다음과 같은 질문을 던져볼 가치가 있다. '우리는 인종 개념을 버릴 수 있을까?'

⌒

많은 사람이 우리가 그래야 한다고 생각한다. 아니, 어떤 사람들은 이미 인종이라는 개념을 버렸다.

"저는 피부색을 따지지 않아요." 그들은 이렇게 말한다.

그게 사실이 아니라는 걸 우리 모두 안다. 아주 어린 아이들도 사람의 피부색을 본다. 그리고 어린아이들은 종종 부적절한 반응을 보여서 부모를 당황시킨다.

"저 사람은 얼굴이 까맣네." 행크는 유아기에 이런 말을 여러 번 했다. 렉스도 똑같았다. 피부색은 인간의 신체에서 눈에 아주 잘 띄는 특징이다. 사람들의 피부가 여러 색을 띤다는 사실을 알아차리지 못하기는 어렵다. 그리고 렉스와 행크는 어릴 때 우리 집과 유대인 공동체 어린이집을 오가며 시간을 보냈기 때문에 피부색이 흰 사람들을 주로 접했다. 얼마 동안은 피부색이 다른 사람을 본다는 것만으로도 신기한 일이었다. 그래서 렉스와 행크는 그걸 말로 표현했다. 아이들은 원래 그런 행동을 한다.*

아이들이 그런 행동을 했을 때 우리는 아이들에게 몇 가지를 가르쳐주었다. 첫째, 사람의 피부색은 다양하다. 이 명제는 그 자체로 사실이라고 해두고 넘어가고 싶지만, 때로는 피부색을 가리키는 명칭들이 혼동을 일으켰다. "내 피부는 하얗지 않은데." 행크는 마치 우리가 실수했을 때처럼 우리에게 알려주곤 했다. "분홍에 가까운 색이야. 갈색빛도 조금 있고."

둘째, 우리는 아이들에게 피부색은 중요하지 않다고 가르쳤다. 사람의 신체는 모두 다르다. 어떤 사람은 덩치가 크고 어떤 사람은 덩치가 작다. 어떤 사람은 키가 작고 어떤 사람은 키가 크다. 눈과 머리

---

* 이런 대화를 처음 나눴을 때 우리는 베벌리 대니얼 테이텀Beverly Daniel Tatum의 고전적 명저인 《Why Are All the Black Kids Sitting Together in the Cafeteria?(흑인 아이들은 왜 구내식당에서 모여 앉는가?)》를 읽기 전이었다. 그 책을 미리 읽었더라면 좋았을 것 같다. 그 책에는 "어린 시절"이라는 장이 있는데, 그 장에 우리가 아이들과 나눈 대화들이 대부분 수록되어 있고 유용한 모범 대화문도 제시된다.[239]

모양, 피부색도 사람마다 다르다. 하지만 그런 차이 때문에 사람들을 다르게 대해서는 안 된다.

셋째, 우리는 아이들에게 피부색은 아주 중요하다고 가르쳤다. 우리가 '피부색은 중요하지 않다'고 했던 건 도덕적으로 중요하지 않다는 뜻이었다. 그러나 사회적으로 피부색은 분명히 중요하다.

몇 가지 데이터를 가지고 이야기하자.

'흑인' 중산층 가정은 '백인' 중산층 가정보다 재산이 15퍼센트 적다.[240] '흑인' 노동자들의 실업률은 '백인' 실업률의 두 배에 이르고, '흑인'들은 능력에 맞는 일자리를 구할 가능성이 더 낮다.[241]

'백인'들이 주로 사는 지역에서는 아이들에게 교육비를 더 많이 지출한다. 학생 한 명당 1년에 2200달러가 더 든다.[242]

백인들은 흑인들보다 오래 산다. 가장 최근 통계로는 백인들의 평균수명이 3.6년 길었다.[243]

그리고 백인들은 건강보험 혜택을 더 많이 받는다.[244]

마지막으로 흑인 남성들은 백인 남성들보다 교도소에서 시간을 보낼 확률이 훨씬 높다. 2015년 젊은 흑인 남성의 9.1퍼센트가 수감자 신세였지만, 젊은 백인 남성 중에서는 1.6퍼센트만이 교도소에 있었다.[245]

이 모든 사실들은 서로 연관이 있다. 실제로 이 사실들은 서로를 유지시킨다. 그러나 이 사실들은 모두 노예제로 시작했지만, 거기서 끝나지 않은 길고 수치스러운 역사를 반영한다.

예컨대 인종 간 빈부 격차는 금융기관들이 특정 지역의 담보대출을 거부redlining(흑인들이 주택을 소유함으로써 부를 축적하지 못하도록 했다)했던 대출 차별의 결과다. 인종 간 빈부 격차는 '털사 인종 대학

살Tulsa Race Riot(1921년 미국 오클라호마주 털사에서 백인들이 '흑인들의 월가 Black Wall Street'로 불리던 업무 지구를 파괴하고 흑인을 대량 살상한 사건 – 옮긴이)'과 같은 폭력의 흔적이기도 하다.[246] 그리고 인종 간 빈부 격차는 일상 속 차별을 반영한다.

교도소 수감자 비율의 차이는 경찰이 '백인'보다 '흑인'을 더 함부로 다루고 쉽게 처벌한다는 의식적인 결정을 반영한다. 예를 하나만 들면, '백인'과 '흑인'이 약물을 복용하는 비율은 거의 동일하다. 그런데 마약 사범으로 체포될 확률은 흑인이 네 배 가까이 높다.[247]

우리는 아이들이 어렸을 적에는 이런 통계를 알려주지 않았다. 다만 우리 사회가 오래전부터 피부가 검은 사람들을 부당하게 대우했다는 이야기는 해줬다.* 또 우리는 아이들에게 부당한 대우는 과거가 아니라고 말해줬다. 우리의 현재에도 부당한 대우는 있다고.

우리는 인종을 넘어설 수 있을까? 아마도 그럴 것이다. 하지만 그건 말처럼 단순하지 않다. 인종이 중요하지 않은 세상에 살기를 원한다면 인종 간의 격차부터 없애야 한다. 행동하지 않으면서 말로만 "나는 피부색을 따지지 않아"라고 선언해서는 안 된다.

---

* 만약 당신이 노예제나 인종 분리 같은 아주 기초적인 개념만 알고 미국 인종주의의 역사에 관해 선명한 그림을 가지고 있지 못한 것 같다면 2014년 〈애틀랜틱The Atlantic〉에 게재된 타네히시 코츠의 〈배상 옹호론The Case for Reparations〉이라는 글부터 읽어보기를 권한다. (배상에 관해서는 잠시 후 다시 다룰 예정이다. 따라서 이 기사는 이중의 임무를 수행한다.) 이 기사는 우리 역사의 무게와 그 역사가 아직도 미국 흑인들을 짓누르고 있는 현실을 내가 조지아주의 공립학교에서 접했던 모든 교재보다 효과적으로 전달한다. 우리 아이들이 이 기사를 읽을 만한 나이가 되면 나는 기꺼이 이 기사를 추천해줄 생각이다.

우리는 인종을 넘어서야 할까? 확실히 인종 간 격차는 없애야 마땅하다. 그런데 어떤 사람들은 인종차별의 추악한 역사에도 불구하고 인종은 필요한 개념이라고 생각한다.

인종을 연구하는 철학자 치케 제퍼스Chike Jeffers는 인종의 개념이 억압에 기원을 두고 있다는 데 동의한다.[248] 노예제가 없었다면 우리는 사람들에게 '흑인'이나 '백인'이라는 꼬리표를 붙이지 않았을 것도 같다. 그런 꼬리표가 노예제와 같은 억압과 관련될 때만 유의미하다는 뜻은 아니다. 미국에서 '흑인'인 사람들은 "낙인, 차별, 소외, 불이익"을 견뎌야 했다.[249] 그러나 제퍼스는 우리에게 다음과 같은 사실을 상기시킨다. "흑인성에는 흥겨움도 있다."[250]

'흑인' 문화에는 흥이 깃들어 있다.[251] 흑인 미술, 흑인 음악, 흑인 문학 모두가 그렇다. 흥은 흑인의 종교 전통과 의식에도 깃들어 있다. '흑인'들이 말하는 방식, 옷을 입는 방식, 춤추는 방식에서도 그런 흥이 묻어난다. 이 시대에 어떤 사람이 '흑인'이라는 것은, 그가 풍부하고 독특한 문화적 유산과 연결된다는 뜻이다. 흑인이라는 정체성은 억압에 뿌리를 두고 있지만, 그 정체성의 의미는 그보다 훨씬 광범위하다.

캐스린 소피아 벨Kathryn Sophia Belle도 동일한 주장을 펼친다. 벨은 철학이라는 분야 내에서 극단적으로 눈에 띄지 않는 집단의 목소리를 키우기 위해, 흑인 여성 철학자회Collegium of Black Women Philosophers를 설립한 사람이다. 벨은 제퍼스와 마찬가지로 "인종은 단순히 억압과 착취를 위해 사용된 부정적 범주인 것만은 아니"라는 입장이다.[252] 흑인들에게 '인종'은 "일종의 자격 또는 소속감, 투쟁과 극복에 대한 기억, 그리고 새로운 이상과 성취를 향해 전진하고 노력하려는 동기를 포괄하는 긍정적 범주"도 된다고 벨은 이야기한다.[253]

제퍼스와 벨은 인종차별이 종식되기를 바라는 사람들이다. 그렇지만 그들도 '흑인' 문화는 보존되고 번창하기를 바란다. 그들의 주장에 따르면, 동등한 대우를 위해 반드시 인종 정체성을 버려야 하는 건 아니다.

~

그럼 백인성은 어떨까? '백인성'에도 흥겨움이 있을까? 우리는 '백인' 문화가 보존되고 번창하기를 바라야 할까? 나는 그렇게 생각지 않는다. 잠시 그 이유를 설명하려 한다.

'흑인' 문화가 아름다운 이유는 그 문화가 억압에 대한 반응이면서, 억압을 초월하려는 움직임이기 때문이다. 흑인의 역사는 재즈와 힙합, 마야 안젤루Maya Angelou와 제임스 볼드윈, 노예제 폐지 운동가 소저너 트루스Sojourner Truth와 마틴 루서 킹 주니어를 잉태했다. 그 밖에도 흑인의 역사 속에서 수없이 많은 유산이 만들어졌다. 우리가 어떤 작가, 활동가, 예술을 '흑인' 문화로 찬양할 때 우리는 그것을 흑인들의 고유한 역사와 연결한다. 그 역사는 곧 벨이 말한 투쟁과 극복의 역사다.

'백인' 문화에는 그런 아름다움이 전혀 없다. 백인 문화는 피억압자의 반대편에서 탄생했다.

당연히 우리가 '백인인' 사람들을 찬양할 수는 있다. 우리는 백인

작가, 백인 화가, 백인 운동선수 등을 찬양한다. 그들 개개인의 스토리에는 투쟁이 있고 탁월한 성과가 있다. 또 우리는 어쩌다 보니 백인인 사람들(아일랜드인, 이탈리아인, 독일인, 유대인 등)이 만들어낸 공동체 문화를 찬양할 수도 있다. 하지만 우리가 그들을 '백인으로서' 찬양한다는 건 잔인한 생각이다.

백인성은 타인의 고통 위에 축조된 개념이다.[254] 그리고 백인성에는 그 이상의 의미가 거의 없다. 백인성은 확실히 특혜의 원천이다. 그러나 의미의 원천은 아니다.

어떤 사람들은 다르게 생각한다. 그들은 자신의 백인성에 자부심을 느낀다. 그건 실수다. 그들은 백인성을 인정하기 때문에 백인의 가장 나쁜 모습을 보이게 된다.

백인성은 오염됐다. 그리고 우리는 백인성이 오염된 하나의 중요한 이유를 여기서 발견한다. 흑인성과 달리 백인성은 자신의 기원을 극복할 수가 없다.

지금까지 많은 발전이 있었지만, 우리는 누군가의 정체성에서 '백인'이 유의미한 부분이 아니게 될 날을 기쁘게 맞이해야 한다.

⌒

렉스가 다섯 살 때는 이 모든 내용을 이해하지 못했다. 렉스는 우리가 함께 읽은 민권운동 이야기들에서 비롯된 단순한 생각을 가지고 있었다. '흑인' 주인공들은 좋은 사람들이었고 '백인' 등장인물은 대부분 나쁜 사람들이었다.[*] 그래서 행크는 '흑인'이 되고 싶다고 했던 것이다.

앞에서 말한 대로 나는 그 말에 놀라지 않았다. 내가 주목한 건 렉스의 말 뒷부분이었다. "우리가 그런 짓을 하지 않았더라면 좋았을 텐데." 그 말을 통해 렉스는 자신을 나쁜 행동을 했던 집단의 일원으로 보고, 과거에 있었던 일이 유감스럽다는 신호를 보냈다.

그게 말이 될까? 앞에서 언급한 대로 대다수 '백인'들은 렉스처럼 '우리'라는 단어를 사용하지는 않는다. 만약 그들이 노예제와 인종 분리 같은 과거의 잘못에 대해 유감을 표현한다면 삼인칭을 사용할 것이다. 그 이유를 이해하기란 어렵지 않다. 그런 잘못들은 오래전 일이고 그들 자신이 개인적으로 관여하지도 않았으니까.

물론 수많은 '백인'들은 자기가 직접 책임져야 하는 잘못을 저질렀다. 인종차별은 역사가 아니다. 가장 끔찍한 형태의 인종차별조차도 아직 과거의 일이 아니다. 우리 사회에는 여전히 광범위한 차별이 있으며, 나는 그 사실을 축소하고 싶지 않다. 사람들은 자기 행동에 책임을 져야 한다.

그러나 나는 묻고 싶다. 오늘날의 '백인'들은 순전히 그들이 백인이라는 이유만으로, 노예제와 인종 분리 같은 과거의 잘못에 대해 책임져야 하는가? 그들이 개인적으로 관여하지 않았다 하더라도 그들에게 오늘날의 인종차별에 대한 책임이 있는가? 다시 말해서 인종 자체가 책임의 근거가 되는가?

---

* 《흑인 아이들은 왜 구내식당에서 모여 앉는가》(pp.119-20). 테이텀은 인종에 관한 대화를 나눌 때 아이들에게 긍정적인 '백인' 역할 모델을 보여주는 것이 중요하다고 강조한다. 우리에게 최초의 긍정적인 백인 역할 모델은 내가 앞에서 소개한 《재키와 행크가 만났을 때》라는 책에 재키 로빈슨과 함께 등장한 행크 그린버그Hank Greenberg였다. 이 책에 관해서는 잠시 후에 다시 이야기하겠다.

그렇지 않다는 주장은 다음과 같이 전개된다.

윤리적 책임은 개인적인 문제다. 우리는 각자 자신의 잘못에 책임이 있으며, 다른 사람들이 저지른 잘못에는 책임을 지지 않아도 된다. '언어'를 다룬 장에서 설명한 것처럼 우리 외할머니는 착한 사람이 아니었다. 우리 외할머니는 자기 아이들을 친절하게 대하지 않았고, 자기 형제들도 함부로 대했다. 나는 외할머니의 유전자를 물려받았지만 외할머니의 잘못은 물려받지 않았다. 우리 외할머니가 했던 행동에 대해 나를 비난하는 건 말이 안 된다. 우리는 사람들의 행동에 성격적 결함이 드러날 때 그들을 비난한다.[255] 우리 외할머니의 행동은 내 성격에 관해 어떤 것도 드러내지 않는다.

우리가 노예제나 인종 분리와 같은 역사적 과오를 생각할 때도 같은 원리가 적용된다. 역사적 과오는 그 사건에 관여한 사람들의 잘못을 의미한다. 그 사람들의 행동을 가지고 다른 사람들을 비난할 근거는 없다. 오늘날의 '백인'들을 비난해서도 안 된다.

⌒

나는 이런 주장이 어느 선까지는 설득력이 있다고 생각한다. 하지만 책임이란 단지 개인의 문제만은 아니기 때문에 여기서 탐구를 멈출 수는 없다. 때때로 우리는 집단을 구성하는 개인들과 별개로 어떤 집단을 비난한다. 737맥스 항공기를 부실하게 설계한 보잉Boeing사를 생각해보라.[256] 737맥스 두 대가 추락했고, 수백 명의 목숨을 앗아갔다. 우리는 그 사건에 대해 보잉사를 비난할 수 있다. 보잉사에는 자신들이 제작하는 항공기의 안전을 보장할 의무가 있었다. 그들은 의무를 완수하지 못했다. 그리고 보잉사의 실패는 보잉사의 성격적 결함을 드러냈다. 사람보다 이윤을 우선시한다는 것이다.

우리는 왜 중요한 결정을 했던 개인들이 아니라 보잉사를 비난해야 할까? 만약 우리가 책임 있는 개인들을 특정할 수 있다면, 그들을 비난할 수도 있다. 아니, 그 개인들도 비난해야 마땅하다. 하지만 보잉사는 그 회사에 소속된 개인들을 단순히 합친 것이 아니다. 어떤 개인도 737기를 만들 수 없다. 오직 보잉사만 737기를 만들 수 있다. 보잉사 항공기의 안전을 보장할 수 있는 것도 보잉사다. 어떤 개별 직원도 항공기의 안전을 보장할 수 없다.

확신하건대 내가 사는 거리에는 세상의 그 어떤 거리보다도 법철학자의 수가 많다(인구 대비). 이 거리에 항시적으로 거주하는 주민은 아홉 명인데 그중 세 명이 법철학을 전업으로 한다(렉스와 행크는 포함하지 않은 숫자다. 렉스와 행크를 네 번째 법철학자로 쳐도 될 것 같지만). 우리 집 건너편에는 윌 토머스Will Thomas가 산다. 우리 아이들은 언제든지 토머스에게 전화를 걸어 '축구 골프'라는 경기를 할 수 있지만, 토머스가 낮에 하는 일은 따로 있다. 그는 미시간 경영대학원에서 수업을 하고 기업을 처벌하는 방법에 관해 연구한다.

오랫동안 우리는 기업을 처벌하지 않았다. 초창기 미국에서는 기업을 위해 일한 개인들은 처벌할 수 있었지만 기업 자체를 처벌할 수는 없었다. 19세기 말에 이르러 그게 달라졌다. 왜 그랬을까? 토머스는 기업들이 변화했기 때문이라고 말한다.[257] 19세기 말쯤 기업들의 내부 조직 형태가 달라졌고, 내부 구조가 바뀌자 과거보다 복잡해졌다. 만약 부부가 운영하는 동네 식료품점이 세금을 탈루한다면 부부 중 한 사람이 문제일 확률이 높다. 반면 보잉사는 직원이 10만

명이 넘고, 항공기 설계와 시험 같은 복잡한 업무에 대한 책임을 수백 명에게 분담시킨다.

업무가 여러 사람에게 분배되기 때문에 보잉사의 실패를 추적해서 어느 직원의 잘못인지를 특정하지 못할 수도 있다. 보잉사의 실패는 수많은 실수의 결과인지도 모른다. 그 수많은 실수들은 하나하나 떼어놓고 보면 큰 문제가 아니었을 것이다. 다른 직원들이 일을 제대로 했다면 문제되지 않았을 일이다. 심지어 어떤 개인도 잘못을 범하지 않았는데 보잉사는 잘못을 저지르는 극단적인 사례도 상정할 수 있다. 문제는 기업의 조직이나 인사 방식에 있을지도 모른다. 토머스의 주장에 따르면, 그런 경우 그 기업을 위해 일하는 개인들이 아니라 오직 그 기업만이 비난을 받아야 한다.

실제로는 직원들이 잘못을 했더라도 기업이 비난을 받아야 할지도 모른다. 기업은 하나의 독립적인 윤리적 주체이기 때문이다. 보잉사는 이성적으로 행동할 수 있고, 우리는 보잉사가 얼마나 이성적으로 움직이느냐에 따라 그 기업의 성격을 판단한다.

그러면 보잉사를 비난하는 것과 똑같이 '백인'인 사람들을 하나의 집단으로 보고 비난할 수 있을까? 그건 아니다. 우리가 '백인'이라고 이야기할 때의 '백인'은 기업이 아니라 개인들의 집합체다. 인종 집단은 그 인종에 속하는 사람들을 합쳐놓은 것 이상은 아니다. 인종 집단에는 집합적인 결정을 내리는 내부 조직이 존재하지 않는다. '백인'들 개개인은 자신이 하는 행동에 책임을 져야 한다. 그러나 '백인'이라는 집단은 그 구성원들과 분리되는 책임을 지지 않는다.

이 모든 이야기를 종합하면 우리의 질문에 대한 답은 '아니요'가 된다. 인종은 책임의 근거가 못 된다. 우리가 단지 어떤 사람들과 동일한 인종 집단의 구성원이라는 이유만으로, 그 사람들의 행동에 대한 비난을 받아야 하는 건 아니다. 그리고 그건 오늘날 생존해 있는 '백인'들 가운데 노예제와 인종 분리 같은 과거의 잘못에 책임이 있는 사람은 소수라는 뜻이다.

하지만 '백인'들은 그 소수의 사람들에 대한 책임 의식을 느껴야 한다.

책임을 지는 것과 책임 의식을 느끼는 것은 다르다. 당신은 나쁜 짓을 해놓고 그 사실을 인정하지 않거나, 잘못을 만회하기 위해 아무것도 하지 않는 사람을 하나쯤 알고 있을 것이다. 그 사람은 자신이 한 일에 대해 책임을 지지 않는 것이고, 그것은 그 자체로 또 하나의 잘못이다.* 우리가 우리 아이들에게 '네가 잘못했을 때는 잘못했다고 말하고, 최선을 다해 바로잡아라. 그렇게 하지 않으면 또 다른 잘못을 저지르는 거야'라고 가르치는 이유가 바로 여기에 있다.

대개의 경우 당신에게 실질적인 책임이 있을 때 당신은 책임 의식을 느껴야 한다. 물론 당신에게 실질적인 책임이 없을 때도 책임 의

---

* 여기서 책임 의식을 느낀다는 것은 우리가 로버트 폴 볼프의 권위에 반대하는 주장을 살펴봤을 때의 '책임 의식을 가진다'고 했던 것과는 의미가 다르다. 로버트 폴 볼프는 사람들이 행동하기 전에 책임 의식을 가지기를 원했다. 그래서 사람들이 이성적으로 사고하고 행동을 결정하기를 원했다. 지금 우리가 이야기하고 있는 '책임 의식을 느낀다'는 것은 행동을 하고 난 후에 잘못을 시인하는 것을 뜻한다.

식을 느낄 수는 있다. 그리고 때로는 당신에게 책임이 없을 때도 책임 의식을 느껴야 한다.

이것은 데이비드 이넉David Enoch의 주장이기도 하다.[258] 이넉은 또한 사람의 법철학자다. 그는 히브리 대학교에서 강의를 하기 때문에 우리 동네에 살지는 않지만, 그가 우리 동네에 살면 좋겠다는 생각이 든다. 나는 그와 토론하는 걸 제일 좋아하기 때문이다. 우리는 거의 모든 문제에 관해 의견이 엇갈리기 때문에, 그와 토론하면 내 생각이 틀렸다는 우려를 하게 된다. 그건 똑똑한 맞수에게 바랄 수 있는 최고의 선물이다.

하지만 이 문제에 관해서는 이넉의 주장이 옳다. (내가 이렇게 말했다는 건 이넉에게는 비밀이다.) 당신은 당신에게 책임이 없을 때도 책임 의식을 느낄 수 있고, 때로는 당신에게 책임이 없을 때도 책임 의식을 느껴야 한다. 부모들도 종종 이런 입장에 서게 된다. 당신의 아이가 다른 아이 집에서 놀다가 뭔가를 망가뜨렸다고 생각해보라. 그건 당신의 잘못이 아닐 수도 있다. 물론 당신이 아이들에게 다른 사람들의 물건을 만질 때는 조심해야 한다고 가르치지 않았을 수도 있지만, 십중팔구 당신은 아무런 잘못을 하지 않았을 것이다. 당신이 육아를 아무리 잘하더라도 아이들은 조심성 없이 행동할 때가 있다. 그래도 당신은 사과를 하고 아이가 망가뜨린 물건을 고쳐주겠다고 제안해야 할 것만 같다. 다시 말하면 당신은 당신에게 책임이 없는데도 책임 의식을 느껴야 한다고 생각한다.

왜 그럴까? 이건 아주 흥미로운 질문이다. 부모로서 당신은 자기 아이가 다른 사람들에게 골칫거리가 되지 않기를 바란다. 그래서 당신의 행동은 실용적인 것이기도 하다. 당신은 아이가 친구 집에 계속 놀러 가고 당신의 집이 잠시 조용해지기를 바랄 수도 있다. (아니면 아이에게 친구가 있기를 바라거나. 어느 쪽이든 상관없다.) 만약 당신이 아이가 망가뜨린 물건을 고쳐주거나, 적어도 수리해준다고 제안하지 않을 경우 당신의 아이는 다음번에 초대받지 못할지도 모른다. 하지만 나는 이게 단순히 당신 자신의 이익을 위한 행동이라고 생각하지 않는다. 솔직히 말하자면 자기 아이가 일으킨 문제에 책임 의식을 느끼지 않는 부모는 어딘가 이상한 사람이라고 생각한다.

나는 그걸 정확히 어떻게 설명해야 할지는 모르겠다. 내가 생각해낸 최선의 설명은 다음과 같다. 우리는 다른 사람들이 호의를 베풀었는데 (예기치 못한 일로) 그들에게 피해가 생기기를 바라지 않는다. 당신이 우리 아이를 돌봐주기로 하는 순간 당신은 부담을 짊어지는 것이고, 그건 친절한 행동이다. 언젠가 나도 그 친절에 보답해야 할 것이다. 그런데 우리 아이가 뭔가를 망가뜨린다거나 하는 일이 생겨서 당신이 뜻밖의 비용을 치르게 된다면, 단순히 호의를 되갚는 것만으로는 균형이 맞지 않는다. 내가 책임을 지려면 당신의 부담이 원래 예상했던 것보다 커지지 않게 해야 한다.*

책임이 없는데도 책임을 지려고 하는 현상이 부모에게만 나타나는 것은 아니다. 이넉은 우리가 인종에 관해 생각할 때 도움이 되는 예를 든다. 그는 자기 나라가 했던 어떤 일에 분노하는 한 여성을 상상한다. 그 나라가 전쟁을 일으켰는데 그녀는 그 전쟁이 정당하지 않다고 생각한다고 치자.[259] 나라가 전쟁을 일으킨 건 그녀의 잘못이 아닐 것이다. 그녀는 집권 세력의 반대편에 투표했을 수도 있다. 또 그녀는 전쟁에 반대하는 행동을 했을 수도 있다. 그래도 이넉의 이론에 따르면 그녀는 그 전쟁에 책임을 져야 한다. 책임을 진다는 것은 전쟁에 대해 사과하거나 전쟁 피해를 줄이려고 노력하는 것이다. 이념은 그녀가 그 전쟁에 찬성하지 않았다는 이유만으로, 그 문제에서 자유로워질 수는 없다고 생각한다. 그녀는 책임을 져야 한다.

나는 '백인'들도 비슷한 입장이라고 생각한다. 그들이 인종 분리에 개인적으로 가담했는지, 아니면 인종 분리에 항의했는지는 중요하지 않다. 아니, 심지어 인종 분리의 시대에는 아직 태어나지도 않았다 하더라도 그건 중요하지 않다. 직접적인 책임이 없다는 이유만으로 그들이 그 문제에서 자유로워질 수는 없다.

왜 그럴까? 법학에는 전통적이고 보편적인 법률의 원칙이 하나 있다. "이득을 누리는 자는 빚도 감당해야 한다Qui sentit commodum, sentire debet et onus." 혜택을 입는 사람이 책임을 져야 한다는 뜻이다. 이 원칙은 원래 특정한 종류의 재산권 분쟁을 해결하기 위해 만들어졌지만, 나는 이 원칙이 인종 문제에도 적용된다고 생각한다. '백인'들은 존재하지 않아야 하는 사회적 위계 구조의 상층에서 특권적 지위를 차지

---

* 이 계산은 훨씬 더 복잡해진다. 아마도 당신은 물건 값을 내겠다는 나의 제안을 거부할 것이기 때문이다. 친구 사이에서 돈이 오가는 건 어색한 일이다. 우리가 누군가와 친구라고 말할 수 있는 하나의 기준은, 누가 누구에게 신세를 졌는지를 깐깐하게 따지지 않는다는 것이다. 만약 우리 아이가 망가뜨린 물건이 작은 거라면 당신은 나에게 신경 쓰지 말라고 대답해야 한다. 적어도 당신이 우정을 유지하기를 원한다면(아니면 우정을 쌓기를 원한다면). 내 생각에 그 물건이 비싼 거라든가 새로 구하기 힘든 거라면 상황은 다를 것 같다. (그런 경우 당신은 자신에게도 책임이 있다고 느낄지도 모른다. 그 물건을 아이들 손에 닿는 곳에 놓아둔 사람은 당신이니까.) 나는 이렇게 한 사람은 제안을 해야 하고 상대는 그 제안을 거절해야 하는 사례들이 아주 매력적이라고 생각한다. 이런 사례들은 인간관계가 얼마나 미묘한가를 생생하게 보여준다. 여기서 나는 내 책임이 아닌 일에 책임을 지려고 노력해야 하며, 당신은 나의 제안을 거절해야 한다. 순전히 우리가 서로를 향해 적절한 태도를 취하고 있다는 것을 보여주기 위해서.

하고 있다. 따라서 그들은 그 위계 구조를 해체하는 데서도 그들의 역할을 수행해야 한다.

두 번째 이유는 보다 간단하고, 인종과 상관없이 모두에게 적용된다. 이 이유는 이저벨 윌커슨Isabel Wilkerson이 최신작《카스트Caste: The Origins of Our Discontents》에서 밝힌 바 있다. 윌커슨은 미국을 한 채의 집이라고 상상한다. 그 집은 겉으로 보기에는 아름답지만 안쪽을 들여다보면 문제가 많다. "여기저기 금이 가고 벽은 휘어졌고 기초에도 틈이 생겼다."[260]

그건 현재 그 집에 사는 사람들의 잘못은 아니다. 윌커슨은 다음과 같이 말한다. "사람들은 당연히 이렇게 말할 것이다. '이 모든 문제는 나 때문에 시작된 게 아냐. 나는 과거의 잘못과 아무런 상관이 없어. 우리 조상들은 원주민을 공격하지 않았고 노예를 소유하지도 않았어.'"[261] 그들의 말이 틀린 건 아니다. 하지만 그건 중요하지 않다. 우리는 그 집을 물려받은 사람들이고, "우리는 그 집의 좋은 점과 나쁜 점을 모두 상속받은 사람들이다. 들쭉날쭉한 기둥과 들보를 우리가 만들진 않았지만 지금 그것들을 처리해야 할 사람은 우리다".[262]

우리는 이 집이 무너지도록 방치할 수도 있다. 아니면…… 이 집을 고칠 수도 있다.

～

그 집을 고치고 싶다면 우리가 무엇을 해야 할까? 이 질문에 간단한 답은 없다. 우리가 할 수 있는 가장 강력한 실천은 우리 아이들과 대화하는 것이다. 우리 중 '백인'인 사람들은 각자 자신의 아이들에게 인종차별에 관해 가르쳐야 한다. 과거의 인종차별만이 아니라 현재의 인종차별에 대해서도 알려줘야 한다. 나의 두 아들이 뉴스에서 '흑인의 생명도 소중하다' 항의 시위 장면을 처음 봤을 때 우리는 경찰이 때때로 합당한 이유 없이, 아니 아무런 이유 없이 '흑인'을 사살한다는 사실에 관해 이야기를 나눴다.

그걸 가르치려니 힘이 들었다. 배우는 아이들도 힘들어했다. 특히 행크는 경찰이 나쁜 사람일 수도 있다는 이야기를 쉽게 받아들이지 못했다.

"경찰이 나쁜 행동을 하면 다른 경찰이 와서 그 사람을 잡아가잖아." 행크의 이 말은 주장인 동시에 질문이었다.

"'흑인'들을 쏘아 죽인 경찰이 처벌을 받은 적은 거의 없단다." 나의 대답이었다. 그 순간 행크는 순진무구함을 약간 잃었다.

좋은 사람들은 복을 받고, 나쁜 사람들은 벌을 받는다. 동화는 이렇게 전개된다. 그러나 바깥세상은 다르다.

우리가 아이들과 이런 대화를 나누기는 쉽지 않았다. 하지만 그건 '흑인' 부모가 자신의 아이들과 인종에 관해 대화할 때의 어려움에는 비할 바가 못 된다. 행크가 경찰이 자신을 해치지는 않을 거라는 말을 듣고 위안을 얻기를 바랄 때 나는 그 위안을 줄 수 있다. '흑인' 부모들은 그럴 수가 없다. 그들은 아이들에게 안전하게 살아남는 법을 가르쳐야 한다. 더욱이 그들은 자신들이 어떤 말을 해도 모든 위험을 없애줄 수는 없다는 사실을 알고 있다.

얼마 전에 나는 친구 에코 양카Ekow Yankah와 이야기를 나누고 있었다. 양카 역시 법철학 교수이고 전문 분야는 사법과 처벌이다. 우리는 '백인' 부모와 '흑인' 부모가 각각 아이들과 인종에 관한 대화를 나눌 때 직면하는 어려움에 관해 토론했다. 나의 주된 임무는 우리 아이들에게 백인성에 뒤따르는 유리함과, 그렇게 백인이 유리한 위치에 있는 것은 불공정하다는 사실을 인식시키는 것이다. 그리고 세상을 더 공정하게 바꾸는 것이 그들의 책임이라고도 알려줘야 한다.

양카에게는 더욱 시급한 과제가 있다. 그는 그의 아이들이 나중에 직면할 가능성이 있는 적대적 상황에 대비해야 한다. 그게 공정하지 않다는 사실에 아이들이 잘 대처하도록 해야 한다. 그리고 아이들이 그 모든 일에 관해 스스로 생각하고, 이해할 수 없는 일들을 이해하도록 도와야 한다.

그가 특별히 신경을 쓰는 질문이 하나 있다. "그렇게 오랫동안 '흑인'들을 가혹하게 대했던 나라에 '흑인'인 사람들이 일체감을 가져야 하는 이유는 무엇인가?"

어떤 답변은 뻔하다. 슬픔과 분노. '거부'라는 응답도 용납될 것이다. 하지만 양카는 거기까지 나아가지는 않고 멈춘다. 그는 자기 아이들이 미국을 거부하기를 바라지도 않는다. 미국의 역사는 지금도 계속 쓰이고 있다고 그는 말한다. 적어도 지금까지는 '흑인' 미국인들에게 나쁜 이야기였다. 수백 년 동안의 억압은 형태만 바뀌었을 뿐 종식되지 않았다. 그래도 지금까지 이뤄낸 발전은 있다. 더 나은 미래의 씨앗도.

양카는 프레더릭 더글러스Frederick Douglass의 〈노예에게 독립 기념일이란 무엇인가?What to the Slave is the Fourth of July?〉라는 유명한 연설에서 영감을 얻는다. 연설 첫머리에서 더글러스는 미국의 건국 시조들과 건국이념을 찬양한다. 과거에 노예였던 사람으로서는 놀라운 일이다.

〈미국독립선언Declaration of Independence〉에 서명한 사람들은 용감한 사람들이고 위대한 사람들이었습니다. 그들은 정치가, 애국자, 영웅이었습니다. 그들이 했던 훌륭한 일과 그들이 수호했던 원칙들에 대해서는 저도 여러분과 함께 기억하고 기릴 것입니다.[263]

더글러스의 말은 진심이었다. 그는 미국을 건국한 사람들과 그들의 미덕, 자유를 향한 그들의 투쟁을 한참 동안 칭찬한다.

하지만 곧 미국이라는 나라가 그 건국이념에 부합하지 못했다고 선언한다. "건국의 아버지들이 물려준 정의, 자유, 번영과 독립이라는 풍부한 유산은 여러분이 누리고 있습니다. 저는 아니고요."[264]

더글러스는 완곡한 어법을 사용하지 않는다. 그는 노예제를 가리켜 "미국의 큰 죄악이고 수치"라고 부른다.[265] 그리고 더글러스는 그의 연설에서 가장 핵심적인 질문에 강력한 고발로 답한다.

여러분의 7월 4일은 미국의 노예에게 무엇입니까? 내가 대답하겠습니다. 그에게 그날은 1년 중 다른 어떤 날보다도 더, 총체적인 부정의와 그가 항상 경험하는 잔혹함이 드러나는 날입니다. 그에게 여러분의 축하는 사기입니다. 그건 여러분의 부풀려진 자유, 불경한 자격, 여러분의 국가가 위대하다는 과장된 허영입니다. 여러분이 기뻐하는 소리는 공허하고 무정합니다. 여러분들이 독재자를 맹비난하는 것도 그럴싸하게 장식된 몰염치입니다. 여러분이 외치는 자유와 평등은 공허합니다. 여러분의 기도와 찬송, 여러분의 설교와 추수감사절, 여러분의 그 모든 종교 행진과 경건한 의식이 그에게는 과장이고, 사기고, 기만이고, 무례고, 위선입니다. 야만의 나라를 수치스럽게 만들 범죄를 덮는 얇은 면사

포입니다.[266]

그런데 연설의 마지막 부분에서 더글러스는 이렇게 말했다. "나는 이 나라에 절망하지 않습니다."[267]

왜 절망하지 않을까? 더글러스는 〈미국독립선언〉에 수록된 대원칙들을 거론하며, 미국이 다시 그 원칙을 따르는 나라가 될 가능성을 열어둔다.

양카는 아이들과 대화를 나눌 때 더글러스의 연설문과 같은 태도를 유지하려고 노력한다. 그는 언어를 순화하지 않는다. 그는 심각한 부정의를 감추거나 그 충격을 완화하려고 하지 않는다. 그러나 그는 아이들에게 진보가 가능하다는 것을 알려주기를 원한다. 미국 사회에서 평등은 낯선 개념이 아니라 독립선언문에 새겨진 개념이다. 우리는 건국 시조들이 정한 기준대로 살고 있지 못하다. 하지만 그 이야기와 투쟁은 아직 끝나지 않았다.

나는 양카에게 내 아이들이 무엇을 배우기를 바라느냐고 물어봤다. "그거야 쉽지." 그가 대답했다. "친절만으로는 부족하다는 것." 물론 우리가 서로를 친절하게 대하는지 아닌지는 중요한 문제다. 그러나 아이들에게 사람들을 친절하게 대하기만 하면 된다고 가르친다면, 우리 세대가 가진 문제의 대부분을 그대로 떠넘기는 셈이다. 친절은 건강보험의 접근성을 높이지 못한다. 친절이 빈부 격차를 줄이지도 못하고, 학교들 사이에 후원금을 평등하게 분배하지도 못한다. 그리고 친절은 흑인 부모들이 내가 행크를 안심시킨 것과 똑같이 경찰을 두려워하는 그들의 자녀를 안심시킬 수 있게 하지 못한다.

우리가 서로를 대하는 방식은 중요하지만, 우리가 공동체로서 행동하는 방식이 훨씬 중요하다. 우리의 문제를 해결하기를 바란다면, 우리의 나라가 저지른 잘못에 대해 나라가 책임을 지고 잘못을 바로 잡도록 압력을 행사해야 한다.

⌒

미국은 미국 시민들로부터 독립된 하나의 도덕적 행위자다. 그 이유는 보잉사가 하나의 도덕적 행위자인 것과 동일하다. 국가는 단순히 사람들의 집합이 아니다. 정부는 이성적으로 행동할 수 있는 체계를 가지고 있고, 그래서 정부는 정부가 하는 일에 책임을 져야 한다. 인종 문제에 관해서라면 미국 정부의 성적은 형편없다. 미국은 노예제, 인종 분리, 대출 차별, 대량 학살, 그리고 우리를 괴롭히는 다른 수많은 문제에 책임을 지닌다.[268] 우리는 모든 영향력을 다 동원해서라도 미국 의회가 미국 정부를 대표해서 사과하라고 요구해야 한다.

그건 어떤 모습일까? 얼마 전 노예제 배상에 관한 흥미로운 이야기가 사람들의 관심을 끌었다. 2014년 타네히시 코츠는 〈애틀랜틱〉에 〈배상 옹호론〉이라는 글을 발표했다.[269] 이 글은 노예제에 관해서도 조금 다루지만, 주로 노예제 폐지 이후에 생긴 일들에 대해 이야기한다. 이 글은 특히 20세기의 죄악에 초점을 맞춘다. 코츠는 흑인에 대한 대출 차별이 어떤 식으로 작동했는지를 설명하고, 그 정책이 특정한 사람들에게 어떤 영향을 주었는지를 상세히 서술한다. 오늘날에도 주택에 대한 압류 조치는 인종이 분리된 동네에서 집중적으로 발생한다.

코츠의 글을 읽고 '우리가 이런 잘못을 바로잡아야 한다'는 생각을 하지 않기는 힘들다. 그 잘못들은 우리의 과거인 동시에 우리의 현재니까. 그리고 우리가 지금 당장 책임을 지지 않는다면 그 잘못들은 우리의 미래가 될 테니까. 그러면 어떻게 바로잡을 것인가? 사과를 하면 좋다. 우리는 우리 자신의 잘못을 규탄해야 한다. 하지만 우리가 입힌 피해를 복구하려는 노력이 수반되지 않는 사과는 공허하게 울릴 것이다.*

과거의 잘못을 없었던 일로 만들 방법은 없다. 과거에 가장 큰 피해를 입은 사람들은 이제 우리와 함께 있지 않다. 그렇지만 우리가 사람들을 평등하게 대우하는 사회를 만들어갈 수는 있다.

배상의 진짜 의미도 바로 그것이다. 대니얼 프라이어Daniel Fryer는 우리 동네에 사는 세 번째 법철학자다. 그는 배상과 인종적 정의 전반을 연구한다. 그는 배상이 노예제와 인종 분리가 일어나지 않았을 경우 '흑인'들이 획득했을 자리로 그들을 돌려보내는 것을 목표로 해야 한다는 주장을 거부한다. 그건 실현 가능한 일이 아니다. 우리는 과거로 돌아갈 수가 없다. 있는 그대로의 과거로든 다른 어떤 과거로든 간에. 그리고 그건 정당한 목표가 아니라고 프라이어는 말한다. 배상은 관계의 회복을 목표로 해야 한다는 것이 그의 주장이다.[270] 배상의 목표는 '흑인'들이 동등한 대우를 받고 '백인'들과 똑같은 자유를 누리는 사회를 만드는 것이어야 한다.

---

* 이것은 어떤 잘못을 저지른 사람의 행동에 관해 올바른 메시지를 보내기 위해서는 처벌에 가혹한 대우를 포함시켜야 한다는 생각을 뒤집은 것이다. 다시 말하지만 말보다 행동이 중요하다.

그러면 배상은 어떻게 해야 하는가? 이건 어려운 질문이다. 돈은 일정한 역할을 한다. 현금 보상은 수많은 기회를 차단하는 빈부 격차를 줄일 수 있다. 돈을 투입해서 학교를 개선하고 건강보험의 접근성을 높일 수도 있다. 그러나 돈이 우리의 문제를 모두 해결해주지는 않는다. 돈으로는 대량 학살, 경찰 과잉 진압, 투표 배제를 해결하지 못할 것이다. 배상을 하려면 우리 사회가 '흑인'들을 2등 시민처럼 대하는 관습을 모조리 뿌리 뽑아야 한다. 배상은 돈을 지불하는 것이 아니라 과제를 수행하는 것이다. 배상은 쉽지 않다. 우리는 프레더릭 더글러스가 요구했던 사회, 즉 미국의 건국이념을 실제로 구현하는 사회를 건설할 때까지는 성공했다고 말할 수 없을 것이다.

⌒

이 장의 첫머리에서 나는 《재키와 행크가 만났을 때》라는 책을 언급했다. 이 책에는 재키 로빈슨과 행크 그린버그의 이야기가 나온다. 재키와 행크는 역대 최고의 야구 선수들이었는데도 심한 괴롭힘을 당했다. 행크 그린버그의 경우에는 유대인이기 때문이었고, 재키 로빈슨의 경우에는 흑인이기 때문이었다.

메이저리그에는 그린버그가 로빈슨보다 먼저 진출했다. 그린버그가 나이가 더 많기도 했지만, 야구가 인종별로 분리되어 있었기 때문이기도 했다. 로빈슨은 니그로 리그Negro League에서 뛰다가 1947년 브랜치 리키Branch Rickey에게 발탁되어 브루클린 다저스 선수가 됐다. 그때 그린버그는 선수 생활의 황혼기였고 피츠버그 파이리츠 소속이었다.

5월 중순에 브루클린 다저스와 피츠버그 파이리츠가 맞붙었을 때 두 남자는 처음 만났다. 아니, 말 그대로 길에서 마주쳤다. 로빈슨은 첫 타석에서 번트를 댔다.[271] 투수가 실수를 했고, 그린버그는 1루를 벗어나 달렸다. 그는 로빈슨과 충돌해 그를 넘어뜨렸다.[272]

다음 이닝에서는 그린버그가 걸어서 1루로 진출했다. 1루에 도착한 그는 로빈슨에게 다친 데는 없느냐고 물었다. 로빈슨이 괜찮다고 대답하자 그린버그는 일부러 넘어뜨린 것이 아니라고 해명하고 나서 이렇게 덧붙였다. "어이, 자네를 괴롭히려고 하는 사람들한테 신경 쓰지 말게나. 자리를 굳건히 지키라고. 자네는 지금 잘하고 있어."[273] 그리고 그린버그는 로빈슨을 저녁 식사에 초대했다.[274] 그건 로빈슨이 상대 팀 선수로부터 최초로 들은 격려의 말이었다. 로빈슨은 그 말이 자신에게 정말 큰 의미가 있었다고 회상했다.[275]

렉스는 그 이야기를 아주 좋아했다. 우리는 그 이야기를 읽고 또 읽었다. 나중에 렉스는 나에게 유치원 친구들에게도 그 이야기를 읽어달라고 부탁했다. 하지만 렉스는 그 이야기의 뜻을 전부 이해하지는 못했다. JCC 유치원의 다른 아이들도 그랬다. 아이들은 나에게 질문 공세를 퍼부었다.

"왜 사람들이 유대인을 좋아하지 않았어요?"

"왜 사람들이 흑인을 좋아하지 않았어요?"

"번트가 뭐죠?"

나는 세 번째 질문을 받았을 때 정말 반가웠다. 앞의 두 질문에 답하느라 진땀이 났기 때문이다.

"어떤 사람들은 자기와 다른 사람들을 좋아하지 않거든." 나는 앞의 두 질문에 이렇게 대답했다. 너무 단순한 대답이었다. 너무 솔직한 대답이기도 했고.

《재키와 행크가 만났을 때》는 우리 아이들이 자라서 그림책을 보지 않게 되고 나서도 우리 집 책꽂이에 계속 꽂혀 있었다. 우리 삶에 지대한 역할을 했던 책이라서 버릴 수가 없었다. 그 책은 우리 아이들이 '어떤 사람들은 유대인을 좋아하지 않는다'는 사실을 처음으로 접하게 해준 창문과도 같았다.

나는 초등학교 1학년이 되기 전까지 그 사실을 몰랐다. 학교에 유대인 아이는 나밖에 없었다(중학교를 마칠 때까지 계속 나 혼자 유대인이었다). 나는 옆자리에 앉은 여자아이가 마음에 들었고, 그 여자아이도 나를 좋아해줄 거라고 생각했다. 그 아이는 나에게 자기 배꼽을 보여준 적이 있었는데, 그건 희망적인 신호 같았다. 그래서 어느 날 그 여자아이가 내 쪽으로 몸을 돌려 말을 걸었을 때 나는 기대에 부풀었다. 그 아이는 이렇게 말했다. "유대인들이 예수님을 죽였대."

그때 나는 그게 무슨 말인지 몰랐다. 그래도 우리 민족을 옹호하고 싶었다. 나는 예수님이 누군지 아주 어렴풋이 알고 있었을 뿐이었으므로 그 사건의 시비를 논할 수는 없었다. 그래서 성격 증거를 제출하기로 했다.

"그럴 리가 없어." 내가 말했다. "유대인들이 얼마나 착한데."

"너희가 죽였다고 우리 엄마가 그랬어."

(여기서 잠시, 우리가 '집단 책임'에 관해 이야기했던 맥락 속에서 이 '너희'라는 단어를 생각해보라.)

그 여자아이의 엄마가 틀렸다. 유대인들은 예수를 죽이지 않았다. 예수를 죽인 건 로마인들이었다. 그러나 그런 비난은 강한 반유대주의를 부추기는 것이고, 수백 년 동안 실제로 그랬다.

그래서 유대인들은 그런 비난에 관한 농담을 주고받는다. 그러면서 2000년 전에 어떤 사람들이 저질렀다고 일컬어지는(실제로는 그들이 저지르지 않은) 일에 대해 그들에게 책임을 지우는 일의 불합리함을 강조한다.

그중에서도 미국의 사회파 배우인 레니 브루스Lenny Bruce가 했던 농담이 가장 유명하다. "그래요, 우리가 그랬어요. 내가 그랬어요. 우리 가족이 그랬어요. 우리 집 지하실에서 쪽지를 발견했거든요. '우리가 그를 죽였다 – 서명, 모티Morty(미국의 유명한 가족 애니메이션인 〈패밀리 가이〉에 나오는 유대인 등장인물 – 옮긴이).'"[276]

세라 실버먼Sarah Silverman의 농담은 더 웃기다. "모두가 유대인들이 그리스도를 죽였다고 비난한다. 그리고 유대인들은 그 죄를 로마인들에게 뒤집어씌우려고 노력한다. 나는 그리스도를 죽인 게 흑인이었다고 믿는 소수파에 속한다."[277]

실버먼의 농담은 미국에서 유대인의 사회적 지위에 관한 중요한 사실을 포착하고 있다. 미국에서 유대인은 특권과 불안정이 기묘하게 섞인 지위를 가지고 있다. 특권은 유대인이 대부분 '백인'이라는 사실에서 비롯된다. 그 사실은 유대인들이 받는 사회적 대우에 결정적인 영향을 미친다. 우리는 상점에 들어가도 의심을 받지 않는다. 우리는 택시를 잡는 데 어려움이 없다. 우리는 경찰이 우리를 괴롭히거나 해칠 거라고 걱정하지 않는다. 나열하자면 끝도 없다. 하지만 우리는 미국 사회의 시민권을 온전히 획득한 사람들은 아니다. 샬러츠빌에서 행진했던 백인 우월주의자들은 "유대인들이 우리를 대체하지 못하게 하자"라는 구호를 외쳤다.[278] 그리고 백인 우월주의자들은 옛 나치의 구호를 부활시켰다. 이 사건은 당신을 받아들이는 것처럼 보이는 사회에서조차 일이 틀어질 수 있다는 사실을 똑똑히 알려준다.

어떤 유대인들은 자신들의 백인성을 강화함으로써 불안정을 해소하려고 한다. 그리고 가장 백인스러운 소일거리는 '흑인'들이 하지 않은 일에 대해 '흑인'들을 비난하는 것이다. 그래서 실버먼이 그런 농담을 했던 것이다. 실버먼의 농담은 어처구니없어서 웃기다. 동시에 실버먼의 농담은 현실에 존재하는 어떤 편견을 지적하기 때문에 비극적이기도 하다. 사회적 지위를 얻기 위한 경쟁에서 주변으로 밀려난 집단들은 종종 서로를 표적으로 삼는다. 유대인과 흑인만 해도 쌍방을 공격한 적이 있다.[279] 세상에는 인종차별주의적인 유대인도 있고 반유대주의적인 흑인도 있다. 그것은 단지 사회적 지위 때문은 아니다. 혐오를 부추기는 요인은 많이 있다.* 하지만 사회적 지위도 분명 일정한 역할을 수행한다.

다행히 앞으로 나아가는 다른 길도 있다. 그 길은 두 야구 선수의 일화에 나온다. 재키가 행크를 만났을 때 두 사람은 연대했다. 그들은 1루에서 연대했고, 1루 바깥에서도 연대했다. 나중에 그린버그는 클리블랜드 인디언스 팀의 단장이 됐다. 그는 흑인 선수들을 받아주지 않는 호텔에는 자기 팀 선수들을 투숙시키지 않았다. 그리고 그는 텍사스 리그를 통합했다.[280]

로빈슨은 흑인 공동체 내에서 공공연하게 반유대주의를 반대하

---

* 그리고 때때로 혐오는 입증 가능하다. 미국에 거주하는 모든 유대인은 제임스 볼드윈이 1967년에 발표한 〈흑인들이 유대인을 싫어하는 이유는 백인을 싫어하기 때문이다〉라는 에세이를 읽어봐야 한다.[281]

는 사람이 됐다. 그는 다른 흑인 지도자들이 반유대주의 시위의 표적이 되었던 어느 유대인 기업가를 지지하지 않았다고 질책했다.[282] 자서전에서 그는 질문을 던졌다. "만약 우리가 똑같이 편협한 행동을 하거나 묵인한다면, 흑인에 대한 편견에 어떻게 맞서겠는가?"[283]

《재키와 행크가 만났을 때》의 핵심적인 메시지는 연대였다. 재키가 겪은 어려움은 행크가 겪은 어려움과는 달랐다. 그리고 행크가 겪은 어려움은 재키가 겪은 어려움과는 달랐다. 재키가 훨씬 더 힘들었고, 행크도 그걸 알고 있었다.[284] 하지만 재키와 행크는 두 사람이 서로를 미워할 때보다 서로를 도울 때 얻을 것이 더 많다는 사실을 알았다. 그리고 그들은 그게 옳은 일이라고 생각했다.

나는 우리 아이들도 같은 시각을 가졌으면 한다. 우리 아이들이 억압당하는 사람들과 한편이 되어주고, 부당한 대우를 받은 사람들을 옹호하기를 바란다. 솔직히 말해서 당신이 나에게 우리 아이들은 그렇게 할 거라고 말한다면, 나는 내 아이들에 대해 다른 것은 궁금하지 않을 것 같다. 내가 부모 역할을 잘해냈다고 느낄 테니까.

3부

보이지 않는 세상을
보고 싶어

8

지식

내가 아는지 모르는지도
알 수 없을 때

멕시코 티후아나에서는 오래전부터
당나귀에 얼룩말 줄무늬를 칠해서 관광객의 눈길을 끌었다.
그러니까 만약 당신이 티후아나에서 얼룩말을 봤다고 생각한다면
의심해봐야 한다. 그게 위장된 당나귀가 아니라고 확신할 때까지는
당신이 얼룩말을 봤다는 걸 알 수 없다.

"내가 평생 꿈을 꾸고 있는 건 아닐까?" 렉스가 말했다. 그때 렉스는 다섯 살이었고 이미 좋은 철학자였으므로 나는 그 질문을 듣고도 놀라지 않았다. 우리는 저녁 식사 중이었는데, 어쩌면 그 질문은 채소를 피하기 위한 전략이었을지도 모른다. 만약 그랬다면 그 전략은 성공했다. 렉스는 청중을 잘 알았다.

"멋진 생각이로구나, 렉스! 데카르트René Descartes라는 남자도 똑같은 질문을 던졌단다. 지금 네가 꿈을 꾸고 있다고 생각하니?"

"몰라. 그럴 수도 있잖아."

"네가 꿈을 꾸고 있다면 지금 진짜 너는 어디에 있는 걸까?"

"진짜 나는 아직 엄마 배 속에 있는 거 아닐까? 아직 태어나지 않은 거지."

나는 그건 설득력이 없다고 생각했다.

"아직 태어나지 않은 아기가 말을 할 수 있을까?" 내가 물었다.

"아니."

"그러면 너는 아기들이 이런 대화를 나누는 꿈을 꿀 수 있다고 생각하니?"

"아니." 렉스가 인정했다.

렉스의 주장을 조금 더 설득력 있게 다듬기는 어렵지 않았다. "오늘 하루가 다 너의 꿈이라면 어떻겠니? 네가 어젯밤에 잠자리에 들어서 아직 깨어나지 않은 거라면? 너는 그걸 구별할 수 있겠니?"

"아니!" 렉스는 자신이 환영을 보고 있을지도 모른다는 생각에 기분이 좋은 듯했다.

우리는 때때로 뭔가를 의심한다. 어떤 친구가 소식을 알려주는데 당신은 그걸 믿지 않는다. 아니면 당신이 원래 안다고 생각했던 어떤 것을 의심하기 시작한다.

렉스가 제시한 '내가 평생 꿈을 꾸고 있는 건 아닐까'라는 가설은 거의 모든 걸 의심하는 극단적 회의주의로 통하는 지름길이다.

데카르트는 삶이 꿈이라고 의심했던 최초의 인물은 아니었다. 삶이 꿈이라는 생각은 고대 문헌에 수도 없이 등장한다. 내가 가장 좋아하는 문헌은 도가 사상가인 장자가 2000년 전에 쓴 글이다.

어느 날 장자는 나비가 된 꿈을 꾸었다. 날개를 파닥거리며 여기저기 날아다니는 자신이 마음에 들었고 행동도 자유로웠다. 그는 자신이 장자인 줄도 몰랐다. 갑자기 꿈에서 깨어났더니 그가 있었다. 진짜임이 확실한 장자. 하지만 그는 자신이 장자인데 나비가 되는 꿈을 꾼 건지, 아니

면 자신은 원래 나비인데 장자가 된 꿈을 꾸고 있는 건지 알 길이 없었다.[285]

나는 행크(만 여덟 살 때)에게 물었다. "장자가 그걸 알아낼 방법이 있을까?" 행크는 곰곰이 생각하다가 이렇게 물었다. "지금 장자가 피곤해? 안 피곤하다면 방금 잠에서 깨어났다는 거니까, 자기가 나비라는 게 꿈인 거야."

영리한 답변이다. 그러나 충분하진 않다. 행크도 나중에 인정했지만, 잠에서 깨어나 상쾌함을 느끼는 것이 꿈일 수도 있다. 그래도 행크는 그럴 가능성은 별로 없다고 대답했다. 물론 당신이 평생 꿈을 꾸고 있을 가능성도 거의 없다. 당신이 엄마 배 속에 있는 아기든, 아니면 나비든 간에. 우리가 꿈에 관한 의심을 진지하게 받아들여야 하는 이유는 진짜로 그걸 걱정해서가 아니다. 꿈에 관한 의심이 우리가 가진 지식의 상태를 보여주고, 우리가 주변의 세계와 맺고 있는 관계를 보여주기 때문이다.

⌒

데카르트가 꿈에 관한 의심이라는 엉뚱한 이론을 떠올렸을 때 그가 했던 생각이 바로 이것이다. 르네 데카르트는 1600년대에 살았던 인물이지만 아직도 가장 위대한 사상가 중 한 명으로 남아 있다. 그 이유 중 하나는 그의 수학적 업적이다. 특히 기하학에 관한 대수학적 분석은 탁월하다. (5학년 때 배운 내용 복습: 직교좌표계에 $y=x+2$를 표시해보라. 내가 시간을 주겠다.) 그러나 데카르트가 인정받는 더 중요한 이유는 잘못된 믿음에서 벗어나려는 그의 노력과 관련이 있다.

데카르트는 특정한 어떤 것을 의심하는 대신 모든 것을 의심하기로 마음먹었다.[286] 왜 그랬을까? 데카르트는 지식을 확고한 기반 위에 올려놓기를 원했다. 그러기 위해 가장 좋은 방법은 자신이 안다고 생각하는 모든 걸 의심하는 거라고 생각했다. 만약 그러고도 뭔가가 살아남는다면, 즉 그가 의심할 수 없는 어떤 지식을 찾아낸다면 그 확고한 지식을 토대로 삼고 그 위에 다시 지식을 쌓아 올리면 된다고 생각했다.

데카르트에게 꿈에 관한 의심은 모든 의심의 원천이었다. 지금 이 순간 또는 평생 동안 꿈을 꾸고 있을 가능성을 떠올리자, 자기가 안다고 생각했던 것의 대부분이 의심스러워졌다. 왜? 당신 자신에게 간단한 질문을 몇 가지 던져보라. 당신은 어디에 있는가? 지금 당신은 무엇을 하고 있는가?

데카르트가 꿈 논증을 글로 쓴 날, 그는 옷을 차려입고 손에는 종이 한 장을 든 채 난롯가에 앉아 있었다. 그런데 그게 진실일까? 그는 자신이 침대에서 잠들어 있는 게 아닌지 의심하기 시작했다. 자기가 잠을 자고 있는 것 같지는 않았다. 솔직히 말해서 그는 어떤 꿈도 그 순간에 자신이 하고 있는 경험처럼 선명할 수는 없다고 생각했다. 그러나 그 순간 이런 생각이 스쳐갔다. '그동안 깨어 있다고 믿었는데 알고 보면 꿈이었던 적이 얼마나 많았던가.'[287] 그가 지금 깨어 있는지 아니면 꿈을 꾸고 있는지를 확실하게 알려줄 표지는 존재하지 않았다.

지금 당신도 비슷한 입장이다. 당신은 깨어 있는 것처럼 보인다. 그런데 당신도 데카르트와 마찬가지로 실은 꿈을 꾸고 있었다는 사실을 발견하고 화들짝 놀라거나 안도한 적이 있을 것이다. 그렇다면 지금 이 순간 당신이 꿈속에 있는 게 아니라고 확신하기는 어려워진다. 현재 깨어 있는지 아닌지를 정확히 알 수 없다면, 당신이 이제껏 경험한 어떤 것에 대해서도 확신할 수 있다고 생각할 이유가 없다. 물론 당신은 자신이 [여기에 가장 따뜻한 추억을 채워 넣어라] 했던 때를 기억하고 있다. 하지만 그게 당신의 꿈이 아니었다고 정말 자신하는가?

당신이 혼란에 빠졌다면, 꿈 논증에서 어떤 지식은 예외가 된다는 사실에서 위안을 얻기를 바란다. 데카르트의 관찰에 따르면, 우리가 깨어 있느냐 꿈속에 있느냐와 무관하게 어떤 지식은 참이다. 꿈속에서도 정사각형의 변은 네 개다. 그리고 우리가 잠들어 있다고 해서 2+3=5라는 사실에 변화가 생기지는 않는다.[288] 따라서 당신은 그런 진실들에 의지할 수 있다. 설령 대부분의 지식에 관해서는 확신을 가지지 못할지라도.

그러나 그런 진실도 너무 믿지는 말라. 데카르트는 특유의 방식으로 그런 진실에도 의문을 제기했기 때문이다. 꿈 논증의 한계를 발견하고, 데카르트는 그전까지 누구도 생각하지 못했던 최고로 강력한 회의론을 내놓았다. 데카르트는 어떤 사악한 천재가 자신의 생각을 조종하고 있다고 상상했다.[289] 우리 아이들이 제일 좋아하는 악당 이름을 따서 그 천재를 두펀스머츠 박사라고 부르자.* 실제로 두펀스머츠 박사는 데카르트를 속여서 그의 머릿속을 온통 거짓으로 채

---

* 두펀스머츠라는 이름이 생소하다면 핑계를 대기 위해 아이를 하나 데려와서 〈피니와 퍼브Phineas and Ferb〉를 몰아서 시청하라. 행크의 추천이다.

우려고 했을지도 모른다.

왜 그랬을까? 데카르트는 두펀스머츠가 굳이 힘을 써가며 그를 속이려고 했던 이유에 대해서는 설명하지 않았다. 솔직히 말해서 천재가 그런 일에 시간을 할애할 것 같지는 않다. 하지만 두펀스머츠가 자신을 속이고 있을 가능성만으로도 데카르트에게는 문제가 된다. 그는 지금 자기가 믿고 있는 어떤 것도 확신할 수 없다. 명쾌한 수학적 사실들에 관해서도 확신을 가질 수가 없다. 데카르트가 보기에는 두펀스머츠가 자신을 속이고 있는 것 같기 때문이다.

그리고 당신이 생각하기에는 당신도 속고 있는 것 같다. 어쩌면 두펀스머츠가 당신의 뇌를 꺼내 커다란 통에 넣고 전기 자극을 줘서 당신이 지금까지 했던 모든 경험을 가상으로 만들어냈을지도 모른다. 그래도 당신은 그 상황을 모른다.

당신은 지금 옷을 입고 어딘가에 앉아 있거나, 침대에 드러누워 이 책을 읽고 있다고 생각한다. 나도 안다. 그런데 사실 당신은 그 모든 일들을 하고 있지 않다. 당신은 옷을 입고 있지도 않고 홀딱 벗고 있지도 않다. 당신에게는 몸이 없다. 당신은 그냥 몸에서 분리된 뇌일 뿐이다. 자신이 책을 읽고 있다고 생각되겠지만 당신이 읽을 수 있는 책은 없다. 모든 건 당신의 머릿속에만 있다.

아니, 어쩌면 그 책은 있을지도 모른다. 그리고 그 책이 있을 가능성을 배제할 수는 없다. 당신이 아는 한도 내에서 외부 세계는 정교한 환각이다. 사물들이 실제로 존재하든 아니든 간에 당신에게는 동일하게 인식된다.

행크와 나는 장자에 관한 대화를 나눈 후에 데카르트와 두펀스머츠에 관해서도 이야기했다.

"두펀스머츠가 그를 속이고 있어도 데카르트가 확실히 알 수 있는 게 있다면 뭘까?" 내가 질문을 던졌다.

행크는 금방 답을 찾아냈다.

"자기가 생각을 하고 있다는 건 알겠지."

"두펀스머츠가 그건 속일 수 없는 건가?"

"음…… 두펀스머츠는 데카르트가 어떤 것들을 생각하게 만들 수는 있어." 행크가 말했다. "하지만 데카르트가 자기는 생각하고 있다고 생각한다면, 그땐 진짜로 생각하고 있는 거잖아."

옳은 말이다. 데카르트도 그걸 파악했다.[290] 가장 극단적인 회의주의에도 한계는 있다. 데카르트는 이렇게 생각했다. '나는 생각한다. 그리고 그리고 그 사실은 의심할 수가 없다.' 그런 생각을 하다가 데카르트는 두펀스머츠가 자신을 속이기 불가능한 또 다른 것을 찾아냈다. '나는 존재한다.'

이건 '코기토Cogito 논증'이라고 불린다. '나는 생각한다, 고로 존재한다'를 뜻하는 라틴어 명제인 '코기토, 에르고 숨cogito, ergo sum'에서 따온 이름이다.

다른 모든 게 의심스러웠을 때 데카르트는 그것만은 믿을 수 있었다. 그는 자신이 존재한다는 것을 알았다.

좋다. 그건 근사한 논증이다. 행크가 그걸 해냈다는 건 데카르트가 그걸 해냈다는 것보다 더 근사한 일인지도 모른다.[291] 그런데 정말로 **코기토**만이 확실한 지식인가?

실제로 그렇게 가정하고 행동하는 사람은 없다. 다음의 질문을 생각해보라.

영화가 언제 시작되는지 아십니까?

시내 중심가로 가는 길을 아십니까?

팬트리에 파스타가 있는지 없는지 아십니까?

우리는 수시로 이런 질문들을 한다. 그런데 자신이 파스타가 나오는 꿈을 꾸고 있을지도 모르니까, 팬트리에 파스타가 있는지 없는지 확실히 알 방법은 없다고 답변하는 사람은 지금까지 본 적이 없다. 자신이 어떤 악마에게 속고 있기 때문에, 파스타가 있는지 없는지 확실히 모른다고 대답하는 사람은 더더욱 없다.

그렇지만 나는 우리 아이들에게 그런 식으로 대답하는 상상을 해본다.

"아빠, 내 양말 어딨는지 알아?"

"뭔가를 확실히 알 수 있는 사람이 과연 있을까?"

"아빠!"

"무슨 말이냐 하면, 아빠는 아까 양말을 봤다고 생각해. 그런데 그걸 어떻게 확신할 수 있지? 이게 꿈일 수도 있잖아."

"양말을 어디서 봤는데?"

"그 양말이 진짜라고 확신하니? 어쩌면 너도 환영을 좇고 있을지도 몰라."

이런 대화를 진짜로 나눈다면 재미있을 것 같다. 물론 아이들은 짜증을 낼 것이다. 데카르트의 회의주의가 우리의 일상생활 속 지식을 모두 무용지물로 만든다고 생각하는 사람은 없기 때문이다.

그러면 앎의 조건에 관한 데카르트의 견해는 틀린 걸까? 아니면 우리가 구조적인 착각에 휩싸여 실제로는 아무것도 모르면서 뭔가를 안다고 생각하고 있는 걸까?

⌒

질문에 대한 대답은 '안다'는 게 무엇인가에 따라 달라진다. 오랫동안 우리는 뭔가를 안다고 생각했다. 그런데 우리가 그걸 알지 못한다는 게 입증됐다.

최근에 나는 그 질문을 렉스에게 해봤다.

"뭔가를 안다는 걸 어떻게 알 수 있을까?"

"그게 무슨 말이야?" 렉스가 되물었다.

"그러니까 우리는 지금 엄마가 시장에 있다는 걸 알잖아. 우리가 그걸 안다는 게 무슨 뜻일까?"

"그게 우리 머릿속에 있다는 거지." 렉스가 말했다.

"네 머릿속에 있는 거면 다 아는 걸까?"

"아니. 맞는 말이어야 해. 만약 엄마가 시장에 있지 않다면 우리는 그걸 알지 못하는 거야."

"그러면 네 머릿속에 있고 그게 맞는 말이라면, 넌 그걸 아는 거니?"

"그런 것 같은데." 렉스가 대답했다.

"아빠는 그게 아닌 것 같다. 네가 내일 비가 올 거라고 생각한다고 치자. 그리고 내일 비가 내릴 거라고 치자. 그런데 너는 일기예보를 보지 않았어. 네가 내일 비가 올 거라고 생각한 건 그저 내일이 화요일이고, 네가 매주 화요일에 비가 내린다고 생각하기 때문이야. 하지만 그건 사실이 아냐. 아니, 그건 바보 같은 소리지. 이럴 때 너는 내일 비가 올 거라는 걸 아는 거니?"

"아니." 이야기를 다시 한번 확인한 다음 렉스가 말했다. "내일 비가 올 거라고 생각하는 이유도 맞아야 해. 그렇지 않으면 진짜로 아는 게 아냐."

내 마지막 질문은 약간 '유도신문leading'의 성격을 띠긴 하지만, 어쨌든 나는 렉스를 내가 원했던 방향으로 이끌었다. 렉스는 몇 단계를 거쳐서 지식에 관한 전통적 견해를 자기 언어로 재창조했다. 오래전부터 철학자들이 생각했던 바에 따르면, 뭔가를 안다고 말하려면 그것에 관해 정당화 가능한 진실한 믿음justified true belief을 가져야 한다.[292]

거꾸로 생각해보자. 첫째, 렉스의 말처럼 뭔가를 안다고 말하려면 그것이 우리의 머릿속에 있어야 한다. 하지만 그냥 머릿속에 들어있기만 해선 안 된다. 뭔가가 진실이기를 바라는 건 중요하지 않다. 그게 진실이라고 믿어야 한다.

둘째, 진실이 아닌 것을 우리가 알 수는 없다. 우리의 믿음은 진실해야 한다.

셋째, 우리의 믿음은 정당화가 가능해야 한다. 즉 우리는 그 믿음을 뒷받침하는 적절한 근거를 가지고 있어야 한다. 단순한 추측은 안 되고, '매주 화요일에 비가 온다'와 같은 명백하게 잘못된 정보에 의존해서도 안 된다.

지식을 '정당화 가능한 진실한 믿음(또는 줄여서 JTB)'으로 설명하는 이 이론은 광범위하게 진실로 받아들여지고 있었다. 그런데 에드먼드 게티어Edmund Gettier라는 사람이 문제를 제기했다.

⌒

게티어는 웨인 주립대학교 교수였고 종신 교수 후보 중 하나였다. 그러나 그는 아무것도 쓰지 않았으므로 그가 종신 교수 자리를 얻을 가능성은 없었다.[293] '출판하거나 사라지거나publish or perish'라는 말이 있듯이, 게티어의 동료들은 그에게 책이나 논문을 쓰지 않으면 교수 자리도 지키지 못할 거라고 충고했다. 그래서 게티어는 그가 가진 단 하나의 아이디어를 글로 썼다. 1963년에 발표된 그 논문은 단 세 쪽짜리였다. 논문의 제목은 질문으로 되어 있었다. 〈정당화 가능한 진실한 믿음은 지식인가?〉

게티어는 '아니다'라고 답했고, 두 개의 짧은 반례를 제시했다.[294] 그 두 개는 복잡한 것이었으므로, 나는 그의 반례에서 영감을 얻어 만든 간단한 예를 들어보겠다. 당신은 당신의 집에《The Joy of Cooking(요리의 기쁨)》이라는 책이 한 권 있다고 믿는다. 당신은 몇 년 전에 그 책을 샀고, 그 이후로 여러 번 그 책을 활용했다. 그건 사실이다. 당신의 집에는《요리의 기쁨》이 한 권 있다. 그런데 집에 있는 책은 당신이 산 책이 아니다. 당신이 산 책은 애인이 다른 사람에게 빌려줬는데 아직 돌려받지 못했다. 우연찮게도 당신의 친구가 그 책이 이미 있는 줄 모르고 생일 선물로 그 책을 보냈다. 그 책은 포장된 채로 당신의 집 거실에서 개봉을 기다리고 있다.

당신은 집에《요리의 기쁨》한 권이 있다는 걸 아는 걸까? 당신은 집에 그 책이 있다고 믿고 있으며, 그 믿음은 진실하다. 게다가 당신은 책을 가지고 있다고 믿을 정당화 가능한 근거를 가지고 있다. 당신이 직접 그 책을 샀고, 자주 활용하기도 했으니까. 만약 지식에 관한 JTB 이론이 옳다면, 당신은 자신이 그 책을 가지고 있다는 사실을 아는 것이다. 하지만 게티어는 그 이론이 틀렸다고 주장한다. 그리고 이런 종류의 사례를 접한 사람들은 모두 그의 말에 동의한다. 당신의 집에 그 책이 있는 건 그냥 우연이다. 당신이 그걸 알았던 게 아니다.

게티어의 논문은 철학자들에게 일대 충격을 안겼다. 그 논문은 철학자들도 지식이란 무엇인가를 알지 못했다는 사실을 입증했다. 그리고 그 논문은 JTB 이론을 서둘러 보완하려는 노력을 촉발했다. 사람들은 무엇을 안다고 말하려면 어떤 조건이 추가되어야 하는가를 설명함으로써, 이른바 '게티어 문제the Gettier Problem'를 피해가려고 했다.* 지금까지 철학자들은 10여 가지의 해결 방안을 제시했다. 그러나 어떤 방안도 문제를 해결하지는 못했다.[295]

'그건 우연이 아니'라고 린다 자그제브스키Linda Zagzebski는 말한다. 자그제브스키는 게티어 문제에 대한 해결책을 찾으려는 수많은 사

---

* 게티어의 다른 문제, 즉 종신 교수 되기는 그 논문의 공개와 함께 사라졌다.

람의 희망을 꺾어버렸다. 자그제브스키는 JTB 이론을 어떻게 보완한다 해도, 어떤 틀린 내용을 믿을 정당한 이유가 있을 수도 있다는 전제(타당한 전제)에서 시작하는 한 게티어 문제는 항상 생긴다고 주장했다.[296]

우선 정당화 가능한 믿음에 관한 이야기를 하나 생각하라. 그 이야기에 약간의 불운을 추가해서 그 믿음이 틀린 것으로 밝혀지게 만들어라. 거기서 멈춰선 안 된다! 마지막으로 약간의 행운을 추가해서, 그 믿음이 결국에는 진실이 되도록 해보라.

자그제브스키의 이야기들 중 하나는 다음과 같았다.[297] 메리는 남편이 거실에 있다고 믿는다. 왜 그렇게 믿을까? 방금 거실을 지나치면서 남편이 거기 있는 걸 봤기 때문이다. 그러나 운이 없었다! 메리는 틀렸다. 사실 메리가 거실에서 본 사람은 남편이 아니라 오래전에 헤어진 남편의 쌍둥이 형제였다. 그런데 운이 좋기도 했다! 마침 남편도 거실에 함께 있었다. 메리가 지나갈 때 남편은 그녀의 시야에 들어오지 않는 곳에 앉아 있었다.

이때 메리는 남편이 거실에 있다는 걸 안다고 할 수 있을까? 글쎄. 메리는 남편이 거실에 있다는 믿음을 가지고 있고, 그 믿음은 사실이다. 남편은 실제로 거실에 있으니까. 메리의 믿음은 정당화가 가능한가? 그렇다. 메리는 거실을 지나치면서 남편과 똑같이 생긴 사람을 봤다. 만약 남편에게 쌍둥이 형제가 있다는 사실을 메리가 안다면(메리는 그걸 모를 수도 있다), 그녀는 남편과 똑같이 생긴 사람이 세상에 적어도 하나는 있다는 사실을 알고 있을 것이다. 하지만 그 쌍둥이 형제는 오래전에 잃어버렸으므로, 그녀에게는 그날 저녁 쌍둥이 형제가 거실에 있으리라고 예상할 이유가 전혀 없다. 따라서 남편이 거실에 있다는 메리의 믿음은 정당화된다. 그럼에도 불구하고 메리는 남편이 거실에 있다는 걸 알았다고 할 수 없다. 그녀가 옳았던 건 그저 운이다.

사람들은 아직도 게티어 문제에 여러 가지 해법을 제시하고 있다. 논의가 복잡해질 수 있으므로 여기서 그 해법들을 하나하나 살펴보지는 않겠다. 어쨌든 다수의 철학자들은 자그제브스키가 옳다는 결론에 도달했다. '게티어 문제는 영원히 해결될 수 없다!' 그리고 이런 철학자들의 일부는 정당화, 믿음, 진실 같은 단순한 개념을 사용해서 지식을 분석하려는 시도 자체가 실수였다고 이야기한다.[298]

항상 모든 개념을 더 간단한 개념들로 쪼개서 생각할 수 있는 건 아니다.

잠시 생각해보자. 의자란 무엇인가?

만약 당신이 "사람이 앉을 수 있는 물체"라고 대답했다면, 당신의 침대가 할 말이 있다고 할 것이다. 큼직한 바위들도 마찬가지다. 그래서 당신이 "다리! 다리가 있어야 해"라고 생각하고 있다면, 구글에 접속해서 "다리 없는 의자chairs without legs"를 한번 검색해보라. 당신의 정의에 확실히 어긋나는 사례가 많이 나타날 것이다.

당신은 의자가 무엇인지 설명할 줄 모르지만, 의자를 식별하는 데는 어려움이 없다. 어떤 학자들은 지식도 이와 비슷하다고 생각한다.

게티어는 어떻게 생각할까? 그는 그 자신의 '문제'를 어떻게 해결할까? 우리는 모른다. 에드먼드 게티어는 20세기에 가장 칭송을 많이 받은 철학자 중 하나다. 철학계에 발을 들여놓은 사람은 누구나 그의 이름을 안다. 하지만 그는 단 한 번만 걸작을 발표했다. 논문을 발표한 후에도 수십 년간 강의를 했지만 다른 글은 한 편도 쓰지 않았다.

왜 안 썼을까? 그건 간단하다, 진짜로. 그에게는 "더 할 말이 없었다".[299]

⌒

그건 최고의 절필이었던 것 같다.

당신에게 비밀을 하나 알려주겠다. '게티어 문제'를 맨 처음 발견한 사람은 게티어가 아니었다.

8세기에 다르모타라Dharmottara라는 인도 철학자가 다음과 같은 이야기를 들려주었다. 당신이 사막을 걷고 있는데 목이 무척 마르다. 저 앞에 물이 보인다. 애석하게도 그건 신기루였다. 그런데 당신이 그곳에 도착해서 보니 바위 밑에 물이 있다. 그곳에 다다르기 전에 당신은 물이 있다는 사실을 알고 있었는가? 다르모타라는 '아니요'라고 대답한다. 당신은 운이 좋았을 뿐이다.[300]

게티어는 다르모타라의 이론을 표절하지 않았다. 1200년 후에 우연히 똑같은 생각을 했을 뿐이다. 그사이에 중세 이탈리아 철학자 만토바의 피터Peter of Mantua도 같은 아이디어를 떠올렸다.[301] 만토바의 피터는 14세기에 살았던 사람이다. 게티어는 그가 그런 생각을 했다는 것도 알지 못했다. 옛 문헌이 모두 번역되는 것도 아니고, 옛 문헌에 어떤 내용이 담겨 있는지를 사람들이 다 추적하지도 못한다.

이건 철학을 위한 문제다. 아니, 이건 몇 가지 문제를 합쳐서 하나로 만든 것이다. 먼 옛날, 멀리 떨어진 장소의 철학자들은 관심을 받지 못하는 경우가 종종 있다. 그리고 관심을 못 받는 사람들은 그들만이 아니다. 철학은 지나치게 오랫동안 여성들을 배제했다. 앞에서 나는 사악한 천재가 자기 머리에 거짓을 주입했을지도 모른다는 생각을 데카르트가 해냈다고 말했다. 최근의 학술 연구에 따르면 데카르트는 스페인 수녀인 테레사 데헤수스Teresa of Ávila의 글을 읽고 영향을 받았다. 테레사 데헤수스가 지식에 관한 글에 악마 이야기를 넣은 데는 다른 목적이 있었다.* 그러나 데카르트는 모든 학생이 공부하는 반면, 테레사 데헤수스를 공부하는 학생은 거의 없다.

새로운 세대의 철학자들은 그걸 바꾸려고 노력한다. 그들은 세계 곳곳의 전통에서 새로운 아이디어를 찾는다. 그 결과 이제는 영어권 철학자들도 다르모타라에 관해 알고 있다. 철학사에서 배제됐거나 실제 업적에 비해 주목을 적게 받은 여성들의 저작을 발굴하고 기리려는 집단적인 움직임도 있다.[302] 현재까지 밝혀진 바에 따르면 데카르트와 당대 철학 사상에 영향을 끼친 여성은 테레사만이 아니었다. 나중에 우리는 데카르트와 의식에 관해 논쟁을 벌였던 공주를 만날 것이다.

철학의 지평을 확장하는 것은 어려운 일이다. 적어도 과거를 들여다볼 때는 그렇다. 역사 속에서 지워진 것이 많기 때문이다. 우리가 똑같은 실수를 되풀이하지 않을 길은 있다. 동시대의 다양한 철학자들에게 귀를 기울이면 된다.

---

* 악마들은 테레사의 잘못된 믿음을 아주 매력적으로 만들고 그녀에게 세속적인 기쁨을 상기시켜, 그녀가 수도를 통해 자기 자신과 신에 관한 지식을 얻는 길에서 이탈하게 만들려고 한다.[303]

그 점을 염두에 두고, 이제 데카르트와 헤어질 때가 왔다. 마침 나는 우리가 데카르트를 넘어서는 데 큰 도움이 될 여성 철학자를 알고 있다. 게티어와 마찬가지로 웨인 주립대학교에서 강의했던 게일 스타인Gail Stine이다. 그녀는 1977년 38세의 나이로 너무 일찍 세상을 떠났다.[304] 스타인은 인식론을 연구하는 학자였다. 인식론 학자는 지식에 관한 연구를 한다. 지식이란 무엇이며, 우리가 어떻게 지식을 획득하는가를 탐구한다.

스타인은 우리가 앞에서 살펴본 모순에 대해 당혹감을 느꼈다. 일상적인 대화를 나눌 때 우리는 스스로가 많은 것을 알고 있다고 가정한다. 그런데 철학 이야기를 할 때면 우리의 지식은 조금씩 희미해지기 시작한다. 데카르트의 책을 읽을 때쯤이면 자신이 아는 게 있기는 한지 의심하게 된다.

왜 그럴까?

스타인은 단순하지만 강력한 대답을 생각해냈다.[305] 어떤 단어들은 맥락에 따라 의미가 변한다. 그리고 대개는 그 변화를 쉽게 알아차릴 수 있다. 나는 집에서는 키 큰 사람이지만 직장에서는 크지 않다. 왜 그럴까? 비교 집단이 달라지기 때문이다. 두 아들과 아내는 나보다 키가 작다. 따라서 나는 그들보다 키가 크다. 하지만 나는 평균적인 미국인 남성보다 작다. 그래서 직장에서는 아무도 나를 키 큰 사람으로 보지 않는다.

내 친구 JJ는 190센티미터로 직장에서도 큰 편이지만, 프로 농구를 할 만큼 크지는 않다. 그리고 세상에서 가장 큰 사람도 모든 맥락에서 키가 크지는 않다. 기린 옆에 서면 그는 키가 작은 쪽이 된다.

'키가 크다'와 '키가 작다'라는 말들의 의미는 확실히 변화한다. '덩치가 크다'와 '덩치가 작다'라는 말들도 마찬가지다. 그러나 어떤 단어들은 맥락에 대단히 민감하게 반응한다. 예를 들어 '비어 있다'라는 단어를 보자.

어느 날 내가 "냉장고가 비어 있어"라고 말한다면 그건 "우리 저녁에 먹을거리가 없어"라는 뜻이다. 이때 당신이 냉장고 안을 들여다본다면 탄산음료, 조미료 등 온갖 것이 눈에 들어올 것이다. 하지만 나와 당신이 대화의 맥락을 조율한 상태라면, 식재료가 없다는 전제 아래 당신도 냉장고가 비어 있다는 데 동의할 것이다.

이제 맥락을 바꿔보자. 이삿짐을 나르는 사람들이 오기로 했고, 우리는 서둘러 이사 준비를 하고 있다. "냉장고는 비어 있나?" 내가 묻는다. 이때 '비어 있다'는 완전히 다른 의미를 지닌다. 탄산음료가 아직 냉장고에 있다면 냉장고는 비어 있는 게 아니다. 우리는 냉장고 안에 뭔가가 남아 있다가 나중에 달그락거리기를 원치 않는다. 그럴 경우 이사를 마치고 나서 엉망이 된 냉장고를 청소해야 할 테니까.

'비어 있다'는 것이 사실은 음식이나 음료가 하나도 들어 있지 않다는 뜻이고, 첫 번째 사례에서는 내가 그냥 느슨한 의미로 이야기했던 거라고 생각하면 어떨까? 우리는 그런 유혹에 넘어가지 말아야 한다. 음식이나 음료가 하나도 들어 있지 않은 냉장고라 해도, 모든 맥락에서 '비어 있는' 냉장고로 간주되지는 않기 때문이다. 만약 우리가 과학 실험을 하는 중이라서 냉장고 안을 진공상태로 만들어야 한다면, 공기가 모두 빠져나가기 전까지 그 냉장고는 '비어 있는' 것이 아니다. 하지만 대부분의 맥락에서 '비어 있는'은 물질이 하나도 없는 상태를 뜻하지는 않는다. '비어 있는'은 그때그때 필요에 따라 여러 의미를 지닌다. 그리고 그 필요는 상황에 따라 달라진다.

스타인은 '안다'라는 단어도 '비어 있다'와 비슷하게 맥락에 민감하다고 주장했다.[306] 사람들이 뭔가를 아느냐 모르느냐는 다양한 상황에서 여러 기준에 따라 결정된다. 스타인에 의하면 그 기준들은 유의미한 대안에 의존하며, 유의미한 대안들은 상황에 따라 유연하게 변화한다.

전형적인 사례는 다음과 같다. 당신이 샌디에이고 동물원에 있는데, 저 앞에 검은색과 흰색 줄무늬가 있는 동물들이 보인다. "얼룩말이다!" 당신은 이렇게 외치면서 그 동물을 보러 달려간다. 당신은 얼룩말을 보고 있다는 사실을 아는 것인가? 물론 그렇다. 날씨가 맑고 당신의 시력이 좋은 편이라면, 동물원의 다른 동물들을 얼룩말로 착각하기는 쉽지 않다.

하지만…… 당신이 교묘하게 위장된 당나귀를 보고 있을 가능성을 배제할 수 있을까? 당신이 서 있는 곳에서는 그걸 배제할 수 없다. 얼룩말처럼 보이는 것이 사실은 스타일리스트를 만나고 온 당나귀인지 아닌지를 판별하려면 훨씬 더 가까이 가야 한다. 그러나 스타인의 주장에 따르면 그건 유의미한 대안이 아니므로, 당신이 얼룩말을 보고 있다는 사실을 알기 위해 그런 가능성을 제외할 필요는 없다.[307] 당신은 동물원이 당나귀를 얼룩말로 변장시킬 가능성을 걱정할 이유가 없다.

어떤 장소에서는 그걸 걱정해야 한다. 멕시코 티후아나에서는 오래전부터 당나귀에 얼룩말 줄무늬를 칠해서 관광객의 눈길을 끌었다.[308] 그러니까 만약 당신이 티후아나에서 얼룩말을 봤다고 생각한다면 의심해봐야 한다. 그게 위장된 당나귀가 아니라고 확신할 때까지는 당신이 얼룩말을 봤다는 걸 알 수 없다.*

이런 이야기가 우리의 의심을 해소하는 데 무슨 도움이 되느냐고? 음, 당신이 방금 동물원에 다녀와서 친구에게 얼룩말을 봐서 좋았다는 이야기를 한다고 상상해보라.

"네가 본 게 얼룩말이라는 보장은 없어." 친구가 말한다.

"확실히 얼룩말이었어." 당신은 단호하게 대답한다.

"그건 교묘하게 위장된 당나귀였을 수도 있어." 친구가 설명한다. 그렇게 말하는 걸로 봐서 그 친구는 정신이 좀 이상하거나…… 인식론 학자일 것이다.

스타인의 주장에 따르면 이 시점에 당신은 둘 중 하나를 선택할 수 있다. 첫째, 위장된 당나귀가 유의미한 대안이라고 생각할 이유가 없으므로 당신이 얼룩말을 봤다는 걸 알 수 있다고 강력하게 주장한다. 둘째, 당신의 친구가 대화의 맥락을 바꾸는 것을 허용해서 위장된 당나귀도 유의미한 가설이 되도록 해준다.[309] 맥락을 어떻게 바꿔야 그렇게 될까? 당신의 친구가 동물원이 당나귀를 얼룩말로 위장한다는 증거를 가지고 있지 않다면, 그는 회의주의자 게임을 하고 있는 것이다. 의심할 거리 찾기. 그리고 이것은 상당히 괜찮은 게임이다! 회의주의자 게임은 우리가 세상에 관한 정보를 수집하려고 할 때 직면하는 한계들에 관해 가르쳐준다. 물론 당신이 반드시 그

---

* 재미있는 사실 하나. 티후아나의 위장된 당나귀들은 '종키zonkey(zebra와 donkey를 합성한 단어-옮긴이)'라고 불린다. 더 재미있는 사실 하나. 그 동물들은 진짜 종키가 아니다. 원래 '종키'는 얼룩말과 당나귀 사이에서 태어난 잡종을 뜻한다. 그 잡종들은 얼룩말 레깅스를 입은 당나귀처럼 보인다. 그리고 대단히 멋지다.[310]

친구와 함께 회의주의자 게임을 해야 하는 건 아니다.

거칠게 말한다면 스타인의 주장은 '회의주의자가 옳다'는 것이다. 우리가 회의주의자들처럼 대화를 나눌 때 우리는 아무것도 알지 못한다. 하지만 철학이라는 영역의 바깥에서도 그런 식으로 대화를 나눌 이유는 전혀 없다. 일상생활에서 회의주의자처럼 말한다면 어리석게 보일 것이다. 일상적인 기준으로는 우리도 많은 것을 알 수 있고, 우리가 아는 걸 전달할 수 있어야 한다.[311]

⌒

당신은 회의주의자 게임을 하는 사람들을 조심해야 한다. 그런 사람들은 당신이 생각하는 것보다 많다. 그리고 회의주의자 게임은 철학의 세계에서는 재미있지만 철학 바깥에서는 해로울 수도 있다.

최근에 N. 앙헬 피니요스N. Ángel Pinillos는 '기후변화'라는 맥락에서 이런 주장을 펼쳤다.[312] 피니요스 역시 인식론 학자로서 사람들이 과학에 의심을 품는 과정에 관심을 가지고 있다.

우리의 탄소 배출이 기후변화의 원인을 제공한다는 증거는 산더미처럼 많다.[313] 우리는 서서히 세상을 파괴하고 있다. 그리고 우리는 그 파괴를 막기 위해 충분한 조치를 취하지 않고 있다. 왜 그럴까? 여러 가지 이유가 있지만 중요한 이유는 대기권에 탄소를 배출해서 이윤을 얻는 사람들이 있고, 그들이 탄소 배출을 중단하려 하지 않는다는 것이다. 물론 그 사람들은 이렇게 솔직하게 대답하지 않는다. 그러면 설득력이 없을 테니까. 대신 그들은 우리가 아직 확실히 알지 못하기 때문에 행동하기에는 너무 이르다고 말한다.

일부 정치인들도 똑같은 전략을 채택한다. 2017년 유권자 한 사람이 뉴햄프셔주 주지사 크리스 수누누Chris Sununu에게 탄소 배출이 기후변화의 원인이냐고 물었다. 주지사의 답변은 다음과 같았다.

저도 확실히는 모릅니다. 제가 MIT에서 그 분야를 공부했는데도 그렇습니다. 세계 최고의 전문가들에게 지구과학과 대기과학을 배웠고, 제가 직접 데이터를 찾아보기도 했습니다만…… 계속 데이터를 주시해야 할 것 같습니다. 연구를 계속해서 탄소 배출이 환경, 사회, 경제 같은 주요 분야에 미치는 영향을 모두 알아내야 합니다. 지난 150년 동안 지구의 기온이 거의 쉬지 않고 상승한 주된 원인이 탄소라고 제가 확실히 말씀드리기는 어렵습니다. 그럴 가능성은 있지요.[314]

정말 이성적인 답변이다. 수누누는 이 질문에 관해 공부까지 한 사람이고, 탄소 배출이 기후변화의 원인일 가능성도 있다고 이야기했다. 그는 그 가능성을 배제하지 않았다. 단지 알지 못한다고 했을 뿐이다.

수누누는 '안다는 것'의 기준을 높게 설정하기 위해 답변에 '확실히'라는 단어를 슬쩍 끼워 넣었다. 우리는 탄소 배출이 기후변화를 유발한다는 사실을 확실히 알고 있는가? 아닐 수도 있다. 우리가 확실히 알지 못하는 것이 하나 더 있다. 지금 우리는 꿈을 꾸는 게 아니라는 것이다. 문제는 이것이다. '대체 왜 확실히 알아야 하는가?' 지금 행동하지 못하면 끔찍한 결과가 닥칠 수도 있다. 그리고 우리는 완전한 확신에 도달하지는 못했지만, 제법 확실한 지식을 가지고 있다.

이것은 의도적인 전략이며 오래된 수법이기도 하다. 1980년대 엑손Exxon은 "과학적 결론의 불확실성을 강조"하기로 결정했다. 엑손에 소속된 과학자들 역시 인류가 자초한 기후변화가 심각한 위협이라고 확신하고 있었는데도.[315] 하지만 그 각본을 최초로 작성한 것은 엑손이 아니었다. 담배 회사들은 자사에 소속된 과학자들이 흡연과 암 발병의 상관관계를 입증했는데도 그 상관관계에 의문을 제기했다. 언젠가 브라운&윌리엄슨Brown & Williamson의 내부 보고서에는 다음과 같은 선언이 담겼다. "우리의 상품은 의심이다."[316]

우리는 의심을 조장하는 사람들doubtmongers을 어떻게 해야 할까? 이건 까다로운 질문이다. 철학자로서 나는 마치 데카르트가 모든 것을 의심했던 것처럼 직업적으로 의심을 한다.* 나는 당신이 아는 것을 꼬치꼬치 따져보고, 당신이 잘못 생각했을지도 모르는 지점들을 찾아보는 과정이 중요하다고 생각한다. 과학자들은 공통적으로 그런 경향을 지니고 있다. 그런 경향이 워낙 강해서 과학자들은 자신들의 불확실성을 수량화한다. 그래서 과학자들은 의심을 조장하는 사람들의 표적이 되기 쉽다.

얼마 전부터 나는 렉스와 이런 이야기를 나누기 시작했다. 나는 렉스에게 의심하는 법, 즉 질문하는 법을 가르치고 있다. 나는 렉스

---

* 나는 데카르트와 똑같은 방법을 쓰지는 않는다. 데카르트는 모든 것을 한꺼번에 의심하는 데서 출발했다. 나는 우리가 모든 것을 한꺼번에 의심할 수 있는 존재라고 생각지 않는다. 아니, 모든 것을 한꺼번에 의심해서는 아무것도 얻을 수 없다고 생각한다. 모든 것은 의심의 대상이 될 수 있지만, 우리가 모든 것을 한꺼번에 의심할 수는 없다. 모든 것을 한꺼번에 의심한다면 우리의 의심이 정당한 것인지 아닌지를 판단할 방법이 없다. 의심은 단편적인 프로젝트와 비슷하다.[317]

가 모든 질문이 선의에 기반해서 나오는 건 아니라는 점도 알기를 바랐다. 그래서 나는 렉스에게 질문하는 사람들에 관해 질문해보라고 가르친다. 이 사람은 정말로 이해하고 싶어서 질문을 하는 건가? 이 사람은 증거에 관심이 있는가? 이 사람은 자신의 견해가 틀렸다는 사실을 알게 되면 솔직히 인정할까, 아니면 그걸 감추려고 할까?

피니요스는 또 하나의 전략을 제안한다.[318] 공개 석상에서는 우리가 아는 것에 관해 이야기하지 말고, 확률을 가지고 말하라는 것이다. 확실히 과학자들의 합의가 틀렸을 가능성도 있긴 하다. 우리의 탄소 배출이 기후변화의 원인이 아닐지도 모른다. 하지만 과학자들은 그걸 수량화할 수 있고, 그럴 확률은 낮다. 우리 아이들의 미래를 과학이 틀릴 희박한 확률에 걸어야 할까? 의심을 조장하는 사람들은 그래야 한다고 말한다.

반드시 알아야만 행동할 수 있는 건 아니다. 우리는 항상 확률을 토대로 이성적 추론을 한다. 피니요스는 그걸 복권에 비유한다. 복권을 살 때 당신은 돈을 잃게 되리라는 걸 알지 못한다. 물론 확률은 당신에게 불리하다. 하지만 당신이 배제할 수 없는 유의미한 대안도 있다. 당신이 당첨될 수도 있다는 것! 그래서 당신은 당첨을 꿈꾼다. 그러나 당첨을 계획하지는 않는다.

기후 회의론자들은 탄소 배출이 기후변화의 원인인지 아닌지를 확실히 알 수 없다고 주장한다. 어떤 합리적인 기준을 제시하더라도 그들은 틀렸다. 우리는 탄소 배출이 기후변화의 원인이라는 걸 알고 있다. 그렇다고 우리가 알고 있는 것에 관해 토론을 시작할 필요는 없다. 회의론자들은 충족이 불가능한 기준을 고집할 수 있기 때문이다. 우리는 그들과 토론을 벌이는 대신 역으로 그들에게 질문을 던져야 한다. "당신들은 왜 과학이 틀릴 희박한 확률에 우리의 미래를 걸려고 하나요? 어쩌면 우리가 복권에 당첨될지도 모르죠. 하지만 우리가 당첨된다는 전제로 계획을 세우는 건 바람직하지 않아요."

～

아이들을 프로파간다에 대비시키는 것도 중요하다. 아이들에게 증거를 평가하는 법과 신뢰할 수 있는 정보를 구별하는 법을 가르쳐주자. 렉스는 때때로 그런 이야기에 속아 넘어간다. 그러나 렉스가 더 좋아하는 건 희한한 주장을 곰곰이 생각해보는 일이다. 최근에 렉스는 우리가 통에 담긴 뇌라는 이야기와 비슷한 주장에 사로잡혔다. 렉스는 우리가 컴퓨터 시뮬레이션 속에서 사는 건 아닌가 하는 의문을 품었다. 렉스는 우리가 사는 세상의 모든 것(우리 자신도 포함)은 단지 컴퓨터 안에 있는 가상의 환경일 뿐이고, 우리는 해상도가 엄청나게 높은 시뮬레이션 비디오게임 〈심스The Sims〉(혹은 비슷한 다른 비디오게임) 안에서 살고 있는 걸지도 모른다는 생각에 집착하고 있다.

사실 이건 뜨거운 주제였다. 옥스퍼드 대학교의 철학자 닉 보스트롬Nick Bostrom이 우리가 컴퓨터 시뮬레이션 안에서 살고 있을 가능성이 상당하다고 말한 이후부터 이 주제와 관련된 논의가 많았다. 그의 주장은 수많은 전문가들을 매혹시켰다. 그중 하나인 일론 머스크Elon Musk는 '우리가 심스일 가능성이 높다'고 선언한 바 있다.[319]

보스트롬은 옥스퍼드 대학교 '인류 미래 연구소Future of Humanity Institute'의 초대 소장이다. 인류 미래 연구소는 잘못된 방향으로 나아가고 있는 세계를 염려하는 학제 간 조직이다. 그중에서도 가장 무서운 것들은 기후변화, 외계인, 통제를 벗어난 인공지능이다. 다시 말하면 인류 미래 연구소는 우리가 키아누 리브스 영화 같은 상황에 처하지 않도록 하려고 노력한다.

보스트롬의 유명한 주장은 우리가 이미 그런 영화 속에 들어와 있다는 것이다. 그는 우리가 〈매트릭스〉와 같은 일종의 시뮬레이션 속에 살고 있을지도 모른다고 생각한다. 왜? 그의 주장을 대강 요약하면 다음과 같다.[320] 만약 사람들에게 세계를 시뮬레이션할 능력이 있다면 사람들은 그렇게 할 것이다. 그리고 만약 사람들이 세상을 시뮬레이션한다면 한 번만 하지는 않을 것이다. 어쩌면 사람들은 수많은 세상을 시뮬레이션할지도 모른다. 충분히 교훈적(또는 오락적)이기만 하다면 수백 개, 수천 개, 나아가 수백만 개의 세상도 만들어낸다. 그럴 경우 실제 세계보다 시뮬레이션으로 만들어진 세계가 더 많아진다. 그래서 우리는 시뮬레이션 세계 속에 있을 확률이 높다.

앞에서 말한 대로 이건 보스트롬의 주장을 대략 요약한 것이다. 보스트롬도 이 결론을 전적으로 인정하지는 않았다. 실행의 단계마다 의심의 여지가 있기 때문이다.

첫째, 우리가 사는 세계와 같은 세계를 시뮬레이션하는 일은 불가능할 수도 있다. 대부분의 사람은 그런 시뮬레이션이 가능하게 될 거라고 생각한다. 그들은 최초의 비디오게임인 〈퐁Pong〉에서 오늘날에 이른 것은 굉장한 발전이라고 생각하며, 앞으로 더 큰 발전이 있을 것을 예상한다. 그러나 기술의 진보는 멈출 수도 있다.

둘째, 진짜 같은 시뮬레이션을 구현하는 데는 에너지가 너무 많이 들어간다. (어떤 추산에 따르면 컴퓨터가 행성 하나만큼 커야 한다.)

셋째, 컴퓨터 안에 의식을 가진 생명체를 창조하기란 불가능할지도 모른다.

이 세 가지 우려에 하나를 덧붙이고 싶다. 설령 사람들이 우리의 세계와 똑같은 세계를 시뮬레이션으로 만드는 게 가능하다 해도, 굳이 그렇게 하지 않을 수도 있다. 보스트롬은 과학자들이 우리의 조상들에 관해 알아보기 위해 시뮬레이션을 수행할 수도 있다고 제안한다. 그렇지만 과학자들은 컴퓨터의 능력을 다른 용도로 사용하기를 원할지도 모른다. 아니면 과학자들은 우리와 똑같은 어려움을 겪는 생명체를 창조하는 것을 윤리적인 이유로 꺼릴지도 모른다. 앞에서도 말했지만, 과학자들이 어떻게 할지는 예측하기가 어렵다.

그러나 보스트롬은 우리가 확실하게 말할 수 있는 것도 있다고 생각한다. 적어도 아래의 가정들 중 하나는 참이다.[321]

(A) 우리가 사는 것과 같은 세상을 시뮬레이션하기는 불가능하다.
(B) 세상을 시뮬레이션하는 일은 가능하지만, 사람들이 선뜻 그런 시뮬레이션을 하지는 않을 것이다.
(C) 우리가 심스인 것이 거의 확실하다.

나는 렉스에게 어느 것을 받아들이겠느냐고 물었다. 렉스는 (A) 아니면 (C)가 참이라고 말했다. (B)에 대해서는 확고하게 부정했다. "사람들에 관해 내가 아는 바로는, 사람들은 할 수만 있다면 그런 시뮬레이션을 할 거야." 또 렉스는 언젠가 우리가 그런 시뮬레이션을 할 수 있게 될 거라고 생각하기 때문에 (C) 쪽으로 기울어진다. 렉스는 우리가 심스라고 생각한다. 보다 본질적인 현실을 말하자면,

사람들은 세계를 시뮬레이션하고 우리의 세상을 만들어내는 방법을 알아냈다는 것이다.

나는 렉스보다 더 회의적인 입장이다. 우리가 사는 세계와 비슷한 세계를 시뮬레이션하는 일이 가능하다고 하더라도, 내 생각에는 에너지 소모량이 엄청날 것 같다. 시뮬레이션을 많이 하기에는 에너지가 너무 많이 필요하다. 우주 전체를 양자 단위까지 세세하게 시뮬레이션하려면 당연히 에너지가 부족하다. 따라서 사람들은 시뮬레이션에 포함하기를 원하는 부분들을 선택해야 할 것이다. 예컨대 인간의 뇌와 그 주변 환경만 시뮬레이션을 한다고 치자. 그럼 또 다른 문제가 발생한다. 그러려면 인간의 뇌가 작동하는 방식을 미세한 단위까지 알아내야 하는데, 우리는 아직 그 근처에도 못 갔다.*

인공지능의 발달은 이런 문제의 일부 또는 전부를 해결하는 데 도움이 될지도 모른다. 그런데 이 논증의 모든 단계에는 '~할지도 모른다'가 핵심 어휘로 포함된다.

⌣

시뮬레이션 논증은 추측에 바탕을 두고 있다. 하지만 이 논증은 무한한 재미를 선사한다.

이 논증은 윤리적인 질문을 던진다. 당신이라면 사람들이 고통을 느끼는 세상을 창조하겠는가? 사람들이 노예제나 홀로코스트 같은

---

* 어떤 의미에서는 우주 전체를 시뮬레이션하는 편이 더 쉽다. 초기조건을 설정하고 시뮬레이션을 실행해서 무슨 일이 벌어지는지 지켜보면 된다.

고통을 당하게 만들 합당한 이유가 무엇인가? 만약 대답이 (내가 추측한 대로) '그럴 이유는 없다'라면, 그 답변은 우리가 시뮬레이션 안에 있을 확률과 관련이 있을까?

여기서 신학적 질문들을 던져보게 된다. 만약 시뮬레이션 논증이 옳다면 대부분의 세계에는 창조자가 존재한다. 그 세계를 만든 엔지니어들이 창조자에 해당한다. 그 창조자들은 그 세계에 대해 전지전능하다. 그러면 그 엔지니어들은 신인가?

여기서 형이상학적 질문들도 떠오른다. 만약 창조자들이 이야기의 전개를 조종한다면 우리에게 자유의지가 있는 것인가? 우리가 그 창조자들의 목표를 수행하기 위해서만 존재하며 그 창조자들이 우리가 존재하기를 바랄 때만 존재한다면, 우리는 어떤 의미에서는 노예인가?[322]

현실적인 질문들도 생각난다. 자신이 시뮬레이션 안에 있다고 여겨진다면 당신은 무엇을 해야 할까? 렉스는 '전능하신 엔지니어들'에게 메시지를 보내고 싶다고 한다. 렉스는 마치 크롭 서클crop cir-cle(외계인이 만들었다고 여겨지기도 하는 정체 불명의 무늬 – 옮긴이)처럼 들판에 메시지를 새기는 상상을 한다. "안녕! 우리가 시뮬레이션 안에 있다는 걸 다 알아요. 셰이크섁shakeshack을 더 많이 만들어주세요." 그건 위험한 행동일 수도 있다. 엔지니어들이 당신이 그걸 알기를 바라지 않는다면? 그들은 세계 전체를 끝내버리거나 당신을 삭제할지도 모른다. 아뿔싸.

마지막으로, 시뮬레이션 논증은 우리가 무엇을 알 수 있는가에 관한 의문을 제기한다. 사실 시뮬레이션 논증은 사악한 천재 이야기에 엔지니어를 추가한 것처럼 느껴진다. 똑같이 '통 안에 든 뇌' 실험인데, 이번에는 통이 없다. 당신의 뇌 자체도 시뮬레이션된 것이기 때문이다.

그리고 이번에도 당신이 알고 있다고 생각하는 모든 것이 틀린 것처럼 느껴진다. 당신이 시뮬레이션 안에 있다면 당신은 이 책을 손에 들고 있는 게 아니다. 책은 없다. 그리고 당신에게는 그 책을 들 수 있는 손이 없다. 모든 게 정교한 환각이다.

그게 아닐 수도 있고.

데이비드 차머스David Chalmers는 철학자들의 세계에서 록 스타 같은 사람이다. 그는 오래전부터 록 스타처럼 가죽 재킷을 입고 머리를 길게 기르고 다녔다(백발이 된 지금은 머리를 잘랐다). 차머스는 뉴욕대학교 철학 및 신경과학과 교수이며 의식성consciousness을 비롯한 여러 주제에 관한 전문가로 유명하다.

차머스는 우리가 컴퓨터 시뮬레이션 안에서 살고 있을 가능성을 야단스럽게 늘어놓지는 않는다. 그리고 그게 우리의 지식을 위태롭게 한다고 생각하지도 않는다. 그의 주장은 다음과 같다. 당신은 당신에게 두 손이 있다고 생각한다. 설사 우리 모두가 시뮬레이션 안에 살고 있다 할지라도 당신에게는 두 손이 있다. 게다가 그 두 손은 당신이 생각한 것과 같이 물질로 만들어져 있다. 단지 그 물질은 당신이 생각했을 전자, 쿼크 같은 게 아니라 놀라운 것이다.[323] 컴퓨터의 비트!

당신의 손은 여전히 진짜다. 당신의 두 손은 가짜가 아니다. 영화 소품이나 당신이 좋아하는 만화 주인공의 손처럼 상상 속의 손이 아니다. 상상 속 손은 상상의 세계에서가 아니면 의미가 없고 별다른 쓸모도 없다. 그러나 당신의 손은 쓸모가 많다. 당신의 두 손은 책을 들거나 저녁 식사를 준비하는 등 수십 가지 일들을 정교하게 해낸다. 만약 손이 없어진다면 당신은 무척 아쉬워질 것이다. 그건 뭔가가 진짜라는 표시다.

그래도 당신은 '나의 두 손은 진짜가 아니'라고 주장하고 싶을 것이다! 그건 시뮬레이션일 뿐이니까. 전능한 엔지니어들에게는 진짜 두 손이 있을지도 모른다. 우리는 불쌍한 모조품simulacrum 신세를 벗어나지 못한다. 정말로 우리는 슬픈 모조품이다.

여기서 약간 헷갈리는 지점이 있다.[324] 우리가 항상 생각했던 의미로는 우리에게는 두 손이 있다. 우리가 시뮬레이션 세계에 살고 있다는 것을, 우리가 발견(또는 그저 가정)한다 해도 그 사실은 바뀌지 않는다. 우리가 새로 알아낸 건 현실이 우리가 생각했던 바와 다른 성질을 지니고 있다는 것뿐이다. 그러니까 현실의 실체는 물질이 아닌 컴퓨터였다.

내 말이 무슨 뜻인지 알고 싶다면 렉스의 두 손을 생각해보라. 렉스는 자기에게 두 손이 있다는 사실을 알고 있고, 오래전부터 그 사실을 알고 있었다. 심지어 렉스는 자신의 두 손에 관한 약간의 지식도 가지고 있다. 손 안에 뼈와 근육이 있다는 것. 그리고 이제는 조금 더 많이 알게 됐다. 그의 뼈는 분자로 만들어져 있고 그 분자는 원자로 이뤄져 있다는 것.

언젠가 렉스는 원자가 양성자proton, 중성자neutron, 전자electron로 구성된다는 사실을 알게 될 것이다. 그다음에는 양성자와 중성자가 쿼크로 구성된다는 사실을 알게 될 것이다. 그러고 나면 전자가 사실은 교과서에 자주 나오는 그림처럼 원자핵 주위를 빙빙 도는 작은 공이 아니라는 것을 알게 될 것이다. 전자는 마치 구름처럼 흩어져 있다.

각 단계에서 렉스는 자기 두 손의 성질에 관해 조금씩 더 배울 것이다. 하지만 렉스가 다음과 같이 말하는 것은 어느 시점에도 타당하지 않을 것이다. "오, 이럴 수가! 나에게는 손이 없구나. 손은 근육과 뼈로 되어 있어. 그런데 내 팔 끝에 붙어 있는 이것들은 전자와 쿼크로 이뤄져 있잖아!" 만약 렉스가 정말로 그렇게 말한다면 우리는 렉스에게 '맞아, 네 손은 근육과 뼈로 이뤄져 있어'라고 말해줄 것이다. '다만 근육과 뼈가 전자와 쿼크로 만들어진 거란다.'

만약 우리가 시뮬레이션 안에 살고 있다고 밝혀진다면, 우리는 그 이야기를 한 걸음 더 발전시킬 수 있다. 가장 기본적인 물질은 마치 컴퓨터의 비트와 같은 요소로 구성된다. 렉스가 그 사실을 발견한다면 자기 손의 성질에 관해 더 많은 것을 알게 될 것이다. 자기 손이 진짜가 아니라거나 자기에게 손이 없다는 것을 발견하게 되지는 않는다.

우리가 이 지점에서 혼동을 일으키기 쉬운 이유는 '전능한 엔지니어들'의 관점에서 바라보려는 유혹을 강하게 느끼기 때문이다. 만약 엔지니어들이 물질을 토대로 구성된 세계에 산다면, 그들은 우리가 사는 세계를 가상현실로 생각할 것이다. 우리의 세계는 그들의 현실을 시뮬레이션한 세계다. 그들의 관점에서 우리는 가상의 손을 가진 가상 인간들이다. 그러나 우리의 관점에서 우리는 언제나 그랬던 것처럼 두 손을 가진 인간이다.

그리고 나는 차머스보다 한 걸음 더 나아가 이렇게 주장하려고 한다. 전능한 엔지니어들의 관점에서도 우리는 가상 인간이 아니다! 우리는 인간이다. 인간이 된다는 것은 특정한 도덕적 지위를 가진 존재가 되는 것이다. 즉 권리와 책임을 가진 존재가 되는 것이다. 그리고 그 도덕적 지위는 그가 물질로 만들어졌느냐, 비트로 만들어졌느냐에 달려 있지 않다. 그건 그가 이성적으로 사고할 줄 아느냐, 고통을 느낄 줄 아느냐와 같은 것에 달려 있다.

사람들이 사는 세계를 시뮬레이션하겠다고 나서는 모든 사람은 진지한 도덕적 질문들에 직면한다. 그 사람들 모두가 도덕적 고려의 대상이 되기 때문이다. 그 질문들은 예비 부모가 아이를 가지기로 결심할 때 갖게 되는 질문들과 공통점을 지닌다. 모든 인간의 삶에는 고통이 따르기 때문이다. 또 그 질문들은 신(신이 정말로 있다면)이 세상을 창조하기로 마음먹었을 때 직면했던 질문들과도 일정한 공통점을 지닌다. 시뮬레이션은 상상이 아니라 창조하는 행동이다. 세상을 시뮬레이션할 정도로 발전한 사회라면 반드시 이 점을 인식할 수 있기를 바란다.

어쨌든 우리의 현실은 시뮬레이션 논증에 의해 위협당하지 않고, 우리가 가진 대부분의 믿음도 무너지지 않는다. 시뮬레이션 논증은 회의론적 가설이 아니라 형이상학적 가설이다. 시뮬레이션 논증은 우리의 세계가 작동할 수 있는 하나의 방법을 설명한다. 시뮬레이션 논증은 우리가 아무것도 알 수 없다고 말하지 않는다.

아이들은 흉내 내기를 좋아한다. 흉내 내기는 세상이 겉으로 보이는 모습과 다르다고 가정하는 놀이다. 내 생각에는 그래서 아이들이 회의론적 논증과 시뮬레이션 가설을 좋아하는 것 같다.

한동안 렉스가 가장 좋아하는 철학 이론은 꿈 논증이었다. 그래서 나도 그걸 좋아하게 됐다. 솔직히 말하자면 내가 아빠로서 가장 행복했던 순간 중 하나는 데카르트와 관련이 있다.

렉스가 만 일곱 살이었을 때 내 생일에 카드를 만들어주었다. 카드 안쪽에는 다음과 같이 적혀 있었다. "나는 아빠를 사랑해요. 그래서 나는 존재해요I love you, therefore I am."

나는 이제부터 우리 모두 '생각한다cogito'를 '사랑해요te amo'로 바꿀 것을 제안한다. '사랑한다'로 바꿔도 논증에는 문제가 생기지 않는다. 마음의 상태가 어떻든 상관없다. 그러니까 당신의 내면을 들여다볼 때는 사랑을 찾아보라.

당신이 나와 렉스의 관계에 감격하기 전에 털어놓을 말이 있다. 렉스는 줄리를 더 사랑한다.

어느 날 내가 학교에서 렉스를 집으로 데려오던 길에, 렉스가 엄마를 더 사랑한다는 사실이 입증됐다. 그때 렉스는 2학년이었고, 우리는 꿈 논증에 관해 이야기를 나누고 있었다. 그 무렵 우리가 곧잘 하던 게임이 있었다. 렉스는 자기가 지금 꿈을 꾸고 있는 게 아니라는 사실을 증명할 방법을 제시하고, 나는 거기에 반박을 하는 게임이었다.

"아빠랑 내가 똑같은 꿈을 꾸고 있다는 건 이상하지 않아? 그리고 우리가 서로에게 이야기를 하고 있다는 건 우리가 똑같은 꿈을 꾸고 있다는 뜻이잖아."

"그러게, 그건 좀 이상하다." 내가 대답했다. "하지만 내가 진짜가 아닐 수도 있잖니. 아빠가 그냥 너의 꿈에 나오는 인물일 수도 있잖아?"

그러자 어린 렉스는 크게 당황했다. 렉스는 천천히 생각을 했다. 그리고 생각을 반복하고, 생각을 확장했다.

"그러면 내 친구들도 다 꿈에 나오는 인물이라는 거야?" 렉스가 물었다.

"응, 그렇지."

우리는 모퉁이를 돌아 우리 집 앞길로 접어들고 있었다. 줄리가 행크와 함께 집에 막 돌아와 있었다.

"그럼 엄마는?" 렉스가 앞쪽을 가리키며 말했다.

"엄마도 너의 꿈에 나오는 인물인 거지."

렉스는 실망한 표정을 지었다.

잠시 후 렉스가 조용히 말했다. "그럼 난 꿈에서 깨지 않을래."

9

진실

거짓말을 했는데 알고 보니
진짜였다면 그건 거짓말일까?

잠깐, 남을 속이려고 하는 게 왜 문제인가?
일반적인 답변은 다음과 같다. 당신이 누군가를 속인다는 건
당신의 이익을 위해 그의 마음 상태를 조종하는 것이다.
그럴 때 당신은 그 사람이 세상에서 그의 의지를
제대로 표현하지 못하게 만든다.

"나 새로운 동물을 배웠어." 행크가 말했다.

"어떤 동물인데?"

"두-오-브라-키-움-스파르크-사라는 동물이야." (2학년 아이의 발음을 정확하게 옮기기는 어렵다.)

"그거 멋지구나." 내가 말했다. "아빠가 1학년이었을 때 같은 반에 두오브라키움 스파르크사Duobrachium sparksae가 있었던 거 아니?"

"아닐걸." 행크가 대답했다. "두오브라키움 스파르크사는 얼마 전에 발견된 동물이야. 2015년까지 과학자들도 본 적이 없대."

"그 과학자들이 도섹 선생님네 반 아이들을 못 봐서 그래." 내가 말했다. "그때 반 친구들 중 하나가 두오브라키움 스파르크사였다니까. 그 친구의 이름은 스파키였어."

"그거 진짜 아니잖아." 행크가 말했다.

"진짜야." 렉스가 나를 거들었다. "아빠가 다닌 초등학교에는 동물이 많았어. 유치원 때 아빠 옆자리에는 펭귄이 앉았고, 제일 친한 친구는 원숭이였대."

그건 내가 예전에 들려줬던 농담이었다. 렉스는 이제 커서 그런 이야기를 믿지 않았지만, 내 입장에서는 지원군이 생겨서 반가웠다.

"크기가 어느 정도였는데?" 행크가 물었다.

"다른 1학년 아이들하고 비슷했어." 내가 대답했다.

"두오브라키움 스파르크사는 1학년 아이들 크기가 아냐." 행크가 반박했다. "아주 작은 동물이라고."

"그건 아빠도 알지." 내가 말했다.* "아빠는 스파키의 비밀을 지켜 주려고 했던 거란다. 사실 스파키는 외투 안에 두오브라키움 스파르크사 세 마리를 쌓아 올린 친구였어. 세 마리가 번갈아서 맨 윗자리를 차지했지."

"두오브라키움 스파르크사는 물속에 살아." 행크가 믿을 수 없다는 듯이 말했다. "작은 해파리랑 비슷한 동물이거든."

처음부터 그걸 알려줬다면 도움이 됐을 텐데.

"맞아." 내가 말했다. "외투 안에서 철벅거리는 소리가 계속 들렸단다. 한번은 스파키가 아빠한테 외투 안을 보여준 적이 있는데, 세 마리가 각자 어항에 담겨 있었어. 어항 위에 다음 어항이 놓여 있었단다."

"걔네들은 어떻게 걸어 다녔는데?" 행크가 물었다.

"그건 아빠가 끝내 알아내지 못했단다. 외투가 정말 길어서 바닥에 질질 끌렸거든."

"맨 밑에 있었던 녀석이 촉수를 사용했을걸." 렉스가 말했다.

---

* 사실 나는 그걸 몰랐다.

"아니면 스파키는 스쿠터를 가지고 있었는지도 모르지." 내가 이렇게 말했더니 렉스가 고개를 끄덕였다. "동창회에서 혹시 스파키를 만나면 아빠가 물어볼게."

"두오브라키움 스파르크사는 얼굴이 없어." 행크가 날카롭게 지적했다.

"그야 바닷속에서 그런 거고." 내가 대답했다. "하지만 스파키는 네임펜으로 자기 얼굴을 그려 넣었단다."

행크가 주먹으로 탁자를 쾅 내리쳤다. "거짓말이야!" 행크의 고함소리. "나한테 거짓말 그만해!"

⌒

행크를 너무 많이 놀리고 나면 나도 마음이 좋지 않다. 그렇다고 행크를 놀려서 마음이 안 좋은 건 아니다. 그건 재미있었다. 더욱이 내가 그렇게 한 덕분에 행크는 머리를 써서 나를 이길 기회를 얻었다. 행크는 자기가 얻은 지식을 단순히 되풀이하는 대신에, 그 지식을 활용해 내 말이 틀렸다는 걸 증명했다.

물론 그러는 동안 행크는 답답함을 느꼈다. 행크는 내가 거짓말을 했다고 생각한다. 나는 정말 거짓말을 한 걸까? 나는 아니라고 생각한다. 물론 나는 진실이 아닌 말들을 했다. 그리고 그게 진실이 아닌 줄 알면서도 그런 말을 했다. 하지만 나는 그냥 연기를 하고 있었던 거고, 행크도 그걸 뻔히 알고 있었다. 그래서 나는 그때 내가 거짓말을 했다고 생각하지는 않는다. 다만 이럴 때 경계선을 정하는 일은 생각보다 까다롭다.

"거짓말과 연기는 뭐가 다를까?" 며칠 후 내가 렉스에게 던진 질문이다.

"거짓말은 진짜가 아닌 말을 하는 거야." 렉스가 대답했다.

"연기할 때도 진실이 아닌 말들을 하지 않니?"

"응. 하지만 거짓말은 누군가를 속이려고 애쓰는 거야."

"누군가를 속이기 위해서 연기를 할 수도 있지 않을까? 예컨대 수학 시험이 끝났을 때처럼?" 렉스가 수학 시험을 아주 잘 봤다는 가장 확실한 신호는 우리에게 점수를 보여주기 전에 슬픈 표정을 짓는 것이다.

"그럴 수도 있겠네." 렉스가 뜸을 들이다가 대답했다. 드디어 렉스도 그게 얼마나 어려운 질문인지를 깨달았다.

어떻게 보면 모든 거짓말은 연기에 해당한다. 거짓말을 할 때는 사실은 진짜가 아닌 어떤 것이 진짜인 것처럼 행동한다. 그래서 흉내 내기를 하게 된다. 결국 렉스의 말은 틀렸다. 우리가 거짓말을 할 때 항상 진실이 아닌 말을 하지는 않는다.

며칠 후에 렉스는 그걸 스스로 알아냈다. 잠자리에 들기 전 렉스가 말했다. "그 게티어라는 사람이 거짓말에 관해 주장했던 걸 생각해봤거든. 내가 생각해낸 게 있어."

"어서 말해봐." 내가 말했다.

"들어봐. 월요일 저녁에 아빠가 나에게 쓰레기를 내다 버렸느냐고 물어봤어. 나는 안 버린 것 같았지만 혼나기 싫어서 그냥 버렸다고 대답했어. 그런데 사실은 내가 쓰레기를 버려놓고 그걸 잊어버렸던 거야. 그럼 나는 거짓말을 한 걸까?"

"너는 어떻게 생각하는데?"

"내가 했던 말은 진실이야."렉스가 대답했다. "근데 그건 어쩌다보니 진실이 된 거야. 나는 그게 거짓이라고 생각하고 그 말을 했어.그러니까 나는 거짓말을 한 것 같은데?"

"아빠 생각도 그래." 내가 말했다. 그 순간 나는 그날이 월요일이라는 사실을 깨달았다. "렉스, 너 쓰레기를 내다 버렸니?"

"아마도."렉스가 씩 웃으며 대답했다. (렉스는 정말로 쓰레기를 내다버렸다.)

나는 렉스가 거짓말과 게티어 문제의 연관성을 찾아냈다는 것이 대단한 일이라고 생각한다. 겉보기에 거짓말과 게티어 문제는 별다른 연관이 없어 보인다. 게티어 문제는 우리가 무엇을 알고 있느냐에 관한 것이지, 우리가 무엇을 말하느냐에 관한 것이 아니니까. 하지만 게티어 문제는 거짓말과도 연결된다. 게티어의 사례에서 당신은 진실인 어떤 것을 믿지만, 당신이 가진 증거는 당신이 생각하는 것만큼 확실하지 않으므로 당신의 믿음이 진실인 건 그저 우연이다.* 렉스가 제시한 사례에서도 렉스는 진실을 말했지만 그건 우연일 뿐이었다. 원래 렉스는 자기 말이 거짓이라고 생각했다. (게티어가

---

* 책장을 거꾸로 넘길 필요가 없도록 하기 위해 잠시 기억을 되살려보자. 게티어 문제에서 당신은 정당화 가능한 진실한 믿음을 가지고 있지만, 잘못된 부분이 있기 때문에 당신의 믿음은 지식으로 간주되지 않는다. 앞에서 우리는 다음과 같은 사례를 살펴봤다. 당신은 집에《요리의 기쁨》이라는 책이 있다고 믿는다. 오래전부터 그 책을 가지고 있었고, 그 책을 수없이 많이 활용했기 때문이다. 그런데 사실은 당신의 애인이 그 책을 다른 사람에게 빌려줬다. 그리고 한 친구가 당신에게 똑같은 책을 선물했다. 그 책은 포장된 채로 당신의 집 거실에 놓여 당신의 생일을 기다리고 있다. 당신의 믿음은 정당하며 진실이기도 하다. 하지만 당신이 집에《요리의 기쁨》이 있다는 사실을 안다고 말할 수는 없다. 당신이 정답을 맞힌 것은 그저 우연이다.

주목을 많이 받는 이유 중 하나는 그가 자주 구사하는 전략, 즉 문제가 해결되지만 그게 순전히 우연이라는 전략이 철학 전반에서 좋은 결실을 맺기 때문이다.)

더욱 인상적인 사실. 렉스의 말이 옳았다. 거짓말이 진실일 수도 있다. 하지만 모든 거짓말에는 거짓이 포함된다. 핵심은 화자가 자기 자신을 드러내는 방식에 있다. 거짓말을 할 때는 자신이 실제로는 믿지 않는 어떤 것을 믿는다고 주장한다.[325]

보통은 상대를 속이기 위해 그런 행동을 한다. 그런데 현실을 보자면 모든 거짓말이 상대를 기만하려는 목적을 가지고 있지는 않다. 나는 친구 셔나 시프린Seana Shiffrin에게서 그걸 배웠다. 시프린도 법철학자다. 몇 년 전 그녀는 나에게 일반 볼링보다 훨씬 재미있는 캔들핀 볼링(볼링보다 작고 가벼운 핀을 사용해서 어린이와 성인이 함께 즐기는 운동 - 옮긴이)을 알려줘서 나를 열광하게 만들었다. (시프린은 덕핀 볼링장에도 데려가주겠다고 말하는데, 나는 덕핀 볼링이라는 게 있다는 말은 믿고 싶지 않다.) 사실 시프린에게 볼링은 취미일 뿐이다. 그녀는 약속과 계약, 표현의 자유, 그리고…… 거짓말에 관해 연구하는 사람이다.

거짓말을 하는 사람들의 대부분은 의도적으로 기만을 한다. 그러나 사람들이 자신의 속마음을 잘못 표현하는 데는 다른 이유가 있을 수도 있다. 시프린은 재판에서 위증을 하는 증인을 상상한다. 그는 자신의 이야기가 거짓이라는 게 빤히 보이는 줄 알면서도 위증을 한다.[326] 그 증인은 아무도 속일 수가 없다. 그에게는 누구를 속이려는 의도마저 없을지도 모른다. 그런데 왜 거짓말을 할까? 그저 진실을 회피하고 싶어서일 수도 있다. 진실을 말하면 다른 누군가를 불리하게 만들거나 악당들의 심기를 거스르기 때문일 수도 있다. 그래서 그는 아무도 믿지 않을 줄 알면서도 거짓을 이야기한다.

렉스의 쓰레기 이야기를 시프린의 재판 이야기와 연관 지어보면, 렉스가 처음에 떠올렸던 거짓말의 정의(진실이 아니고, 남을 속이려는 의도를 가진 말)는 두 경우에 다 들어맞지 않는다. 하지만 더 나은 이론이 우리 바로 앞에 있다. 시프린의 정의에 따르면 '거짓말'은 어떤 사람이 진실하게 행동하리라는 합리적 기대가 있는 상황에서, 그 사람이 자신도 믿지 않는 내용을 단언하는 것이다.[327] 여기서 "진실하게 행동하리라는 합리적 기대가 있는"이라는 문구가 정말정말 중요하다. 우리는 항상 진실성을 기대하지는 않는다. 코미디 쇼를 관람할 때 나는 배우들이 자기 속마음과 다른 말들을 하리라는 사실을 알고 있다.[328] 속마음과 다른 말을 하지 않는다면 그런 공연을 무대에 올릴 이유가 없을 것이다. 소설을 읽을 때도 마찬가지다. 나는 작가가 자신이 진실이라고 생각하는 이야기만 책에 썼으리라고 기대하지 않는다.

시프린은 진실성이 기대되지 않는 상황들을 '유예된 맥락suspended contexts'이라고 부른다.[329] 진실성이 기대되지 않는다는 개념은 신중하게 받아들여야 한다. 만약 당신이 나에게 거짓말을 많이 한다면 나는 당신이 진실을 말하리라고 기대하지 않을 것이다.[330] 시프린이 염두에 둔 건 그런 상황이 아니다. 시프린은 진실성이 없는 것을 받아들일 충분한 이유가 있는 상황을 가리킨다. 그녀는 그런 상황을 '정당하게 유예된 맥락justified suspended contexts'이라고 부른다.[331] 시프린의 이론에 의하면, 정당하게 유예된 맥락에서 당신은 누구에게도 진실을 말할 책무가 없다. 따라서 당신이 거짓으로 꾸며낸 이야기를 해도 그건 거짓말이 되지 않는다.[332]

우리는 정당하게 유예된 맥락에 놓일 때가 생각보다 많다. 아는 사람들을 만날 때 우리는 유쾌한 이야기만 늘어놓는다. '만나서 반가워요.' '저는 잘 지내고 있어요.' '머리 모양이 멋지시네요.' 시프린의 주장에 따르면 이런 대사들은 "사교적 맥락에 의해 요구된다".[333] 단순하게 말하자면 우리는 서로를 인정하고 관계를 확인할 필요가 있다. 그런데 '유능한 청자'는 그런 말들이 "내용이 진실로 흡수되기를 바라는 의도에서 나온 말들은 아니라는 것"을 알아차린다고 시프린은 이야기한다.[334] 그러니까 진실성이 없어도 괜찮다. 형편이 안 좋더라도 '잘 지내고 있다'고 말해도 된다. 시프린은 그런 말은 거짓말이 아니라고 생각한다.

어떤 사람들은 그건 좀 이상하다고 생각한다. 그들은 그걸 '선의의 거짓말'이라고 부른다. 추측건대 그들도 그런 말을 해도 된다는 데는 동의할 것이다. (사람들이 안부를 묻는다고 해서 당신의 삶이 실제로 어떤지를 모든 사람에게 설명해야 할 의무가 있는 건 아니다.) 그러니까 어떤 말을 거짓말로 낙인찍는 데 집착하지는 말자. 우리는 '거짓말'이라는 단어를 여러 가지 의미로 사용할 수 있다. 중요한 것은 도덕적인 판단이다. 정당하게 유예된 맥락에서는 당신이 진실이라고 생각하지 않는 내용을 말해도 된다.

원래의 질문으로 돌아가보자. 거짓말과 연기는 무엇이 다른가? 앞에서 우리는 모든 거짓말은 어떤 의미에서 연기라고 말했다. 하지만 연기는 대부분 정당하게 유예된 맥락에서 발생한다. 예컨대 당신이 아이와 놀면서 슈퍼 히어로나 마법사 역할을 연기할 때, 당신은 상상의 세계를 점유하는 즐거움을 누리기 위해 정당성에 대한 기대를 유예한다. 내가 1학년 때 우리 반에 두오브라키움 스파르크사가 있었다고 행크에게 말했을 때도 그런 즐거움을 얻고 싶었던 것이다.

나의 두 아들은 아주 어릴 때부터 나의 허황된 이야기를 재미있게 들어줬다. 그리고 아직도 자기만의 허황된 이야기를 지어내곤 한다. 하지만 둘 다 서서히 그런 장난의 세계를 벗어나고 있다. 그거야말로 아이들이 자라는 것을 지켜보면서 가장 슬픈 부분이다.

⌒

나는 거짓말을 해서는 안 된다는 걸 만 세 살 때 알게 됐다. 우리 형 마크는 그때 만 일곱 살이었다. 부모님은 우리가 너무 시끄럽게 떠든다면서 밖에 나가서 놀라고 하셨다. 마크 형은 부모님 말을 쉽게 들어줄 마음이 없었다. 형은 나에게 현관문 앞에 서서 최대한 시끄러운 소리를 내라고 시켰다. 재미있을 것 같았다. 나는 고래고래 소리를 지르고, 노래를 부르고, 문을 쾅쾅 두드리기도 했다. 그때 어머니가 문을 열고 고함을 치셨다. 우리는 다시 집 안으로 불려 들어갔다.

"형이 소리를 지르라고 시켰어." 어머니가 화난 것을 알고 내가 잽싸게 말했다.

형은 내 탓이라고 우겼다. 그제야 나는 형이 왜 나랑 같이 큰 소리를 내지 않았는지를 알아차렸다.

그다음에 일어난 일에 관해선 기억이 희미하다. 우리는 각자 다른 방에서 추궁을 당했다. 형은 처음에는 내 탓이라고만 하다가, 나중에는 짜증을 내면서 자기가 시킨 일이 맞다고 인정했다.

우리가 어떤 벌을 받았는지는 기억나지 않지만, 형이 나보다 무거운 벌을 받았던 건 생각난다. 그 이유도 떠오른다. 형은 거짓말을 했기 때문이다. (어머니는 그 말을 강조하셨다.) 나는 그게 왜 중요한 건지 확실히는 몰랐다. 어쨌든 형이 잘못을 저질렀으니 나는 가볍게 넘어갔다. 그래서 나는 머릿속에 그걸 입력했다. '거짓말을 하면 안 된다.'

그런데 왜 안 될까? 그 이유를 확실하게 알려준 사람은 없었다. 그리고 철학자들도 그 질문에 분명하게 답변하지 않는다. 적어도 우리 집에 사는 철학자들은 그렇다.

"거짓말은 왜 잘못일까?" 어느 날 저녁 식사 자리에서 내가 행크에게 물었다.

"진실을 말하는 게 아니니까."

"맞아." 내가 말했다. "그런데 그게 왜 잘못이지?"

"거짓말이니까." 행크가 말했다.

우리는 순환 논리에 갇히고 말았다.

"그래서 거짓말이 뭐가 나쁜 건데?"

"누군가에게 진실이 아닌 걸 믿게 하려는 거니까."

발전이 조금 있었다. 이제 행크는 수많은 철학자들과 어깨를 나란히 할 수 있게 됐다. 수많은 철학자들은 거짓말은 남을 속이려는 행동이기 때문에 나쁘다고 생각한다.

잠깐, 남을 속이려고 하는 게 왜 문제인가? 일반적인 답변은 다음과 같다. 당신이 누군가를 속인다는 건 당신의 이익을 위해 그의 마음 상태를 조종하는 것이다. 그럴 때 당신은 그 사람이 세상에서 그의 의지를 제대로 표현하지 못하게 만든다.[335] 그건 우리가 앞에서 살펴본 칸트의 주장과도 비슷한 데가 있다. 칸트는 우리가 사람들을 우리 자신의 목적에 맞게 활용하는 대상이 아니라 사람으로 대해야 한다고 말했다.

이런 논리는 어느 정도까지는 타당하지만, 모든 경우에 적용되는 건 아니다. 시프린의 이론처럼 모든 거짓말이 기만적인 의도를 가지고 있지는 않기 때문이다. 시프린이 예로 들었던 증인은 위증을 했지만 오해를 불러일으키려고 했던 건 아니다. 그렇다고 해서 그에게 아무런 책임이 없는 건 아니다. 법정에서 거짓말을 하는 건 의도와 무관하게 잘못된 행동이다. 그리고 거짓말은 기만적이라서 잘못됐다는 논리의 문제점은 그것 하나만이 아니다. 사람들은 단순히 오해를 불러일으키는 것보다 거짓말을 하는 게 더 나쁘다고 생각한다. 실제로 사람들은 상대방을 슬쩍 속이긴 해도 명시적인 거짓말을 하는 상황은 피하곤 한다.

철학자들은 알렉산드리아의 아타나시우스Athanasius of Alexandria 이야기를 좋아한다.[336] 아타나시우스는 그를 처형하거나 살해하려는 사람들에게 쫓기다가 그들과 마주쳤다. 하지만 사람들은 아타나시우스를 알아보지 못하고 그에게 물었다. "아타나시우스는 어디에 있소?" 그는 이렇게 대답했다. "멀리 가지 못했을 거요." 그러자 사람들은 아타나시우스를 찾으러 가버렸다. 우리는 아타나시우스가 영리하게 행동했다고 생각해야 마땅하다. 그는 자신을 쫓는 사람들에게 거짓말을 하지 않으면서 그들을 잘못된 방향으로 인도했다! 그런데 자기를 죽이려고 하는 사람들에게 거짓말을 한다고 해서 그게 나쁜 행동일까? 아타나시우스가 며칠 전에 떠났다거나 이미 죽었다고 말해서는 안 될 이유라도 있는가?

"망설이지 말고 거짓말을 하라." 언어철학자인 제니퍼 솔Jennifer Saul은 말한다. 솔은 이 충고를 자신이 쓴 논문의 제목으로 삼았다.[337] 솔의 논문에 의하면 거짓말이 단순히 오해를 불러일으키는 행동보다 더 나쁠 것은 없다. 솔은 다음과 같은 예를 제시한다. 데이브와 찰라가 처음으로 섹스를 하려고 한다.[338] 데이브가 찰라에게 혹시 에이즈AIDS 보균자냐고 묻는다. 마침 찰라는 HIV 양성이고 그녀는 그 사실을 알고 있지만, 자신이 아직 에이즈 환자가 아니라는 사실도 알고 있다. 데이브가 겁을 먹고 달아나기를 원치 않았던 그녀는 이렇게 대답한다. "아니, 난 에이즈 환자가 아냐." 데이브는 안심하고 보호 장비 없이 섹스를 하기로 한다.

찰라는 거짓말을 하지 않았다. 그녀의 대답은 진실이었다. 그러나 그녀는 상당히 저급한 방법으로 데이브를 기만했다. 물론 데이브가 더 정확한 질문을 던질 수도 있었을 것이다. HIV와 AIDS는 다르니까. 하지만 찰라는 데이브가 무엇을 걱정하는지를 알고 있었고, 그녀의 대답은 데이브를 잘못된 방향으로 인도할 것이 확실했다. 솔은 이렇게 주장한다. "찰라가 거짓말을 피해갔기 때문에 그녀의 기만이 아주 조금이라도 덜어진다는 가정은 전적으로 불합리하다."[339]

거짓말은 기만적이기 때문에 잘못이라는 것이 솔의 견해다. 대개의 경우 기만의 형태는 중요하지 않다. 당신이 누군가를 속여 넘기려고 한다면 거짓말도 하게 될 것이라고 솔은 말한다.[340] 만약 당신의 기만이 잘못이라면, 당신이 거짓을 말했다는 사실 때문에 그것이 더 나쁜 잘못이 되지는 않는다. 만약 당신의 기만이 정당화된다면, 즉 남을 속일 충분한 이유가 있다면 당신은 아무런 잘못을 범하지 않을 것이다. 실제로 솔은 아타나시우스에 관해 그렇게 평가했다. 아타나시우스는 거짓말을 하지 않았지만, 설령 그가 거짓말을 했어도 괜찮았을 거라고 했다.

나는 그 마지막 말에 동의한다. 나는 아타나시우스가 자기를 쫓아오는 사람들에게 진실을 말했어야 한다고 생각하지 않는다. 그러나 거짓말이 기만의 다른 형태들과 같은 무게를 지닌다는 주장에는 동조할 수 없다. 어떤 기만이 잘못이라면, 그 기만을 목표로 하는 거짓말은 잘못임이 분명하다. 하지만 시프린이 설명한 대로 거짓말이 잘못인 데는 또 하나의 이유가 있다.

그 이유를 알아보기 위해 한 걸음 물러나서 이 책의 맨 앞으로 가보자. 머리말에서 우리는 색채 전이 스펙트럼에 관해 이야기했다. 머리말에서 우리는 우리가 다른 사람들의 마음에 접근하지 못한다고 말했다. 우리는 다른 누구의 마음과도 직접 소통하지 못한다. 그런데 때때로 우리는 다른 사람들의 마음이 어떤 상태인지를 알아내야 한다. 다른 사람들이 무슨 생각을 하고 있는지를 알아낼 방법이 없다면, 함께 일하는 것은 고사하고 함께 살아가기도 어렵다. 시프린의 주장에 따르면, 우리가 서로의 마음을 들여다보는 데 가장 좋은 도구가 말이다. 말은 서로를 깊이 이해하게 해준다. 말이 없었다면 우리는 그 정도로 깊이 서로를 이해하지 못했을 것이다.

그렇게 서로를 이해하기에 우리는 서로를 보살피고, 서로에게서 배우고, 공동의 프로젝트와 계획을 실행할 수 있다. 그런 이해가 없다면 우리의 삶은 빈곤해질 것이다. 따라서 우리에게는 말을 존중하고, 서로 이해할 수 있게 만드는 말의 능력을 보존할 이유가 있다.

시프린은 거짓말은 그 말을 하는 사람의 마음 상태를 실제와 다르게 표현하기 때문에 잘못이라고 주장한다. 그럴 때 거짓말은 오직 말로만 가능한 일, 즉 우리가 서로를 이해하도록 해주는 말의 능력을 훼손한다. 거짓말은 소통의 통로에 잡음을 집어넣어, 우리가 미래에 소통할 내용의 신빙성에 의문을 품게 만든다. 만약 거짓말이 일반적인 것이 된다면, 우리는 "중요한 진실들의 집합에 접근하는 믿음직한 통로"를 잃게 된다고 시프린은 말한다.[341]

시프린의 설명은 유일한 답이 아니다. 거짓말이 나쁜 이유는 여러 가지가 있을 수 있다. 거짓말은 상대를 존중하지 않아서 나쁠 수도 있고, 신뢰를 갉아먹어서 나쁠 수도 있다. 그리고 거짓말은 상대를 기만한다. 어떤 이유를 선택하든 그 다른 이유가 시프린이 강조하는 이유보다 훨씬 중요할지도 모른다. 찰라의 기만 때문에 데이브는 심각한 위험에 노출되었다. 그것만으로도 충분히 나쁜 일이다. 찰라가 거짓말을 했다고 해서 상황이 더 나빠지지는 않을 것이다. 하지만 대개의 경우 상대를 잘못된 방향으로 인도하는 말이 명백한 거짓말보다 작은 잘못이다. (우리 아이들은 〈마인크래프트〉 게임을 얼마나 했는지를 모호하게 말하는 걸로 유명하다.) 그런 사례들에서 명백한 거짓말을 피하는 것에 관해서는 조금 더 설명이 필요하다. 그 경우 정직한 소통의 가능성은 열려 있다.

⌒

"애들아, 아빠가 질문 하나 할게. 누군가가 너희의 친구를 죽이려고 한다고 치자. 그래서 너희가 그 친구를 우리 집 다락방에 숨겨줬어."

"그 친구 이름이 뭔데?" 행크가 물었다.

"잭." 내가 대답했다. "그런데 잭을 죽이려고 하는 사람이 찾아와서 잭이 어디에 있느냐고 물었어."

"그 사람 이름은 뭐야?" 행크가 또 물었다.

"그건 중요하지 않아."

"그 사람은 밥이라고 하자." 렉스가 말했다.

"좋아. 밥은 잭이 어디 있는지 알려달라고 하는데, 너라면 알려주겠니?"

"여기 없다고 해야지!" 렉스가 대답했다.

"그럼 너는 거짓말을 하겠다는 거니?"

"그건 거짓말이 아냐."

"잭은 다락방에 있잖아."

"응, 근데 내가 잭은 '여기 없다'고 말한 건 지금 우리가 서 있는 이곳에는 없다는 뜻이야."

그러니까 우리는 앤아버(우리 동네)의 아타나시우스를 키우고 있다. 아니, 아타나시우스 두 명을 키우고 있다.

"너라면 뭐라고 하겠니, 행크?"

"아까 길에서 잭을 봤다고 할래."

"그건 정말이니?"

"응, 아까 잭이 우리 집에 와서 다락방으로 올라가기 전에, 잭이 길에 있는 걸 내가 봤으니까."

"왜 거짓말을 하지 않지? 잭이 다른 동네로 갔다고 말할 수도 있잖아."

"거짓말을 할 필요까지는 없을 것 같아." 렉스가 말했다.

"만약 잭에게 도움이 된다면 거짓말을 해도 되는 걸까?"

"응, 나는 그렇게 생각해." 렉스가 말했다. "밥이 잭을 죽이려고 하는데 내가 그걸 도와줘야 하는 건 아니잖아."

만약 칸트였다면 렉스의 주장에 단호히 반대했을 것이다. 적어도 사람들에게 널리 읽히는 〈선한 의도로 거짓말을 할 권리에 관하여〉라는 짧은 에세이를 보면 그렇다.[342] 그 에세이에서 칸트는 내가 우리 아이들에게 물어본 상황을 제시한다. 살인자가 집 앞까지 와서 자기가 죽이려는 사람이 어디에 있느냐고 묻는다. 칸트의 주장은 당신이 살인자에게도 거짓말을 해서는 안 된다는 것으로 읽힌다.

그건 미친 소리다. 그런 주장을 옳다고 생각하는 사람은 없다. 열렬한 칸트주의자들도 그렇게 생각하지는 않는다. 칸트 자신도 그렇게 생각하지는 않았을 것이다. 그 이야기는 칸트가 프랑스의 정치 사상가 뱅자맹 콩스탕Benjamin Constant과 벌인 논쟁에서 따온 것이다. 저명한 칸트 연구자인 앨런 우드Allen Wood는 역사적 사실을 추적하고 나서, 칸트와 콩스탕 둘 다 기본적으로 "정치적인 맥락에서······ 진실을 말할 의무"를 중시했다고 주장한다.[343] 우드의 설명에 따르면 실제로 칸트가 상상했던 상황은 집 앞에 무작위의 살인자가 나타나는 상황이 아니었다. 그는 경찰관이 용의자의 위치에 관한 정보를 요구하는 상황을 묘사하고 있었다.[344] 우드는 콩스탕이 칸트와 의견을 달리한 이유 중 하나는, 그가 프랑스혁명 기간에 했던 경험이 경찰과 범죄자를 구분하는 경계선을 흐려놓았기 때문이라고 생각한다.[345]

우드는 칸트의 주장을 뒷받침하기에 더 적합한 사례는 다음과 같을 거라고 설명한다. 당신은 선서를 하고 재판에 출석한 증인이다. 당신은 "진실하게 답변하면 친구가 유죄판결을 받을 것이 예상되는 질문"을 받는다. 그런데 "당신은 그 친구가 결백하다는 사실을 알고 있고, 친구는 살해 혐의를 받고 있다."[346] 정말 난처한 상황이다. 우드는 "그 재판의 절차가 법에 위배되거나 완전한 사기가 아닌 한" 당신이 진실을 말해야 한다고 주장한다.[347] 그렇지 않으면 당신은 그 법적 절차가 거짓을 토대로 진행되게 함으로써 "그 법적 절차를 사기로 만드는" 사람이 될 것이기 때문이다.[348]

칸트는 우드와 같은 의견이겠지만, 나는 생각이 조금 다르다. 나는 어떤 극단적인 사례에서는 거짓말을 정당화할 수도 있을 거라고 생각을 열어놓는 편이다. 하지만 그런 사례들은 우선 제쳐놓자. 주목을 많이 받고 조롱도 많이 받았던 첫 번째 사례를 어떻게 이해해야 할까? 당연히 당신은 거짓말을 해도 된다. 그 이유를 설명할 도구는 시프린이 제공했다. 당신은 정당하게 유예된 맥락 속에 있다. 살인자는 그 어떤 선행도 베풀지 않기 때문에 당신의 협조를 요구할 자격이 없다. 렉스가 했던 말처럼, "밥이 잭을 죽이는 걸 당신이 도와야 하는 건 아니다".

文 앞의 살인자는 사실 그렇게 많은 관심을 받을 이야기가 아니다. 평범한 사람들은 웬만해서는 문 앞의 살인자와 마주할 일이 없을 것이다. 그래서 칸트와 콩스탕도 처음에는 다른 관심사에서 출발했다. "정치인들과 통치자들이 진실해야 할 의무"가 그들의 관심사였다.[349]

렉스도 그 주제에 관심을 가진다.

"저 사람은 어쩜 저렇게 거짓말을 많이 하지?" 렉스가 도널드 트럼프Donald Trump에 관해 몇 번 했던 말이다. 렉스는 신문에 실린 트럼프의 거짓말 목록을 즐겨 본다.[350]

물론 정치인들 중에는 진실과 친하지 않은 사람이 많다. 트럼프가 충격적이었던 점은 대놓고 진실에 적대적인 태도를 취했다는 것이다. 대통령에 취임한 첫날부터 트럼프는 취임식 때 내린 비에 관한 거짓말을 했고, 언론 담당 비서관에게 취임식 참석자의 규모에 관한 거짓말을 허용했다.[351] 그 후로도 거짓말은 점점 심해졌다. 임기가 끝날 무렵 트럼프는 자신의 주장에 반하는 증거가 많이 있는데도, 자신이 선거 부정 때문에 졌다고 한사코 주장했다.[352] 그래서 트럼프의 지지자들 중 일부가 국회의사당에 난입하는 사태가 벌어졌다.

　　"도널드 트럼프는 나쁜 대통령이야." 그런 사태가 벌어진 지 얼마 지나지 않았던 어느 날, 저녁 식사 자리에서 렉스가 말했다.

　　"트럼프는 우리에겐 나쁜 대통령이지." 행크가 말했다. "하지만 그 사람을 좋아하는 사람들에게는 좋은 대통령이야."

　　"아냐, 트럼프는 나쁜 대통령이야." 렉스가 말했다.

　　"우리한테는 나쁜 게 맞아." 행크가 거듭 말했다. "그렇지만 지지자들에게는 트럼프도 좋은 대통령이라니까."

　　"행크, 네 말은 도널드 트럼프를 좋아하는 사람들은 그가 좋은 대통령이라고 생각한다는 거지? 그런데 그 사람들의 생각이 틀렸다는 거지?" 내가 물었다.

　　"아니." 행크가 힘주어 말했다. "그 사람들은 트럼프가 좋은 대통령이라고 생각하고, 우린 그가 나쁜 대통령이라고 생각해. 그리고 중간에서 누가 옳은지 정해주는 사람은 없어."

　　"둘 중 하나는 옳아야 하지 않니?" 내가 물었다. "트럼프가 좋은 대통령이든가, 아니든가."

　　"아냐." 행크가 대답했다. "우리한테는 우리가 옳고, 그 사람들한테는 그들이 옳은 거야."

이건 상대주의가 아닌가. 진실은 사람마다 다르다는 논리. 우리 집에서 상대주의 논리를 듣고 나는 충격을 받았다. 나는 세상을 그렇게 바라보지 않는다. 그리고 아이들에게 상대주의에 관해 이야기한 적도 없다.

나는 궁금했다. 행크의 상대주의는 얼마나 강할까? 도덕적인 문제, 또는 도덜드 트럼프가 좋은 대통령인가와 같이 평가가 개입되는 문제에 단 하나의 진실이 존재하지 않는다고 생각하는 사람도 많다. 그게 행크의 견해일까? 아니면 행크의 상대주의는 더 근본적일까?

"행크야." 내가 말했다. "우리가 밖에 나갔다고 해보자. 아빠는 비가 온다고 하고, 너는 비가 오지 않는다고 말하고 있어. 그럼 우리 둘 중 하나는 옳은 거 아니니?"

"나한테는 내 말이 옳아." 행크가 말했다. "그리고 아빠한테는 아빠 말이 옳아."

"하늘에서 물방울이 떨어지고 있거나 아니거나, 둘 중 하나잖니." 내가 반박했다. "비가 오는지 안 오는지는 우리가 결정하는 게 아닌데."

"아빠한테는 물방울이 떨어지고 있지만, 나한테는 안 떨어지는 거지." 행크가 말했다.

처음에는 행크가 진지하게 하는 말이 아닌 줄 알았다. 행크는 원래 장난을 잘 친다. 몇 년 동안 나는 행크가 ABC 노래를 아는지 모르는지를 분간할 수 없었다. ABC 노래를 불러보라고 할 때마다 행크는 글자 순서를 틀렸다. 나는 행크가 장난하는 거라고 생각했다. 내가 렉스에게 그런 식으로 장난을 치곤 했기 때문이다. 그런데 행크는 정말로 끈질기게 그런 식으로 노래를 불렀고, 내가 고쳐줘도 제대로 부르지 못했다. 그래서 나는 행크가 그 노래에서 알파벳 순서가 중요하다는 걸 모른다고 생각하기 시작했다.

행크가 유치원에 들어가고 나서야 그 아이가 나를 가지고 놀고 있었다는 걸 알았다. 만 세 살 때부터 그랬다는 것도. 행크는 유치원 선생님 앞에서는 알파벳을 또박또박 외웠고, 우리 앞에서 모르는 척했던 것들을 많이 이야기했다.

그래서 나는 행크의 말을 의심하곤 한다. 그리고 행크가 장난을 치려고 할 때 짓는 엷은 미소가 보이는지 안 보이는지를 항상 살핀다. '이건 굉장한 속임수 같은데.' 나는 속으로 생각했다. '만 여덟 살이 되더니 내가 가장 싫어하는 철학 사조를 알아냈구나.' 하지만 그날 저녁 내내 대화를 나눠보니 행크가 진심이라는 걸 알 수 있었다. 행크는 그 문제를 곰곰이 생각해본 결과, 우리 각자가 자기만의 진실을 가지고 있다는 결론에 이르렀던 것이다.

⌒

왜 그랬을까? 생각의 실마리는 행크가 렉스에게 했던 말에 있었다. "그 사람들은 트럼프가 좋은 대통령이라고 생각하고, 우린 그가 나쁜 대통령이라고 생각해. 그리고 중간에서 누가 옳은지 정해주는 사람은 없어."

행크는 그 마지막 부분을 말할 때 한 손을 코 앞으로 올려 위아래로 움직이면서 중간에 아무것도 없다는 뜻을 전달했다. 행크가 진짜로 하려고 했던 이야기는 중간 지대에 분쟁을 해결할 사람이 없다는 것이었다.

앞에서 권리에 관해 논할 때 언급한 것처럼, 행크는 내가 가르치는 재판 이야기를 듣기를 좋아한다. 그리고 매번 이렇게 묻는다. "그래서 판사가 어떻게 판결했어?" 행크는 정답을 알고 싶어 하고, 판사가 문제를 해결한다고 생각한다. 그러니까 판사가 없는 상황에서는 사람마다 다른 답을 가지고 있다고 생각했을 법하다.

내가 가르치는 학생들 중에도 이것과 비슷한 주장에 이끌리는 학생들이 많다. 특히 스포츠에 열심인 학생들이 그런 주장을 좋아한다 (스포츠에 열심인 학생들만 그런 건 아니지만). 그 학생들은 어릴 때부터 스포츠 경기의 심판이 뭔가를 판정하는 모습을 봤다. 아웃인지 아닌지, 볼인지 스트라이크인지, 공을 잡은 건지 아닌지. 그리고 심판의 결정은 확정적이다. 심판의 결정에 대해 항의할 곳은 없다. 심판의 말은 유효하다. 심판이 '인'이라고 하면 '인'이 된다. 심판은 뭔가를 진실로 만드는 권능을 가진 것처럼 보인다.

실제로는 어떤 심판도 뭔가를 진실로 만들지는 못한다. 그동안 비디오 판독을 통해 밝혀진 바로도 그렇다. 테니스 경기에서 공이 '인'인지 '아웃'인지는 심판이 어떻게 판정하느냐가 아니라, 공이 코트 라인의 어느 쪽에 떨어졌는지에 달려 있다. 이상적인 경우라면 심판은 진실을 결정하는 게 아니라 진실을 확인한다.[353]

심판이 없이도 스포츠 경기를 할 수 있다고 생각해보면 이해하기가 쉽다. 우리가 지금 밖으로 나가서 테니스 라켓으로 공을 힘껏 친 다음, 그 공이 인인지 아웃인지를 스스로 판정하면 된다. 대개의 경우 우리의 의견은 일치할 것이다. 가끔은 의견이 일치하지 않을 것이다. 우리는 서로 다른 자리에 서 있고, 각자 자기에게 유리한 쪽으로 판단할 가능성이 있다. 심판이 존재하는 이유가 그것이다. 그러나 심판들도 우리와 같은 사람이라서 옳을 수도 있고 틀릴 수도 있다. 진실은 심판과 독립적으로 존재한다.

우리는 이 점을 혼동하기가 쉽다. 심판의 말은 실제로 '유효'하기 때문이다. 만약 미식축구 경기의 심판이 어느 선수가 오프사이드를 범했다고 판정한다면, 우리는 실제로 오프사이드인지 아닌지와 무관하게 그 선수가 오프사이드를 범한 것처럼 행동한다. 심판은 우리가 무엇을 진실처럼 대할지를 결정하는 힘을 가진다. 그러나 실체적 진실은 심판이 판정을 하기 전에 이미 존재하며, 경기가 심판 없이 진행된 경우에도 마찬가지다. 어떤 경우에도 중립적인 결정권자의 부재가 진실의 부재를 의미하지는 않는다.

객관적 진실이라는 개념에는 회의적인 사람이 많다. 어떤 집단에서는 진실은 사회적으로 만들어진다고 말하는 것이 유행이다. 하지만 우리가 인종에 관한 장에서 살펴본 것처럼, 우리가 가진 개념들이 사회적 산물이라고 해서 그 개념들이 지칭하는 대상들도 사회적 산물이 되는 건 아니다. '행성'이 무엇인지는 우리가 정한다. 일단 행성의 정의를 정하고 나면 명왕성은 행성이거나 아니거나 둘 중 하나다. 만약 우리가 사실들을 잘못 판단할 경우 그것에 대해 오해할 수도 있다.

행크를 제외한 대부분의 사람은 비에 관해 상대주의적인 태도를 취하지 않는다. 대부분은 확정적 진실이 존재한다는 생각을 편안하게 받아들인다. 만약 소나기가 막 쏟아지고 있는데 행크가 비가 오지 않는다고 고집한다면, 나는 행크에게도 그 나름의 진실이 있다고 생각하지 않을 것이다. 행크의 머리가 좀 이상해졌다거나, 행크가 나에게 또 장난을 친다고 생각할 것이다.

그런데 평가가 개입되는 판단에 관해서는 행크와 비슷한 생각을 하는 사람이 제법 많다. 도널드 트럼프는 좋은 대통령이었나? 낙태는 잘못된 일인가? 베토벤이 바흐보다 훌륭한 음악가였나? 어떤 사람들은 이런 질문에는 정답이 없다고 말한다. 사람마다 의견이 다르다는 것이다.

그런 대답을 하는 사람들도 진실의 존재를 부정하지는 않는다. 그들이 부정하는 건 객관적 진실이다. 우리가 어떤 사람이든 간에 우리 모두에게 유효한 진실. 그들은 진실을 살려내기 위해 진실을 상대화한다. 그들은 '낙태가 정당한가?'라는 질문에 유일한 정답이 없고 세계관에 따라 대답이 달라진다고 말한다. 재생산의 자유를 옹호하는 페미니스트에게 낙태는 허용되어야 하는 일이다. 교회의 가르침을 따르는 가톨릭 신자에게 낙태는 용납할 수 없는 일이다. 이 두 세계관 중 어느 쪽이 옳은가? 상대주의자들에 따르면 당신은 그런 질문을 던질 수 없다. 페미니스트에게는 페미니스트의 진실이 있고, 가톨릭 신자에게는 가톨릭 신자의 진실이 있다.

이것은 세상을 비관적으로 바라보는 시각이다. 이 같은 시각은 모든 사람을 각자의 진영으로 분류한다. 이런 세계에서 우리는 서로 충돌할 수는 있지만 대화를 나누지는 않는다. 이 그림에서 페미니스트와 가톨릭 신자는 중요한 이야기를 할 때 서로에게 말을 걸지 않는다. 그녀는 그녀 자신의 세계관에 맞는 주장을 하고, 그는 그 자신의 세계관에 맞는 주장을 한다. 각자의 도덕적 틀에서는 둘 다 옳다. 하지만 행크의 말에 따르면 중간에서 그들 중 누가 더 나은가를 판결할 사람은 없다. 따라서 그 문제에 관해 토론하는 것은 무의미한 일이다. 사람들을 설득하려는 노력은 이성에 호소하지 못한다. 주장의 근거들도 세계관에 따라 달라지기 때문이다. (페미니스트를 움직이려면 가톨릭 신자를 움직일 때와는 다른 근거가 필요하다. 그리고 중간에서 누가 옳은지 판별해줄 사람은 없다.)

이런 사고방식은 철학 내부보다 외부에서 더 인기를 끈다. 사실 대다수 철학자들은 전면적인 상대주의(예를 들어, 모든 것에 관한 상대주의)는 말이 안 된다고 생각한다.[354] '객관적 진실이 존재하지 않는다'는 주장은 어떤 종류의 주장인가? 우리 모두에게 진실이 되는 객관적인 주장? 그런 주장이 있다면 그 주장은 자기모순에 빠진다. 아니면 그걸 주장하는 사람의 견해에 따라 진실이 될 수도 있고 아닐 수도 있는 주관적인 주장? 만약 그렇다면 그 주장은 객관적 진실이 존재한다는 가정에 모순되지 않는다. 그것은 단지 그걸 주장하는 사람의 마음 상태에 관해 알려줄 뿐이다.

온건한 상대주의는 그런 식으로 스스로 모순에 빠지지는 않는다. 도덕적 상대주의는 이해하기 어렵지 않다. '객관적인 도덕적 진실이 존재하지 않는다'는 주장은 자기모순에 빠지지 않는다. 문제는 그 주장이 진실인가 아닌가다.

일반적으로 논증은 합리적인 관찰로 시작한다. 우리의 도덕적 견해는 서로 다르고, 때로는 극심하게 갈라진다. 미국 내에서도 그렇다. 다른 장소 또는 다른 시대를 보면 도덕적 견해의 차이는 더 뚜렷하게 확인된다. 게다가 사람들이 가진 도덕적 견해의 상당 부분은 그들이 성장하면서 경험한 문화와 공동체에 의해 형성된다. 만약 우리가 다른 시대, 다른 장소에서 태어났다면 우리는 다수의 도덕적 문제에 관해 다르게 생각했을 것이다. 실제로 우리가 가장 깊이 간직하고 있는 도덕적 믿음 중 어떤 것은 먼 옛날에는 보편적 믿음이 아니었다. 역사 속 여러 시점에 노예제는 폭넓게 용인되는 제도였지만, 지금 우리는 노예제를 매우 불쾌하게 받아들인다.

게다가 도덕적 견해 차이는 대부분 수렴되기가 힘들어 보인다. 우리가 낙태에 관해, 그리고 낙태의 합법성에 관해 얼마나 오랫동안 논쟁을 벌였는가를 생각해보라. 논쟁은 수십 년, 아니 수백 년째 이어지고 있는데 사람들은 여전히 양쪽 편에서 팽팽한 대결을 벌인다.

상대주의자가 제시하는 설명은 대충 행크의 주장과 비슷하다. 중간에서 누가 옳은지 판명해줄 사람이 없다는 것이다. 우리는 각자 자신의 생각 틀을 가지고 있고, 어떤 틀이 다른 틀보다 낫다고 말할 수 없다. 하지만 그런 주장에는 대가가 따른다는 점에 유의하라. 그런 주장을 좇는다면, 노예제가 잘못된 것인지 아닌지에 관해서도 실체적 진실은 존재하지 않는다. 우리 각자가 가지고 있는 도덕적 견해에 따른 사실들만 존재한다. 대량 학살에 관해서도 마찬가지다. 우리는 어떤 나치주의자에게 "우리는 당신이 유대인들을 죽이면 안 된다고 생각합니다"라고 말할 수는 있다. 그러나 그가 우리의 세계관을 받아들이지 않는다면, 우리가 그에게 근거를 제시할 수도 없다. 우리가 양보를 해야만 한다. 우리에게 우리의 진실이 있는 것과 똑같이 그 나치주의자에게도 그 나름의 진실이 있다고 인정해야 한다. 합리적으로 시작한 주장이 이제는 불합리해 보인다.

그렇다면 우리가 처음에 했던 관찰에서 결론을 이끌어내는 과정이 잘못이었을지도 모른다. 그렇게 생각했던 사람이 로널드 드워킨이다.[355] 드워킨은 의견의 불일치가 반드시 불확정성indeterminacy을 의미하지는 않는다고 지적한다. 의견이 일치하지 않는다는 것은 정반대의 의미일 수도 있다. 만약 우리가 낙태가 잘못인지 아닌지에 관해 토론을 벌이고 있다면, 그 이유는 십중팔구 우리가 어딘가에 정답이 있고 그 답이 중요하다고 생각하기 때문일 것이다. 우리는 합의에 이르지 못할 수도 있다. 하지만 합의가 곧 진실은 아니다. 그리고 의견의 불일치가 진실의 부재를 의미하지도 않는다.

그건 옳은 말이다. 만약 우리가 다른 시대, 다른 장소에 태어났다면 우리의 생각도 달랐을 것이다. 지금과 달랐을 가능성이 있는 건 단지 윤리적 견해만이 아니다. 우리의 과학적 견해도 현재와 달랐을 가능성이 있다. 우리가 먼 옛날에 태어났다면 우리는 태양이 지구를 돈다고 확신했을 것이다. 지금 우리는 지구가 태양을 돈다고 알고 있다. 우리가 과거에 다르게 생각했다고 해서 그 판단을 의심해야 하는 건 아니다. 우리는 과거에 우리가 어느 지점에서 틀렸는지를 설명할 수 있고, 현재의 견해가 왜 더 나은지를 설명할 수 있다. 나는 노예제에 관해서도 그게 가능하다고 생각한다.

우리의 윤리적 견해가 전부 일치하지 않는다고 해서, 반드시 그 견해의 진실에 의문을 품어야 하는 건 아니다. 의견의 불일치는 우리가 그 견해에 대해 겸손해야 한다는 뜻이다. 우리는 자신이 틀리지는 않았는지 점검해야 한다. 다른 생각을 가진 사람들과 이야기를 나눠봐야 한다. 그리고 새로운 것을 알게 되면 열린 자세로 견해를 수정할 수 있어야 한다. 무엇보다 진실이라는 개념을 포기한다거나 진실을 찾으려는 노력을 포기해서는 안 된다.

우리가 찾으려고 하는 건 정확히 무엇인가? 도덕적 진실이란 무엇인가? 이것은 철학이라는 학문 전체에서 가장 까다로운 질문들 중 하나다. 드워킨이 지적한 대로, 다음과 같이 생각하는 사람은 아무도 없다. "세계에는 에너지 또는 물질로 구성된 수많은 입자들이 존재하는데, 그중 모론moron이라는 특별한 입자의 에너지와 운동량이 (…) 인간의 특정한 행동 또는 제도의 윤리성 또는 비윤리성, 미덕 또는 악덕을 결정하는 장場을 형성한다."[356] 만약 윤리성이 모론이라는 입자로 구성되지 않는다면, 윤리성은 무엇으로 결정되는가? 여기서 그 논쟁을 제대로 소개하기는 어렵다. 다만 내가 그 문제에 관해 어떤 식으로 생각하는지를 살짝 엿보게 해줄 수는 있다. 나의 방식은 드워킨의 방식과 상당히 비슷하다.

내 생각에 윤리적 진실은 우리가 어떤 윤리적 주장을 지지하는 근거로 제시하는 이유들에 의존한다. 드워킨이 지적하는 대로, 만약 당신이 어떤 사람에게 낙태가 왜 잘못이냐고 묻는다면 상대는 원래 세상이 만들어질 때부터 낙태는 잘못이었다고 대답하지는 않을 것이다.[357] 그 사람은 여러 가지 이유를 제시할 것이다. 신이 낙태를 금지한다고 말할 수도 있고, 낙태가 인간 생명의 고유한 존엄성을 훼손한다고 말할 수도 있다. 아니면 무고한 생명을 죽이는 것이 잘못이라고 말할지도 모른다. 그가 자기 나름의 이유들을 제시하고 나면 우리는 다음과 같은 질문을 던질 수 있다. 그 이유들은 타당한가? 그가 간과한 것은 없나? 그의 논리에 허점은 없는가? 이상적인 경우라면 우리는 그와 함께 이런 점들을 짚어본다. 즉 우리는 그와 함께 이성적 사고를 한다.

이제 우리가 그 대화를 나누는 도중에 회의주의자가 불쑥 끼어든다고 상상하자. "당신들은 쓸데없는 소리를 하고 있어요." 회의주의자가 우리에게 말한다. "이유들은 진실이 아닙니다." 우리는 그에게 왜 그렇게 생각하느냐고 묻는다. 그러면 그는 자신의…… 이유를 제시한다. 그러면 우리는 다시 이렇게 묻는다. 그 이유들은 타당한가? 그가 놓친 지점은 없는가? 그는 문제를 이성적으로 분석하고 있는가?

이성을 피해 달아날 수는 없다. 드워킨은 한때 이렇게 말했다. "최고로 복잡한 회의주의적 논증이나 명제를 포함하는 모든 주장을 검증하는 최선의 방법은, 우리가 최선을 다해 이성적으로 사유해보고 나서도 우리 자신이 그렇게 생각하는지를 확인하는 것이다."[358] 그런 방법으로 검증된 주장이라면 우리로서는 그걸 믿는 것이 최선이다. 다르게 생각할 이유가 발견되지 않는 이상은.

———

행크의 상대주의는 오래가지 못했다. 잠자리에서 내가 그 논리를 깨버렸다.

간혹 우리는 밤에 독서를 하는 대신 이른바 '일대일 수다'를 떤다. 대개는 장난스러운 이야기를 하지만, 때로는 진지한 이야기를 나눈다. 그날 밤 우리는 상대주의에 관한 대화를 계속 이어갔다. 나는 행크가 상대주의에서 벗어나게 하려고 열심히 설득했지만 별다른 성과를 거두지 못했다. 하지만 나에게는 저녁 내내 숨겨놓은 비밀 무기가 있었다.

나는 불을 끄고 행크에게 자장가를 불러주었다. 그리고 행크의 방

에서 나오기 직전에 말했다. "잘 자라, 행크. 너는 내가 아는 일곱 살
짜리 아이들 중에 제일 착한 아이란다."

"난 일곱 살이 아냐." 행크가 말했다. "난 아홉 살이야."

"응?" 내가 반문했다. "너한테는 아홉 살이겠지. 하지만 아빠한테
너는 일곱 살이란다."

"난 아홉 살이야." 행크가 짜증스러운 목소리로 말했다.

"그건 아빠한테는 진실이 아니란다." 내가 말했다. "아빠한테 너
는 일곱 살이야."

"난 아홉 살이야." 행크가 쏘아붙이듯 말했다. "세상에는 그냥 진실
인 것도 있다고."

～

나도 동의한다. 그런데 무엇이 진실인지에 관해 합의하기는 왜 그
렇게 어려울까? C. 티 응우옌C. Thi Nguyen은 이 문제를 깊이 고민했
다. 응우옌은 한때 〈LA 타임스〉에 음식 관련 글을 기고했는데, 그건
내가 부업으로 꼭 해보고 싶은 일이다. (온 세상의 음식 에디터들이여, 렉
스와 나는 타코 트럭 후기를 쓸 준비가 돼 있다. 행크는 초밥이라면 사족을 못 쓴
다.) 그런데 응우옌은 음식에서 철학으로 넘어왔다. 그는 신뢰, 게임,
그리고 공동체의 작동 원리에 관한 글을 쓴다.

응우옌 이론의 핵심은 인식론의 거품epistemic bubble과 **반향실 효과**(미
디어 정보 이용자가 닫힌 체계로 구성된 커뮤니케이션에 의해 기존 신념을 증폭·
강화하고, 또 같은 입장을 지닌 정보만 수용하는 현상 – 옮긴이)를 구분하는
것이다. 인식론의 거품이란 "유의미한 목소리들이 누락되어 들리지 않

는 정보화 네트워크"다.[359] 우리는 점점 커지는 인식론의 거품 속에서 살아간다. 우리는 우리 자신을 지리학적으로 분류하고, 우리와 비슷한 생각을 가진 사람들에게 둘러싸여 있다. 우리의 소셜미디어 피드에는 우리와 비슷한 견해를 가진 친구들이 가득하다. 알고리즘은 인터넷을 우리의 선호도에 맞춰 보여준다.

인식론의 거품은 나쁜 것이다. 인식론의 거품은 우리의 견해에 어긋나는 정보를 차단함으로써 지나친 확신을 심어준다. 인식론의 거품은 실제로는 전혀 그렇지 않을 때도, 모든 사람이 우리와 똑같은 생각을 한다고 우리를 설득한다. 심지어 문제 자체를 감추기도 한다. 이 모든 부작용에도 불구하고 응우옌은 인식론의 거품에 관해 수선을 떨지는 않는다. 인식론의 거품은 "쉽게 터진다"고 그는 말한다.[360] 인식론의 거품을 터뜨리기 위해서는 사람들을 "그들이 놓친 정보와 주장"에 노출시키기만 하면 된다.

응우옌은 반향실 효과에 관한 걱정을 훨씬 많이 한다. 인식론의 거품과 반향실 효과는 얼핏 보면 비슷한 것 같지만, 중요한 차이가 하나 있다. 반향실은 "다른 유의미한 목소리들이 적극적으로 무시되는 사회구조"를 가리킨다.[361] 반향실의 문제점은 정보를 누락한다는 것이 아니다. 신뢰할 만한 정보원을 무력화한다는 것이다.

응우옌은 반향실을 만들기 위해 적극적으로 노력한 사람으로 러시 림보Rush Limbaugh를 꼽는다. 림보는 수십 년 동안 유명한 라디오 쇼를 진행하면서 자신의 보수적인 의견들을 개진했다. 청취자들은 외부의 정보에 접근할 수 있었다. 대다수 청취자들은 다른 매체들도 이용했으므로 인식론의 거품 속에 있지는 않았다. 그러나 림보는 그의 말에 반대하는 사람은 신뢰하지 말라고 청취자들에게 이야기했

376

다.[362] 림보는 반대파들이 그와 청취자들을 공격하려고 한다는 그림을 그렸다. 그리고 림보는 자신을 반대하는 사람들에게 다른 의도가 있다고 주장했다. 그래서 그들을 단순히 잘못 알고 있는 사람들이 아니라 악의적인 사람들로 보이게 만들었다.

좌파에도 반향실은 있다(림보처럼 광범위한 영향력을 발휘하는 반향실은 없지만). 로빈 디앤젤로Robin DiAngelo는《Nice Racism: How Progressive White People Perpetuate Racial Harm(친절한 인종차별)》이라는 책에서 좌파들의 인종차별적인 행동과 태도를 나열했다.[363] 그녀가 제시한 사례들 중에는 변명의 여지가 없는 행동도 있다. 예컨대 흑인으로 분장한다거나, 사람들의 이름을 제대로 발음하기를 거부하는 것이다. 어떤 사례들은 그렇게 명백하지는 않다. 예컨대 시민 단체의 "다양성 활동"에 신경 다양성neurodiversity(뇌 신경의 차이로 인해 발생하는 자폐, ADHD, LD, SCD 등을 다양성으로 인정하고 포괄하려는 인식 – 옮긴이)을 포함시키는 것이 인종차별인지에 대해서는 의문의 여지가 있다. (그건 제로섬게임이 아니지 않은가?[364] 인종차별을 철폐하면서도 다양한 뇌 신경을 가진 사람들에게 우호적인 일터를 만들 수도 있다.) 하지만 디앤젤로는 그녀의 목록에 포함된 사례들에 관한 어떤 의문에도 귀를 기울이려 하지 않는다. 실제로 그녀는 그런 의심을 가지는 것이 인종차별이라고도 말한다. 그녀가 제시한 목록의 맨 마지막 항목은 "이 목록에 포함된 것들 중 일부가 왜 문제인지를 이해하지 못하는 것"이다.[365] 이러한 주장을 통해 디앤젤로는 그녀의 견해에 대한 비판을 원천 봉쇄하고 있다.[366] 어떤 이유에서 나온 의견이든 간에 모든 반대 의견을 미리 불신한다. 그건 반향실을 유지하는 좋은 방법이다.

확실히 우리에게 반향실이 지금보다 적었더라면 우리의 정치는 보다 나은 모습이었을 것이다. 그러나 응우옌이 지적한 것처럼, 모든 반향실이 정치적인 건 아니다.[367] 백신을 반대하는 사람들의 모임도 반향실이다. 백신을 반대하는 사람들은 실재하지 않는 음모를 사람들에게 전파하고, 의사와 과학자들에 대한 믿음을 훼손한다. 그 밖에 다이어트, 운동, 다단계 마케팅과 관련된 반향실도 있다. 응우옌은 간단한 질문 하나로 어떤 집단이 반향실인지 아닌지를 판별할 수 있다고 주장한다. "그 집단의 믿음 체계가 그들의 핵심 교리에 찬동하지 않는 외부인의 신뢰도를 적극적으로 훼손하는가? 그렇다면 그 집단은 반향실일 가능성이 높다."[368]

반향실 효과는 인식론의 거품보다 회복력이 좋다. 반향실에서는 사람들을 외부 정보에 그냥 노출시킬 수가 없다. 그들은 반향실이 제공하는 렌즈를 통해 외부의 정보를 접하기 때문이다. 그래도 반향실에는 출구가 있다. 어떤 개인이 데카르트가 했던 것처럼 이성적으로 회의하기 시작한다면, 그는 스스로 반향실에서 해방될 수 있다. 그는 반향실에서 획득한 믿음들을 잠시 제쳐놓고 새롭게 믿음을 쌓아가야 한다.

하지만 응우옌의 주장에 따르면 데카르트의 방법은 효과가 없다. 확실한 믿음만을 고집하는 사람에게는 새로운 믿음을 쌓을 토대가 없다. 응우옌은 인식론적 운영체제를 백지상태에서 다시 시작하라고 제안한다. 그러려면 우선 열린 마음을 가지고, 당신의 감각을 믿고, 다른 사람들도 동등하게 믿어야 한다.[369] 응우옌은 말한다. 당신 자신을 세상에 노출시키고, 여러 곳에서 정보를 받아들여라. 정보의 원천들 중 어떤 것도 무조건 믿을 수 없다고 가정하지 말라. 최종적으로는 어떤 정보의 원천을 신뢰할지를 결정해야 한다. 모든 정보를 열린 마음으로 접한다면, 당신은 신뢰할 가치가 있는 정보의 원천을 받아들이게 될 가능성이 높다.

⌒

응우옌은 육아에 관한 나의 사고방식에 영향을 미쳤다. 가족은 인식론의 거품이다. 적어도 어린아이들에게는 그렇다. 아이들은 처음에는 거의 모든 정보를 부모 또는 형제자매에게서 얻는다. 우리는 아이들이 좋은 정보를 얻도록 해야 한다. 아이들에게 우리 자신이 동의하지 않는 정보의 원천을 신뢰하지 말라고 가르침으로써 반향실을 만들지는 말자.

여기에는 균형이 필요하다. 나는 우리 아이들에게 모든 사람을 신뢰할 수는 없다는 걸 알려주고 싶다. 나는 우리 아이들이 믿을 수 없는 사람들을 경계하기를 바란다. 그리고 우리 아이들이 내가 신뢰하는 정보의 원천이 무엇인지 알기를 바란다. 무엇보다 우리 아이들이 다양한 정보의 원천을 스스로 평가할 수 있기를 바란다.

바로 앞 장에서 나는 렉스에게 "질문하는 사람들에 관해 질문해 보라"고 조언했다고 말했다. 이 사람은 정말로 이해하기를 원하는가? 이 사람은 증거에 관심이 있는가? 이 사람은 자신의 견해가 틀렸다는 걸 알게 되면 나에게 솔직히 이야기할까, 아니면 숨길까? 이런 질문들은 뉴스의 출처를 평가할 때도 활용 가능하다. 그리고 우리는 몇 가지 질문을 덧붙일 수도 있다. 이 사람은 전문성을 가진 언론인인가? 이 사람은 전문가의 의견을 들어보는가? 이 사람은 견해가 수정되면 그걸 공개적으로 밝히는가? 이 사람은 나의 분노를 유발하려고 하는가, 아니면 나에게 뭔가를 알려주려고 하는가?

렉스는 이미 우리 집의 인식론 거품 안에만 있지 않다. 렉스는 스스로 인터넷을 돌아다닌다. 행크도 곧 렉스의 뒤를 따를 것이다. 우리는 아이들에게 열린 마음을 가지라고 가르치고, 누구를 신뢰할지를 비판적으로 생각하는 도구를 제공함으로써 반향실 효과에 대한 예방접종을 잘 시켰기만을 바란다.

⌒

가족이 인식론의 거품이라는 사실은 어린 시절의 마법 같은 믿음을 유지하는 비결이다. 부모가 정보를 통제하는 동안에는 산타가 불가능한 이야기로 들리지 않는다. 아이들은 산타의 비밀을 아는 다른 아이들을 만날 때, 또는 의문을 품을 때 자기 자신을 의심하기 시작한다.

우리 가족은 산타에 열광하지는 않았다. 물론 산타에 대한 아이들의 믿음을 지켜줘야 한다는 의무감은 우리에게도 있었다. 우리는 아이들이 친구들의 크리스마스를 망치기를 바라지 않았다. 그래서 우스꽝스러운 대화를 수도 없이 나눴다. 그럴 때마다 렉스는 산타가 우리 집에 오도록 하는 계획을 세웠다. 그 계획은 성공하지 못했지만, 다행히 이의 요정tooth fairy은 왔다. 그리고 우리 아이들은 이 요정을 사랑했다. 아이들은 요정이 가져다주는 편지와 1달러 동전을 손꼽아 기다렸다. 언젠가 렉스와 나는 차를 타고 집에 오는 내내 요정이 이를 가져가서 뭘 할지에 관해 이야기했다. 렉스는 요정 나라에서는 이가 화폐처럼 쓰일 거라고 이야기했다. 나는 요정들의 사회에서도 통화량을 조절하기를 원할 거라고 설명했다. 이를 찾으러 다니는 건 금을 캐는 것과 같다. 그건 선진국의 경제를 운영하는 방법으로 적합하지 않다.

행크는 첫 번째 이가 빠지기 훨씬 전부터 이의 요정에 대해 의심을 품었다. 행크의 친구 하나가 이의 요정은 진짜가 아니고, 엄마와 아빠들이 그 역할을 하는 거라고 말한 모양이었다. (인식론의 거품이 얼마나 쉽게 터지는지를 보라.) 우리는 행크가 이의 요정에 대한 경험을 놓치기를 바라지 않았다. 그래서 우리는 거짓말을 했다. 솔직히 말하자면 우리는 반향실과 비슷한 것을 만들었다.

"그 친구가 왜 그런 소리를 했는지 아빠는 모르겠다, 행크야. 아마 친구가 헷갈린 모양이야. 이의 요정은 렉스 형한테도 오잖아. 옛날에 엄마와 아빠한테도 왔어."

그걸로 우리는 무사히 넘어갔고, 대여섯 개의 이가 더 빠지기 전까지 행크는 의심을 품지 않았다. 지금 돌이켜보니 '그런 식으로 거짓말을 해도 되는 거였을까'라는 생각도 든다. 행크가 단도직입적으로 질문을 던졌는데 우리는 행크에게 진실을 알려주지 않았으니까.

아마도 우리는 유예된 맥락 안에 있었던 것 같다. 앞에서 나는 흉내 내기 놀이를 할 때 우리는 유예된 맥락에 놓인다고 설명했다. 하지만 흉내 내기 놀이에서는 아이들도 부모가 연기를 하고 있다는 걸 안다. 여기서 우리는 행크에게 사실을 감추려고 적극적으로 노력했다. 우리는 완전히 다른 의미에서 행크와 놀이를 하고 있었다. 그런 놀이를 하지 말았어야 하는 건지도 모른다. 시프린의 주장에 따르면, 모든 사람이 진실성에 관한 가정이 유예되고 있다는 걸 알거나,

그걸 알아낼 수 있는 상황이 아니라면 정당하게 유예된 맥락이 아니다.[370]

나는 여기서는 시프린이 틀렸다고 생각한다. 아이들을 대할 때만 그런 것도 아니다. 당신이 누군가를 깜짝 생일 파티 장소로 유인할 때 당신은 거짓말을 하고 있는 게 아니다. 물론 당신은 사실이 아닌 말을 하고 있다. 조용히 저녁 식사를 하러 나가자고 말하거나, 급한 일이 생겨서 당장 집에 가봐야 한다고 말할 수도 있다. 하지만 어떤 테두리 내에서 우리는 누군가를 놀라게 하거나 기쁘게 해주기 위해서 사실이 아닌 말을 조금은 해도 된다. 그리고 그게 우리가 행크에게 해주려고 했던 일이다. 우리는 행크가 잠시나마 환상을 즐기기를 바랐다. 그래서 나는 적어도 도덕적인 의미에서 우리가 행크에게 거짓말을 했다고는 생각지 않는다.

⟶

행크를 위해 환상의 세계를 꾸며내는 건 내가 가장 좋아하는 소일거리 중 하나다. 언젠가 나는 행크에게 조지아 대학교 미식축구팀 코치인 커비 스마트Kirby Smart가 다음 시합에 행크를 참가시키려고 한다고 말했다.

"어떤 포지션인데?" 행크가 물었다.

"러닝백." 내가 대답했다. "코치님은 네가 어른들의 다리 사이로 빠르게 달릴 수 있을 거라고 하시던데?"

"나는 어른들의 등에 올라탈 수도 있어." 행크가 말했다.

"좋은 생각이다. 아무도 너를 못 보겠구나."

"아니면 쿼터백의 어깨 위에 서서 공을 던질 수도 있어."

"남의 어깨에 올라갈 때는 조심하렴." 내가 충고했다. "위험할 것 같구나."

이런 식의 대화가 한동안 이어졌다. 아마 행크는 그게 진짜가 아니라는 걸 알았을 것이다. 그때 만 여섯 살이었고, 미식축구 경기를 많이 본 다음이었으니까.

그래서 행크가 이렇게 물었을 때 나는 조금 놀랐다. "이거 그냥 놀이지?"

"네 생각은 어때?"

"알려줘." 행크가 말했다.

"행크, 넌 이미 알잖니."

"알려줘." 행크가 말했다.

나는 그건 장난이라고 시인했다. 그날 이후로도 한동안 나는 행크와 역할 놀이를 할 때마다 거의 항상 그걸 알려줘야만 했다. 대화 중에 행크는 불쑥 이렇게 말하곤 했다. "이거 그냥 놀이지?" 곧바로 답을 얻지 않으면 참지 못하고, 자기가 이미 알고 있는 걸 알려달라고 나에게 애걸복걸했다.

시프린의 이론은 내가 행크를 이해하는 데 도움이 됐다. 우리는 정당하게 유예된 맥락 속에서는 진실하지 못한 것을 기꺼이 받아들인다. 하지만 시프린은 그런 맥락에서 빠져나올 길이 있어야 한다고 지적한다. 유예를 풀고 모든 사람이 정직하게 행동하고 있다는 가정으로 돌아올 수도 있어야 한다.[371]

친구가 본인이 입은 옷이 마음에 드냐고 묻는다고 치자. 친구는 당신의 솔직한 의견을 원할 수도 있고, 그냥 안심시키는 말을 듣고 싶을 수도 있다. 당신이 그 친구를 잘 안다면 상대가 원하는 게 어느 쪽인지 파악할 수 있을 것이다. 만약 그 답이 안심시키는 말이라면 당신은 정당하게 유예된 맥락에 놓인다. 당신은 "아주 예뻐!"라고 말해도 된다. 그 옷이 마음에 안 들더라도.

그런데 당신의 친구가 다음과 같은 말을 덧붙인다고 가정하자. "아니, 진짜 네 생각을 말해줘. 내가 꼭 알고 싶어서 그래." 그렇다면 당신의 대답은 정직해야 한다. 친구가 유예된 맥락을 종결시켰으니까 말이다.

시프린은 거짓말은 나쁘다고 생각한다. 더욱이 상대에게 진실을 말하겠다고 약속한 후에 거짓말을 하는 건 훨씬 더 나쁜 행동이라고 생각한다.[372] 시프린은 이것을 전쟁터에서 사용되는 백기에 비유한다.[373] 백기는 항복, 또는 교전 중단, 또는 협상 제안을 의미한다. 기습이나 파괴를 목적으로 백기를 거짓으로 사용하는 행위는 전쟁범죄로 간주된다. 왜 그럴까? 시프린은 다음과 같이 답한다. "서로 맹렬히 싸우고 있을 때조차도 갈등 종결을 위해 협상할 수 있는 출구는 남겨두어야 하기 때문이다."[374]

물론 전쟁은 다른 종류의 유예된 맥락이다. 하지만 시프린의 비유 덕택에 나는 행크가 진짜로 원했던 게 뭔지를 이해할 수 있었다. 행크는 자기에게 출구가 있는지를 확인하고 싶었다. 행크는 역할 놀이를 무척 좋아하지만, 자기가 요청할 때는 우리가 진실을 말해줄 거라는 믿음을 가지고 싶었다. 행크는 자기가 백기를 휘날릴 때 그게 통할 것인지를 알아보고 싶었다.

어느 날 밤, 잠자리에서 행크는 그걸 정확히 설명했다. 그리고 이의 요정에 관한 우리의 선택을 인정했다. 줄리가 행크를 재워주러

갔을 때 행크는 그날 이가 빠진 이야기를 했다.

갑자기 행크가 진지하게 물었다. "내가 아빠가 되기 전에는 알려 줄 거지? 이의 요정이 진짜인지 아닌지?"

"그럼." 줄리가 대답했다. "네가 아빠가 되기 전에 알려줄게."

"그럼 됐어." 행크가 말했다. "나중에 내가 뭔가를 해야 되는 거라면 그걸 미리 알고 싶어. 나는 일을 망치는 게 싫거든." 그러고 나서 행크는 요정이 진짜인지 묻지 않고 잠들었다.

행크는 그가 나중에 진실을 알 수 있을지를 알고 싶어 했다. 하지만 진실을 알고 싶어 하지는 않았다, 아직은.

10

정신

엄마가 보는 빨간색이 내가 보는
빨간색과 같은지 모르겠어

나는 나에게 의식이 있다는 걸 안다.

그러니까 나로 존재한다는 것에는 어떤 특징이 있다는 걸 안다.

사실 나는 다른 어떤 것보다도 그걸 더 직접적으로 느껴서 안다.

그러나 내가 당신에게도 의식이 있다고 생각해야 하는 이유는 뭘까?

베일리로 산다는 건 어떤 걸까? 우리 집에서는 그런 이야기를 하면서 시간을 많이 보낸다. 기억할지 모르겠지만 베일리는 우리가 키우는 미니 골든두들이다.

렉스는 베일리의 생활을 묘사하기를 좋아한다. 그걸 스포츠 중계방송처럼 하지는 않는다. 그러니까 이런 식은 아니다. "베일리, 다람쥐 새미를 열심히 쫓아갑니다……. 바짝 다가갔고요……. 안 돼! 백만 번째로 놓칠 것 같네요."

렉스는 마치 자기가 베일리가 된 것처럼 이야기를 한다. "우, 저기 다람쥐다. 가서 잡아야지. 더 빨리! 우, 다람쥐가 한 마리 더 있네……. 추적 시작……. 아니, 그냥 쉬고 싶기도 하다."

이게 웃긴 이유는 베일리가 그런 식으로 내면의 독백을 하지 않는다는 걸 우리가 확실히 알기 때문이다. 베일리는 단어 몇 개를 알아듣지만 그 이상은 아니다. 렉스의 중계가 웃긴 또 하나의 이유는, 렉스는 베일리가 사람처럼 생각과 동기를 가지고 있다고 가정해서 이야기하는데, 사실 우리는 베일리의 내면세계가 그렇지 않다는 걸 알고 있기 때문이다. 왜 그럴까? 베일리는 다른 개들과 인사할 때 그 개들의 엉덩이 냄새를 맡는다. 베일리는 토끼 똥을 먹는다. (그러다 기생충에 감염된 적도 있다.) 그리고 베일리는 별다른 이유 없이 풍선만 보면 컹컹 짖어댄다.

때로는 우리도 베일리가 무슨 생각을 하는지 알 수 있다. 우리는 베일리가 배고플 때, 오줌을 누고 싶을 때, 놀고 싶을 때를 안다. 우리는 베일리가 목욕을 좋아하지 않는다는 걸 안다. 베일리는 줄리와 우리 아이들을 좋아한다. 나의 매력에는 아직 넘어오지 않았는데, 그건 베일리의 판단력이 좋다는 증거다.

하지만 우리는 베일리로 산다는 것이 어떨지는 거의 모른다. 머릿속으로만 생각해봐도 베일리는 우리와 다르게 세상을 경험할 것이 틀림없다. 베일리는 대부분의 정보를 코로 수집한다. 베일리는 우리가 냄새로 뭔가를 알아내는 것보다 훨씬 많은 걸 알아낸다. 과학자들은 개의 코가 인간의 코보다 1만 배에서 10만 배 정도 정확하다고 생각한다.[375] 개의 뇌에서 냄새를 관장하는 부분은 인간의 뇌에서 냄새를 관장하는 부분의 약 40배(비례적으로 따져서)라고 한다. 그리고 개들에게는 인간에게 없는 신체 기관이 있다. 페로몬pheromone을 감지하는 기능을 수행하는 기관이다.

그렇게 냄새를 잘 맡으면서 살아간다는 건 어떤 걸까? 짐작해볼 수는 있지만 정확히는 모르겠다. 만약 내가 베일리의 머릿속에 들어가서 베일리가 느끼는 세상을 그대로 느낄 수 있다면, 장담하건대 너무나 많은 것이 다르게 보여서 깜짝 놀랄 것이다. 그러나 베일리의 머릿속에 들어가더라도 나는 베일리가 된다는 것이 어떤지를 알 수 없다. 그걸 알려면 내가 개의 감각을 가지는 것만으로는 안 된다. 그러려면 나에게 개의 믿음이나 개의 욕구 따위가 있어야 한다.

언젠가 나는 행크에게 물었다. "베일리가 되면 기분이 어떨까?"

"많이 다르겠지." 행크가 대답했다.

"어떻게 다른데?"

"베일리의 규칙은 달라."

우리는 아직 서로를 잘 이해하지 못했다. 그래도 나는 호기심이 동했다. "그게 무슨 뜻이니?"

"베일리는 바깥에서 오줌을 눠야 하는데 나는 아니잖아. 그리고 나는 초콜릿을 먹어도 되는데 베일리는 안 되잖아."

"베일리가 경험하는 세상이 우리가 경험하는 세상과 다르다고 생각하니?"

"응." 행크가 말했다. "베일리는 우리가 눈으로 보는 색들을 다 알아보지 못해."

그건 사실이다. 개들은 주로 파란색, 노란색, 회색을 인식한다.[376]

"지금 이 순간 베일리의 머릿속에는 어떤 일이 벌어지고 있을까?"

베일리는 개 장난감을 질겅질겅 씹으면서 멍한 표정으로 우리를 쳐다보고 있었다.

"몰라." 행크가 대답했다. "그건 베일리한테 물어봐야지."

나는 베일리에게 지금 무슨 생각을 하느냐고 물었다. 베일리는 내 쪽을 쳐다봤지만 아무런 대답도 하지 않았다.

베일리는 우리 가족의 중요한 구성원이다. 하지만 대개의 경우 베일리의 머릿속은 수수께끼다.

오랫동안 우리에게는 우리 아이들의 정신세계도 수수께끼였다. 이제는 아이들이 말을 하게 됐고, 때때로 자기 생각을 털어놓기 때문에 그 정도로 아리송하지는 않다. 하지만 아기였던 시절 우리 아이들은 베일리보다 훨씬 큰 수수께끼였다. 베일리는 여기저기 돌아다니기 때문에 무슨 생각을 하고 있는지를 대강 알 수 있으나, 아기들은 제자리에 가만히 누워서 세상이 돌아가는 걸 지켜볼 뿐이다.

우리 어머니는 아기들의 머릿속이라는 수수께끼에 집착하시는 편이었다. 우리 아이들이 갓난아기였을 때 어머니는 항상 이렇게 질문하셨다. "얘는 무슨 생각을 하고 있을까?"

"할머니가 그 질문을 언제 멈출까 하는 생각이요." 나는 이렇게 대답하곤 했다.

당연히 나에게도 아기들의 머릿속에 대한 의문은 있었다. 아마도 아기와 시간을 보내는 사람은 누구나 그게 궁금할 것 같다. 아기들은 똘망똘망한 눈으로 세상을 응시하지만, 우리는 아기들의 생각을 전혀 알 수가 없다.

아 참, 전혀 알 수 없는 건 아니다. 심리학자들은 아기들의 정신세계를 연구한다. 그러나 아기들은 우리에게 말을 해줄 수 없기 때문에 그건 쉬운 일이 아니다. 심리학자들은 아기들의 시선이 어디로 향하고 얼마나 오래 머무는지를 추적한다. 조금 더 자란 아이들에게는 게임을 시켜봐서 어떤 종류의 인지능력을 가지고 있는지를 알아본다.

이런 방법에는 한계가 있긴 하지만, 심리학자들은 지금까지 많은 걸 알아냈다. 당신이 발달심리학 강의를 듣는다면 아기들이 어떻게 주의를 기울이는지, 아기들의 기억이 어떻게 작동하는지, 그리고 아기들이 인과관계를 어떻게 파악하는지에 관해 배우게 될 것이다. 그러나 당신은 아기가 된다는 것, 혹은 유아가 된다는 것이 어떤지는 배우지 못할 것이다. 그건 아무도 모른다. 우리에게 아기들은 개들과 똑같이, 아니 개들보다 더 알쏭달쏭한 존재다.

아이들의 정신세계도 어른들의 정신세계와 똑같은데 다만 덜 복잡할 뿐이라고 생각하고 싶은 유혹을 느낀다. 하지만 그건 옳지 않다. 저명한 발달심리학자 앨리슨 고프닉Alison Gopnik의 설명을 들어 보자.

아이들은 완벽과 복잡성을 서서히 획득해가는 불완전한 어른, 미성숙한 성인들이 아니다. (…) 아이들은 어른들과 똑같이 복잡하고 강력하지만 어른들과는 매우 다른 정신과 뇌와 의식을 가지고 있는데, 이것은 어른들과 다른 진화적 기능을 수행하기 위해 만들어졌다. 인간의 발달은 단순한 성장이라기보다 애벌레가 나비로 바뀌는 '변태'와 더 비슷하다. 하지만 아이들이 성장하는 과정은 활기차게 여기저기 날아다니던 나비가 애벌레로 바뀌어서, 성인의 길을 아주 느리게 기어가는 것처럼 보일 수도 있다.[377]

아이들의 정신은 어른들의 정신이 따라갈 수 없는 놀라운 일들을 해낼 수 있다. 한 아이가 언어를 배우는 과정을 지켜보기만 해도, 당신에게도 그런 능력이 있으면 좋겠다는 아쉬움이 절로 들 것이다.

아이들의 특별함은 능력에만 있지 않다. 아이들의 상상이 더 생생하다. 아이들은 항상 세상을 만들어낸다. 우리는 더 이상 세상을 만들어내지 않는다. 우리는 일을 해야 하고, 그래서 흉내 내기나 놀이를 할 시간이 별로 없다. 더욱이 우리를 방해하는 것은 일만이 아니다. 우리의 뇌는 다르게 움직인다. 우리는 이 세상에 갇혀 있다. 우리는 다른 세상을 상상할 수는 있지만, 그런 세상에 들어갈 때 아이들과 똑같은 기쁨을 느끼지는 못한다.

우리 아이들이 어렸을 적에 나는 함께 역할 놀이를 하면서 아이들이 그 놀이를 정말 재미있어한다는 데 놀라곤 했다. 나도 그런 재미를 느끼고 싶었다. 때로는 나도 즐거움을 느꼈지만, 그건 아이들이 기뻐하기에 좋았던 감정에 지나지 않았다. 대개의 경우 나는 머릿속으로 지루함을 느끼면서, 놀이를 빨리 끝내고 더 이성적인 과제를 수행하고 싶은 마음이었다.

나는 그런 감정이 들었다는 데 죄책감을 느껴야 마땅하다.

"그런 날들이 그리워질걸요." 사람들은 이렇게 말한다.

그건 진실이다. 나는 벌써 우리 아이들이 그립다. 그리고 아이들에게도 너희가 그립다고 말하곤 한다.

"어떻게 내가 그리울 수가 있어?" 행크가 묻는다. "나는 똑같이 여기 있는데."

"넌 여기 있지." 나는 이렇게 답한다. "하지만 1분 전에 너였던 그 아이는 이제 없고, 다시는 돌아오지 않을 거니까 말이야."

또한 나는 우리 아이들이 그리운 것만큼이나 나 자신이 그립기도 하다. 한때는 나도 자유로운 영혼을 가지고 스스로의 세계를 창조하는 아이였는데, 지금은 그런 느낌을 되찾을 수 없다. 어린아이였을 적에 기분이 어땠는지도 기억나지 않는다. 단편적인 기억만 있을 뿐. 그래서 어린아이들과 시간을 보내다 보면 나도 놀이에 푹 빠져서 아이들과 똑같은 눈으로 세상을 바라보고 싶다는 생각이 절로 든다.

아이들에 관해 가장 많은 지식을 가진 과학자들도 똑같은 바람을 가지고 있다. 또 한 사람의 저명한 발달심리학자인 존 플래벌John Fla-vell은 고프닉에게 "단 5분만 어린아이의 머릿속에 들어갈 기회를 얻는다면, 그래서 다시 세 살짜리 아이가 되어 진짜로 세상을 경험할 수 있다면" 그의 모든 학위와 명예를 다 내주고서라도 그렇게 하겠다고 말했다.[378]

나는 그 이미지가 마음에 든다. 저명한 과학자가 한 아이의 머릿속으로 들어가서, 우리 모두가 한때 가지고 있었던 감각을 다시 느껴보려고 애쓰는 장면을 상상해보라. 그런 장면은 어린이로 산다는 게 어떤 건지에 관해 우리가 아는 게 얼마나 적은지를 보여준다. 고프닉, 플래벌, 그리고 다른 심리학자들이 아기들의 정신세계에 관해 발견한 모든 지식에도 불구하고 아기들의 내면세계는 여전히 비밀에 싸여 있다.[379] 우리는 한때 모두 아기였지만, 아기로 존재한다는 게 어떤 건지는 우리 중 누구도 알지 못한다.

⌒

우리가 앞에서 던진 질문들, 즉 '베일리로 산다는 건 어떤 걸까?', '아기로 산다는 건 어떤 걸까?'라는 질문들은 20세기 철학의 가장 유명한 논문 중 한 편의 제목과 비슷하다. 토머스 네이글Thomas Nagel의 〈박쥐가 된다는 건 어떤 기분일까?〉라는 논문이다.

철학자로서 네이글은 굉장히 광범위한 영역을 다룬다. 그는 이타주의, 객관성, 이성적 사고의 본질, 그리고…… 조세정책에 관한 논문을 썼다. 하지만 그는 박쥐가 된다는 게 어떤 걸까라는 질문을 던진 걸로 가장 잘 알려져 있다. 그 질문이 흥미로운 이유는, 박쥐들은 우리가 못 하는 일을 할 수 있기 때문이다. 박쥐들은 날아다닐 수 있다. 박쥐들은 음파를 탐지한다. 네이글은 바로 이 부분에 주목했다. 박쥐들은 주파수가 아주 높은 소리를 내고, 되돌아오는 음파를 이용해 주변 환경에 관한 정보를 수집한다. 그런 음파탐지 기능 덕분에 박쥐는 "인간이 시각으로 감지하는 것과 비슷하게 거리, 크기, 형태, 움직임, 촉감을 정확히 감지한다".[380]

박쥐로 존재한다는 건 어떤 걸까? 우리는 그걸 잘 모른다. 그리고 우리가 그걸 어떻게 알아낼 수 있을지도 불분명하다. 네이글은 다음과 같이 설명한다.

별 도움은 안 되지만 상상해보라. 우리의 팔에 막이 있어서 해 질 녘과 새벽녘에 훨훨 날아다니며 입으로 벌레를 잡아먹을 수 있다. 우리는 시력이 매우 나빠서 고주파를 이용해 주변 환경을 인식한다. 그리고 낮에 우리는 다락방에서 발을 위로 하고 거꾸로 매달린 자세로 시간을 보낸다.[381]

만약 네이글이 그런 일을 모두 해본다면, 인간이 박쥐처럼 산다는 게 어떤 건지를 조금은 알게 된다. 그러나 네이글은 그걸 알고 싶은 게 아니다. 그는 "박쥐가 박쥐로 사는 게 어떤 건지"를 알고 싶은 것이다.[382] 그리고 네이글은 그걸 알아낼 방법은 찾지 못했다. 그에게는 인간의 정신이 가진 자원밖에 없기 때문이다.

어떤 철학자들은 네이글이 지나치게 비관적이라고 생각한다. 그이유 중 하나는 음파를 탐지할 수 있는 사람도 있기 때문이다. 가장유명한 사례는 '살아 있는 배트맨'으로 불리는 대니얼 키시Daniel Kish일 것이다.[383] 키시는 앞을 보지 못한다. 생후 13개월에 시력을 잃었기 때문이다. 다행히 키시는 빠르게 적응했다. 그는 마치 박쥐처럼음파를 사용해서 주변 환경에 관한 정보를 수집한다. 음파를 워낙능숙하게 활용하기 때문에 자전거도 탈 수 있다. 실제로 그는 자신이 "사물을 볼 수 있다"고 말하기도 한다. 그리고 키시의 뇌를 촬영해본 결과 뇌에서 시각 정보를 처리하는 영역이 실제로 활성화되어있었으므로, 그의 음파탐지 장치가 시각과 비슷한 경험을 생성한다는 추리가 가능하다.[384]

그렇다면 키시는 박쥐로 산다는 게 어떤 건지를 우리에게 말해줄수 있을까? 네이글은 '아니요'라고 대답할 것이다.[385] 음파를 탐지하는 능력을 가진 사람들은 박쥐로 산다는 게 어떤 건지를 어느 정도는 이해할 것이다. 그들은 우리보다 박쥐들과 공통점이 많기 때문에박쥐의 관점에 접근하기가 유리하다. 그렇다고 그들이 박쥐의 관점을 완전히 채택하지는 못한다. 키시는 박쥐가 할 수 있는 일들 중 일부를 할 줄 아는 인간으로 산다는 게 어떤지를 안다. 그러나 그런 일들을 할 줄 아는 박쥐로 산다는 게 어떤지는 키시도 알지 못한다. 우리가 할 줄 아는 일들을 아기도 한다고 해서, 그 아기로 산다는 게 어떤지를 우리가 아는 게 아닌 것과 마찬가지다.

우리가 여기서 부딪친 문제는 내가 유치원 때 생각해낸 것과 똑같다. 그때 나는 빨간색이 우리 엄마에게 어떻게 보이는지를 내가 모른다는 사실을 깨달았다. 현재형으로 문제를 서술하자면, 나는 엄마로 살면서 빨간색을 본다는 게 뭔지를 알고 싶었다. 그리고 내가 그걸 알아낼 방법은 없다는 결론에 도달했다.

그래서 어떻다는 건데? 당신은 이렇게 반문할지도 모른다. 세상에는 우리가 모르는 게 많지 않은가. 빨강이 다른 사람에게 어떻게 보이는지를 모른다는 사실을 두고 왜 그렇게 깊이 고민해야 할까? 우리는 다른 행성에 생명체가 있는지 없는지, 상온 핵융합cold fusion이 가능한지 아닌지, 사람들이 왜 카다시안 집안 사람들에게 관심을 가지는지도 알지 못한다. 세상은 수수께끼 같은 곳이다.

그건 사실이다. 하지만 만약 우리에게 그 문제들을 탐구할 시간과 자원이 있다면 다른 문제들의 답은 찾아낼 수 있다. 빨강이 우리 어머니에게 어떻게 보이는지를 내가 알지 못한다는 사실은 그것들과는 전혀 다른, 그리고 해결이 불가능해 보이는 문제에서 비롯된다. 시간이나 돈이 있다고 해서 이 문제가 해결될 것 같지는 않다. 그리고 설령 어머니가 그걸 알고 있다 해도, 내가 어머니에게 물어봐서 해결되는 것도 아니다. 어머니는 빨강이 자신에게 어떻게 보이는지를 내게 알려줄 수 없다. 우리는 빨강의 '빨간 성질'을 묘사하는 단어들을 가지고 있지 않기 때문이다. 철학자들의 용어를 빌리자면 빨강을 보는 경험은 형언할 수 없다ineffable. 그리고 그건 사적인private 경험이다. 어머니의 경험은 그녀의 것이라서 내가 엿볼 수 없다.

우리는 모두 자기만의 관점으로 세계를 바라본다. 우리는 다른 사람의 관점에 접근할 수가 없다. 우리가 서로의 머릿속을 슬쩍 들여다볼 수 없다는 건 우연이 아니다. 생각해보면 다른 사람의 머릿속을 들여다본다는 것 자체가 말이 안 된다. 당신이 어린아이로서 세상을 경험하기 위해서는 어린아이가 되어야 하고, 그러면서도 당신 자신으로 남아 있어야 한다. 그러나 당신이 당신 자신으로 남아 있다면 어린아이가 될 수 없다.[386] 당신은 당신의 것이 아닌 경험을 할 수가 없다.[387]

문제를 과대평가하지는 말자. 우리는 서로의 마음을 잘 읽는 편이다. 나는 행크가 기분이 좋은지 나쁜지를 금방 알아차린다. 행크가 배고플 때나 화났을 때도 금방 알아차린다. 행크는 얼굴에 자기 감정을 써놓고 다닌다.

내가 그 감정들을 알아차리는 이유 중 하나는, 나에게도 비슷한 감정이 있고 그것들을 비슷한 방법으로 표현하기 때문이다. 마음의 상태가 행동으로 표현될 때 우리는 그걸 제법 잘 알아차린다.

하지만 우리는 실수를 저지르기도 한다. 그리고 모든 마음의 상태가 표현되는 것도 아니다. 따라서 우리는 문제를 과소평가해서도 안된다. 사실 우리가 서로의 마음에 접근하지 못한다는 점은 우리가 서로에게 공감하는 방식에 심오한 영향을 미친다. 우리가 서로의 마음에 접근하지 못하는 덕분에 나는 약간의 사생활을 보장받는다. 그 덕분에 내 생각을 혼자만 간직할 수 있다. 그리고 우리가 서로의 마음에 접근하지 못하는 덕분에 나는 사람들에게 놀라기도 한다. 다른 사람이 하고 있는 생각을 항상 알아차리지는 못하기 때문이다. 대개의 경우 그건 좋은 일이지만, 당연히 좋지 않은 면도 있다. 우리는 서로의 감정을 느낄 수 없기 때문에 서로의 고통을 간과하기가 쉽다.

⌒

　물론 그건 다른 사람들에게 고통이 있다고 가정할 때 그렇다. 어쩌면 우리는 그런 가정을 하지 말아야 할지도 모르겠다. 지금까지 우리는 아기로 산다는 것, 베일리로 산다는 것, 박쥐로 산다는 것, 또는 다른 누군가로 산다는 것이 따로 있다는 걸 당연하게 여겼다. 즉 우리는 다른 생명체들에게도 내면세계가 있다는 걸 당연하게 생각했다. 그런데 그게 왜 그렇게 당연할까? 나는 나에게 의식이 있다는 걸 안다. 그러니까 나로 존재한다는 것에는 어떤 특징이 있다는 걸 안다. 사실 나는 다른 어떤 것보다도 그걸 더 직접적으로 느껴서 안다. 그러나 내가 당신에게도 의식이 있다고 생각해야 하는 이유는 뭘까? 내가 왜 당신으로 산다는 것에 어떤 특징이 있다고 생각해야 할까?

　데카르트가 상상했던 악마는 생각할 줄 알고 사물을 느낄 줄도 아는 것처럼 보이지만, 세상을 경험하지는 못하는 존재들로 나의 세계를 가득 채워놓았을지도 모른다. 아니면 나는 컴퓨터 시뮬레이션의 주인공이고, 프로그래머들이 나에게만 정신을 부여했는지도 모른다. 내가 마주치는 다른 사람들은 모두 비디오게임의 등장인물처럼 겉모습만 멀쩡하고 속이 텅 빈 존재일 수도 있다. (당신이 피치 공주를 구하기 위해 끝없는 모험을 하는 마리오로 산다는 것은 어떨지, 혹은 똑같은 음식을 먹고 또 먹어대는 팩맨Pac-Man으로 산다는 것은 어떨지 궁금해했던 적이 없다는 사실에 주목하라.)

철학자들이 이런 걱정을 제시할 때 그들은 좀비를 생각한다. 대중문화에 등장하는 그런 좀비는 아니다. 철학에 등장하는 좀비들은 당신의 뇌를 먹으려고 달려들지 않는다. 철학적 좀비들은 전혀 다른 방식으로 우리를 괴롭힌다.

철학에 등장하는 좀비란 무엇인가? 그걸 가장 쉽게 파악하는 방법은 나의 좀비 쌍둥이를 생각해보는 것이다. 그는 모든 측면에서 나와 똑같다. 단 한 가지만 빼고. 그는 나와 키, 몸무게, 나이가 똑같다. 사실 그는 가장 작은 입자 단위(전자든 쿼크든 간에)까지 나를 정확히 복사한 존재다. 그리고 그는 나와 똑같은 방식으로 행동한다. 그는 나와 똑같이 움직이고, 나와 똑같은 말투를 쓰고, 정확히 똑같은 시점에 똑같은 내용을 이야기한다. 그는 지금 책을 집필하고 있는데, 그 책은 이 책과 단어 하나하나가 똑같다. 그는 나와 똑같은데 단 한 가지만 다르다. 그에게는 의식이 없다.[388]

여기서 '그에게는 의식이 없다'는 말이 정확히 무엇을 의미하는지를 짚어봐야 한다. 의식은 혼동하기 쉬운 개념이니까. 때때로 어떤 사람에게 의식이 있다는 말은 그 사람이 자기 주변의 세계를 지각한다는 뜻으로 쓰인다. 이렇게 본다면 당신이 잠들어 있거나 혼수상태가 아니라 깨어 있을 때 당신은 의식이 있는 존재가 된다. 나의 '좀비 쌍둥이'도 이런 의미에서는 의식이 있는 존재다. 적어도 대부분의 시간에는. 좀비 쌍둥이는 깨어 있는 동안 주변에서 어떤 일이 벌어지는지를 지각하며 그 일들에 반응할 수도 있다. 실제로 그는 나와 정확히 똑같이 반응한다.

그러면 그는 나와 뭐가 다른가? 그에게는 철학자들이 현상적 의식phenomenal consciousness이라고 부르는 것이 없다. 그에게는 행동만 있고 경험이 없다. 잠시 시간을 내서 타코를 먹는 기분을 생각해보라. 당신의 입안에서 느껴지는 맛의 향연을 떠올려보라. 아니면 바흐의 음악이나 록 밴드 바크먼-터너 오버드라이브의 음악을 들을 때 어떤지를 생각해보라. 당신의 머리카락을 스치는 산들바람을 느껴보라. 나의 '좀비 쌍둥이'에게는 이런 경험이 하나도 없다. 그는 어떤 상황에서나 나와 똑같은 행동을 하므로 그에게도 행동은 있다. 그러나 그의 내면은 텅 비어 있다. 계산기나 컴퓨터와 마찬가지로 그에게 뭔가를 입력하면 출력은 있다. 하지만 그에게는 그 모든 입출력과 관련된 경험이 없고 내면세계가 없다. 그의 내면은 암흑이다.

문제는 이것이다. 내가 좀비가 아니라는 걸 아는 이유는 내가 세상를 경험한다는 걸 알기 때문이다.* 그러면 내가 다른 사람들도 세상을 경험한다고 생각해야 할 이유는 무엇인가? 나는 다른 누구의 경험에도 접근할 수 없다. 그러므로 나는 다른 사람들의 내면세계에 있는 세상과 다른 사람들의 내면세계에 있지 않은 세상을 구분할 수

---

* 물론 나의 좀비 쌍둥이도 똑같은 말을 하겠지만.

가 없다. 내 주위 사람들이 모두 좀비일 수도 있지만, 나로서는 그걸 알아낼 방법이 없다.

이건 우리가 지식에 관해 논의했을 때 소개했던 가설들과 비슷한 회의적인 가설이다. 나는 우리가 그 가설들을 적절한 위치에 놓았다고 생각한다. 나의 세계관을 생각해보면 내가 배제할 수 없는 가능성이 하나 있다는 것은 흥미로운 사실이다. 그럼에도 나는 계속해서 마치 다른 사람들이 의식을 가지고 있는 것처럼 행동할 것이다. 아니, 나는 그렇게 믿을 것이다. 여기에는 훌륭한 이유가 있다.

앞에서 말한 대로 나는 나에게 의식이 있다는 걸 안다. 다른 사람들에게 의식이 있다는 걸 의심하기 위해서는 내가 특별하다고 생각해야 한다. 내가 정말 놀라울 만큼 특별하다고 생각해야 한다. 왜 내가 뭔가를 경험하는 유일한 사람이겠는가? 나는 1976년 애틀랜타 교외에서 태어난 얼뜨기일 뿐이다. 오직 나 한 사람의 즐거움을 위해 세상이 존재한다는 생각은 고등학생 때 이후로 한 적이 없다. 물론 그게 사실일 가능성도 있겠지만, 그게 사실일 이유를 찾기는 어렵다. 그러니까 내가 그런 발상을 진지하게 받아들여서는 안 된다. 그건 내가 이상한 인간이라는 얘기니까.

그래서 대답은 '아니요'다. 나는 당신이 좀비라고 생각하지 않는다. 하지만 당신이 좀비일 수 있다는 가능성만으로도 '난제'가 하나 생긴다.

문제는 당신에게 의식이 있느냐 없느냐를 판단하는 게 아니다. 그 이유를 알아내는 것이 중요하다. 우리에게는 왜 내면세계가 있는가? '당신으로 산다는 것'은 왜 있고, '나로 산다는 것'은 왜 있는가? 아기로 산다는 것, 베일리로 산다는 것, 박쥐로 산다는 것은 왜 있는가? 우리 중에 의식을 가진 존재가 있는 이유는 무엇인가? 우리 모두 좀비가 아닌 이유는 무엇인가?

언젠가 나는 행크에게 우회적으로 물어봤다. 그때 행크는 만 여덟 살이었다.

"너 피아노에서 가온 다 음을 칠 수 있니?"

"당연하지." 행크가 대답했다. 그때 행크는 몇 년째 피아노를 배우고 있었다.

행크가 피아노 앞으로 걸어가서 가온 다 건반을 눌렀다.

"피아노는 우리가 들은 그 소리를 어떻게 냈을까?" 내가 물었다.

행크는 피아노의 작동 원리를 설명했다. 건반이 해머를 움직이면 해머가 현을 때리고, 그러면 그 현이 진동해서 소리를 낸다.

"그렇구나." 내가 대답했다. "그런데 그게 어떻게 네 머릿속에서 변화를 일으키는 거지?"

"음…… 음파를 통해서?"

"음파가 뭔데?"

"파도 같은 거야." 행크가 살짝 웃으며 말했다.

이번에는 내가 설명을 했다. "현이 진동하면 그 진동이 공기 속의 분자들과 부딪치고, 그 분자들이 또 다른 분자들과 부딪치고, 그 분자들이 또 다른 분자들과 부딪치고, 이런 일이 계속 일어나서 나중에는 네 귓속에 있는 공기 분자들과도 부딪치는 거야."

"그다음에는 내 고막에 부딪치고." 행크가 말했다.

"맞아. 그러면 너의 귓속에 있는 신경이 자극을 받아서 너의 뇌에 신호를 보낸단다."

"그렇구나." 행크가 말했다.

"그래. 그러면 아빠가 질문을 하나 해볼게. 행크, 너의 뇌가 그 신호를 받을 때 네가 그걸 소리로 듣게 되는 이유가 뭘까?"

"몰라." 행크가 어깨를 추켜올리며 대답했다. "내가 뭐 소리 전문가도 아니잖아."

그건 맞는 말이다. 우연의 작용으로 행크의 대답은 그 어떤 전문가들의 대답에도 뒤떨어지지 않는다. 그 답은 아무도 모르기 때문이다.

그 원리를 생생하게 설명한 사람은 100년쯤 전에 살았던 생물학자 토머스 헨리 헉슬리Thomas Henry Huxley였다. 그가 남긴 글을 보자. "신경조직을 흥분시킨 결과로 그토록 신비로운 의식의 상태가 만들어진다는 것은, 이야기 속에서 알라딘이 램프를 문지르면 지니가 나타나는 것만큼이나 설명하기 힘든 일이다."[389]

그 수수께끼를 조금 더 정밀하게 탐구해보자. 행크의 귀에서 뇌로 전달된 신호는 여러 기관에서 처리되는데, 그 기관들은 각기 다른 역할을 수행한다. 뇌의 한 부위는 소리의 길이, 크기, 진동수를 판독한다. 또 한 부위는 그 소리의 위치를 판별한다. 다른 부위들은 소리의 의미를 파악한다. 그 소리는 경보음이었나, 노래였나, 울부짖는 소리였나, 아니면 말이었나? 이제 과학자들은 이 모든 과정을 비교적 자세히 알고 있으며, 계속해서 더 많은 걸 밝혀내고 있다. 과학자들이 알지 못하는 건 그런 일이 벌어질 때 당신이 소리를 경험하게 되는 이유다. 다시 말하자면 과학자들은 '가온 다 음을 듣는 경험'이 왜 존재하는지를 알지 못한다. 그들은 우리의 내면이 조용하지 않은 이유를 모른다.

데이비드 차머스(앞에서 시뮬레이션 가설을 다뤘을 때 만났던 사람)는 이 문제를 '의식의 난제'라고 부른다.[390] 차머스는 이 난제를 상대적으로 답을 찾기 쉬운 다른 문제들과 구별하려고 한다(우리는 쉬운 문제들의 답도 아직 다 알지 못하긴 하지만). 쉬운 문제들은 뇌의 정보처리와 관련된 것이다. 뇌의 정보처리란 뇌가 정보를 인식하고, 그 정보를 다른 정보와 통합하고, 저장하고, 나중에 사용 가능하도록 하는 과정을 의미한다. 이런 과정은 신경과학자들의 연구 대상이며, 그들이 연구를 계속하는 한 언젠가 그 과정들을 이해하게 될 거라고 생각하는 것이 합리적이다. 실제로 그들은 이미 많은 걸 알고 있다.

'의식의 난제'는 그 모든 정보처리의 과정에 어떤 감각이 수반되는 이유를 알아내는 것이다. 내 뇌 안의 어떤 시스템은 진동수가 262헤르츠인 음파를 감지할 수 있을 뿐 아니라, 그런 음파가 감지되었다는 사실을 뇌의 다른 부위들에 전달해서 그 정보를 활용하도록 해준다. 그런데 이 모든 과정이 내가 가온 다를 들을 때의 감각을 만들어내는 이유는 무엇인가? 아니, 그 과정들이 나에게 감각을 제공하는 이유는 무엇인가?

~

철학자들은 오랜 세월 동안 정신에 관해 생각했다. 데카르트는 정신과 육체가 별개의 실체라고 믿었다(이런 주장을 이원론dualism이라고 부른다). 데카르트는 육체 없는 정신, 그리고 정신 없는 육체를 상상할 수 있었다. 그러므로 데카르트가 생각했던 정신과 육체는 서로 다른 것이 틀림없다.[391] 데카르트는 정신이 생각을 담당한다고 주장했다. 그리고 육체는 공간으로 확장된다고 주장했다.[392] 물론 정신과 육체는 서로 연관되어 있다. 하지만 정신과 육체가 어떻게 연관되어 있느냐고 물으면 답하기가 쉽지 않다. 데카르트는 마치 선원이 배 안에 있는 것처럼 정신이 육체 안에 들어 있는 건 아니라고 했다.[393] 데카르트가 보기에 정신은 육체와 얽혀 하나의 개체를 형성한다. 그는 뇌 중앙에 위치한 솔방울샘이라는 작은 기관에서 이런 상호작용이 일어난다고 생각했다.[394]

그건 해부학적으로 말이 안 되는 소리다. 이제 우리는 솔방울샘의 주된 기능은 멜라토닌 생성이라는 사실을 안다. 과학자들이 그걸 밝혀내기 훨씬 전에도 철학자들은 데카르트의 견해를 받아들이지 않을 이유를 찾아냈다. 그의 견해를 최초로 비판했던 사람들 중 하나는 데카르트와 편지를 주고받았던 보헤미아의 엘리자베스 공주princess-Elisabeth of Bohemia였다.[395] 엘리자베스는 데카르트에게 정신과 같은 비물질적 실체가 어떻게 육체와 같은 물질적 실체에 영향을 미치는지를 설명해보라고 요구했다. 그녀는 그가 그걸 설명하지 못하리라고 생각했다.

엘리자베스의 논지를 현대적 용어로 바꿔보자면 육체는 물리적 대상이고, 우리가 알 수 있는 범위 내에서 물리적 세계는 완결된 인과관계를 가지고 있다. 모든 물리적 사건에는 물리적 원인이 있다.[396] 그렇다면 비물질적인 정신이 물질적인 육체가 하는 일에 영향을 행사할 여지는 없어 보인다.

이런 반박을 질문으로 표현할 수도 있다. 데카르트는 대체 솔방울샘 안에서 어떤 일이 벌어진다고 상상했던 걸까? 기계 속 유령이 어떻게 기계를 움직이게 만들었을까?[397]

요즘에 데카르트식 이원론을 주장하는 사람은 거의 없다. 이원론의 정반대 견해가 주류를 이루는데, 그 견해에 따르면 물질은 단 한 종류밖에 없다. 거칠게 말하자면 물리학의 연구 대상이 되는 물질밖에 없다. 세상의 모든 것은 그 물질이거나 그 물질로 만들어진 것이다. 그러니까 이 견해(일반적으로 유물론이라 불린다)에 따르면 정신은 곧 뇌를 의미한다. 그리고 정신의 상태(믿음, 욕구, 자극)들은 모두 뇌의 상태를 의미한다.*

이 견해에는 장점이 많다. 이것은 기계 속 유령을 상정하지 않는다는 점에서 과학적인 편이다. 정신에 관해 알아보기 위해 우리가 할 일은 뇌를 연구하는 것뿐이다. 게다가 정신과 뇌 사이에 수많은 연관성이 있다는 것은 우리 눈에도 명백하게 보이는 사실이다. 뇌가 손상되면 대개 정신에도 영향이 있다. 대부분의 정신 질환은 뇌의 생물학적 측면에 원인이 있다. 그리고 우리는 뇌가 기억을 저장하는 것과 같은 정신적 과제를 수행하는 방식에 관해 계속 배우는 중이다.

그렇긴 해도 모든 사람이 '정신은 곧 뇌'라는 유물론적 견해에 찬성하는 건 아니다. 그 이유를 알아보기 위해 렉스의 도움을 받아보자……. 그리고 프랭크 잭슨Frank Jackson이라는 철학자에게도 도와달라고 하자. 잭슨은 저명한 철학자로 인간의 정신을 연구한다. 그는 현대 철학에서 아주 유명한 일화들 중 하나를 생각해낸 사람이다.[398]

어느 날 밤, 나는 그 이야기를 렉스에게 들려주었다.

"메리라는 과학자가 있다고 하자." 내가 이야기를 시작했다. "메리

---

* 반대로 정신의 상태는 뇌 상태의 기능이라고 이야기하는 사람들도 있다. 그 차이는 우리 인간과 다르게 만들어진 창조물들(예컨대 실리콘으로 만든 CPU를 가진 로봇들)도 우리와 동일한 정신의 상태(예컨대 고통)를 가질 수 있다는 가능성을 열어놓는다는 것이다. 이것은 아마도 유물론 중에서 가장 그럴싸한 견해일 것이다. 하지만 본문에 소개된 견해가 더 간단하기 때문에 앞으로도 그냥 그 견해를 가지고 이야기하겠다.[399]

는 흰색과 검은색만 있는 방에 살고 있어. 그 방에 다른 색은 없단다."

"왜?" 렉스가 물었다.

"왜냐하면 메리는 실험 대상자거든. 사람들은 메리를 그 방에 집어넣고 검은색과 흰색 말고 다른 색은 못 보게 했어."

"그럼 메리는 어떤 옷을 입어?" 렉스가 물었다.

"흰색과 검은색 옷만 입어. 그리고 실험을 하는 사람들은 메리의 피부도 빈틈없이 덮어버렸어. 그 방에는 거울이 없기 때문에 자기 모습을 볼 수도 없고."

"진짜 이상한 실험이네." 렉스가 대답했다.

"그렇지? 그런데 그게 다가 아니란다. 메리는 색을 연구하는 사람이야. 인간이 색을 어떻게 인식하는지도 연구하고. 그리고 이 실험은 미래의 이야기거든. 그래서 과학자들은 색에 대해서나 우리가 색을 볼 때 우리의 뇌 안에서 벌어지는 일에 관해 모든 걸 알고 있어. 메리도 그걸 다 배워서 알고 있단다. 물론 흑백의 책과 흑백 텔레비전을 보고 알았지. 메리는 아직 흰색과 검은색이 아닌 색을 본 적이 한 번도 없어."

"그렇구나." 렉스가 말했다.

"그런데 어느 날, 실험을 하는 사람들이 이제 메리에게 빨간 물체를 보여주기로 했어. 그래서 메리에게 사과를 하나 줬단다."

"메리는 사과를 보고 정말 멋지다고 생각할 거야." 렉스는 잭슨의 주장을 알아맞혔다.

"왜 그렇게 생각해?"

"빨강이 뭔지 알게 될 테니까."

"넌 메리가 원래는 빨강을 몰랐다고 생각하니? 메리는 자기가 빨간 물체를 볼 때 뇌 안에서 어떤 일이 벌어지는지에 관해 아주 자세히 알고 있다고 조금 전에 아빠가 말했잖아."

"응." 렉스가 대답했다. "하지만 메리는 빨강이 어떻게 보이는지는 몰라. 그건 직접 봐야 알 수 있는 거라고."[*]

——

만약 렉스의 말이 옳다면 유물론은 틀린 이론이다. 메리는 모든 물리적 사실을 알고 있다. 그녀가 빨간 물체를 볼 때 뇌 안의 신경이 어떻게 움직이는지도 잘 알고 있다. 그러나 메리는 빨간 물체를 본다는 게 어떤 건지는 알지 못한다. 그렇다면 사실들 중에는 물리적이지 않은 것도 있다는 뜻이다. 예컨대 '빨강을 본다는 게 어떤 것인가'와 같은 사실들. 그리고 정신에는 뇌 말고 다른 것도 있다. 우리가 뇌에 관한 모든 지식을 가진다 해도, 정신에 대해 모든 걸 알 수는 없기 때문이다.

그럼 렉스의 말이 옳은 걸까? 그 문제를 본격적으로 다루기 전에,

[*]　여담이지만, 이런 사고실험을 현실에서 진행하려면 무척 번거롭기 때문에 그야말로 불가능하다. 그런 실험을 하려면 메리의 몸을 검은색과 흰색으로 빈틈없이 감싸서 그녀가 자기 자신을 보지 못하게 해야 하고, 그녀가 눈을 감을 때도 색의 잔상이 남지 않기를 기대해야 한다. 그런 이유에서 나는 메리가 인간의 성性에 관한 전문가라고 상상하는 편이 나을 것 같다. 메리는 성적 자극에 대한 인간의 물리적 반응에 관해 모든 지식을 다 가진 사람이다. 단지 종교적인 이유로 메리는 오르가슴을 직접 경험한 적이 한 번도 없다. 그러다 어느 날 오르가슴을 경험한다. 메리는 새로운 걸 배웠다고 할 수 있을까? 나는 그렇다고 생각한다. 메리는 오르가슴을 느낀다는 게 어떤 건지를 배웠다. 그녀가 그걸 경험하고 놀라는 모습은 쉽게 상상이 된다. 그녀는 자신이 지금까지 연구했던 신경 활동에 수반되는 굉장한 자극을 발견하고 기뻐했을(또는 실망했을) 것이다.

유물론에 반박하는 주장 두 가지를 더 제시하겠다.

첫 번째는 내가 우리 어머니에게 '나는 엄마에게 빨강이 어떻게 보이는지 몰라'라고 말했던 것과 같은 주장이다. 우리 어머니가 두 명이라고 상상해보자. 두 사람은 물리적으로는 모든 면에서 동일하다. 한 명은 나와 똑같은 방식으로 빨강을 경험하고, 다른 한 명은 내가 파랑을 경험하는 것과 똑같은 방식으로 빨강을 경험한다. 만약 이 세상이 아닌 다른 어떤 세상에서 이 두 사람이 동시에 존재하는 게 가능하다면 유물론은 틀린 것이 된다. 어머니의 뇌에 관한 물리적 사실들만으로는 그녀가 경험하는 것을 완전하게 설명할 수 없기 때문이다.

두 번째, 제3의 우리 어머니를 상상하라. 제3의 어머니는 앞의 두 어머니와 물리적으로 똑같지만 아무것도 경험하지 않는다. 그녀는 좀비인 것이다. 앞에서도 말했지만, 이 세상이 아닌 다른 어떤 세상에 이 세 번째 어머니가 존재하는 게 가능하다면 동일한 이유에서 유물론은 틀린 것이 된다. 우리 어머니의 뇌에 관한 물리적 사실들은 그녀의 경험을 결정하지 않는다.

이 주장을 이해하는 간단한 방법은 다음과 같은 질문을 던져보는 것이다. 신이 이 세상을 창조하려면 얼마나 많은 일을 해야 할까?[400] (잠시 신이 존재한다고 가정하라. 그 이야기는 나중에 다시 하겠다.) 유물론자의 그림에서는 신이 물리적 세계를 창조하고 나면 그걸로 끝이다. 존재하는 건 물리적 세계밖에 없으니까. 정신은 그저 뇌일 따름이므로 정신을 따로 만들 필요는 없다. 반면 우리가 검토하고 있었던 다른 주장들에 따르면, 신은 물리적 세계를 다 만든 다음에도 할 일이 남는다. 어떤 생명체가 의식을 가져야 하는지, 그리고 의식을 가진 생명체들이 어떤 경험을 할지를 결정해야 한다.

이런 주장들, 그리고 이것과 비슷한 다른 주장들은 어떤 철학자들을 이원론 쪽으로 다시 끌어당긴다.[401] 최근에 사람들이 이원론 철학에 다시 흥미를 가지게 된 데는 데이비드 차머스의 역할이 누구보다도 컸다. 하지만 차머스는 데카르트의 이원론을 받아들이지는 않는다. 차머스는 기계 속에 유령이 있다고 생각하지 않고, 오히려 정신과 뇌가 더 깊고 더 근본적인 현실의 서로 다른 두 측면일 거라고 주장한다. 그 근본적인 현실은 물리적이지도 않고 현상적이지도 않다. 차머스는 정보가 세상을 구성하는 기본 요소로서, 물질로도 표현되고 정신으로도 표현된다고 생각한다.[402] 실제로 차머스는 모든 물질은 그 물질과 연관된 경험을 가지고 있다고 주장한다. 이런 견해는 범심론panpsychism이라 불린다.[403] 당신은 친구들이나 가족들에게 의식이 있는지 없는지만 걱정하면 되는 게 아니라, 집에 있는 체중계에 관해서도 걱정해야 할 것 같다.

~

지나치게 걱정할 필요는 없다. 수많은 철학자들은 방금 제시된 反유물론을 거부했다. 그중에서도 가장 격렬하게 반발한 사람이 대니얼 데닛이다. 데닛은 미국에서 가장 저명한 철학자들 중 한 명이고, 보트 타기에 진심인 사람이다. 그는 자유의지, 종교, 진화에 관한 논문을 썼지만 의식에 관한 저작으로 가장 많이 알려져 있다.

데닛은 메리에 관한 렉스의 생각이 틀렸다고 이야기한다. 데닛은 메리가 빨간 사과를 처음 볼 때 새로운 걸 배우게 되리라고 생각하지 않는다. 그는 그 이야기를 재미있게 확장한다. 그는 메리에게 속임수를 써서 빨간 사과가 아니라 파란 사과를 주는 상황을 상상한다. 그는 메리가 속임수를 금세 간파할 거라고 주장한다.[404] 사과는 원래 빨간색이어야 하는데, 메리는 자신의 뇌가 '파란색 상태'라는 사실을 바로 알아차릴 것이기 때문이다.

메리가 어떻게 그걸 알까? 메리가 모든 물리적 사실을 알고 있다면 자신이 파란색 또는 빨간색에 반응하는 방식의 미묘한 차이를 알아차릴 것이다. (예컨대 파랑은 빨강과 다른 방식으로 그녀의 기분에 영향을 미친다.) 그런 차이를 통해 메리는 자신이 어떤 색채 경험을 하고 있는지에 관한 단서를 얻을 것이다. 나는 이 점에서는 데닛이 옳다고 여기지만, 그 이유만으로 렉스가 틀렸다고 말할 수는 없다고 생각한다. 문제는 메리가 자신이 빨강을 보는 경험을 하고 있는지 여부를 알아낼 수 있느냐 없느냐가 아니다. 문제는 메리가 빨강을 보는 경험이 어떤 건지를 이미 알고 있느냐 아니냐다. 빨강을 보는 경험이 그녀 자신에게 미치는 영향의 일부를 아는 것만으로는 부족하다. 메리는 그 영향을 속속들이 알고 있어야 한다. 그게 아니라면 메리는 새로운 걸 배운다고 봐야 한다. 그리고 렉스가 말한 대로 메리가 빨강의 '빨간 성질'을 미리 알고 있을 거라고 생각하기는 어렵다.

그런데 데닛은 "빨강의 빨간 성질"이라는 설명에 답이 되는 것은 존재하지 않는다고 주장한다. 정신을 연구하는 철학자들은 '감각질qualia'이라는 용어를 사용한다. 감각질은 빨강의 빨간 성질, 파랑의 파란 성질 같은 경험의 질을 나타내는 전문용어다. 당신이 피곤하거나, 배가 고프거나, 초조할 때 받는 느낌도 감각질에 해당한다. 당신이 다쳤을 때 느끼는 고통도 감각질이다. 간단히 말해서 감각질은 당신의 현상적 의식의 작용이다. 아니, 대다수 사람들은 그렇게 말하지만 감각질의 존재 자체를 부정하는 데닛은 그렇게 말하지 않을 것이다.[405]

데닛은 우리가 '감각질'이라고 생각하는 것은 사실 판단과 기질이라고 주장한다.[406] 우리는 사물들이 빨간색이라고 판단한다. 그리고 우리는 기질적으로 빨간색에 특정한 방식으로 반응한다. 그러나 그 모든 판단과 기질을 넘어서서 빨강을 보는 경험은 존재하지 않는다. 빨강의 빨간 성질도 당연히 존재하지 않는다. 우리가 형언할 수 없는 개인적 경험을 하고 있다고 생각한다면, 그건 우리의 착각이다.

데닛은 색채 전이 스펙트럼을 어떻게 설명할까? 엉터리라고 한다. 실제로 데닛은 색채 전이 스펙트럼을 "철학의 가장 해로운 유행 중 하나"라고 평가한다.[407] 데닛에 따르면 우리에게는 빨강 또는 파랑에 관한 개인적 경험이 없다. 따라서 사람들 사이에서 빨강과 파랑이 헷갈릴 위험은 없다. 사실 데닛은 더 과감한 주장을 펼친다. 좀비의 가능성에 관해 생각해본 데닛은 다음과 같은 글을 썼다. "좀비란 것이 존재할 수 있는가? 좀비는 존재할 수 있는 것은 물론이고 실제로 있다. 모든 인간은 좀비다."[408]

와, 정말 과격한 주장이다. 그리고 데닛 자신이 정말로 그렇게 믿고 있는지도 불확실하다. 그는 철학의 역사상 가장 이상한 주석을 통해, 그 마지막 문장을 맥락과 무관하게 인용하는 건 "지적이고 필사적인 거짓말"의 행위가 될 거라고 선포한다.[409] 솔직히 말하자면 나는 그 주장은 어떤 맥락에 놓여도 똑같이 과격할 거라고 생각한다. 어떤 맥락이 그 주장을 덜 과격하게 만들어줄지 잘 모르겠다.* 철학자들은 데닛의 《의식의 수수께끼를 풀다Consciousness Explained》라는

414

책 제목을 '의식의 수수께끼를 피해가다Consciousness Explained Away'로 바꿔야 한다는 농담을 주고받는다. 하지만 내가 장담하건대, 만약 당신이 이 책을 읽고 데닛이 하려는 말을 제대로 이해한다면 데닛이 옳다고 생각하기 시작할 것이다. 데닛의 말은 신랄하지만 그만큼 귀중하기도 하다. 그는 당신의 뇌에 관해 많은 걸 가르쳐줄 것이다. 책을 다 읽고 나면 당신은 자신이 정신 나간 게 아닌지, 아니 애초에 당신이 정신이란 걸 가지고 있긴 했는지 고민하게 될 것이다.

데닛의 견해를 지지하는 사람들이 꽤 많지만, 모든 사람이 설득당한 건 아니다. 차머스는 자신이 내면을 들여다보면 다채로운 정신 상태의 집합들(감각과 감정)이 보이는데, 데닛은 그걸 회피하거나 그게 어떤 건지를 포착하지 못하면서 설명한다고 지적한다. 예컨대 빨강을 본다는 감각은 판단이나 기질인 것 같지는 않다. 언젠가 차머스는 '혹시 데닛은 좀비가 아닐까'라는 질문을 던지기도 했다.[410] (이 둘은 서로 사정을 봐주지 않는다.) 조금 더 너그러울 때 차머스

---

* 앞의 인용문에서 데닛은 우리에게 부수 현상epiphenomenal(정신 현상은 육체 현상의 부산물에 지나지 않는 그 필연적인 결과이지만, 정신 현상이 육체 현상의 원인은 아니라고 보는 가설-옮긴이)적인 감각질이 있다는 주장을 거부한다. 뭔가가 부수 현상적(이런 의미에서)이라고 말한다는 건, 그것에 어떤 인과적 결과도 없다고 말하는 것이다. 만약 좀비가 존재할 수 있다면 의식적 경험은 부수 현상적인 것이어서 세상에서 벌어지는 일들에 영향을 미치지 않는다고 봐야 한다.[411] 좀비들은 의식만 빼면 우리와 똑같은 존재니까. 데닛이 부수 현상설epiphenomenalism을 거부했던 건 옳은 선택이었던 것도 같다. 의식적 경험을 옹호하는 사람들 사이에서도 그건 논쟁의 대상이다. 하지만 데닛의 '좀비주의zombieism'는 다른 곳에서 나타난다. 앞서 데닛은 감각질은 단지 "반응하는 성향의 총합"일 뿐이라고 주장했다.[412] 대부분의 사람은 빨강은 단순히 기질만이 아니라고 생각한다. 빨강에는 빨간 성질이 있다. 초조한 마음에도 마찬가지다. 기질이 문제를 일으킬 수도 있지만 초조한 감정도 골칫거리가 된다.

는 외부에서 관찰하는 시선이 특정한 종류의 과학 탐구를 용이하게 해주기 때문에, 데닛이 그의 정신을 외부에서 바라보며 사고하는(내성introspecting이 아닌 외성extrospecting) 데 익숙해졌다는 식으로 이야기한다. 하지만 차머스는 내면을 들여다보는 방식으로 수집해야 하는 지식이 있는데, 유물론의 그림에서는 그런 성찰이 고려될 수 없다는 주장을 거듭한다. 메리는 얼마든지 뇌를 연구할 수 있지만, 자신이 빨강을 직접 보기 전까지는 빨강을 본다는 게 어떤 건지를 알지 못할 것이다.

대립은 계속된다. 다수의 유물론자들은 차머스의 영리한 주장에 동요하지 않는다. 그리고 다수의 신경과학자들은 차머스가 제기한 '의식의 난제'가 그들이 연구하는 다른 문제들보다 어려운 것이라고 생각하지 않는다. 우리는 뇌의 물리적 실체들이 어떻게 현상적 의식성을 생성하는지를 아직 모를 수도 있지만, 과학에게 시간을 주자. 과학이 그걸 밝혀낼 것이다.

⌒

이 모든 문제에 관한 나의 견해는 뭐냐고? 딱히 그런 건 없다.

줄스 콜먼Jules Coleman은 수십 년 동안 나의 친구였고 멘토였던 분이다. 그는 로스쿨에서 나의 선생님이었다. 나는 그에게서 지금까지 얻은 것들 중 가장 중요한 교훈을 얻었다.

로스쿨 학생 시절에 나는 복도에서 줄스를 만나서 철학에 관한 대화를 나눴다. 우리가 어떤 문제를 논했는지는 기억나지 않는다. 하지만 나의 견해를 말하려고 했던 기억은 난다.

"저의 견해는요……." 내가 입을 열었다.

줄스는 내 말을 도중에 잘랐다.

"자네는 아직 견해를 가지기에는 너무 젊어." 그의 말이었다. "자네는 의문을 품고, 호기심과 아이디어를 가져야 하네. 의욕을 가져도 괜찮고. 그러나 견해는 아냐. 자네는 아직 준비되지 않았어."

줄스의 가르침은 두 가지였다. 첫째, 견해를 가진다는 건 위험한 일이다. 견해를 가지게 되면 그 견해를 방어하기 위해 고집을 피우게 된다. 그렇게 되면 다른 사람들이 하는 말을 잘 듣기가 어려워진다. 철학자로서 줄스 콜먼의 대표적인 미덕은 자기 견해를 기꺼이 바꾸려는 자세였다.* 그건 콜먼이 대답보다 질문에 집중하기 때문이다. 그는 이해를 원하고, 어떤 답을 얻든 간에 기꺼이 수용하려고 한다. 설령 그가 원래 서 있었던 자리에서 후퇴해야 한다는 결론이 나올지라도.

둘째, 견해는 스스로 획득해야 한다. 자기가 방어할 수 없는 견해를 가져서는 안 된다. 방어란 그 견해를 옹호하는 근거를 대고, 반대 의견들이 무엇이 잘못되었는지를 설명하는 일이다. 콜먼이 내가 견해를 가지기에는 너무 젊다고 말했을 때 사실 연령에 관해 이야기했던 게 아니다(그때 나는 27세였다). 콜먼은 내가 철학 초심자라는 사실을 지적했던 것이다. 수십 년이 지난 지금, 나는 많은 견해를 가지고

---

* 프랭크 잭슨도 그런 미덕을 갖추고 있었다. 그는 자신의 메리 이야기를 수십 년 동안 옹호했지만, 나중에는 생각을 바꿔서 메리가 빨강을 본다는 것에 관해 아무것도 배우지 못할 거라고 말했다.[413] 하지만 잭슨은 그 질문과 관련해서는 별다른 인정을 받지 못한다. 그 이야기는 그와 별개로 이미 유명해졌고, 그 이야기를 둘러싼 토론도 계속된다.

있다. 지금 나는 왜 그런 견해를 가지고 있으며, 다른 사람들의 견해는 어디가 틀렸는지를 설명할 수 있다. 물론 내가 모든 문제에 대한 견해를 가지고 있지는 않다. 모든 문제에 관해서 견해를 획득하기 위한 노력을 기울이지는 않았기 때문이다.

정신철학이라는 분야에서 나는 견해를 정립할 만큼의 노력을 기울이지 않았다. 궁금한 게 있어서 문헌을 많이 읽기는 했다. 하지만 문헌을 읽으면 똑똑한 사람들이 너무나 다양한 견해를 제시하고 있어서 어리둥절해지곤 한다. 그리고 찬성과 반대의 주장들이 축적되는 속도가 내가 그 주장들을 분석하는 속도보다 빠르다. 그래도 당신이 나에게 입장을 정하라고 압박한다면, 나는 행크와 함께 이렇게 외치고 싶다. "내가 뭐 전문가도 아니잖아요."

그렇다고 해도 나는 의식이 세상에서 어떤 자리를 차지하는가를 알아보려는 노력을 멈추지 않을 것이다. 다른 누군가가 나보다 많이 알고 있고, 문헌을 더 많이 읽었고, 연구를 더 많이 했고, 더 많은 가능성을 고려해봤다고 해서 내가 어떤 문제를 철저하게 따져보려는 노력이 가치 없어지는 건 절대 아니다. 어떤 문제를 해결하고 나만의 통찰을 획득한다는 건 본질적으로 보람 있는 일이다. 꼭 세상에서 제일가는 피아니스트라야 피아노를 치는 게 가치 있는 건 아니다. 마찬가지로 세상에서 제일가는 철학자라야 가치 있는 철학적 사고를 할 수 있는 것도 아니다.

사실은 우리보다 많은 걸 알고 있는 철학자들의 존재를 발견하는 건 멋진 일이다. 그래야 우리가 그들에게서 뭔가를 배울 기회가 생긴다. 다만 우리가 그 철학자들이 하는 말을 액면 그대로 수용하기만 해서는 뭔가를 배우지 못할 것이다. 우리는 전문 지식을 더 많이 가진 사람들의 판단을 그냥 따를 게 아니라, 그들의 도움을 받아 스스로 문제를 풀어가야 한다. 내가 우리 아이들에게 절대로 권위를 앞세우지 않는 이유 중 하나가 그것이다. 나는 아이들에게 어떤 문제에 관한 나의 생각을 말하긴 해도, 너희들이 어떻게 생각해야 한다고 말하지는 않는다. 나는 아이들이 스스로 노력해서 자기만의 견해를 정립해가기를 바란다.

앞에서 밝힌 대로 나는 의식에 관해서는 아직 나의 견해를 정립하기 위해 노력하는 중이다. 어쩌면 영원히 견해를 정립하지 못할 수도 있다. 하지만 이건 내 책이니까 내가 어느 쪽으로 기울어지는지는 밝히려고 한다. 처벌에 관한 장에서 우리는 게일런 스트로슨Galen Strawson의 아버지 피터 스트로슨에 관해 조금 알아봤다. (어떤 집안에는 철학의 피가 흐른다.) 게일런은 어엿한 현상철학자로서 자유의지와 정체성과 의식의 속성 등에 관한 이론으로 널리 알려져 있다. 내가 그의 이론을 좋아하는 이유는 우리가 얼마나 무지한가를 드러내기 때문이다.

스트로슨은 데닛의 좀비주의를 단호히 거부한다. 그는 좀비주의를 "지금까지 나온 주장들 중에 가장 어리석은 주장"이라고 부른다. 좀비주의는 '우리가 세상을 경험한다'라는 가장 확실한 사실을 부정하기 때문이다.[414] 만약 과학이 '우리가 세상을 경험한다'는 명제와 양립할 수 없다고 밝혀진다면, 우리는 과학을 버려야 한다. 스트로슨은 그 명제가 과학과 양립 불가능하지 않다고 이야기한다. 스트로슨은 유물론자로서 정신을 포함한 세상의 모든 것은 물리적 실체라고 확신하는 사람이다.

어떻게 그럴 수가 있을까? 스트로슨에 따르면 문제는 우리가 물리적 실체를 생각하는 방식에 있다. 우리는 처음부터 물리적 실체(물질과 에너지 등)는 세상을 경험하지 않는다는 가정에서 출발한다. 그러고 나서 우리는 그 물리적 실체의 특정한 배열(아기, 베일리, 박쥐)들이 세상을 경험하는 이유를 묻는다. 스트로슨은 우리의 관점을 뒤집으려고 한다. 그의 주장에 따르면 우리는 물리적 실체들이 세상을 경험한다는 걸 확실히 알고 있다. 바로 우리가 세상을 경험하는 물리적 실체이기 때문이다.[415] 문제는 의식을 설명하는 데 있지 않다. 스트로슨은 우리가 의식이 무엇인지를 정확히 알고 있다고 주장한다. 사실 그건 다른 어떤 것보다도 우리에게 친숙한 지식이다. 문제는 우리가 물리적 실체들을 충분히 이해하지 못하기 때문에, 의식이 어떤 자리를 차지하는지도 알지 못한다는 것이다.

스트로슨이 제안하는 가장 단순한 가설은 '모든 물질은 세상을 경험한다'는 것이다.[416] 그러면 우리는 다시 범심론으로 돌아간다. 스트로슨은 가장 작은 척도에서도 경험이 세상의 한 부분이라고 바라본다.

전자electron로 존재한다는 건 어떤 걸까? 스트로슨도 모른다. 어쩌면 그건 "즈즈즈즈즈즈" 소리의 연속일 수도 있다.[417]

식탁으로 존재한다는 건 어떤 걸까? 아무렇지도 않을 것 같다. 모든 물질이 세상을 경험한다고 해서, 물질의 모든 배열이 세상을 경험한다고 말할 수는 없다. 식탁을 이루는 전자들은 세상을 겪을지 몰라도 식탁은 독립적인 주체가 아닐 것 같다.

당신의 집에 있는 체중계는 어떨까? 그건 뭐라고 말하기가 어렵다. 체중계는 당신의 몸무게를 감지한다. 하지만 체중계가 당신을 안 좋게 생각한다고 걱정할 필요는 없다. 범심론은 모든 사물이 생각을 한다는 이론이 아니다. 범심론은 경험이 세상의 기본적인 구성요소라는 이론이다.

지금 하는 이야기는 모두 과감한 추측이다. 차머스가 강조한 대로 우리는 신중하게 사색해야 한다. 우리가 이해하지 못하는 게 너무나 많기 때문이다. 지금 우리는 여러 가능성들을 따져보기 위해 아이디어가 필요한 단계에 와 있다.[418]

언젠가 우리는 의식이 세상에 어떻게 자리 잡는지를 알아낼 수 있을까? 어떤 철학자들은 우리가 영원히 그걸 알 수 없다고 주장한다.[419] 우리 집 개 베일리는 영원히 일반상대성이론을 이해하지 못할 것이다. 그 이론은 베일리의 인지능력 밖이다. 어쩌면 의식은 우리의 능력 밖인지도 모른다. 그렇다면 실망할 것 같다. 하지만 그걸 확인할 방법은 하나밖에 없다. 우리는 신중하게 사색해야 한다.

~

행크가 다섯 살인가 여섯 살이었을 적에, 나는 행크의 목욕 준비를 하면서 게임을 하곤 했다. 내가 옷을 벗으라고 말하면 행크는 옷을 벗었다. 그러면 나는 행크에게 무릎을 벗으라거나 팔꿈치를 벗으라고 말했다. 한번은 생각을 벗으라고 말했다.

"생각이 젖으면 안 되니까." 내가 말했다.

"내 생각이 어디에 있는데?" 행크가 물었다.

"생각을 잃어버렸니?"

"아니." 행크가 키득거렸다.

"그럼 생각을 벗어."

"못 벗어." 행크가 대답했다. "생각이 어딨는지 몰라."

"행크, 네 물건을 잘 챙겨야지. 자꾸 잃어버리고 다니면 엄마, 아빠가 너에게 생각을 계속 사주진 않을 거야."

"어딨는지는 알아." 행크가 말했다.

"어디 있는데?"

"여긴 없어." 행크는 이렇게 말하더니 벌거벗은 채로 어디론가 뛰어갔다.

렉스가 열한 살이었을 때 나는 렉스와도 비슷한 대화를 나눴다.

"내 마음은 어디 있는 거야?" 렉스가 말했다.

"어디 있을 것 같니?"

"내 엉덩이에 있을 것 같은데." 렉스가 말했다.

"그럼 엉덩이가 아플 때는 생각이 잘 안 되니?"

"응." 렉스가 대답했다. "그럴 때는 엉덩이 생각만 하게 되니까."

우리는 의식에 관해서도 진지한 대화를 나눈다. 얼마 전에는 의식의 존재 범위에 관해 이야기했다. 우리는 질문을 던져봤다. 로봇이나 컴퓨터에게도 의식이 있을까? 과연 의식을 가진 물건이 있을까? 그러다 내가 렉스에게 헉슬리의 글 한 대목을 읽어줬다. 헉슬리가 "신경조직을 흥분시킨 결과로 그토록 신비로운 의식의 상태가 만들어진다"면서 놀라워하는 내용이었다.

우리는 잠시 그런 이야기를 나눴다. 그리고 그 대화를 마무리한 것은 렉스였다.

"우리 의식에서 좀 벗어나면 안 될까?" 렉스의 질문.

"당연히 되지." 내가 대답했다.

"다행이다. 아빠가 내 신경조직을 자극하고 있었거든."

11

무한

우주가 엄청나게 크다고 해서
내가 하찮은 건 아니야

무한한 우주에서 공리주의는 우리가 하는 행동에 아무런 관심이 없다.

우리가 사람들을 해치든 사람들을 도와주든

공리주의는 상관하지 않는다.

고통에 대한 쾌락의 비율은 어차피 똑같을 테니까.

우리는 그 비율에 아무런 영향을 미칠 수 없다.

"오늘 학교에서 뭘 배웠니?"

"아무것도 안 배웠어."

"정말? 하루 내내? 단 한 가지도?"

"응!" 렉스는 내 질문에 짜증이 났던 모양이다. "근데 내가 알아낸 건 있어."

"뭘 알아냈는데?"

"우주는 무한하다는 거야."

"사실 과학자들도 그건 확실히 모른다던데." 내가 설명했다. "어떤 과학자들은 우주가 무한하다고 하지. 그런데 어떤 과학자들은 우주가 진짜, 진짜 크지만 끝은 있다고 말한단다."

"아냐, 우주는 무한해야 해." 렉스가 말했다. 물리학을 배운 경험이라고는 〈우주의 원리How the Universe Works〉라는 텔레비전 다큐멘터리 몇 편을 시청한 게 전부인 여덟 살짜리 아이치고는 너무 확신이 담긴 말투였다.

"왜 무한해야 하지?"

"아빠가 우주선을 타고 우주 끝까지 갔다고 생각해봐. 그런데 아빠가 우주 가장자리에다 뻥 하고 주먹을 날리는 거야."

렉스는 눈앞의 허공에다 주먹질을 했다.

"아빠 주먹이 갈 데가 있어야 하잖아?"

"주먹이 못 가고 그냥 멈춰 있을 수도 있잖아."

"음, 그러면 주먹을 막아줄 뭔가가 있단 얘기잖아." 렉스가 말했다. "그건 아빠가 아직 우주의 끝에 도착하지 못했다는 얘기지!"

⌒

렉스가 그런 주장을 최초로 한 건 아니다. 그건 아르키타스Archytas라는 고대 그리스 철학자가 처음 했던 주장으로 알려져 있다.[420] 하지만 이는 기록에 남아 있는 사람들 중에 최초라는 뜻이다. 실제로는 어떤 여덟 살짜리 아이가 먼저 생각했을지도 모른다.

아르키타스는 플라톤의 친구였다. 한번은 플라톤이 시칠리아에서 불량배들을 만나 곤경에 처했는데, 아르키타스(그는 정치가였고 수학자이기도 했다)가 배를 보내 그를 구해주었다.[421]

아르키타스는 렉스가 했던 주장을 다음과 같이 표현했다.

만약 내가 하늘의 맨 끝까지 갔다면 (…) 손이나 지팡이를 뻗어서 하늘 바깥에 닿을 수 있을까, 없을까? 내가 손을 뻗을 수 없다는 건 말이 안 된다. 그러나 만약 내가 손을 뻗는다면 하늘 바깥에 있는 건 물질 또는 장소여야 한다.[422]

잠깐만. 이야기가 너무 빨랐다. 그리고 이상하기도 했다. 우주의 끝에서 손을 뻗을 수 없다는 게 왜 말이 안 될까?

렉스는 답을 내놓았고, 아르키타스도 답을 내놓았다. 렉스가 말한 대로 당신이 우주의 끝에서 더 밖으로 나갈 수 없다면, 당신 앞을 가로막는 뭔가가 있어야만 한다. 그게 레고로 만든 벽이라고 치자. 만약 레고 블록이 끝없이 이어진다면 우주는 무한하다. 그리고 우주의 대부분은 레고로 만들어져 있다.* 만약 벽이 무한하지 않다면, 그리고 당신이 그 벽을 뚫고 나갈 방법을 찾을 수 있다면, 당신은 계속 앞으로 나아갈 수 있어야 한다. 적어도 다른 뭔가가 당신의 앞을 가로막기 전까지는. 만약 당신이 다른 장애물에 부딪친다면 렉스의 주장을 반복하기만 하면 된다. 결론은 정해져 있는 것만 같다. '우주는 무한하다!'

당신이 반드시 렉스의 주장을 받아들여야 하는 건 아니다. 그게 아르키타스의 주장이라 해도 그렇다. 고대 로마의 시인이자 철학자였던 루크레티우스Lucretius는 100년 후에 똑같은 주장을 내놓았다. 루크레티우스는 우주의 가장자리를 향해 창을 던지는 상상을 했다. 창이 우주의 가장자리를 뚫고 계속 날아간다면, 당신이 있다고 생각했던 가장자리는 없다는 이야기가 된다. 만약 뭔가가 창을 가로막는다면, 가장자리처럼 보이는 것 너머에도 뭔가가 있다는 뜻이 된다.[423] 앞에서와 마찬가지로 당신은 그 주장을 끝없이 되풀이할 수도 있다. 우주는 절대로 끝나지 않을 것이다.

---

* 우리가 레고 블록을 축적하는 속도를 보면, 정말로 레고가 우주의 주된 성분인 것만 같다.

아니, 그건 루크레티우스의 이야기고. 당신은 과학자의 의견을 들어보고 싶을지도 모르겠다. 아이작 뉴턴Isaac Newton 정도면 신빙성이 있겠는가? 알고 보니 뉴턴도 렉스와 같은 의견이었다. "우주는 모든 방향으로 무한히 뻗어나간다." 뉴턴은 이렇게 주장했다. "우주 너머에도 공간이 있다고 상상하지 않으면, 어떤 공간에 대해서도 경계선을 상상할 수 없기 때문이다."[424]

뉴턴의 말은 옳은가? 당신은 경계가 지어진 공간을 상상할 때마다 그 경계 바깥의 공간도 그려보게 되는가? 잠깐 생각해보라. 뉴턴이 그런 상상을 하지 않았을 가능성이 있을까?

⌒

당신이 그걸 고민하는 동안 학교에 관해 몇 마디 하고 싶다. 나는 렉스가 그날 뭘 배울 예정이었는지 모른다. 렉스가 아무런 이야기도 해주지 않아서 나는 학교에서 뭘 배우는지 하나도 모른다. 대개 렉스는 자기가 학교에서 얼마나 지루했는지를 이야기한다. 하지만 지루함에도 장점이 있다. 그날은 구구단도 다 외우지 못한 아이가 아이작 뉴턴과 지혜를 겨뤄 우주에 관한 동일한 견해에 도달했다.

렉스는 학교에 대해 내가 어릴 적에 느꼈던 것과 똑같은 실망을 느낀다. 학교는 너무 획일적이다. 사실 학교는 그래야만 한다. 교사들은 많은 아이들과 씨름해야 하고, 수업 진도를 맞춰야 한다. 그래서 특정한 아이들에게 적합한 경험을 맞춤형으로 제공하기는 어렵다. 어떤 과목들은 아이들 개개인에게 맞추기가 비교적 수월하다. 예컨대 읽기 시간에는 어느 정도 괜찮은 사서 선생님이 있으면, 아이들에게 각자의 관심사와 능력에 맞는 책을 찾아줄 수도 있다. 하지만 수학 시간에 교과과정을 맞춤형으로 바꾸기는 어렵다. 아이들을 데리고 앞으로 나아갈 수 있고 속도를 늦출 수도 있지만, 모든 아이가 소화해야 하는 표준 교과과정이 있다. 교사들이 아이들 각각의 관심사에 맞춰줄 시간은 거의 없다.

나는 그 간극을 메우기 위해 우리 아이들에게 요즘에 뭐가 궁금하냐고 물어본다. 실제로 아이들에게 학교에서 뭘 배웠는지 물어볼 때보다 그렇게 질문할 때 대화의 질이 높아진다. 어느 날 행크는 자기가 무한에 관심이 있다고 말했다. 아이들은 무한에 관심이 많다. 수학을 배우기 시작하면 자연스럽게 질문을 던진다. '세상에서 가장 큰 수가 뭐야?'

행크는 그게 '무한대'라고 확신하고 있었다. 그게 수업 시간에 나왔기 때문은 아니었다. 1학년 친구에게서 그렇게 들었다.

안타깝게도 행크의 친구 말이 틀렸다. 무한대는 가장 큰 수가 아니다. 세상에서 가장 큰 수란 존재하지 않는다. 행크는 그걸 배울 때 정말 즐거워했다.

"아주아주 큰 수를 대봐." 내가 행크에게 말했다.

"100만." 행크가 대답했다.

"좋아. 그 바로 다음 수는 뭐지?"

"100만 하나."

"그럼 더 큰 수를 골라야겠구나."

"1조."

"좋아. 그 바로 다음 수는?"

"1조 1."

우리는 이런 대화를 두어 번 더 반복하면서 1000조quadrillion와 100경quintillion이라는 단어를 공부했다. 그러고 나서 내가 물었다. "구골googol은 어때? 그게 뭔지 아니?"

"아니."

"구골은 진짜로 어마어마하게 큰 수야. 1에다 0을 100개 붙인 수지. 아빠가 이름을 댈 수 있는 숫자 중에 가장 크단다."

"그게 세상에서 제일 큰 숫자야?" 행크가 물었다.

"아니. 구골 바로 다음 숫자가 뭐라고 생각해?"

"구골과 1!" 행크는 신이 나서 외쳤다.

"그리고 그다음 수는?"

"구골과 2!"

"와! 행크, 네 덕분에 아빠가 새로운 숫자를 배웠구나."

행크는 우쭐한 듯했다.

그때 내가 물었다. "언젠가는 숫자가 다 떨어질 것 같니? 아니면 계속 숫자를 1씩 더할 수 있을 것 같니?"

"언제나 1을 더할 수 있어." 행크가 대답했다.

"그러면 가장 큰 수라는 게 있는 걸까?"

"아니."

"맞아." 내가 말했다. "무한은 숫자가 영원히 계속될 수 있다는 걸 이야기할 때 사용하는 단어란다. 우리가 숫자를 아무리 오래 세더라도 숫자는 끝이 나지 않아."

한동안 내가 렉스에게 뭐가 궁금하냐고 물으면 대답은 항상 우주였다.

그러니까 우주로 돌아가보자!

당신은 뉴턴이 발견하지 못했던 가능성을 발견했는가? 당신이 경계선이 있는 공간을 상상할 때는 그 공간 바깥의 공간도 그려봐야 하는 걸까?

답은 '그렇지 않다'이다. 뉴턴의 생각이 틀렸다. 그리고 렉스도 틀렸다. 지금까지 밝혀진 바로는 우주는 무한한 것으로 보인다. 하지만 렉스가 제시한 논리는 성립하지 않는다.

그 이유를 알아볼 때는 풍선이 유용하다. 그래서 렉스가 설명을 끝낸 다음에 나는 풍선을 하나 가져왔다.

"이 풍선의 겉면을 보렴." 내가 말했다. "이건 유한하니? 아니면 무한하니?"

"유한한 것 같은데." 렉스가 머뭇거리며 말했다.

"우리가 이 풍선을 반 갈라서 탁자 위에 펼치면 풍선은 끝도 없이 뻗어나갈까?"

"아니." 렉스가 이번에는 조금 더 자신 있게 대답했다. "그건 끝이 있어."

"좋아. 이번에는 개미 한 마리가 이 풍선 위에서 움직이고 있다고 상상해봐. 개미는 한 방향으로만 계속 가고 있어. 개미는 언젠가 막히거나 가장자리에 부딪치게 될까?"

"아니." 렉스가 대답했다. 나는 손가락으로 개미의 경로를 그렸다.

"개미가 앞으로만 계속 가면 어떻게 될까?"

"처음에 있었던 곳으로 돌아와." 렉스도 풍선 위에서 손가락을 움직였다.

"맞아! 개미는 출발점으로 돌아오게 되어 있단다. 풍선을 빙 돌아올 수 있기 때문이야."

우리는 확실한 검증을 위해 손가락으로 개미의 경로를 몇 번 더 그려봤다.

그리고 나서 내가 설명했다. "이 풍선의 표면은 유한해. 그런데 개미는 가장자리에 부딪치지 않고 계속 기어갈 수 있지. 왜냐하면 가장자리란 게 없으니까!"

"개미가 펄쩍 뛰어오를 수는 없나?" 렉스가 물었다.

"좋은 질문이구나!" 내가 말했다. "여기서는 못 뛴다고 하자. 개미가 완전히 납작하다고 상상하렴. 풍선의 표면은 우주니까. 그 위에도, 그 밑에도, 그 안쪽에도 공간은 없어. 그러니까 풍선의 표면 말고는 개미가 갈 수 있는 곳이 없단다."

"알았어." 렉스가 여전히 풍선을 만지작거리며 말했다.

"우주에는 세 개의 차원이 있어." 내가 말했다. "풍선의 표면은 2차원이라서 우주랑은 다르단다. 어떤 과학자들은 2차원이든 3차원이든 원리는 똑같다고 생각해. 우주는 유한하지만 가장자리는 없다는 거지." 그리고 나서 내가 질문을 던졌다. "만약 우주가 그런 곳이고, 우리가 우주선을 타고 계속 앞으로 간다면 어떻게 될 거 같니?"

"출발점으로 돌아오겠지!" 렉스가 말했다.

"바로 그거야!"

"멋지다!"

"이것만 기억하렴. 아직은 그게 진실인지 아닌지 몰라. 우주는 무한할 수도 있어. 아니면 우주는 유한하고 풍선 같은 모양일 수도 있고."

⌒

무한에 관한 렉스의 주장을 접하니, 나 역시 어릴 때 학교에서 지루함을 느낄 때 고대의 이론을 가지고 놀았다는 것이 생각났다. 그때 나는 렉스보다 나이가 조금 많은 고등학생이었다.

어느 날 나는 존스 선생님의 수업에서 친구 유진을 만났다. 나는 온종일 생각했던 이론을 친구에게 말해보기로 했다.

"어이, G! 내가 널 한 대 때려도 될까?" 내가 물었다.

유진은 학교에서 키가 가장 큰 아이였다. 다른 아이들과 차이가 많이 났다. 그가 1학년 때 미식축구팀에서는 유진의 머리에 맞는 헬멧을 구할 수가 없어서 애틀랜타 팰컨스에 도움을 청하기도 했다. 나중에 유진은 투포환 선수로서 장학금을 받고 대학에 진학했다.[*]

"왜?" 유진이 물었다.

"내가 뭘 좀 증명하고 싶어서." 내가 말했다.

그러자 유진에게도 증명할 거리가 생겼다. "해봐. 뭐 아플 것 같지도 않으니까."

---

[*] 하나 더. 유진은 동네 치킨 가게에서 윙 176개를 먹어치우는 신기록을 세웠다. 그날 유진은 먹다가 잠깐 집에 전화를 걸기 위해 딱 한 번 쉬었다. 그리고 전화에서 유진의 어머니는 저녁을 차려놓았다고 말씀하셨다.

나는 주먹을 뒤로 빼고 준비를 했다. 그러다 동작을 멈췄다.

"난 널 때릴 수가 없어." 내가 말했다.

"괜찮으니까 해봐."

"아냐, 진짜야. 난 널 때릴 수가 없어. 그건 가능하지 않아."

나는 설명을 시작했다.

"너를 때리려고 내가 주먹을 네 쪽으로 반쯤 움직였다고 해보자."

나는 내 주먹을 유진 쪽으로 반쯤 가져갔다.

"그러고 나면 여기서부터 또 반쯤 가야 하잖아."

나는 주먹을 다시 한번 움직였다.

"그리고 또 반. 또 반. 또 반만큼."

나는 매번 주먹을 조금씩 더 움직였다.

"그러니까 나는 너에게 완전히 다가갈 수가 없다는 거야. 내가 몇 번을 움직이더라도 항상 나머지 반이 남으니까."

그 말을 했을 때 내 주먹은 유진의 가슴팍을 누르고 있었다. 다행히 유진은 덩치가 크고 온순한 아이였다. 그리고 수학 영재였다.

"내 주먹이 너한테 닿은 것처럼 느껴진다는 건 알아, G. 하지만 그건 불가능한 일이야."

존스 선생님이 아까부터 근처에 서 계셨다. 마침내 존스 선생님이 끼어드셨다. "넌 제논의 역설을 어디서 배웠니?"

"제논이 누군데요?" 내가 물었다.

"찾아보렴." 선생님은 말씀하셨다.*

436

엘레아의 제논Zeno of Elea은 아르키타스와 플라톤 바로 전, 소크라
테스가 활동했던 때(기원전 5세기)와 비슷한 시기에 살았다. 제논은
파르메니데스Parmenides와 친구 사이였는데, 파르메니데스는 철학의
세계 전체에서 최고로 멋진 아이디어 중 하나를 내놓은 사람이다.
'물질은 오직 하나로 이뤄져 있으며 그 하나는 변화하지 않는다. 변
하는 것처럼 보이는 것은 모두 환상이다.'[425] 철학자들은 그런 주장
을 일원론monism이라고 부른다.

제논은 역설paradox을 많이 만들었는데, 그 역설들은 파르메니데스
의 견해와 비슷한 일원론을 뒷받침하는 내용이었다. 제논의 역설 중
가장 유명한 것은 운동에 관한 역설이다. 내가 존스 선생님의 수업
시간에 증명했던 이론은 제논의 운동 역설 중 첫 번째와 관련이 있

* 빌리 존스 선생님에 관해 잠깐 설명하자면, 그분은 학생들을 집중시키는 능력이 탁
월한 교사였다. 그분은 라틴어, 독일어, 화학을 가르치셨지만 다른 10여 가지 과목도
충분히 가르칠 수 있었을 것이다. 외부인이 보기에 존스 선생님의 수업은 혼돈 상태 같
았을 것이다. 아이들이 각기 다른 과제를 수행하고 있었기 때문이다. 아이들은 각자 자
기에게 맞는 속도로 움직였다. 과제를 일찍 끝낸 아이에게는 새로운 문제가 주어졌는
데, 그건 대부분 선생님이 직접 생각해낸 수수께끼였다. 선생님은 순전히 화학 숙제를
더 어렵게 만들기 위해 우리가 모르는 언어로 쓰셨다. 아니면 머리를 써야 풀 수 있는
퀴즈를 내고, 그 답의 철자에 해당하는 원소들을 말하라고 하셨다. (예컨대 그리스의 수학
자 아르키타스Archytas가 답이라면 아르곤Argon, 탄소Carbon, 수소Hydrogen, 이트륨Yttrium, 탄탈룸Tanta-
lum, 황Sulfur이라고 답해야 한다.) 또 선생님은 아이들의 관심사에 관심을 기울이고 아이들
에게 그 관심사와 관련된 프로젝트를 진행하게 했다. 존스 선생님의 수업 시간에는 누
구도 지루해하지 않았다. 그래서 우리는 선생님을 사랑했고, 다른 누구보다도 선생님
에게서 많은 걸 배웠다. 나는 존스 선생님보다 훌륭한 선생님을 만난 적이 없고, 인격
적으로도 그분보다 훌륭한 사람을 알지 못한다.

다. 그건 이분법의 역설the dichotomy이라 불리는데, 그 내용은 다음과 같다. 만약 당신이 한 장소에서 다른 장소로 이동하려고 한다면, 당신은 우선 절반을 가야 한다. 그러고 나서 남은 거리의 절반을 가야 한다. 그러고 나서 또 남은 거리의 절반을 가야 한다. 그러고 나서 또 남은 거리의 절반을 가고……??? 이런 식으로 영원히 가야 한다. 이러면 곤란해진다.

다른 방법으로 생각해보자. 처음에 유진은 내 주먹에서 일정한 거리만큼 떨어져 있다. 내가 유진을 때리려면 내 주먹은 그 거리의 2분의 1만큼 이동해야 하고, 그다음에는 그 거리의 4분의 1만큼 이동해야 하고, 다음에는 그 거리의 8분의 1만큼, 다음에는 16분의 1만큼, 다음에는 32분의 1만큼…… 이런 식으로 끝없이 이동해야 한다. 이것 역시 곤란하다. 내 주먹이 이동해야 하는 거리는 점점 짧아지긴 한다. 하지만 내 주먹이 이동해야 하는 횟수는 무한대다. 그러므로 시간이 아무리 많이 지나도 내가 그 거리를 다 이동할 수 있을지는 불분명하다.

사실 이 역설을 뒤집어서 생각해보면 더 당황스럽다. 처음에 나는 절반을 가야 한다. 그런데 절반을 가려면 우선 그 절반의 절반(즉 4분의 1)을 가야 한다. 그리고 4분의 1 지점에 도달하기 위해서는 먼저 8분의 1 지점에 도달해야 한다. 그리고 내가 8분의 1 지점에 도달하려면 먼저 16분의 1 지점까지 가야만 한다. 이런 식으로 끝없이 거리를 분할할 수 있다.

내가 닿으려는 지점이 아무리 가까워도 이 이론은 성립한다. 그렇다면 나는 전혀 움직일 수가 없다는 이야기가 된다. 아주 짧은 거리도 못 움직인다. 아주 짧은 거리를 이동하려고 해도 나는 무한한 수만큼 움직여야 한다. 하지만 나에게는 무한한 시간이 없다. 따라서 나는 앞으로 나아가지 못한다. 운동이라는 것 자체가 착각인지도 모르겠다.

그게 제논의 주장이다. 그는 많은 사람을 설득하지는 못했다. 고대 그리스의 철학자 디오게네스Diogenes는 그 역설을 듣자마자 벌떡 일어나 두 발로 걸어감으로써 그 주장을 반박했다.[426] 그건 재치 있는 행동이었다. 다만 제논의 역설에서 핵심은 사물이 눈에 보이는 것과 다를 수도 있다는 것이므로, 그것만으로는 반박이 못 된다. 운동이 가능하다는 사실을 증명하기 위해서는 제논의 논리에서 허점을 찾아내야만 한다.

오랫동안 나는 그 허점을 찾아냈다고 생각했다. 며칠 후 다시 존스 선생님의 수업 시간이 되자, 나는 그 문제를 해결했다고 유진에게 말했다. 유진을 때리기 위해서는 내 주먹이 유한한 거리를 여러 번 무한히 이동해야 한다. 무한히 움직일 시간은 없는 것처럼 보이지만, 공간을 무한히 쪼갤 수 있는 것처럼 시간도 무한히 쪼갤 수 있다. 내가 이동해야 하는 공간의 모든 지점에, 내가 그 지점까지 가는 데 걸리는 시간을 대응시키면 된다.

그림을 그려보면 이해가 쉬워진다.

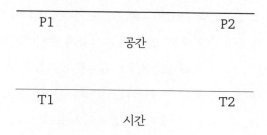

내가 P1에서 P2로 움직이는 동안 나는 공간 속의 무수히 많은 지점을 거쳐야 한다. 그러나 T1과 T2 사이에는 헤아릴 수 없이 많은 시간의 지점들이 있다. 따라서 나에게는 필요한 만큼의 시간이 확보된다. 실제로 나는 공간에서 내가 거쳐야 하는 모든 지점에 대응하는 시간 지점을 하나씩 가지고 있다.

나는 이 설명에 만족했으므로 제논의 역설에 관해서는 더 이상 생각하지 않았다. 한참 후에야 아리스토텔레스가 나와 똑같은 해결책을 제시했다는 사실을 알게 됐다.[427] 하지만 이 설명으로 수수께끼가 완전히 해결되는 건 아니다(그리고 아리스토텔레스도 그걸 인정했다).[428] 문제는 이 그림에서 시간이 어떻게 작동하느냐가 불분명하다는 것이다. 1초라는 시간이 지나가기 위해서는 2분의 1초가 먼저 흘러야 한다. 2분의 1초가 흐르기 위해서는 4분의 1초가 먼저 지나가야 한다. 그리고…… 이제는 당신도 알 것이다. 이렇게 끝없이 이어진다. 그래서 1초라고 해도 무한히 긴 시간처럼 보인다.[429] 그리고 그건 말이 안 된다.

⌒

수수께끼를 풀려면 현대 수학을 동원해야 한다. 특히 미적분의 발명(뉴턴과 고트프리트 라이프니츠Gottfried Leibniz가 발명했다)이 이 문제를 해결하는 데 중요한 역할을 했다. 세부 사항에 관해서는 여전히 논란이 있다.[430] 그러나 핵심적인 통찰은 유한한 거리들을 무한한 수만큼 합친 결과가 항상 무한은 아니라는 것이다. 사실 그 수들을 다 합치면(1/2, 1/4, 1/8, 1/16……) 흥미롭게도 1이 나온다. 따라서 아주 짧은 거리들을 모두 합친다고 해서 유한한 시간 동안 이동할 수 없을 정도로 먼 거리가 되지는 않는다.[431]

어떤 학자들은 그 문제의 해법이 수학에서 나오지 않는다고 생각한다. 그들은 그 해법은 물리학에서 나온다고 생각한다. 제논은 공간을 무한히 분할할 수 있다고 가정한다. 우리가 공간을 계속해서 더 작은 조각으로 쪼갤 수 있다는 것이다. 그 가정은 옳지 않을 수도 있다. 양자역학의 최신 연구 결과에 따르면, 공간은 연속체가 아니라 작은 입자 구조를 가지고 있다고 추측된다. 그렇다면 더 이상 분할할 수 없는 가장 작은 공간의 단위가 존재한다는 이야기가 된다. 그게 사실이라면 내 주먹은 무한한 수의 지점을 통과하지 않아도 유진을 때릴 수 있다. 내 주먹은 단지 유한한 개수의 아주아주 작은 공간 조각들을 통과하면 되고, 그건 어려운 일이 아니다.[432] 유진이 나에게 반격을 한다면 조금 곤란하겠지만.

⌒

방금 나는 제논의 역설에 대한 반론이 철학이 아니라 수학 또는 물리학에 있다고 이야기했다. 그리고 우리가 처음에 던졌던 '우주는 무한한가?'라는 질문에 대한 대답은 당연히 과학에서 찾아야 한다. 그렇다면 철학에 관한 책에서 왜 이런 질문들을 다루고 있을까?

이 질문들이 이 책에 등장하는 이유 중 하나는, 철학과 다른 학문들의 연관성을 생각해보기 위함이다. 아르키타스가 철학자면서 수학자였던 건 우연이 아니다. 철학과 수학 양쪽에서 활동했던 학자들은 한둘이 아니고, 그중에는 데카르트나 라이프니츠처럼 정말 중요한 인물들도 있다. 그건 놀랄 일은 아니다. 철학자들과 수학자들은 상당히 비슷한 방법론을 사용하기 때문이다. 철학자들과 수학자들은 알쏭달쏭한 수수께끼puzzle와 복잡한 문제problem에 관해 철저한 사색을 한다. 수수께끼와 문제는 똑같지 않기 때문에, 둘 중 하나를 잘 해결한다고 해서 나머지 하나도 잘 해결한다는 보장은 없다. 하지만 어떤 사람들은 둘 다 잘 해낸다.

철학자들이 과학의 첨단을 걷는 때가 종종 있었다. 특히 아리스토텔레스가 그랬다. 사실은 과학이 철학과 별개의 학문으로 간주되기 시작한 지는 얼마 되지 않았다. 인류 역사에서 대부분의 시간 동안 과학은 도덕철학이나 미학과 같은 철학의 다른 갈래와 구별하기 위해 자연철학이라는 이름으로 불렸다. 우리가 철학과 과학을 별개의 학문으로 인식하는 주된 이유는 사용하는 방법론이 다르기 때문이다. 물론 과학자들도 철저한 사색을 한다. 하지만 과학자들은 세상을 탐색하기 위해 관찰과 실험이라는 방법도 사용한다.

철학자들의 도구 상자에도 관찰과 실험이 들어 있긴 하지만, 철학자들은 관찰과 실험이라는 도구를 상대적으로 적게 사용한다. 철학자들의 관심을 끄는 질문들은 대개 실험으로 대체될 수 없는 것들이다. 어떤 실험도 우리에게 정의가 무엇인지를 말해주지 않는다.* 사

---

* 적어도 과학자들이 하는 것과 같은 실험으로는 그걸 알아낼 수 없다. 미국의 실용주의 철학자 존 듀이John Dewey를 비롯한 일부 철학자들은 우리가 윤리 이론을 직접 실천함으로써 실험을 한다고 주장한다. 그러니까 우리가 어떤 윤리 이론대로 살아보고 그 결과가 어떤지를 살피는 것이다. 나는 듀이의 말에도 적잖은 진실이 담겨 있다고 생각한다. 그리고 듀이의 말은, 적어도 어떤 종류의 윤리적 지식은 학계 내부가 아니라 학계 외부에서 생성된다는 뜻이다. 그래도 전문 철학자들의 역할은 여전히 있다. 주장을 다듬고, 새로운 이론을 만들어내고, 그 이론들의 의미를 분석해야 한다.[433]

랑도 그렇고, 아름다움도 그렇다. 어떤 실험도 우리에게 처벌이 정당화되는 경우가 언제인지를 알려주지 않는다. 복수가 정당화되는 경우가 언제인지, 우리에게 어떤 권리가 있는지도 가르쳐주지 않는다. 어떤 실험도 지식이 무엇인지를 알려주지 않는다. 우리가 지식을 획득할 가능성이 있는지 없는지도 실험으로 알아낼 수가 없다.

우리 철학자들이 이런 종류의 질문들에 답하기 위해 주로 사용하는 도구는 철저한 사색과 대화다. 그래서 어떤 과학자들은 철학이 지식의 원천이라는 것을 의심하기도 한다.[434] 어떤 과학자들은 철학은 말뿐이라고 생각한다. 여기서 중요한 이야기를 하나 해보자. 만약 철학이 지식의 원천이 아니라면 과학도 지식의 원천이 아니다. 궁극적으로 모든 실험은 하나의 논증에 의존한다. '이것이 세상에 관해 알아내는 방법이다'라는 논증이다. 그리고 모든 결과는 해석을 요구한다. 내가 앞에서 말했듯이, 과학자들도 철학자들과 똑같이 철저한 사색을 해야 한다. 만약 과학자들의 논증이 탄탄하지 않다면, 그들이 실험을 진행한다는 사실만으로 그들의 연구가 유의미하게 되지는 않을 것이다. 과학은 철학과 마찬가지로 철저한 사색과 대화를 토대로 삼는다.

가장 근본적인 의미에서 과학과 철학은 동일한 학문이다. 우리는 모두 세상을 이해하려고 노력하는 사람들이고, 그 목표에 걸맞은 도구라면 뭐든지 사용한다. 우리가 서로 다른 분야라고 생각하는 수학, 과학, 철학은 모두 한 그루의 나무에서 뻗어 나온 가지들이다. 어떤 문제를 해결하기에 다른 학문들이 더 적합한 경우 철학자들은 문제를 그 학문으로 넘긴다. 우주의 크기에 관한 아르키타스의 의문도 그런 경우였다. 우리는 과학을 통해 우주를 깊숙이 들여다보고 과거를 깊이 들여다보면서 세계의 한계에 관해 배운다. 제논의 운동 역설을 둘러싸고도 바로 그런 일이 벌어졌다. 우리는 수학의 힘을 빌려 무한을 더 잘 이해하게 됐다. 그리고 과학이 공간의 구조를 밝혀내는 중이다.

하지만 지금부터 살펴볼 내용처럼, 무한과 관련된 수수께끼들 중에는 오직 철학의 영역인(현재로서는) 것들도 있다.

⌒

그중 하나를 살펴보자. 우주가 무한하다고 가정하라. 그게 우리에게 무슨 의미일까? 그게 우리의 행동 규범에 영향을 미칠까? 아무래도 답은 '아니요'인 것 같다. 설령 우주가 무한하지 않다 해도 우주는 엄청나게 크다. 어떤 계산에 따르면 우주의 관측 가능한 길이가 930억 광년에 달한다.[435] 물론 우리는 드넓은 우주의 대부분을 영영 보지 못할 것이다. 우리 중에 이 연한 푸른색 점을 벗어날 사람도 별로 없다. 현재로서 인류가 가볼 계획을 세우고 있는 가장 먼 곳은 화성이다. 그렇다면 다음과 같은 의문이 든다. 우주의 크기가 무한하다고 해도 그게 우리에게 어떤 의미가 있을까?

우리에게 시뮬레이션 가설을 소개했던 닉 보스트롬은 우주의 무한성이 지대한 의미가 있다고 생각한다. 적어도 당신이 특정한 윤리적 견해에 이끌리는 사람이라면 그렇다. 공리주의를 대중적으로 변형한 이론은 우리가 온 세상의 고통에 대한 쾌락의 비율을 극대화하는 선택을 해야 한다고 주장한다. 그건 매력적인 주장이다. 우리의 행동에는 결과가 따르며, 우리는 그 결과가 좋기를 바라야 한다. 그리고 논쟁의 여지는 있지만 어떤 행동이 좋은지 나쁜지를 판별하는 가장 중요한 척도는, 그 행동이 사람들이 느끼는 쾌락과 고통을 어떻게 변화시키느냐다. 아니, 사람들만이 아니다. 쾌락과 고통을 기준으로 삼으려면 그걸 느끼는 주체가 누구든, 혹은 무엇이든 간에 모든 쾌락과 고통을 계산에 넣어야 한다. 그렇게 해서 다음과 같은 공식이 나온다. 우주 전체의 고통에 대한 쾌락의 비율을 극대화하도록 행동하라.

보스트롬은 그게 괜찮은 공식이라고 이야기한다. 우주가 유한하다는 전제 아래서는. 그런데 만약 우주가 무한하다고 밝혀진다면 이 공식은 성립하지 않을 것이다.[436] 왜 그럴까? 우리가 눈으로 볼 수 없는 우주의 일부분이 눈에 보이는 부분과 똑같다고 가정하자. 즉 우주가 별과 행성을 가진 은하로 가득하다고 가정하자. 어떤 행성에는 사람들이 산다고 가정하는 것이 안전할 듯하다. 그 사람들은 우리와 똑같을 수도 있고, 아니면 우리와 다르게 생겼지만 쾌락과 고통을 느끼는 생명체들일 수도 있다. 그럴 경우 그 외계인들의 쾌락과 고통도 '온 세상의 쾌락과 고통 비율'에 반영되어야 한다.

그런 사람들의 수가 얼마나 될까? 보스트롬은 만약 우주가 무한하다면(그리고 우리에게 보이지 않는 부분도 보이는 부분과 비슷하다면) 우주에는 사람도 무한히 많이 있다고 추측해야 한다고 말한다. 어쩌면 행성들 중 일부에만 사람이 살지도 모른다. 그렇지만 우주가 끝없이 이어진다면 그런 행성들의 수도 무한대여야 한다. 바로 그게 문제다. 우주에 무한대만큼 사람이 산다면 우주에는 무한한 쾌락이 존재한다. 그리고 고통도 무한대가 된다. 그렇다면 우리가 어떤 행동을 하더라도 그 쾌락과 고통의 비율을 변화시킬 수는 없다.

당신이 수학 영재라면 이미 그 이유를 알아차렸을 것이다. 당신이 수학 영재가 아니더라도 걱정하지 말라. 무한에 관해 조금만 더 배우면 되니까. 그러기 위해 내가 우리 아이들에게 냈던 수수께끼를 활용하자.

당신이 '힐베르트 호텔'이라는 장소에서 일하는 야간 근로자라고 상상하라.* 이 호텔에는 복도가 하나밖에 없다. 그런데 그 복도는 아주 길다. 사실은 무한히 길어서, 그 복도를 따라 무한대의 방이 있다. 모든 방에는 순서대로 번호가 붙어 있다.

오늘 밤에는 모든 방이 차 있다. 당신은 무한대 호텔에 무한대만큼의 손님을 받았다. 그러니까 장사가 잘되고 있다! 당신이 이제 잠시 숨을 돌리려고 편안하게 자리를 잡는 순간, 피곤해 보이는 여행객이 하나 나타난다. 그녀는 당신에게 빈방이 있느냐고 묻는다.

"죄송합니다." 당신은 대답한다. "방이 다 찼어요."

"저 하나만 어디에 끼워주시면 안 될까요?" 그녀가 다시 묻는다. "바깥 날씨가 험해서요."

당신은 정말로 그녀를 도와주고 싶지만, 방법이 생각나지 않는다. 물론 당신의 호텔에는 무한대의 방이 있긴 하다. 그러나 지금 그 방들은 모두 차 있다. 그녀가 복도를 따라 끝없이 걸어가더라도 빈방은 찾지 못할 것이다.

손님이 막 떠나려는 순간, 당신의 머릿속에 어떤 생각이 스친다.

---

* 19세기와 20세기의 위대한 수학자 다비트 힐베르트David Hilbert에게서 따온 이름이다.

그 손님을 끼워줄 수 있을 것 같다! 다른 손님들을 조금만 불편하게 만들면 된다.

어떻게 하면 될지 알겠는가?

내가 맨 처음 이 질문을 던졌을 때 우리 아이들은 답을 알아내지 못했다. 답을 알게 된 지금은 우리 아이들이 그 수수께끼를 다른 아이들에게 내서 헷갈리게 만든다. 그리고 어른들도 헷갈리게 만든다.

해답은 간단하다. 당신은 내선 전화를 사용해 모든 방에 전화를 건다. 그리고 모든 손님에게 짐을 챙겨서 옆방으로 이동해달라고 부탁한다. 1번 방에 있던 손님은 2번 방으로 이동하고, 2번 방에 있던 손님은 3번 방으로 이동한다. 그런 식으로 끝없이 이동한다.

모든 손님이 옆방으로 옮기고 나면 호텔에 투숙 중인 모든 손님은 새로운 방을 얻는다. 그런데 1번 방에만 사람이 없다. 그래서 당신이 피곤한 여행객을 끼워줄 공간이 확보된다.

여기서 우리는 새로운 것을 배울 수 있다. 무한대 더하기 1은……무한대라는 것.

더 좋은 소식은 손님들 몇 명이 새로 오더라도, 그들의 수가 유한하기만 하다면 이 방법은 통한다는 것이다. 피곤한 여행객 두 명이 온다면 모든 손님에게 두 칸만 옆으로 가달라고 부탁하라. 여행객 세 명이 새로 오면 모든 손님에게 세 칸만 옮겨달라고 부탁하라. 그런 식으로 계속된다. (끝없이 계속되지는 않는다. 당신은 사람들에게 무한대만큼 방을 옮겨달라고 부탁할 수는 없으니까.)*

그리고 여기서도 우리가 배울 것이 하나 있다. 무한대에 유한한 수를 더하면…… 그냥 무한대가 된다.

보스트롬의 주장으로 다시 가보자. 만약 우주에 무한한 고통이 있다면, 그 고통의 양을 감소시키기 위해 내가 할 수 있는 일은 없다. 물론 내가 사람들을 고통스럽게 만들 수는 있다. 그러나 나의 예전 애인들이 어떤 기억을 간직하고 있든 간에, 내가 유발할 수 있는 고통의 양은 유한하다.** 그리고 당신이 무한대의 고통에 유한한 고통을 더한다면, 고통의 총합은…… 무한대의 고통이다. 쾌락에 대해서

* 무한대의 새로운 손님을 투숙시킬 수는 있다! 그저 모든 손님에게 자기 방 번호 곱하기 2를 해서 그 숫자의 방으로 옮겨달라고 부탁하면 된다. 그러면 새로 온 손님들은 홀수 번호의 방에 하나씩 들어갈 수 있다. 여기서 우리는 두 가지 새로운 사실을 알게 된다. 첫째, 무한대 더하기 무한대는 무한대다. 둘째, 짝수의 개수는 짝수와 홀수를 합친 수만큼 많다. 이거야말로 내가 가장 좋아하는 수학적 사실이다.
힐베르트 호텔에서 당신이 할 수 있는 일은 그 외에도 많다. 당신은 각각 무한대의 손님을 태운 버스를 무한대만큼 운영할 수 있다. 당신은 모든 유리수에 대응해서 손님 한 명씩을 받을 수 있다(유리수란 분수로 표현할 수 있는 수를 의미한다). 그런데 어떤 단체 손님들은 규모가 너무 커서 호텔에 수용할 수가 없다. 예컨대 모든 실수real number에 대응해서 손님을 한 명씩 받을 수는 없다. 호텔에 무한대의 방이 있는데 그건 왜 안 될까? 밝혀진 바에 따르면 무한대도 크기가 여러 가지일 수 있다. 실수의 집합(여기에는 파이π와 같은 무리수도 포함된다. 무리수란 분수로 표현할 수 없는 수를 의미한다)은 측정이 불가능할 정도로 크다. 실수의 개수는 모든 수의 개수보다 크다. 하지만 두 집합(수 전체의 집합과 실수의 집합) 모두 끝없이 계속된다. 알고 보면 수학은 학교에서 배웠던 것보다 훨씬 재미있는 과목이다.[437]

** 방금 한 말은 농담이다. 나는 고등학교 때부터 사귄 여자 친구와 결혼했으니 나에게 예전 애인이란 없다. 우주의 어디에도. 때때로 사람들은 무한한 우주에는 존재할 수 있는 모든 것이 존재한다고 말한다. 그건 틀린 말이다. 우주를 아무리 열심히 뒤져도 당신은 나의 예전 애인을 찾지 못할 것이다. 줄리는 내가 원한다면 지금 당장이라도 '예전 애인'을 가질 수 있다고 지적하면서 즐거워하지만 말이다.

도 같은 공식이 성립한다.

그래서 결론은 다음과 같다. 무한한 우주에서 공리주의는 우리가 하는 행동에 아무런 관심이 없다. 우리가 사람들을 해치든 사람들을 도와주든 공리주의는 상관하지 않는다. 고통에 대한 쾌락의 비율은 어차피 똑같을 테니까. 우리는 그 비율에 아무런 영향을 미칠 수 없다. 그래서 공리주의 이론에 따르면 우리는 하고 싶은 행동을 자유롭게 해도 된다. 아무리 끔찍한 행동이라도 상관없다.

공리주의가 틀렸다면 이야기는 달라진다. 그건 너무 거창한 주제라 여기서 다루기는 어렵지만, 한마디만 하고 넘어가자. 나는 공리주의가 틀렸다고 생각한다. 보스트롬의 논증은 공리주의가 틀렸다는 하나의 징표가 된다. 나는 사람들이 단순히 쾌락과 고통을 담는 그릇이 아니라, 사람들 하나하나가 다 중요한 존재라고 생각한다.

공리주의는 사람들을 채워야 할 방처럼 취급한다. 만약 무한한 수의 사람들이 이미 고통과 쾌락으로 가득 채워져 있다면, 고통이나 쾌락을 하나 더 추가한다고 해도 아무런 차이가 없게 된다.

나는 사람들을 호텔 안내 데스크에 도착한 여행객처럼 대하고 싶다. 우리가 그녀에게 방을 마련해준다고 해서 머물 곳이 있는 사람들의 수가 늘어나지는 않겠지만, 그래도 그녀에게 머물 곳이 있다는 건 중요한 일이다.

⌒

그런데 잠깐만. 그녀는 정말로 중요한가? 아니, 그녀는 어차피 가공의 인물이니, 더 중요한 질문을 해보자. 우리는 정말로 중요한가?

내가 우리 아이들과 함께 읽고 싶은 그림책이 하나 있다.《천해 개의 별, 단 하나의 나A Hundred Billion Trillion Stars》라는 책이다.[438] 그 책에는 큰 숫자가 잔뜩 나온다. 그 책에는 세상에 75억 명의 사람이 있다고 나온다. 그리고 1경 마리의 개미가 있다고 한다. 하지만 이 책에 나오는 숫자 가운데 가장 큰 숫자는 제목에 나오는 1000해다. 1에 0이 23개 붙는 숫자. 그런데 크기로 따지면 1000해도 별것 아닐지도 모른다. 어떤 계산에 따르면 우주의 관측 가능한 영역에만 1자秭 개의 별이 있다고 하니까.[439] 이 숫자를 더 간단하게 표현하면 10의 24제곱이 된다. 만약 우주가 무한하다면 별의 개수도 무한대로 늘어나겠지만, 일단은 10의 24제곱만 생각하자. 우리의 생각 연습을 위해서는 그걸로도 충분하다 못해 넘친다.

내가《천해 개의 별, 단 하나의 나》라는 책을 아이들과 함께 읽어보고 싶은 이유는, 아이들이 자기가 아주 작은 존재라는 점을 곰곰이 생각해봤으면 하기 때문이다. 사실은 아이들만이 아니라 우리 모두가 아주 작은 존재다. 우주는 설령 무한하지 않다 해도 상상이 불가능할 만큼 크다. 우리는 아주 좁은 영역을 점유하고 있으며 그 영역은 특별하지 않다. 게다가 우리는 그 영역을 오랫동안 차지하지도 못할 것이다. 우리는 운이 좋으면 80년 정도의 시간을 누린다. 우주는 이미 130억 년 동안 존재했고, 앞으로도 수십억 년 또는 수조 년 동안 더 존재할 것이다.

우리는 기껏해야 작은 깜박임이다. 그렇게 생각하면 우리는 정말로 무의미한 존재라는 생각이 든다.

"넌 우리가 중요하다고 생각하니?" 어느 날 나는 렉스에게 물었다. 우리는 우주의 규모에 관해 이야기하고 있었고, 렉스는 만 열 살이었다.

"아니. 중요한 것 같지 않아." 렉스가 대답했다.

"왜?"

"세상에는 정말 많은 게 있잖아." 렉스가 말했다. "우리가 뭐 그렇게 중요하겠어."

우리는 계속 걸으며 이야기를 나눴다. 잠시 후에 내가 렉스에게 물었다. "아빠가 네 얼굴을 주먹으로 때려도 되겠니?"

"싫어." 렉스가 깜짝 놀라며 대답했다.

"왜 싫어?" 내가 물었다. "우린 중요하지 않다면서."

"나한테는 중요하단 말이야." 렉스가 씩 웃으며 말했다.

렉스는 고작 10분 간격으로, 한 사람의 머리에서 나왔다고 보기는 어려운 두 가지 견해를 표출했다.

만약 당신이 한 걸음 물러서서 우주적인 시각으로 스스로를 바라본다면, 당신은 무의미할 정도로 작을 것이다. 당신이 태어나지 않았어도 세상은 그렇게 많이 달라지지 않았을 것이다. 그리고 당신이 죽고 나서도 세상은 그렇게 많이 달라지지 않을 것이다.

우리는 인간이라는 종 전체에 대해서도 같은 이야기를 할 수 있다. 인류가 출현하지 않았더라도 우주는 그렇게 많이 달라지지 않았을 것이다. 그리고 인류가 모두 소멸되고 나서도 우주는 그렇게 많이 달라지지 않을 것이다.

지구 바깥에서 보면 우리가 하는 모든 일은 쓸모없어 보인다. 우리가 성공을 거둔다 해도 금방 휩쓸려 사라진다.

그러나 내부에서 보면 아주 작은 것들도 중요하게 보일 수 있다.

우리는 중요하지 않다. 하지만 우리는 어떤 것들을 중요하게 생각한다.

⌒

톰 네이글을 기억하는가? 우리는 정신에 관한 장에서 네이글을 처음 만났다. 네이글은 박쥐로 존재하는 것이 어떨지를 알고 싶어 했던 사람이다. 또한 그는 '우리는 중요하지 않다'와 '우리는 어떤 것들을 중요하게 생각한다'라는 두 가지 생각의 병치에 흥미를 느꼈다.

네이글의 견해에 따르면, 우리 머릿속에 그 두 가지 생각이 동시에 존재하기 때문에 우리의 삶은 부조리한 속성을 지닌다.[440] 이 말에는 구체적인 의미가 담겨 있다. 네이글에 의하면 어떤 것이 부조리하다는 것은, 그것의 심각성과 중요성이 불일치한다는 뜻이다.[441] 법과대학 학생 시절에 나는 법률 학술지에 인용문을 어떤 형식으로 표기하는지에 관한 훈련을 받았다. 그러는 동안 어떤 경우에 마침표를 이탤릭체로 표기해야 하는지에 관해 길고 열정적인 대화를 끝없이 나눴다. 사실 그게 틀려도 문제가 될 건 없었다. 마침표가 이탤릭체로 되어 있는지 아닌지를 알아보기는 정말 어렵다. 그리고 아무도 신경 쓰지 않는다. 그건 정말이지 부조리한 일이었다.

네이글은 우리의 삶 전체가 그 대화와 비슷한 데가 있다고 생각한다. 우리는 인생을 진지하게 대한다. 자신의 외모, 옷차림, 진로, 프

452

로젝트, 계획에 관해 걱정하며 산다. 그래서 마지막에 무엇을 얻는가? 마지막에는 아무것도 남지 않는다. 모든 일은 언젠가 끝날 것이고, 우리에게 어떤 일이 벌어졌는지는 중요하지 않게 될 것이다.[442]

우리는 중요한 존재가 아니다. 우리도 그걸 안다. 그런데도 우리는 마치 그 모든 게 중요한 것처럼 계속 살아간다.

그건 부조리하다.

⌒

어떤 사람들은 그 부조리한 느낌에 저항한다. 그들은 집착을 내려놓으려 한다. 세상의 모든 것을 무의미한 것으로 취급하려고 노력한다. 만약 그런 노력이 성공할 수 있다면 그들의 부조리도 줄어들 것이다. 하지만 집착에서 벗어날 수 있는 사람은 거의 없다. (대개의 경우 그런 시도 자체가 부조리하다.)[443]

또 어떤 사람들은 우주가 그들을 위해 만들어졌다고 주장한다. 우주 만물을 설계한 신이 그들을 중요하게 생각했으므로 그들은 중요한 존재다.

나는 신에 대해 회의적인 견해를 가지고 있다. 그 이유는 뒤에서 설명하겠다. 설령 신이 존재한다 할지라도, 신이 인간을 중요하게 여긴다고 믿는 건 오만한 가정이라고 생각한다. 우리가 아는 바에 따르면 신의 구상에서 우리는 1경 마리의 개미보다 훨씬 중요한 존재는 아니다. 신의 입장에서 중요한 사건은 다른 데 있을지도 모른다. 우리는 우주의 중심에 있지 않다. 우리는 태양계의 중심에 있지도 않다. 신이 자기가 소중하게 생각하는 생명체를 왜 변방에 배치

했겠는가? 아니면 신이 왜 그 생명체를 다른 온갖 생명체들과 함께 두었겠는가? 만약 우리가 중요한 존재라면 나머지 생명체들은 왜 존재하는가?

나도 안다. 당신은 신에게 계획이 있고, 우리 눈에는 그 계획이 불가사의해 보일 수도 있다고 말할 것이다. 그리고 신은 자신이 창조한 생명체가 우주 어디에 있든 그 생명체를 소중히 여긴다고 말할 것이다. 그럴지도 모른다.

하지만 나는 신을 옹호하는 이런 종류의 논리에서 다른 것을 발견한다. 신이 부릴 수 있다고 하는 재주, 그러니까 단지 어떤 것을 소중하게 여기는 것만으로 그것을 중요한 존재로 만드는 재주는 우리에게도 있다.

물론 우리가 어떤 것을 우주적인 의미에서 중요한 존재로 만들 수는 없다. 대신 우리는 어떤 것을 우리에게 중요한 존재로 만들 수는 있다. 우리가 그것을 소중하게 여기기만 하면 된다.

나는 그게 일종의 초능력이라고 생각한다. 우리가 세상에서 독자적인 의미를 창조한다는 말은 과장이 아니다. 그런 일을 해낼 수 있는 생명체는 많지 않다.

———

그래서 우리는 어떤 것들을 소중히 여겨야 한다. 그게 부조리한 행위라 할지라도. 우리는 가족, 친구, 우리와 함께 살아가는 사람들, 우리의 과업과 계획을 소중히 생각해야 한다. 그런 것들이 우리의 삶을 의미 있게 만든다.

우리는 스스로를 소중히 여겨야 할까? 나는 '예'라고 대답하고 싶다. 하지만 내 친구 세라 버스Sarah Buss가 쓴 논문을 읽고 나니 의문이 생긴다.

버스는 미시간 대학교 철학과에 있는 나의 동료다. 그녀는 우리 아이들에게 인기 만점이다. 매년 우리 아이들에게 크리스마스 쿠키를 가져다주기 때문이다. 또 그녀는 내가 아는 도덕철학자 중에 가장 예리한 사람이다.

최근에 버스는 도덕적 용기에 관해 고민하고 있다. 도덕적 용기란 무엇이며, 도덕적 용기는 길러질 수 있는 것인가? 왜 어떤 사람들은 큰 대가를 치르면서도 기꺼이 목숨을 내걸고 희생을 감내하며 억압에 반대하고 남을 도우려 할까?

버스도 답은 모른다. 그 이유는 여러 가지일 테니까. 하지만 버스의 의견에 따르면, 어떤 사람들의 용기는 그들이 스스로를 별로 중요하게 생각하지 않고 다른 사람들을 매우 중요하게 생각하는 데서 비롯된다.[444] 그런 사람들은 우주의 시선으로 자기 자신을 바라본다. 우주의 시선으로 보면 자신은 너무나 작아서 무의미하게 느껴질 지경이다. 대신 그들은 다른 사람들의 존재는 크게 확대해서 본다.

그건 감정적으로나 이성적으로나 구사하기 어려운 기술이다.[445] 가장 큰 장애물은 우리 자신에게 느끼는 애정과 연민이다. 그리고 그 애정과 연민에 따르는 두려움이다.[446] 도덕적인 용기를 획득하기 위해서는 스스로를 대단하지 않은 존재로 바라봐야 한다. 자신에게 일어나는 일은 그리 중요하지 않다는 사실을 머리로 아는 것만으로는 부족하다. 지금 우리가 두려움과 자기애를 느끼는 것처럼 그걸 느낄 수 있어야 한다.[447] 그게 아니라면 갈등이 생길 때마다 두려움이 승리하게 된다.

버스가 설명하는 태도를 낮은 자존감과 구분하는 것이 중요하다. 버스는 우리가 자신의 삶은 살 가치가 없다거나, 자기가 사랑과 존중을 받을 가치가 없는 존재라고 생각하기를 바라지 않는다. 버스는 우리가 길을 건너기 전에 좌우를 잘 살펴야 한다고 생각한다. 그리고 우리가 다른 사람들에게서 합당한 대우를 받기를 기대해야 한다고 생각한다.[448] 다만 용기가 필요한 순간이 올 때 두려움을 느끼는 것과 똑같이, 우리 자신이 대단치 않다는 것도 생생하게 느끼면 좋겠다는 것이다.

도덕적 용기를 낸다는 건 감정적으로도 이렇게 어렵지만, 이성적으로도 어려운 일이다. 만약 우리가 스스로를 대단하지 않은 존재로 여긴다면, 다른 사람들도 똑같이 대단하지 않다고 생각해야 할 것만 같다. 그건 위험한 생각이다. 다른 사람들을 함부로 대하는 사람이 되지는 말자. 만약 당신이 다른 사람들을 중요한 존재로 생각하지 않는다면, 다른 사람들을 함부로 대하고 싶어질 것이다. 따라서 우리는 다른 사람들은 중요한 존재라는 생각을 확고하게 유지하면서도, 자신이 중요하다는 생각은 내려놓아야 한다.

그건 세상을 바라보는 일관성 있는 방법은 아닐지도 모른다. 하지만 그건 아름다운 방법이다. 그건 이타적인 방법이고, 사람을 사랑하는 방법이다.

그리고 원래 사랑이란 일관성이 없을 때가 많다.

나는 우리 아이들이 도덕적 용기를 가진 사람이 되기를 바란다. 물론 그건 쉬운 요구가 아니다. 나 자신에게 그런 용기가 있다고 장담할 수도 없다. 그런 용기가 필요한 때가 되기 전까지는 그걸 확인하기가 어렵다.

적어도 나는 우리 아이들이 어떤 관점에서 보면 자신들이 중요하지 않다는 사실은 알고 있기를 바란다. 나는 우리 아이들이 세상을 그런 식으로 보는 연습을 하기를 바란다. 나는 우리 아이들이 자신들을(그리고 자신들이 지금 하는 걱정들을) 대단하지 않은 존재로 바라보는 관점으로 전환하는 지혜를 가지기 바란다.

그런 이유에서 나는 우리 아이들과 우주의 크기에 관한 이야기를 나눈다.[449] 나는 어느 날 밤 책꽂이에서 《천해 개의 별, 단 하나의 나》를 꺼냈다. 행크는 만 일곱 살이었고, 그날 행크를 재우는 시간은 평화롭지 못했다. 행크가 잠자리에 들 준비를 하는 데 너무 오래 걸려서(무한하게 느껴지는 시간이었다) 줄리가 폭발한 직후였다. 나는 슬퍼하고 있는 행크에게 다가가서 그 책을 읽어주었다.

책을 끝까지 보고 나서 나는 렉스에게 했던 것과 똑같은 질문을 행크에게 건넸다. "우주에 이렇게 많은 게 있는데, 우리가 중요하다고 생각하니?"

"아니." 행크가 대답했다. 그러고 나서 행크는 스스로 생각해낸 답을 말했다. "그래도 우리한테는 우리가 중요해."

"당연하지." 내가 대답했다. "행크, 너는 아빠한테도 정말 정말 중요하단다."

그러고 나서 내가 물었다. "우주에 있는 그 모든 은하, 모든 별들, 그리고 모든 행성들에 관해 생각하면 기분이 어때?"

"내가 슬플 때는 도움이 안 되거든." 행크는 이렇게 말했다. 그 아이는 나의 의도를 다 파악했다는 신호를 보내고 있었다.

그래서 나는 행크에게 자장가를 불러주고 밤 인사를 했다.

나는 계속 노력할 것이다.

나는 우리 아이들이 뭔가에 열정을 가지고 애정을 기울이기를 바란다. 그래야 삶이 의미 있어진다.

애정을 가지기는 쉽다. 당신이 소중히 여기는 것들이 대단히 중요해 보이고, 심지어는 생사가 달린 문제라 해도 사실은 그리 중요하지 않다는 것을 받아들이기는 어렵다.

만약 우리 아이들이 그걸 알게 되고, 그런데도 뭔가를 소중히 여긴다면 그건 조금 부조리한 행동이 될 것이다. 하지만 우리 아이들은 이미 조금 부조리하다. 그리고 우리 아이들만 그런 것도 아니다. 다른 사람들도 다 그렇다.*

---

* 그게 아주 중요하지 않을 뿐이다.[450]

12

신

숫자는 눈에 보이지 않지만
이 세상에 있잖아

나는 옳고 그름이 눈으로 볼 수 있고 만질 수도 있는

우리 집 냉장고 속 닭고기와 똑같이 확실한 진짜라고 생각한다.

아니면 숫자 육만큼이나 확실한 진짜라고 생각한다.

그러나 어떤 철학자들은 내가 방금 한 말도 틀렸다고 생각한다.

그들은 숫자도 허구라고 생각한다.

"잭한테는 신의 부츠가 있어."

"뭐라고?" 내가 렉스에게 주의를 돌리며 말했다. 나는 부엌에서 저녁 식사 준비를 하고 있었고, 렉스(그때 만 네 살이었다)는 식탁에 앉아서 저녁 전 간식을 먹어치우고 있었다. 우리 집에서 간식은 이중의 기능을 수행한다. 간식은 우리가 저녁 식사를 준비할 수 있게 해주고, 한편으로는 우리가 요리한 음식을 우리 아이들이 안 먹게 해준다.

"잭한테 신의 부츠가 있어." 렉스가 말을 되풀이했다. 마치 그게 신기한 발견이라도 되는 것처럼.

"잭한테 신의 부츠가 있다고?!?!" 내가 되물었다. 마치 그게 진짜로 신기한 발견이라도 되는 것처럼. (과장된 열정은 나의 육아 비결이다. 아이가 신이 나서 대화에 참여하게 되면 좋은 일이 벌어진다.)

"웅! 잭한테 신의 부츠가 있어." 렉스는 점점 흥분하고 있었다.

"어느 잭? 큰 잭? 작은 잭? 어른 잭?" 렉스가 속한 기린반에는 부조리할 만큼 잭이 많았다.

"작은 잭!" 렉스가 우쭐해하며 말했다.

"말도 안 돼! 작은 잭이 신의 부츠를 가지고 있다고?!"

"그렇다니까!"

"그것 참 멋있다! 근데…… 신의 부츠가 뭐니?"

"아빠도 알잖아." 렉스는 그거야 뻔하지 않느냐는 투로 말했다.

"아니, 아빠는 모르겠어, 렉스. 신의 부츠가 뭐니?"

"부츠에 신이 있는 거야."

"잭의 부츠에 신이 있다고!" 나는 큰 소리로 외쳤다. 마치 그게 충격적인 소식인 것처럼. "신은 무겁지 않니? 잭이 그 신발을 신고 걸을 수 있어? 학교에서 꼼짝도 못 하는 거 아냐? 우리가 가서 잭을 도와줘야 하나?"

"진짜 신은 아냐, 아빠! 신의 그림이야."

"오, 그렇구나." 나는 목소리를 조금 낮췄다. "신은 어떻게 생겼니?"

"아빠도 알잖아." 렉스가 다 알지 않느냐는 투로 대답했다.

"아니, 몰라." 내가 속삭였다. "신이 어떻게 생겼는데?"

"카우보이모자를 쓴 남자야."

"카우보이모자를 쓴 어떤 남자?"

"영화에 나오는 남자."

이제야 단서가 나오기 시작했다. 렉스가 본 영화는 세 편밖에 없었다. 첫 번째는 〈큐리어스 조지Curious George〉였다. "노란 모자를 쓴 남자 말이니?"

"아니." 렉스가 키득거리며 대답했다.

렉스가 두 번째로 본 영화는 〈카Cars〉였다. "메이터Mater(영화 〈카〉에 나오는 견인차 – 옮긴이)를 말하는 거니?"

"아냐! 메이터는 카우보이모자 안 써." 렉스는 마치 어린아이한테 설명하는 것처럼 대답했다.

이제 〈토이 스토리〉밖에 없다. "우디?"

"응! 신!"

~

어릴 적에 나는 신이 슈퍼맨처럼 생겼을 거라고 굳게 믿었다. 아니면 신은 조지 워싱턴George Washington처럼 생겼을 거라고 생각했다. 슈퍼맨을 보면 신에게는 정말로 초능력이 있는 것 같았다. 신은 아주 선량하고 나이도 아주 많았는데, 내가 알고 있던 위인들 중에 나이 많고 선량한 사람은 조지 워싱턴이었다.

렉스가 어떻게 우디를 신이라고 생각하게 됐는지는 나도 잘 모르겠지만, 기괴한 체험을 원한다면 당신도 우디가 진짜 신이라고 상상해보라. 당신이 어디에 가든, 무엇을 하든 우디의 동그란 두 눈이 당신을 지켜본다. 등골이 오싹하지 않은가?

그런데 가만히 생각해보면, 일반적으로 통용되는 신에 관한 이야기도 마찬가지다. 전지전능한 신은 소름 끼치는 존재다.

~

그러면 신은 뭐랑 비슷하게 생겼을까? 워싱턴? 우디? 슈퍼맨? 다 아니다. 주류 유일신 종교들은 다 아니라고 말한다. 신학자 네 명 중 세 명은 신이 공간과 시간 안에 거하지 않는다고 주장한다.* 신은 공간과 시간을 창조했다. 따라서 공간과 시간의 바깥에 위치해야 한다. 그러나 신은 공간과 시간의 바깥에 서 있지 않다. 서 있으려면 공간을 차지해야 하고, 바깥도 공간이기 때문이다. 그리고 중요한 점은 신이 공간적이고 일시적인 존재가 아니라는 것이다.** 그렇다면 신은 어떤 것과도 닮지 않았다는 이야기가 된다.

잠깐! 우리 인간은 신의 형상을 따라 창조됐다고 하지 않았던가? 그리고 신은 때때로 《성경》에 등장하지 않던가? 대다수 신학자들은 "신의 형상을 따라 만들어졌다"라는 구절을 비유적인 의미로 해석한다. 그 구절은 우리가 문자 그대로 신과 똑같이 생겼다는 뜻이 아니라는 것이다. 신은 두 팔, 두 다리, 그리고 소름 끼치는 허리선을 가지고 있지 않다는 것이다. 그게 아니라 신이 지닌 속성의 일부를 우리가 가지고 있다는 뜻이다. 이를테면 이성적으로 추론하는 능력 같은 것이다. 그리고 비록 신이 《성경》에 나오기는 하지만, 모세와 불타는 떨기나무 같은 이야기 속에서 사람들은 진짜 신을 목격한 게 아니라 신의 아바타 비슷한 것을 본다.

예수의 경우는 이야기가 조금 더 복잡해진다. 그리고 유대인인 예

---

* 나머지 한 명은 '가장 높은 곳Crest'을 추천한다. (아니다, 농담이다. 치약은 톰스가 최고라는 게 공인된 사실 아닌가.)(Crest는 꼭대기라는 뜻을 가진 단어지만, 미국에서 유명한 치약의 이름이기도 하다-옮긴이) 사실 내가 방금 제시한 통계는 진짜가 아니다. 신과 시공간의 관계에 대해서는 반론도 있다는 신호를 보내기 위해 지어낸 이야기였다. 특히 신이 초시간적atemporal(그러니까 시간 내에 존재하지 않는)인지 아니면 영원eternal(그러니까 시간의 모든 지점에 존재하는)인지에 관해서는 확고하게 대립하는 견해들이 존재한다. 지금 우리의 목표를 위해서 신학 이론을 더 자세히 파고들 필요는 없다.

** 그래서 앞에서 했던 이야기는 틀렸다. 신은 높은 곳에서 당신을 굽어보고 있지 않다. 미안!

수는 삼위일체Trinity를 설명하려고도 하지 않는다. 내 생각에는 기독교 교리에서도 신은 온전히 공간과 시간을 점유하는 존재가 아니다. 예수는 분명 뭔가를 닮긴 했다(물론 워싱턴, 우디, 슈퍼맨을 닮지는 않았다). 그러나 신의 다른 속성들, 지금도 존재한다고 알려진 속성들은 공간 또는 시간의 좌표를 가지지 않는다. 그래서 우리는 그 속성들을 눈으로 볼 수 없다.

그건 정말 편리한 설명이다.

⌒

앤터니 플루Antony Flew는 무신론 철학자였고,* 20세기 후반 영국의 대학 서너 군데에서 강의를 했다. 그는 케임브리지 대학교의 철학자로서 도무지 진짜 같지 않지만 딱 맞아떨어지는 이름을 가진 존 위즈덤John Wisdom에게서 인용한 이야기 하나를 들려주었다.[451] 두 남자가 숲길을 걷고 있었다. 공터에 이르니 꽃이 만발해 있었는데 잡초도 많았다. 첫 번째 남자가 두 번째 남자에게 말했다. "정원사가 여기를 돌보는 게 틀림없어."

두 번째 남자가 말했다. "정원사는 없어."

둘 다 말이 짧은 사람들이다. 이 두 사람을 '있다'와 '없다'라고 부르자.

두 사람은 공터에 텐트를 치고 얼마간 기다려보기로 했다. 정원사

* 그런 그가 말년에 했던 대화에서는 입장을 바꿨는데, 어떤 사람들은 그걸 치매 탓으로 돌렸다.

는 나타나지 않았다. 하지만 '있다'는 자신의 주장을 굽히지 않았다. "그 정원사는 투명인간일 거야." 그는 이렇게 말했다. 그래서 두 사람은 철조망을 쳤다. 그리고 만약에 정원사가 온다면 절대로 놓치지 않으려고 울타리에 전기를 흐르게 했다. 두 사람은 사냥개를 데리고 그 일대를 순찰하기도 했다. 그래도 정원사는 발견되지 않았다. 울타리는 흔들리지 않았고, 전기 충격을 받고 비명을 지르는 소리도 들리지 않았다. 그리고 사냥개들이 놀라서 컹컹 짖은 적도 없었다. 그래도 '있다'는 여전히 주장을 굽히지 않았다. "정원사는 있어." 그는 "눈에 보이지 않고, 손에 잡히지 않고, 전기 충격도 통하지 않고, 냄새도 풍기지 않고, 소리도 내지 않는 정원사"가 몰래 와서 자신이 사랑하는 정원을 가꾼다고 고집했다.[452]

더 이상 참을 수 없게 된 '없다'가 마침내 핀잔을 주었다. "눈에 보이지 않고, 만질 수도 없고, 영원히 나타나지 않는 정원사라면 상상 속 정원사와 무엇이 다르지? 정원사가 아예 없는 것과는 무엇이 다르고?"[453]

⌒

플루는 신에 관한 대화는 내용이 없고 무의미하다고 생각했다. '있다'는 정원사가 있다고 말했다. 그래서 '있다'와 '없다'는 정원사를 찾아보기 시작했다. 정원사가 발견되지 않았을 때 '있다'는 자기 주장에 단서를 달았다. 그리고 주장을 계속 후퇴시켜서 나중에는 내용이 하나도 없게 만들어버렸다. 어떤 반박도 불가능한 상태로 만든 것이다.

냉장고에 닭고기가 있는지 없는지에 관해 당신과 나의 의견이 다르다고 가정하자. 나는 냉장고에 닭고기가 있다고 말하고, 당신은 없다고 말한다. 우리가 이 차이를 어떻게 해소해야 할까? 당연히 냉장고를 열어서 확인해야 한다. 우리가 냉장고를 열었는데, 닭고기가 안 보인다고 가정하자. 당신은 이겼다고 주장하지만, 나는 계속 고집을 피운다. '그 닭고기가 우리 눈에 보인다고 말한 적은 없어. 그건 투명한 닭고기라고.' 그래서 우리는 닭고기를 만져보려고 했는데, 둘 중 누구도 고기의 촉감을 느끼지 못한다. 당신은 이번에도 자기 말이 맞았다고 말하지만, 나는 입장을 바꾸지 않는다. '그 닭고기가 만질 수 있는 거라고 말한 적은 없어. 그건 손에 잡히지 않는 닭고기야.'

계속 이런 식이라면 당신은 내가 정신이 이상하거나 고집불통이라고 판단할 것이다. 둘 중 어느 쪽이든 간에 냉장고에 닭고기가 있는지 없는지를 두고 논쟁을 계속하는 건 의미 없는 일이다. 어차피 나는 내 주장에 반대되는 어떤 증거도 절대 받아들이지 않을 것이기 때문이다.

먼 옛날 사람들은 신이 이 세상에서 어떤 역할을 수행한다고 생각했다. 신은 정원을 보살피는 존재였다. 사람들은 비를 내려달라고, 또는 비가 그치게 해달라고 기도했다. 물론 지금도 신에게 기도하는 사람은 많다. 비가 오게 해달라고 기도하는 사람들도 있다. 하지만 비가 올 때마다 그게 신의 뜻이라고 생각하는 사람은 거의 없다. 우리는 비가 내리는 이유를 설명할 수 있으므로 신에게 역할을 부여할 필요가 없다. 신에게 역할을 부여하지 않게 된 이후로 우리는 신을 눈에 보이지 않고, 손에 잡히지도 않는 존재로 재구성했다. 이제 신이 세상에 남기는 흔적(만약 그런 흔적이 있다면)은 식별이 불가능하다.

그래서 마치 우리 집 냉장고에 들어 있는 투명하고 손으로 만질 수
도 없는 닭고기가 진짜가 아닌 것처럼 신도 진짜가 아닐 거라는 걱
정이 든다.

⌒

아니, 혹시 신은 진짜인가? 당신이 눈으로 확인할 수 없고, 냄새를
맡을 수 없고, 맛을 볼 수 없는 닭고기라면 그건 닭고기가 아니다. 모
든 닭고기는 공간과 시간을 점유한다. 그런데 왜 신이 닭고기와 똑
같은 방식으로 존재해야 한다고 생각하는가? 존재의 방식은 여러
가지가 있는데.

⌒

나는 삼촌 역할을 아빠 역할과 똑같이 진지하게 수행한다. 다시
말하자면 나는 별로 진지하지 않은 삼촌이다. 언젠가 나는 조카에게
숫자 육이 존재하지 않는다는 것을 설득한 적이 있다.
"안녕, 벤. 너 십까지 셀 줄 아니?" 조카 벤이 만 다섯 살이었을 때
내가 물었다.
"일, 이, 삼, 사, 오, 육, 칠……." 벤이 수를 세기 시작했다.
"잠깐! 잠깐! 방금 뭐라고 했니?"
"칠."
"아니, 그 전에."
"육."

"육이 뭐지?"

"숫자."

"육은 숫자가 아니란다."

"육은 숫자야!"

"아니야, 벤. 육은 숫자가 아니야. 삼촌이 일부터 십까지 세는 걸 보여줄게. 일, 이, 삼, 사, 오, 칠, 팔, 구, 십."

벤은 처음에는 넘어오지 않았지만 나는 집요하게 설득했다. 결국 벤은 조용히 자기 엄마에게 가서 말했다.

"스콧 삼촌이 숫자 육이라는 건 없대."

"그래? 스콧 삼촌은 수학을 되게 잘해." 벤의 엄마가 말했다. 이 대사를 통해, 우리 아이들이 '니콜 이모'라고 부르는 여성이 정말 멋지다는 사실을 잠시 음미하자. 특히 그녀는 내가 자기 아이를 가스라이팅하는 걸 허용했다는 점에서 멋졌다.

나는 벤을 상대로 계속 장난을 쳤다. 결국 벤은 숫자 육이 유치원 산업 복합체가 만들어낸 가짜라는 주장에 넘어갔다. 벤이 나의 음모론에 넘어오자마자 나는 장난을 그만두고 벤에게 진실을 알려줬다. 사실 숫자 육은 있다고.

하지만 그건 공간과 시간의 문제는 아니다. "숫자 육은 어디에 있어?"라거나 "숫자 육은 언제 있어?"라는 질문들은 성립하지 않는다. 숫자 육은 공간이나 시간 속에 좌표를 가지고 있지 않기 때문이다. 숫자 육이 어떻게 생겼느냐고 묻는 것도 의미가 없다. 숫자 육은 당신의 얼굴에 광자가 부딪쳤다 튕겨 나오게 하는 종류의 사물이 아니기 때문이다.

"잠깐만!" 당신은 이렇게 생각하고 있을 것이다. "나는 육이 어떻게 생겼는지 알아. 그건 이렇게 생겼잖아."

6

하지만 '6'은 단지 그 숫자를 상징하는 기호일 뿐이다. 그건 '신'이라는 글자가 우리가 그 이름으로 부르는 전능한 존재를 가리키는 상징인 것과 마찬가지다. 그 숫자 자체는 이런 식으로 형상화할 수도 있다.

VI

아니면 이렇게 표기할 수도 있다.

Six

아니면 당신이 원하는 다른 기호로도 나타낼 수 있다. 사람들에게 당신의 기호가 무엇을 의미하는지 말해줄 수만 있다면 말이다. 하지만 기호는 그 숫자와는 별개의 것이다.

⌒

숫자 육은 무엇인가? 숫자 육이 존재하는 이유는 무엇인가? 수학철학자들은 이런 문제에 관해 논쟁을 벌인다. 적어도 우리는 다음과 같은 이야기를 할 수 있다. "숫자 육이 존재하는 이유는 그게 시스템 안에서 일정한 역할을 하기 때문이다." 육은 오의 다음이고 칠의 바로 전이다. 그리고 육은 다른 대상들과 수없이 많은 관계를 맺고 있다. 그 대상들의 존재 역시 그것들이 다른 대상들과 맺는 관계에 의해 상호 간에 정의된다. 그래서 나는 조카에게 장난을 계속 칠 수가 없었다. 육이 없다면 수학의 나머지 부분도 모두 엉망이 되니까.

하지만 숫자 육이 존재하는 이유가, 그 수가 시스템 안에서 수행하는 역할 때문이라고 말하는 건 까다로운 질문들을 외면하는 일이다. 그 시스템은 사람들이 만든 것인가, 아니면 사람들이 발견한 것인가? 만약 인류가 그 시스템을 발견하지 않았더라도 그 숫자는 존재했을까? 나는 그랬을 거라고 대답하고 싶지만, 내가 그런 견해를 옹호할 입장은 아니다. 내가 그런 이론을 증명하기 시작한다면 당신은 이 책을 덮어버릴 것이다. 이 책은 엄청나게 빠른 속도로 엄청나게 어려워지고 엄청나게 지루해질 것이다.

내가 주장하려는 건 그저 '존재하는 모든 것이 똑같은 방식으로 존재하지는 않는다'는 것이다. 닭고기는 공간과 시간 속에 존재한다. 정원사들도 그렇다. 그러나 숫자 육은 그렇게 존재하지 않는다. 그리고 만약 숫자 육이 공간이나 시간 속에 있지 않으면서도 존재할 수 있다면, 신이 그렇게 존재하지 못할 이유는 없지 않을까?

⌒

"신은 진짜야?" 렉스가 어렸을 때 많이 했던 질문이다. 우리가 렉스를 종교 재단에서 운영하는 학교에 보냈더니 렉스는 신에 관해 많은 것을 배워 왔다. 아니, 신에 대해서라기보다 신과 관련해 유대인들이 하는 이야기를 많이 배워 왔다. 우리가 렉스를 그 학교에 보낸 데는 그런 이야기를 알려주려는 의도도 있었다. 우리는 렉스가 자기가 속한 공동체와 문화에 익숙해지기를 바랐다.

렉스는 그 이야기들을 배우고 나서 "신은 진짜야?"라고 집요하게 물었다. 당신은 지금까지 내가 했던 모든 이야기로 미루어 내가 렉스에게 '아니'라고 대답했으리라고 짐작할 것이다. 하지만 나는 그렇게 대답하지 않았다. 이유는 두 가지였다. 첫째, 나도 그걸 확실히 모르기 때문이다. 이는 잠시 후에 더 자세히 설명하겠다. 둘째, 더 중요한 이유. 나는 아이가 '근본적인 질문'을 던질 때는 대화를 중단하는 게 아니라 대화를 시작하는 게 중요하다고 생각한다.

그래서 나는 절대로 '응'이나 '아니'라고 대답하지 않았다. 대신 다양한 견해를 렉스에게 알려줬다. "어떤 사람들은 신이 진짜고 우리가 《성경》에서 읽은 이야기들이 실제로 일어났다고 생각해. 하나하나가 다 진짜라고 생각하지. 또 어떤 사람들은 그건 그냥 이야기일 뿐이라고 생각해. 사람들이 이해가 안 되는 일들을 설명하기 위해 지어낸 거라고 생각하지." 그러고 나서 질문을 던진다. "넌 어떻게 생각하니?" 그리고 렉스의 대답을 진지하게 들어준다. 대화를 중단하기 위해서가 아니라 대화를 시작하기 위해서다. 만약 렉스가 '신은 진짜'라고 대답한다면 나는 왜 그렇게 생각하느냐고 물어본다. 《성경》에 나오는 이야기들이 앞뒤가 맞지 않을 때도 있지 않느냐고 질문하고(예컨대 《성경》에는 신이 세상을 창조한 이야기가 두 개나 나온다), 만약 신이 진짜 있다면 세상에 나쁜 일이 왜 그렇게 많이 일어나느냐고도 물어본다(신이 진짜라면 그런 일들을 막을 수 있지 않을까?). 만약 렉스가 신이 진짜가 아니고 이야기들은 그냥 이야기일 뿐이라고 대답한다면, 그럼 왜 그렇게 많은 사람이 그 이야기들을 진짜라고 믿는 거냐고 물어본다. 그럼 너는 세상의 존재를 어떻게 설명하겠느냐고도 질문한다. 그런 식으로 대화를 계속한다.

대화는 아이가 감당할 수 있는 수준까지만 진행해야 한다. 그러니까 독자 여러분은 렉스와 내가 몇 시간 동안 난롯가에 앉아 브랜디를 홀짝이며 삶의 수수께끼를 파헤친다고 생각해서는 안 된다. 이런 대화는 대부분 짧게 이뤄진다. 1분에서 2분 정도. 하지만 시간이 흐르면 이런 대화들이 축적되고, 때로는 놀라운 결과를 낳는다.

⌒

"신은 진짜야?" 렉스가 물었다. 그때 렉스는 만 네 살이었고, 우디를 발견한 지 얼마 되지 않았던 때였다.

렉스와는 이미 그런 대화를 많이 나눴기 때문에 나는 곧바로 질문으로 넘어갔다. "넌 어떻게 생각하니?"

"진짜로는 신이 가짜고, 가짜로는 신이 진짜인 것 같아." 렉스가 선언했다.

나는 깜짝 놀랐다. 만 네 살짜리가 그렇게 심오한 생각을 하다니. 만 마흔 살의 성인이 그런 생각을 했어도 심오하다고 했을 것이다. 나는 렉스에게 그게 무슨 뜻이냐고 물었다.

"신은 진짜가 아냐." 렉스가 대답했다. "하지만 우리가 신이 있는 척을 할 때는 진짜가 되는 거야."

철학자들은 이런 견해에 '허구주의fictionalism'라는 이름을 붙였다. 내가 "저는 미시간 대학교에서 강의합니다"라고 말한다면 그건 진실이다. 지금, 여기, 이 세상에서 그건 진실이다. 그런데 내가 "덤블도어는 호그와트에서 강의를 합니다"라고 말한다고 치자. 만약 그게 이 세상에 관한 주장이라면 그건 거짓이다. 호그와트는 이 세상에 존재하지 않고 덤블도어라는 사람도 존재하지 않으므로, 덤블도어가 호그와트에서 수업을 할 가능성은 없다. 하지만 다른 세계에는 호그와트와 덤블도어가 존재한다. 해리 포터가 사는 허구의 세계. "덤블도어는 호그와트에서 강의를 합니다"라는 문장은 그 허구의 세계에서는 진실이다. 그리고 내가 그 문장을 말할 때 당신은 내가 소설 이야기를 하고 있다는 걸 바로 알아차린다. 그래서 그게 이 세상에서는 진실이 아닐지라도, 당신은 내 이야기를 진실로 받아들인다.

덤블도어에 관해 허구주의적 태도를 취한다는 건, 그가 우리의 세계가 아닌 소설 속 세계에 존재한다는 사실을 받아들이는 것이다. 물론 그걸 부정하는 사람은 없다. 덤블도어는 누가 봐도 가공의 인물이니까. 그런데 어떤 철학자들은 누가 봐도 허구가 아닌 것들에 대해서도 우리가 허구주의적인 태도를 취해야 한다고 생각한다. 예를 들자면 어떤 철학자들은 도덕은 허구라고 생각한다. 그런 철학자들에 따르면 옳고 그름도 덤블도어와 똑같은 상상의 산물이다.

그건 슬픈 생각이다. 사람들은 옳고 그름을 중요하게 여긴다. 사람들은 옳은 것을 위해 싸운다. 진짜로 싸운다. 그러니까 만약 옳고 그름이 진짜로 진짜가 아니라면 그건 억울한 일이다.

"절망하진 마세요!" 도덕이 허구라고 생각하는 철학자들은 이렇게 외친다. "옳고 그름에 관해 우리가 하는 이야기들은 좋은 이야기들이고, 그 이야기들은 좋은 결과로 이어지므로 우리는 계속해서 그런 이야기를 나눠야 해요. 가상의 권리를 위해 싸워야 합니다!"

⌒

나는 그런 철학자들 중 하나가 아니다. 나는 옳고 그름이 눈으로 볼 수 있고 만질 수도 있는 우리 집 냉장고 속 닭고기와 똑같이 확실한 진짜라고 생각한다. 아니면 숫자 육만큼이나 확실한 진짜라고 생각한다. 그러나 어떤 철학자들은 내가 방금 한 말도 틀렸다고 생각한다. 그들은 숫자도 허구라고 생각한다. 세상에는 육도 없고, 칠도 없고, 칠십이도 없다는 것이다. 그 숫자들은 우리가 하는 이야기 속에만 있다.

그건 또 하나의 슬픈 생각이다. 나눗셈을 익히느라 우리가 얼마나 오랜 시간을 들였는가!

"그 시간은 낭비된 게 아니에요!" 그 철학자들은 이렇게 외칠 것이다. "숫자에 관해 우리가 하는 이야기들은 정말 멋지잖아요. 우리는 그 이야기들 없이는 살아갈 수 없어요. 그러니까 뭘 하든 숫자에 관해 이야기하길 멈추지 마세요. 설령 그게 우리가 만들어낸 허구일지라도!"

나는 그런 철학자들 중 하나가 아니다. 수학이 없다면 우리는 세상을 이해할 수가 없다. 물리학 법칙(E=mc²이나 F=ma와 같은 법칙)들은 수학 용어로 표현된다. 그리고 어떤 숫자들은 우주 자체에 적혀 있는 것처럼 보인다. 예컨대 진공상태에서 빛의 속도를 나타내는 c(초속 30만 킬로미터 정도)를 생각해보라. 그건 이 세상에, 아니 다른 모든 세상에 존재하는 것들이 운동하는 속도 중에서 가장 빠른 속도다. 만약 물리학이 어떤 허구적인 것에 의존한다면 그건 이상한 일이다. 허구의 수학이 우리 눈에 보이는 세상을 설명하는 열쇠라면 그것도 이상한 일이다. 그래서 나는 도덕에 관해 허구주의자가 아닌 것처럼 수학에 관해서도 허구주의자가 아니다.

솔직히 말하자면 나는 '진짜로는 신이 가짜고, 가짜로는 신이 진짜'라는 렉스의 말이 옳다고 생각한다. 나는 신에 관해서는 허구주의자다.

최근에 우리는 예배당을 옮겼다. 원래 다니던 곳에서는 예배가 주로 히브리어로 진행되었는데, 나는 히브리어를 잘 못한다. 모든 기도문을 외우고 있지만 그 뜻은 거의 모른다. 그래서 예배당에 있을 때면 그냥 기도문을 따라 하면서 단어들에 휩쓸리곤 했다. 나는 그것도 좋았다.

새로운 예배당에서도 똑같은 노래를 부르고 똑같은 기도문을 외운다. 다만 그걸 영어로 할 때가 많다. 그런데 나는 그걸 참기가 정말 힘들다. 알고 보니 나는 내가 알아들을 수 없는 종교를 좋아하는 모양이다.

나는 우리가 하는 이야기들을 믿지 않는 사람이다. 그런데 영어로 그 이야기를 들으면 내가 그걸 믿지 않는다는 사실을 계속 직면해야 한다.

⌒

유대인들 사이에서 통용되는 오래된 농담이 있다.

주일학교에 다녀온 아이에게 아버지가 뭘 배웠느냐고 묻는다.

"오늘은 모세가 이집트에서 속박당하던 유대인들을 구출했다는 걸 배웠어요."

"모세가 어떻게 사람들을 구했지?" 아버지가 묻는다.

"빵을 구울 새도 없이 서둘러 도망쳤어요. 홍해에 이르렀는데 이집트인들이 바짝 따라오고 있었어요. 시간이 없었죠. 그래서 다리를 놓고 재빨리 홍해를 건넌 다음 반대편에 도착하자마자 다리를 폭파시켰어요."

"진짜로?" 아버지가 묻는다. "정말 그렇게 배웠니?"

"아니요." 아이가 대답한다. "하지만 제가 배운 걸 그대로 이야기해도 아빠는 안 믿을걸요."

그 농담에 나오는 아이가 바로 나다.

나는 모세 이야기를 믿지 않는다. 그 이야기를 처음 들었을 때도 믿지 않았다.

그런데 나는 그걸 믿는 척한다. 그리고 앞으로도 그렇게 행동하려고 한다. 그걸 믿는 척해야 세상이 더 나은 곳이 되기 때문이다.

우리 집에서는 금요일 저녁마다 안식일 촛불을 켜고 신에게 기도를 드린다. 그건 바쁜 한 주 속의 평화로운 시간이고, 그 시간은 우리가 한자리에 모여 지금 가진 것에 감사할 이유를 준다.

한 해를 보내는 동안 우리는 기쁜 마음 또는 엄숙한 마음으로 휴일을 맞이한다. 휴일에는 친척이나 친구들을 만난다. 우리 동포들이 대를 이어 불렀던 노래를 부르고, 그들이 외웠던 기도문을 외운다.

우리는 삶의 중요한 사건들을 기념하기 위해 종교의식을 치른다. 아기에게 유대식 할례를 하거나 세례명을 지어주고, 아동기가 끝나면 성인식을 치르고, 새로운 가정을 꾸리기 위해 결혼식을 올리고, 삶의 마지막에 장례를 치른다.

신이 없이도 이런 사건들을 의미 있게 만들 방법은 있다. 하지만 신앙이 없는 사람들은 대부분 다른 전통을 만들어내지 못하기 때문에 중요한 계기들을 놓친다.

해결책은 신을 믿는 게 아니다. 신을 믿는 척하는 것이다.

적어도 나의 해결책은 그렇다. 그리고 나는 다른 사람들의 믿음에 불만을 품지 않는다. 그런데 믿음이란 정확히 무엇인가? 그리고 나에게는 왜 믿음이 없을까? 20세기의 가장 영향력 있는(그리고 수수께끼 같은) 철학자들 중 하나인 루트비히 비트겐슈타인Ludwig Wittgenstein은 아주 짧은 일화들을 남겼다. 그중 하나를 보자.

어떤 신앙인이 이렇게 말했다고 가정하자. "저는 '최후의 심판'을 믿어요." 그때 내가 이렇게 말한다고 치자. "글쎄요, 저는 잘 모르겠네요." 당신이 보기에 우리 둘 사이에는 까마득한 골짜기가 놓여 있다. 만약 그 신앙인이 "우리 머리 위에 독일 비행기가 있어요"라고 말했는데 내가 "저는 잘 모르겠네요"라고 답했다면, 당신은 우리의 견해차가 그리 크지 않다고 생각할 것이다.[454]

우리는 왜 어떤 경우에는 가깝고, 어떤 경우에는 멀까? 머리 위에 비행기가 있는지 없는지를 이야기할 때 우리는 적어도 같은 방향으로 세상을 바라보고 있다. 우리는 사실을 발견하기 위해 노력하고 있다. 의견이 다른 부분은 증거에 대한 판단이다. 그리고 우리에게 본질적인 견해차가 있는 것도 아니다. 나는 비행기에 관해서 당신의 말이 맞을 수도 있다고 생각한다. 그저 확신하지 못할 뿐이다.

'최후의 심판'에 관한 앞의 대화에서는 전혀 다른 일이 벌어지고 있다. 당신은 '최후의 심판'을 "믿는다"고 말했지만, 그건 당신이 증거를 분석해서 정말로 '최후의 심판'이 있을 거라는 결론에 도달했다는 이야기는 아니다. 솔직히 말해서 그 증거는 그렇게 탄탄하지 않다. 당신은 당신의 믿음을 고백하고 있는 것이다. 그리고 버클리 대학교의 라라 부착Lara Buchak이 지적한 대로 신앙은 믿음보다는 행동과 더 관련이 깊다.[455]

라라 부착의 말이 무슨 뜻인지 알아보기 위해 또 하나의 이야기를 들려주겠다. 당신이 우리의 친구가 어떤 중요한 일에 관해 거짓말을 하고 있는 것 같아서 걱정하고 있다고 가정하자. 나는 당신의 이야기를 끝까지 듣고 나서 "당신이 걱정하는 이유는 알겠는데, 저는 그녀를 믿어요"라고 말한다. 나는 당신과 논쟁하려고 그 말을 하는 게 아니다. 내가 증거를 다르게 해석했다고 말하려는 것도 아니다. 나는 그 친구가 진실을 말하는 것처럼 행동할 작정이고, 설사 그와 반대되는 증거가 있다 해도 그녀를 한번 믿어보겠다고 말하는 것이다. 그리고 내가 정말로 그녀를 신뢰한다면 나는 지금까지 확보한 증거만 가지고 판단할 의향이 있다는 뜻이다. (만약 내가 당신에게 그녀의 말이 진실인지 더 알아봐달라고 부탁한다면, 그건 내가 그녀를 신뢰하지 않는다는 분명한 신호일 것이다.)

신을 믿는 사람도 이와 마찬가지로 기꺼이 위험을 감수한다. 그런 사람은 확정적인 증거를 기다리거나 증거를 더 찾아보는 대신 마치 신이 존재하는 것처럼 행동한다. 의심할 만한 근거가 있다는 건 그도 인정할지 모른다. 어쩌면 그 사람이 지금 가진 증거가 신통치 않을 수도 있다. 하지만 그는 의심의 여지가 있더라도 신을 중심으로 살아가려고 한다.* 마찬가지로 당신이 "나는 최후의 심판을 믿어"라고 말한다면, 이는 당신이 세상을 바라보는 특정한 관점에 충실하며 그 세계관에 따라 행동하고 있다는 뜻이다. 만약 내가 "글쎄, 난 잘 모르겠다. 그럴 수도 있겠지"라고 반응한다면 당신과 같은 신념이 나에게는 없다는 뜻이다. 우리 사이에는 어마어마하게 큰 골짜기가 있다. 당신은 신념을 가지고 펄쩍 뛰어 건너갔다. 나는 여전히 이쪽 편에 서 있다.

~

나도 신념의 도약을 해야 할까? 그건 올바른 질문이 아닌 것 같다. 나는 우리가 이성을 통해 신에 대한 믿음에 도달할 수 있다고 생각 하지 않기 때문이다. 그런데 어떤 철학자들은 나와 생각이 다르다.

블레즈 파스칼Blaise Pascal은 17세기 프랑스의 유명한 수학자로서 철학에도 취미가 있었던 인물이다. 파스칼은 우리가 이성적 사고를 통해 믿음에 도달할 수 있다고 생각했다. 그의 논증은 다음과 같다. 신이 존재한다고 가정하자. 만약 당신이 신이 존재한다는 쪽에 베 팅한다면, 즉 신을 믿는다면, 신이 기뻐할 것이고 당신은 그 대가로 영원한 축복을 받을 것이다. 만약 당신이 반대쪽에 베팅을 하면 신

---

* 흥미롭게도, 만약 그 사람이 신이 존재한다고 확신한다면 그는 믿음을 가진 게 아 니다. 믿음은 우리가 틀릴 위험이 있을 때만 성립하는 개념이다. 예컨대 나는 '타이거 우즈Tiger Woods가 골프 선수라는 믿음을 가지고 있어'라고 말하지 않는다. 나는 타이거 우즈가 골프 선수라고 확신하기 때문에 믿음은 전혀 필요하지 않다. 하지만 나는 '타 이거 우즈가 마스터스에서 우승할 것이다'라는 믿음을 가질 수는 있다. 이와 마찬가지 로 신이 존재한다고 확신하는 사람도 신이 자신을 굽어보고 있다는 식의 믿음을 가질 수는 있다. 신이 그를 굽어보고 있다는 데 의심의 여지가 있다면 말이다.《신약》에서는 이를 다음과 같이 설명한다. "믿음은 바라는 것들의 실상이요 보이지 않는 것들의 증 거니." (《히브리서》 11장 1절)

은 언짢아할 것이다. 그리고…… 음…… 당신이 어떻게 될지는 짐작에 맡긴다. 믿음에는 비용이 많이 들지 않는다. 물론 당신은 교회에서 일정한 시간을 흘려보내거나, 음…… 착한 일을 해야 한다. 하지만 착한 일은 신이 존재하지 않는다 해도 가치 있는 일이다. 그리고 당신이 교회에 가지 않는다면 〈캔디크러시〉 게임으로 시간을 흘려보낼 것이다. 아니, 〈캔디크러시〉가 출시되기도 전에 파스칼은 다음과 같은 지적을 했다. "내기에서 이기면 모든 걸 얻는다. 내기에서 져도 잃을 건 없다. 그러니 망설일 것 없이 '신'이 존재한다는 데 걸어라."[456]

이 논증은 '파스칼의 내기'라고 불린다. 아니면 '행크의 내기'라고 부를 수도 있다. 행크가 만 일곱 살이었을 때 나는 행크에게 신이 진짜냐고 물어봤다. 우리는 잠시 그 문제에 관해 이야기했는데, 행크가 꽁무니를 뺐다.

"이 이야기는 그만하고 싶어." 행크가 말했다.

"왜?"

"신이 들으면 자기를 모욕한다고 싫어할 것 같아. 만약 신이 진짜라면 말이야."

나는 웃음을 터뜨리고는 행크에게 파스칼 이야기를 들려줬다. "지금 너는 파스칼과 똑같은 생각을 하고 있단다. 신을 노하게 하지 않으려고 네가 신을 믿어야 한다는 거잖니. 혹시 신이 진짜일지도 모르니까."

"나는 예전부터 그렇게 생각했어." 행크가 말했다. "그래서 신이 어쩌고저쩌고하는 이야기를 하기가 싫은 거야."

철학자들은 파스칼의 내기가 타당한지 아닌지를 두고 입씨름을 벌인다.[457] 우리가 지금 결론을 내릴 필요는 없다. 다만 내 생각에는, 만약 당신이 이기적인 이유로 신을 믿는다면 사후에 그 신앙을 모두 인정받을 것 같지는 않다.[458] 그래서 나는 행크와 파스칼이 내기에서 판돈을 계산하는 방법이 틀렸다고 생각한다. 조금도 아니고 많이.

⌒

나는 이성을 통해 믿음에 도달할 수 있다고 생각하지는 않지만, 나에게 왜 신에 대한 믿음이 없는지는 설명할 수 있다. 그리고 내가 왜 믿음의 도약을 하고 싶지 않은지도 밝힐 수 있다. 조금 전에 살펴본 대로, 신에 대한 믿음을 가진 사람은 신을 중심으로 삶을 구성한다. 어떻게 보면 그건 내가 채택한 삶의 방향과 정반대다. 나는 질문을 던지는 사람이고, 의심을 품는 사람이고, 세상과 세상 속에서 인간이 차지하는 자리를 이해하고 싶은 사람이다. 나는 해답을 가정하기보다는 차라리 수수께끼에 푹 잠기는 쪽을 택하겠다. 그래서 신앙이 요구하는 헌신은 나에게는 불가능하다. 나 자신을 개조한다면 몰라도.

수많은 사람들은 정반대로 생각해서 신을 믿는다. 그리고 앞에서 말한 대로 나는 어느 누구의 믿음에도 불만이 없다. 사실 나는 신앙을 가진 사람들이 신앙에서 비롯되는 좋은 행동을 하는 것을 보며 감탄하곤 한다. 종교예술과 종교적 실천은 세상을 더 풍요로운 곳으로 만든다. 그리고 그건 우연이 아니다. 많은 사람에게 신앙은 목표와 방향과 동기부여의 원천이다. 유대인들의 목표는 '티쿤 올람tikkun olam', 즉 세상을 더 나은 곳으로 만드는 것이다. 다른 여러 종교들과 신앙인들도 대부분 이것과 비슷한 목표를 가지고 있다. 그리고 그들이 하는 일들 덕분에 세상은 확실히 더 나은 곳이 되고 있다.

그러나 믿음은 증오를 낳기도 한다. 렉스의 공식에서 앞부분, 즉 '진짜로는 신이 가짜'라는 부분에 대해 확고한 신념을 가진 사람들은 신의 이름으로 누군가를 증오할 일이 없다.* 나는 내 이야기를 하고, 당신은 당신의 이야기를 할 수 있다. 그건 우리가 내 이야기와 당신의 이야기가 양립할 수 없다고 믿을 때의 이야기다.

물론 증오 없이 신앙을 가지는 것도 가능하며, 수많은 사람이 그렇게 하고 있다. 하지만 우리가 사는 세상에서 신앙에 근거한 증오는 정말 많은 갈등의 원천이 되기 때문에, 나는 렉스의 견해가 더 널리 퍼지기를 바란다. 만약 내가 꼭 하나의 견해를 선택해야 한다면, 우리는 신에 관한 허구주의자가 되고 우리의 믿음은 다른 곳에 두자고 말하고 싶다. 서로를 믿고, 우리가 힘을 합치면 세상을 개선할 수 있다고 믿자.

만약 우리가 그렇게 한다면, 즉 세상을 개선하기 위해 힘을 합친다면 내 생각에는 신도 기뻐할 것 같다. 만약 신이 존재한다면 말이다. 그걸 스콧의 내기라고 불러도 좋다. 그건 파스칼의 내기보다 나은 선택이다.

---

* 물론 그런 사람도 다른 이유로는 누군가를 증오할 수도 있다. 여기서 나는 비교를 하려는 것이 아니라, 단지 종교가 증오의 원천이 된다고 말하려는 것이다. 다른 증오의 원천에 대해서는 우리 모두 잘 알고 있다. 국수주의, 인종차별, 성차별…… 등등. 이 모든 신념 체계들은 종교와 공통점을 지닌다. 자신을 주류의 일원으로 바라보는 사람들에게 우월 의식을 허용한다. 그런 우월 의식이야말로 그 신념 체계들이 증오를 생성하는 토대라고 나는 생각한다.

어느 날 밤, 나는 렉스(만 아홉 살이었다)에게 내가 신에 관한 우리의 대화를 글로 쓰고 있다고 말했다. 렉스는 걱정스러운 얼굴로 나를 쳐다봤다. "그게 어떤 사람들한테는 공격될 수 있어." 렉스의 말이었다.

나는 빙그레 웃었다. 이제는 렉스의 틀린 발음이 그립다. 그때도 나는 렉스의 말을 고쳐주지 않았다. 나의 어린 아들을 최대한 오래 품에 간직하고 싶다.

렉스의 말이 옳다. 다수의 사람들은 전능한 신이 허구라는 주장을 좋아하지 않을 것이다. 그러나 내가 렉스에게 설명한 대로, 철학자는 설령 다른 사람들이 좋아하지 않을 거라는 걸 알아도 자신이 생각하는 바를 공개해야 한다. 그게 철학자의 일이다.

또한 나는 내 생각만이 아니라 내가 가진 의구심도 공개할 책임이 있다.

세상에는 우리가 이해하지 못하는 일이 너무나 많다. 우리는 의식이 무엇인지, 의식이 왜 존재하는지, 의식이 얼마나 광범위한지 알지 못한다. 더 깊이 들어가면 우리는 세상이 왜 존재하는지, 왜 그런 물리학 법칙들이 성립하는지, 아니면 대체 왜 물리학 법칙들이 존재하는지 알지 못한다.

신은 다수의 사람들이 내놓는 답이다. 대개의 종교는 창조론에서 출발한다. 그 이야기 중 어느 것도 사실은 아니다. 만약에 사실이라 해도 그게 세상의 수수께끼를 풀어주지는 않는다. 그 이야기들은 그저 수수께끼를 다른 곳으로 밀어낼 뿐이다. 만약 신이 존재하고, 우리가 알고 있는 세상을 신이 만들었다면? 그래도 우리는 의문을 가져야 한다. 신은 왜 존재하는가?

⌣

어쩌면 신의 존재는 필연인지도 모른다. 어떤 철학자들은 그렇게 생각했다. 11세기에 성 안셀름Saint Anselm은 자신이 신의 존재를 입증하는 논증을 생각해냈다고 주장했다.[459] 안셀름의 논증은 하나의 신기한 생각으로 시작한다. '우리는 우리가 사유할 수 있는 모든 존재보다 큰 어떤 존재를 상상할 수 있다.' 어려운 표현을 쉽게 바꾸면 다음과 같다. '우리는 우리가 생각해낼 수 있는 모든 것보다 위대한 어떤 것을 생각해낼 수 있다.'

그럼 실제로 이 실험을 해보자. 당신이 생각해낼 수 있는 가장 위대한 것을 생각하라. 나도 한번 해보겠다.

나는 타코를 떠올렸다. 당신은 뭘 생각했는가? 타코? 그럴 줄 알았다.

그런데 안셀름은 신을 생각했다. (안셀름을 위한 변명. 그는 타코를 먹어본 적이 없었다.) 게다가 안셀름은 실재하는 것이 상상하는 것보다 위대하기 때문에 신은 존재할 수밖에 없다고 주장했다. 그의 주장에 따르면 신은 가장 위대한 존재기 때문에 실재해야 한다. 끝! (아니면 논리학자들이 즐겨 쓰는 용어로 QED.)*

혹시 당신이 안셀름이 어딘가에서 대충 넘어가려고 한다는 느낌

---

* QED는 'quod erat demonstrandum'의 약자로, 대충 '이상이 내가 증명하려는 내용이었다'라는 뜻이다. 그리고 QED는 증명을 성공적으로 끝냈음을 나타낸다.

을 받았다면, 그건 당신만의 생각이 아니다. 안셀름의 논증은 펜의 잉크가 마르기도 전에 가우닐로Gaunilo라는 수도사에게 조롱을 당했다.[460] 가우닐로는 그가 상상할 수 있는 어떤 섬보다도 아름다운 섬을 사유할 수 있다고 말했다. 그런데 그 아름다운 섬이 실제로 존재한다면 더 아름다워진다. 따라서 안셀름의 논리에 따르면 완벽한 신혼여행지가 존재해야만 한다!

철학자들은 안셀름의 논증에 '존재론적 논증'이라는 그럴싸한 이름을 붙였다. 참고로 렉스는 안셀름의 논증이 엉터리라고 이야기한다. "내가 뭔가를 상상할 수 있다고 해서 그게 진짜인 건 아니잖아." 렉스의 이 말은 여러 철학자들의 평가와 상당 부분 일치한다. 오랜 세월 동안 안셀름의 논증을 개선하려는 시도가 있었다.[461] 하지만 나는 오직 안셀름의 논증에 근거해서 신을 믿는다고 말하는 사람은 한번도 만난 적이 없다.

(만약 당신이 그런 사람을 안다면 나한테는 할인 가격에 구입한 섬이 하나 있다. 그 섬이 끝내준다고 가우닐로가 그랬다.)

⌒

궁극적으로 나는 우리가 신에 의존해서 세상의 존재를 설명할 수 있다고 생각하지 않는다. 앞에서 말한 대로 신은 수수께끼를 그냥 옮겨놓을 뿐이다.

신에 의존하지 않는다면 어떤 방법으로 세상을 설명할 수 있을까? 어쩌면 필연적으로 존재하는 다른 어떤 것이 있고, 그걸 토대로 세상이 존재하는 이유를 설명할 수 있을지도 모른다. 알베르트 아인슈타인Albert Einstein은 언젠가 "신이 세상을 창조할 때 신에게 선택의 여지가 있었는지"를 알아내고 싶다고 말했다.[462] 아인슈타인이 말한 '신'은 형이상학적인 개념이었다. 아인슈타인은 신학적인 질문을 던진 게 아니었다. 그는 물리학 법칙들이 그렇게 만들어진 필연적인 이유가 있는가 하는 질문을 던졌다.[463] 내가 보기에는 물리학 법칙들의 필연성을 발견하는 것만이 '세상이 왜 지금과 같은 모습인가'라는 질문에 만족스러운 설명을 찾아낼 유일한 희망인 것 같다. 하지만 그 발견조차도 세상이 존재하는 이유를 우리에게 알려주지는 않을 것 같다.

애초에 물리학 법칙들은 왜 존재하는가? 아무것도 없으면 왜 안 되는가? 이거야말로 세상에서 가장 거창한 질문이 아닌가 한다.[464]

어쩌면 세상의 존재를 설명할 길은 없을지도 모른다. 세상은 그냥 존재하는 것일 수도 있다. 어쩌면 우리가 알지 못하는 것일 수도 있다. 아니, 어쩌면 내가 틀렸고 신이 수수께끼의 열쇠일지도 모른다. 나는 신이 존재하지 않는다고 주장하지는 않는다. 그 정도로 강한 주장에 책임을 질 준비가 되지 않았기 때문이다.

나는 의심한다. 그리고 나의 의심을 의심한다. 그건 철학자에게 반드시 필요한 습관이다. 그리고 내가 우리 아이들에게 길러주려고 노력하는 습관이다.

⌒

"너는 신이 진짜라고 생각하니?" 이 책의 집필이 끝나갈 때쯤 내가 렉스에게 물었다. 그때 렉스는 만 열한 살이었다.

"아니." 렉스가 주저 없이 대답했다.

"왜 아니라고 생각해?"

"만약 신이 진짜로 있다면 그 모든 사람들이 죽게 내버려두지 않을 거야." 팬데믹 기간이었다. 그 무렵 코비드19로 사망한 사람이 250만 명을 넘었다.

"그건 왜 그렇지?"

"신은 우리를 사랑해야 하는 거잖아." 렉스가 대답했다. "사랑한다면 이런 일이 벌어지게 할 것 같지 않아. 신은 이걸 멈출 수 있잖아."

이게 바로 '악의 문제Problem of Evil'다. 신에 관해 곰곰이 생각해본 사람이라면 '악의 문제'라는 이름은 모르더라도 누구나 이를 알고 있을 것이다. 이 문제를 가장 잘 설명한 사람은 도덕과 신에 관해 모두 회의론적인 입장을 취했던 J. L. 매키J. L. Mackie였다. 그는 이렇게 말했다. "문제를 최대한 단순화하면 다음과 같다. 신은 전능하다. 신은 전적으로 선하다. 그런데 악이 존재한다."[465] 매키는 세상에 악이 존재하기 때문에 전능하고 전적으로 선한 신을 믿는 것은 비이성적인 일이 된다고 생각했다.*

우리는 이 문제를 해결하기 위해 신이 전능한 동시에 전적으로 선하다는 전제를 일부 포기할 수도 있다.[466] 어느 쪽을 포기하든 간에 악의 존재를 설명하기는 쉬워진다. 신이 악을 막을 수 없다고 하거나, 신이 악의 존재를 알면서도 막지 않는다고 하면 된다. 그런데 우

---

* 그게 비이성적이라는 것을 증명하기 위해서는 매키의 설명에 몇 마디를 보태야 한다. "다음과 같은 전제가 추가되어야 한다. 선과 악이 반대라는 것, 그래서 선한 존재는 항상 악을 제거하기 위해 최선을 다한다는 것, 그리고 전능한 존재가 할 수 있는 일에는 한계가 없다는 것."[467]

리가 '신은 전능하고 전적으로 선하다'는 주장을 포기하지 않을 경우 문제는 더 까다로워진다. 신앙을 가진 사람들은 대부분 그걸 포기하지 않는다. 그렇다면 악의 존재는 수수께끼가 된다. 그 수수께끼는 렉스의 질문과도 비슷하다. 신이 전적으로 선하다면 왜 사람들의 고통을 멈출 수 있는데도 멈추지 않는가?

지금까지 사람들은 그 질문에 대해 여러 가지 답을 내놓았지만, 대부분은 이성적인 근거가 빈약했다. 예컨대 어떤 사람들은 선은 악을 필요로 한다, 즉 악이 있어야 선도 있다고 주장한다. 그게 왜 진실이어야 하는지는 명확하지 않다. 하지만 그건 중요하지 않다. 그 견해를 받아들인다면 신의 전능함을 의심하는 게 되기 때문이다.[468] 그 논리에 따르면 신이 할 수 없는 일이 생긴다. 신은 악이 없는 선을 창조할 수 없다. 그리고 만약 선이 악을 필요로 한다고 해도, 악을 조금만 만들어내면 되지 않을까? 세상의 모든 악이 반드시 필요한가? 우리는 왜 이 세상과 똑같은데, 내가 지난주 화요일에 느꼈던 날카로운 통증만 없는 세상을 가질 수 없을까? 대체 신이 어떤 존재기에 나의 좌골신경통을 조금만 약하게 해줄 수 없는 걸까? 나의 물리치료사 토니는 내 허리 통증을 덜어주지만 자신이 신이라고 주장하지는 않는다.

하지만 토니는 영웅이다. 그리고 어떤 사람들은 그거야말로 신이 세상에 악을 허용하는 이유라고 주장한다. 신은 쾌락과 고통에는 관심이 없다. 신의 관심은 쾌락과 고통의 결과에 있다. 쾌락과 고통이 있기에 공감과 자선, 토니가 내 허리를 틀어주는 것과 같은 영웅적인 행동들이 가능해진다.[469] 물론 쾌락과 고통은 원망, 악의와 무감각으로 이어지기도 한다.[470] 그리고 어느 편이 이기고 있는지는 불분명하다. 때로는 우리가 나쁜 사람들에게 지고 있는 것처럼 보인다.

"그건 신의 잘못이 아니에요!" 신을 지지하는 사람들은 말한다. 신은 우리가 자유의지를 가지기를 원한다. 그게 신이 추구하는 선이다. 그걸 위해 신은 통제권을 포기해야 한다. 만약 우리가 잘못된 선택을 한다면 그건 신의 탓이 아니라 우리 탓이다. 역사적으로 본다면 이것이 렉스의 질문에 대한 가장 유명한 대답이다. 하지만 나는 그 대답을 인정하지 않는다. 그 이유는 매키가 훌륭히 설명했다. "만약 신이 인간을 자유로운 선택을 하는 존재로 만들어주었기 때문에 인간이 때로는 선을 선택하고 때로는 악을 선택한다면, 신은 왜 항상 자유로운 선택을 하면서도 항상 선을 선택하는 인간을 만들지 못했단 말인가?"[471] '신이 우리가 항상 선을 선택한다고 보장한다면 우리가 자유롭지 않게 된다'는 건 답변이 안 된다. 매키는 신이 우리의 선택을 통제한다고 상상하지 않는다. 우리가 무엇을 선택할지를 신이 예측할 수 있지 않느냐고 이야기하는 것이다. 그리고 신이 원하기만 하면 항상 옳은 선택을 하는 사람들을 창조할 수도 있지 않느냐는 것이다.

어떤 사람들은 아무리 신이라도 그건 가능하지 않다고 이야기한다. 머리말로 돌아가서, 행크가 자기가 점심에 뭘 먹고 싶은지 정하기도 전에 엄마가 자기 행동을 예측했다고 불평했을 때를 떠올려보라. 어떤 사람들은 다른 사람이 하게 될 행동을 미리 안다는 것이 자유의지와 양립할 수 없다고 여기겠지만, 나는 그게 양립할 수 있다고 생각한다. 우리가 행크의 행동을 짐작할 수 있다 할지라도 행크는 선택을 한 것이다. 그리고 신은 그 게임에서 훨씬 유리할 것이다. 신은 어떤 상황에서든 행크가 어떤 행동을 할지를 예측할 수 있어야 한다. 행크 한 사람만이 아니다. 신은 모든 상황에서 모든 인간이 할 법한 행동을 예측할 수 있어야 한다. 전능은 전지를 포함하는 개념이니까. 아니면 신은 그런 예측을 할 수 있는 걸로 보일 것이다. 그런데도 당신이 여전히 '내가 믿는 신성한 존재는 그걸 다 예측할 수 없다'라고 말한다면, 그는 전능한 존재보다는 무력한 존재에 가깝다는 생각이 든다.

나는 '악의 문제'가 믿음에 심각한 장벽이 된다고 생각한다. 그래서 진부한 이야기를 늘어놓으며 그 문제를 적당히 넘어가려는 사람들을 보면 못 참는다. 라이프니츠는 우리가 "가능한 세상들 중에 가장 좋은 세상"에 살고 있다고 주장했다.[472] 라이프니츠의 논리는 다음과 같다. 만약 지금 우리가 사는 세상보다 더 나은 세상이 가능했다면 신이 그 세상을 창조했을 것이다. 따라서 우리는 지금의 이 세상이 가장 좋은 세상이라고 확신할 수 있다. 좌골신경통(음, 그리고 노예제도)만 빼고. 나는 그건 바보 같은 소리라고 생각한다(볼테르Voltaire도 그렇게 생각했다).[473] 그런 주장은 단순히 신이 더 잘할 수 있었다면 더 잘했을 것이라는 가정에 근거해서, 세상의 모든 끔찍한 고통에 대한 신의 책임을 면제하는 것이다. 나는 '악의 문제'에는 더 설득력 있고 더 명료한 대답이 필요하다고 생각한다.

매릴린 매코드 애덤스Marilyn McCord Adams도 같은 생각이었다. 그녀는 철학자였고 영국 성공회 교회 목사였다. 그녀는 여성 최초로 옥스퍼드 대학교의 신학과 레지우스 교수로 임용됐다. 1978년에는 기독교 철학자 협회의 결성에 참여했고 나중에는 협회를 이끌었다. (만약 지금까지 내가 당신에게 철학과 신앙 사이에 갈등이 있다는 인상을 주었다면, 애덤스는 그와 반대되는 뚜렷한 증거다. 역사적으로 다수의 철학자들이 신앙심 깊은 사람들이었고, 오늘날에도 그건 진실이다.)

애덤스는 세상을 하나의 전체로 간주해서는 '악의 문제'를 해결할 수 없다고 생각했다. 그녀는 신이 세상의 모든 악을 한꺼번에 해결하는 게 아니라, 특정한 사람들의 삶에 끔찍한 악이 존재하는 것에 대해 신이 대답해야 한다고 생각했다.[474] 그녀는 자신이 염려하는 악을 종류별로 열거했다. 고문, 강간, 기아, 아동 학대, 대량 학살, 그리고 너무 끔찍해서 내가 이 책에 쓰기도 싫은 것들이었다.[475] 애덤스의 주장에 따르면 그런 악은 가장 좋은 세상에도 존재할 수 있을 것이다. 그 이유를 우리가 이해하기는 어렵다. 그러나 애덤스는 신이 "세상을 완벽하게 만들기 위한 수단"으로서 사람들의 고통을 방치한다는 주장에는 동의하지 않았다.[476] 애덤스는 다음과 같은 질문을 던졌다. "우연히 사고를 내서 자기가 사랑하는 아이를 죽인 트럭 운전사가 이것도 (…) '신'이 달성할 수 있는 최고의 윤리적 선과 윤리적 악의 균형에 도달한 세상을 만들기 위해, 신이 승인한 대가의 일부라는 논리에서 위안을 발견할 수 있을까?"[477] 애덤스는 그렇게 생각하지 않았다. 그녀의 시각으로는 만약 신이 그 누구든 악에게 목숨을 잃도록 내버려둔다면 그런 신은 "선하거나 사랑이 넘치는" 존재로 간주될 수 없었다.[478]

그래도 많은 사람의 목숨이 악의 손아귀에 넘어가는 것 같다. 그렇다면 우리는 이 문제를 어떻게 풀어야 할까? 애덤스는 비종교적인 해답이 있다고 생각지 않는다. '악의 문제'에 적절한 답변을 하려면 종교적인 주장들에 의지해야 한다.[479] 그런 주장들은 믿음의 도약을 해야만 접근할 수 있다. 애덤스의 주장에 따르면 어떤 사람이 신앙을 가지면 그의 삶 전체가 그 안으로 들어가기 때문에, 그가 아무리 큰 고통을 겪더라도 그 삶은 가치 있는 것이 된다. 신의 사랑과 비교하면 모든 고통은 보잘것없다.[480] 게다가 신은 우리 삶 속의 악을 하나의 유기적인 전체에 통합함으로써 그 악을 패배시키기도 한다. 그 전체는 고통의 미덕이라는 측면에서 그 자체로 가치가 있다.[481] (이 주장을 전달하기 위해 애덤스는 그림에서 작은 부분을 떼어놓고 보면 흉할 수도 있지만, 그 부분 역시 그림 전체의 미학적 가치에 기여한다는 예를 들었다.)[482] 어떻게 무시무시한 악이 가치 있는 것에 기여할까? 애덤스는 "인간의 공포스러운 경험"들이 "그리스도를 알아보는 수단"이 될 수 있다고 이야기한다.[483] 예수 그리스도야말로 "수난과 죽음을 통해 무시무시한 악에 참여했기 때문"이다. 아니면 신이 인간의 고통에 감사를 표시함으로써 그 고통의 의미를 변화시킬 수도 있다고 애덤스는 주장한다.[484]

애덤스는 답을 확실히 알아내지 못했지만 그걸 걱정하지도 않았다. 그녀는 "우리가 인지적으로, 감정적으로, 그리고 영적으로 너무나 미성숙해서 알아내지 못하는 이유들이 있다는 것"을 받아들여야 한다고 주장했다.[485] 애덤스의 설명에 의하면, 세 살짜리 아이는 엄마가 왜 자기에게 고통스러운 수술을 시켰는지를 이해하지 못할 수도 있다. 그럼에도 불구하고 그 아이는 엄마가 자기를 사랑한다는 걸 납득할 수 있다. 그건 엄마가 가진 인지적으로 이해하기 어려운 이유들 때문이 아니라, 자기가 고통스러운 경험을 하는 동안 엄마가 "곁에 머물면서 보살펴주기" 때문이다.[486]

신의 존재를 느끼는 사람들, 또는 나중에라도 자신이 신의 존재를 느끼게 되리라는 믿음을 가진 사람들에게는 애덤스가 하나의 해답이 될 수 있을 것 같다. 그리고 나는 종교 교리를 옹호하기 위해 종교적 개념에 수정을 가할 수도 있다고 본다. 하지만 솔직히 말하자면 애덤스의 주장은 지나치게 낙관적으로 들린다. 정당화할 수 없는 것을 정당화하기 위해 세심하게 만들어진 이야기로 들린다. 그건 내가 신의 선량함을 당연하게 받아들이지 않는 전통 속에서 자랐기 때문일 것이다. 실제로 최초의 유대인이었던 아브라함은 소돔과 고모라를 파괴하려는 신의 계획에 관해 신과 논쟁을 벌였다.[487]

"신이시여, 악으로 의를 파괴하려 하십니까?" 아브라함이 물었다. "의로운 사람을 50명은 찾을 수 있을 텐데요."

신은 의인 50명이 나온다면 도시를 살려주겠다고 답했다.

"의인이 45명 나오면요?" 아브라함이 물었다. "다섯 명이 부족하다는 이유로 도시를 파괴하실 겁니까?"

"아니." 신이 대답했다. "45명도 괜찮다."

"40명은요?"

"물론 괜찮지."

"30명은요?"

"좋다."

아브라함은 계속 숫자를 줄여서 신이 열 명까지 받아들이게 만들었다. 사실은 신이 아브라함을 놀리고 있었던 것 같다. 〈창세기〉에 따르면 신은 의인을 채 열 명도 찾지 못했고, 그래서 두 도시를 파괴했다. 도시 안에 살던 사람들도 모두 죽었다.* 신이 정말로 전능하다면 신은 그 계획이 어떤 결과를 가져올지를 미리 알았어야 한다.

아브라함은 신의 계획이 좋다고 가정하지 않았다는 점에 주목하라. 아브라함은 더 나은 계획을 얻어내기 위해 싸웠고, 신은 그에게 양보했다.

나는 죽고 나서 신을 만날 거라고는 생각하지 않는다. 하지만 만약 신을 만나게 된다면 나도 아브라함의 선례를 따라 신과 논쟁해볼 작정이다. 세상에는 고통이 너무 많다. 모든 인간의 삶에는 고통이 너무 많다.

만약 신이 존재한다면 나는 대답을 듣고 싶다. 우리에게는 그 대답을 들을 자격이 있다고 생각한다.

⌒

렉스가 신은 존재하지 않는다고 주장한 다음에, 나는 렉스에게 어릴 때는 어떻게 생각했는지 기억이 나느냐고 물었다.

렉스는 기억이 안 난다고 대답했다. 그래서 나는 렉스가 더 어릴 때 했던 말을 들려줬다. "진짜로는 신이 가짜고, 가짜로는 신이 진짜인 것 같아."

"영리한 말이네." 렉스가 말했다.

"응. 아빠도 그때 그렇게 생각했단다. 그 말은 맞는 것 같니?"

"아마도." 렉스가 대답했다.

그러고 나서 우리는 한동안 그 이야기를 나눴다. 나는 렉스에게

---

* 나는 애덤스가 신이 죽인 그 사람들에 대해서는 뭐라고 할지 궁금하다. 그들도 신의 선함 안에 너무 깊이 들어갔던 걸까? 어떤 교파의 기독교인들은 '그 사람들은 그런 일을 당해 마땅하다'고 말하고 그걸로 만족할지도 모른다. 하지만 애덤스의 생각으로는 우리 중 누구라도 재앙을 당한다면 인간의 삶은 잘못된 선택이다. 그리고 그건 자애로운 신이라는 개념과 모순된다. 애덤스는 직접적으로 고통을 당하는 사람들과 마찬가지로 악을 행하는 사람들에게도 연민을 느꼈다.

허구주의에 관해 이야기를 해주고, 만 네 살 때 렉스가 심오한 철학적 개념을 발견했다는 이야기도 들려줬다. 그러고 나서 다시 물었다. "지금은 어떻게 생각하니? 그때 네가 생각했던 게 옳을까?"

"잘 모르겠어." 렉스가 대답했다. "그건 복잡한 문제라서. 어떻게 생각해야 할지 모르겠어."

"그것도 영리한 대답이다." 내가 말했다.

어린 시절은 짧다. 그리고 어린 시절에 하는 생각들의 일부는 오래 남지 않는다. 나는 렉스가 어렸을 적에 했던 말이 옳다고 생각한다. 하지만 렉스가 지금 보여주는 신중한 태도도 마음에 든다.

렉스는 깊은 사색을 하고 있다. 나는 렉스가 사색을 멈추지 않기를 바란다.

맺음말

우리가 소크라테스가 되는 순간

렉스는 친구 제임스와 함께 하교하기 전에 가방을 챙기고 있었다.

"저 사물함이 사물함인 이유는 뭘까?" 렉스가 물었다.

"그게 무슨 말이야?" 제임스가 되물었다.

"만약 네가 저 사물함의 문짝을 떼고 새로운 문짝을 달면, 그건 똑같은 사물함일까 아닐까?"

"똑같겠지." 제임스가 대답했다. "그냥 문짝만 바뀐 거니까."

"그렇다면 네가 그 문짝이 달린 사물함의 몸체를 바꾼다면 어때? 그래도 그건 똑같은 사물함일까?"

"잘 모르겠는데." 제임스가 대답했다. "질문이 이상하다."

"그 사물함은 똑같은 위치에 있을 거야." 렉스가 말했다. "하지만 똑같은 금속으로 만들어진 사물함은 아닐 거야."

"그럼 그건 다른 사물함이 될 것 같은데?" 제임스가 말했다.

"난 아닌 것 같아." 렉스가 말했다. "그래도 그건 내 사물함이니까."

렉스는 집에 와서 그 대화를 나에게 들려주었다.

"내가 제임스한테 테세우스Theseus의 배에 관한 질문을 했어!" 렉스가 말했다. "아니, 배에 관한 질문을 한 건 아니고. 내 사물함에 관한 질문을 했어. 우리가 문짝을 바꿔 달아도 그게 똑같은 사물함이냐고 물어봤거든."

테세우스의 배는 정체성에 관한 고대의 수수께끼다. 렉스는 판타지 소설인《퍼시 잭슨》시리즈에서 그 이야기를 읽었다. 렉스는 신이 나서 나에게 그 이야기를 들려줬는데, 내가 그 이야기를 이미 알고 있어서 뜻밖이었던 모양이다. 테세우스의 배는 철학에서 가장 유명한 수수께끼 중 하나인데 어쩌겠는가.

이야기는 대략 다음과 같다. 테세우스가 크레테에서 고향으로 갈 때 몰았던 배는 아테네 항구에 정박해 있었다. 그런데 세월이 흐르자 나무판자들이 부패하기 시작했다. 판자 하나가 썩을 때마다 새 판자로 교체했더니 나중에는 원래의 판자가 하나도 남지 않게 됐다. 플루타르크Plutarch에 따르면, 철학자들은 항구에 있는 그 배가 테세우스의 배인지 아니면 완전히 새로운 배인지를 두고 둘로 나뉘었다.[488]

그건 다른 배라고 대답하고 싶다면 당신 자신에게 한번 물어보라. 그 배가 테세우스의 배이기를 중단한 시점은 언제인가? 첫 번째 판자가 교체됐을 때? 그건 아닌 것 같다. 당신의 오래된 차에서 부속품 하나를 갈아 끼웠다고 해서 새로운 차가 생긴 건 아니다. 집의 지붕을 교체했다고 새 집이 되지는 않는다. 물건들은 어느 정도의 변화는 잘 감당하는 것 같다.

물건들은 어느 정도까지 변화를 감당하는 걸까? 마지막 판자가 교체되기 전까지 그 배는 테세우스의 배였을까? 아니면 수리가 진행되는 도중에 어떤 결정적인 시점이 있었던 걸까? 예컨대 판자의 절반이 새것으로 바뀌었을 때? 그것도 아닌 것 같다. 50퍼센트가 넘어가는 순간에 교체된 단 한 장의 판자로 모든 게 달라진다는 뜻이니까. 어떻게 수천 개의 판자 중에 단 하나가 배의 정체성을 결정할 수 있겠는가?

단 하나의 판자가 차이를 만들 수 없다면, 어떤 판자도 그런 차이를 만들 수 없다. 어쩌면 판자들이 원래 그 배에 있었던 것인지가 중요한 게 아니라 판자들의 배열이 관건인지도 모른다. 그럴 경우 항구에 있는 배는 여전히 테세우스의 배라고 말할 수 있다.

그러나 그런 결론에 너무 익숙해지지 말라. 우리의 오랜 친구 토머스 홉스는 오래된 수수께끼에 새로운 수수께끼를 추가했다.[489] 그는 테세우스의 배에서 떼어낸 모든 판자가 비밀리에 어딘가에 보관되었다고 가정했다. (사실 그 판자들은 썩은 게 아니었고 그냥 더러워졌던 것이다.) 그 모든 판자가 교체된 후에 전문 조선업자가 원래의 배와 똑같이 재조립했다.

그건 테세우스의 배가 틀림없다! 원래의 판자들을 가지고 원래의 배와 똑같은 방식으로 조립했으니까. (당신이 자동차를 분해해서 차고 반대편에서 그걸 재조립한다고 해도 그건 똑같은 자동차일 것이다.) 하지만 재조립한 그 배가 테세우스의 배라면, 항구에 있는 배는 무엇일까? 두 척이 모두 테세우스의 배일 수는 없다. 그 두 척의 배는 똑같은 배가 아니다.

이 수수께끼에 답이 있을까? 나는 답이 하나가 아니라고 생각한다. 평소 나의 생각에 따르면, 정체성에 관한 질문의 대답은 우리가 그 질문에 흥미를 가지는 이유에 따라 달라진다. 만약 당신이 테세우스의 손이 닿았던 물체를 만지고 싶은 거라면 답은 '아니요'다. 항구에 있는 배는 유의미한 견지에서 테세우스의 배가 아니다. 만약 당신이 여러 세대에 걸쳐 찬양을 받은 물체를 보며 감격하고 싶은 거라면 답은 '예'다. 항구에 있는 배가 그 배다. (당신이 아테네 여행을 하고 집으로 돌아왔는데 친구가 이렇게 묻는다고 치자. "테세우스의 배를 봤니?" 이때 "응, 봤어. 그런데 생각해보니 그건 진짜 테세우스의 배가 아니더라"가 진실한 대답이다. 이 대답은 정체성에 관한 여러 가지 사고방식을 반영하고 있다.) 원래의 수수께끼가 알쏭달쏭한 까닭은, 그 배가 테세우스의 배인지를 우리가 궁금해하는 이유가 분명하지 않기 때문이다. 우리가 관심을 가지는 이유가 제시되지 않은 상태라면 그 배가 테세우스의 배인지 아닌지 답하기가 어렵다.

우리가 지금까지 살펴본 수수께끼들이 대부분 그렇듯, 테세우스 배의 역설도 어리석은 소리처럼 보이기도 한다. 그러나 이 수수께끼에서는 정체성에 관한 질문들이 아주 많이 나올 수 있다. 예컨대 레오나르도 다빈치의 그림은 아주 가치 있는 물건이다. 그런데 미술품 복원 전문가들이 레오나르도가 칠한 물감의 일부를 제거하거나 덧칠을 했다고 가정하자. 그 그림은 여전히 레오나르도의 작품일까? 당신이 '그렇지 않다'라고 대답한다면 〈모나리자〉조차도 더 이상 중요한 작품이 아니다. 〈모나리자〉는 전문가들이 여러 번 손을 댄 작품이기 때문이다. 그렇다면 반드시 레오나르도가 직접 칠한 것이 아니라도 레오나르도의 작품이 될 수 있다는 이야기다. 그러면 한 점의 그림에 얼마나 손을 대야 더 이상 레오나르도의 작품이 아니게

될까? 수백만 달러가 걸린 질문이다.[490]

　우리는 이런 질문들을 개인에게 적용할 수도 있다. 당신이 지난 주의 당신과 같은 사람인 이유는 무엇인가? 아니, 당신은 작년의 당신과 같은 사람인가? 당신은 고등학교 졸업 파티에서 찍은 사진 속의 사람과 똑같은 사람인가? 당신의 판자들은 하나씩 하나씩 교체됐다. 그러면 당신은 다른 사람이 된 건가? 아니면 다른 몸속에 들어 있는 같은 사람인가? 당신의 몸이 그때와 똑같은 재료로 만들어지지도 않았고 재료들이 똑같이 배열되지도 않았지만, 당신은 똑같은 몸속에 들어 있는 똑같은 사람인가? 앞에서도 말했지만 대답은 우리가 그 질문을 하는 이유에 달려 있다고 생각한다. 당신이 머리말에서 만났던, 엄마에게 빨강이 어떻게 보일지를 고민했던 어린아이와 지금의 내가 같은 사람이라는 주장은 나름의 근거를 가진다. 그리고 지금의 내가 이 책의 머리말을 쓴 사람과 다르다는 주장도 나름의 근거를 가진다. 그동안 정말 많은 일이 벌어졌다. (코비드19, 안녕!)

　이 수수께끼를 계속 파고들지는 않겠다. 당신 스스로 고민해서 자기만의 답을 찾아내기를 바란다. 아니면 당신만의 제임스와 함께 고민해도 좋다. 모든 철학자에게는 대화 상대가 필요하다. 대화 상대가 둘 이상이면 더욱 좋다.

⌣

　두 아들은 오랫동안 나의 대화 상대가 돼주었다. 하지만 렉스가 자기 친구들과 철학 이야기를 나누기 시작했을 때 나는 그게 정말 멋진 일이라고 생각했다. 타임아웃을 사랑하던 꼬마가 2학년의 소크라테스가 되다니. 다만 그 아이가 인생을 마무리할 때 소크라테스보다 나은 결말을 맞이하기를 바란다. (소크라테스는 아테네의 젊은이들에게 골치 아픈 질문들을 던져 그들을 오염시켰다는 이유로 처형됐다.)

오래전부터 우리는 철학자를 키우고 있었다. 아니, 철학자를 두 명이나 키우고 있었다. 당신도 아이들을 철학자로 키우려고 노력해야 할까? 그건 올바른 질문이 아닌 것 같다. 당신에게 어린아이가 있다면 인식하든 못 하든 당신은 이미 철학자를 키우고 있다. 문제는 단 하나. 당신은 그 어린 철학자를 응원할 것인가, 무시할 것인가, 아니면 철학의 불꽃을 끄려고 애쓸 것인가? 당연하게 들리겠지만 나는 당신이 어린 철학자를 지지해야 한다고 생각한다.

왜 그럴까? 이 책의 첫머리에서 렉스가 우리에게 철학에 관해 가르쳐준 것을 떠올려보라. 철학은 생각하는 기술이다. 당신은 아이가 그 기술을 익히기를 바랄 것이다. 전문 철학자를 키워내는 게 목표가 아니다. 명료하고 신중하게 사색하는 인간을 키워내는 게 목표다. 스스로 생각할 줄 아는 사람을 키워내는 게 목표다. 다른 사람들의 생각에 관심을 가지고, 다른 사람들과 함께 사색하는 사람을 키우고자 하는 것이다. 간단히 말하자면 목표는 생각하는 사람을 기르는 것이다.

⌒

어떻게 하면 아이를 철학자로 키울까? 가장 간단한 방법은 아이들과 대화를 나누는 것이다. 아이들에게 질문을 하고, 아이들의 대답에 대해 또 질문을 하라. 질문은 복잡한 것이 아니어도 된다. 당신이 철학을 몰라도 아이들에게 질문을 던질 수 있다. 사실 대부분의 상황에 적용 가능한 일련의 질문들이 있다.

- 넌 어떻게 생각하니?
- 왜 그렇게 생각하니?
- 네가 틀렸다면 그 이유는 뭘까?
- ……라고 네가 말한 건 무슨 뜻이야?
- ……이란 뭘까?

목표는 아이가 논증을 하도록 만드는 것이다. 그리고 아이들이 반대쪽 주장도 접하도록 해주는 것이다. 그러니까 아이가 이야기를 많이 하도록 놓아두되, 아이들이 생각하다가 막힐 때는 주저 없이 도와주라. 가장 중요한 점은 두 사람이 동등한 자격을 가지고 대화를 나눈다고 생각하는 것이다. 아이가 하는 말에 동의할 수 없거나 그게 어리석은 소리라는 생각이 들더라도 진지하게 들어라. 아이와 이성적인 태도로 대화를 나누라.[91] 어떤 생각을 가져야 할지 알려주고 싶은 충동에 저항하라.

～

철학적인 대화를 이어가려면 어떻게 해야 할까? 우선 대화를 준비해야 한다. 책의 뒷부분에 대화를 시작할 때 참조하면 좋은 자료들을 수록했다. 거의 모든 그림책은 철학에 관한 질문을 던진다. 당신이 그 그림책들을 그냥 지나쳤을 뿐이다. 그래도 괜찮다. 나도 대개는 그냥 지나친다. 어떤 날은 그냥 이야기를 즐기고 싶다. 아니면 책을 끝까지 읽어주고 싶다. 그래도 가능한 날에는 그림책을 보다가 대화를 나눠보면 재미가 있다.

대화를 시작하기 위해 반드시 책과 같은 자료가 필요한 건 아니다. 그저 아이들의 말에 귀를 기울이면서, 그들이 어떤 불만과 호기심을 가지고 있는지 살펴보면 철학적인 질문들이 자주 떠오를 것이다. 아이가 어떤 일이 공정하지 않다고 불평한다면 '공정'이란 뭐냐고 물어보라. 아니면 일을 '공정'하게 처리하는 것이 부모의 역할이냐고 물어보라. 아니면 그 아이에게 너는 불공정한 상황 때문에 이익을 본 적이 없느냐고 물어보라. 꼭 머릿속에 답을 생각해두고 질문을 던져야 하는 것도 아니다. 그저 대화가 자연스럽게 흘러가도록 하라.

이미 기분이 상한 아이와 깊이 있는 대화를 나누기는 어렵다. 하지만 내 경험으로는 철학은 아이를 진정시키는 데도 도움이 된다. 행크가 자신에게 렉스에 대한 권리가 없다고 생각해서 엉엉 울었던 사건을 기억하는가? 나는 행크에게 조용히 말을 걸었고, 행크의 말을 진지하게 들었다. 그러자 행크는 진지한 대화가 가능할 정도로 진정이 됐다. 그 방법이 항상 통하지는 않는다. 아이를 그냥 안아줘야 할 때도 있고, 아이가 혼자 시간을 가져야 할 때도 있다. 그래도 아이의 말을 진중하게 들어주는 건 아이에게 위로가 될 수 있다.

호기심도 불평과 똑같이 좋은 계기가 된다. 아이의 호기심을 무심히 넘기지 말라. 그리고 당신이 답을 알지 못한다고 걱정하지 말라. 잠시 대화를 나누고 나서 함께 답을 찾아보라. 과학에 관한 호기심이라면 이 과정은 당연히 필요하다. 다른 모든 것에 관한 질문에도 그렇게 해보라. 어릴 적에 나는 어떤 분야의 최고가 뭐냐고 자주 물었다. 그리고 우리 아버지는 항상 답을 제시했다.

"최고의 음악은 뭐죠?"

"〈랩소디 인 블루〉." 아버지의 대답이었다.

"최고의 TV 프로그램은요?"

"〈론 레인저〉."

아버지의 대답들은 특이했다. 한편으로는 아버지가 기회를 놓쳤다고도 말할 수 있다.

"최고의 음악은 뭐예요?"

"그건 좋은 질문이구나." 나는 이렇게 대답하곤 한다. "넌 어떤 음악이 좋은 음악이라고 생각하니?"

그리고 그런 질문을 통해 우리는 미학에 관한 대화를 이끌어간다. 걱정 마시라. 미학에 관해 아무것도 몰라도 그런 대화를 나눌 수 있다. 나도 미학에 문외한이다. 그냥 아이들이 뭐라고 대답하는지 들어보고 그 문제에 대한 당신의 생각을 말해주면 된다.

무엇보다 아이들이 던지는 이상한 질문들을 잘 활용하라. 당신의 아이가 자기가 평생 꿈을 꾸고 있는 게 아니냐고 묻는다면, 그 말을 무시하지 말라. 당신의 아이가 왜 새로운 날이 계속 찾아오는지 알고 싶어 한다면, 아이에게 답이 뭐라고 생각하느냐고 물어보라. 만약 아이가 당신을 난감하게 만드는 질문을 던진다면, 대화를 잠시 멈추고 세상을 향해 함께 감탄하라.

내가 행크의 상대주의를 반박하려고 애썼던 밤을 기억하는가? 우리는 잠자리에 들기 전에 단둘이 대화를 나눴고, 나는 행크가 사실은 아홉 살이었는데 일곱 살이라고 고집하는 방법으로 행크의 논리를 깨뜨렸다.

그런데 그 직전에 어떤 일이 있었는지는 밝히지 않았다.

진실에 관해 논쟁하던 중에, 행크는 거기에 왜 그렇게 신경을 쓰느냐고 물었다.

"아빠는 철학자잖니." 내가 대답했다. "우리 철학자들은 모든 걸 이해하고 싶어 한단다. 특히 진실을 알고 싶어 하지."

"아빠는 아주 좋은 철학자는 아니네." 행크가 말했다.

"왜?"

"아빠의 논리는 설득력이 없어."

나는 웃음을 터뜨렸다. 그 순간 나는 행크의 상대주의가 하룻밤도 못 가겠다고 판단했다. 렉스가 나에게 에어 하키를 잘하는 법에 관해 충고했을 때와 분위기가 비슷했기 때문이다. 그때 렉스는 에어 하키를 처음 해보고 몇 분도 지나지 않아서 나에게 충고를 했다.

흠, 아빠가 철학을 잘 못한다고 생각한다 이거지? 어디 보자.

그래서 나는 행크의 논리를 깨뜨렸다. 그게 조금은 후회된다. 사람들을 설득하는 게 철학의 진짜 목표는 아니기 때문이다. 적어도 내가 철학자로서 이루려는 목표는 그게 아니다.

20세기의 위대한 정치철학자인 로버트 노직Robert Nozick은 '강제 철학coercive philosophy'이라는 용어를 사용했다. 그의 설명에 따르면 강제

508

철학을 실행하는 사람들은 "너무나 강력한 나머지 뇌에서 반향을 일으키는 주장들"을 찾는다.⁴⁹² "만약 어떤 사람이 그 결론을 수용하기를 거부하면 그 사람은 죽는다." 물론 누구도 그렇게 강력한 강제 철학을 실행하지는 못한다. 하지만 철학이라는 분야에서는 지성의 힘으로 다른 사람들을 억누르려는 욕심을 흔히 볼 수 있다. 많은 사람이 행크가 제시한 것을 성공의 척도로 생각한다. '당신의 말은 얼마나 설득력이 있었나요? 사람들을 당신 편으로 끌어들였나요?'

나의 야심에 찬 목표는 내가 과거에 이해했던 것보다 사물을 깊이 이해하는 것이다. 내가 답을 찾아낸다면 그건 정말 좋은 일이다. 그리고 다른 사람들이 나의 답에서 가능성을 발견한다면 그건 더욱 좋은 일이다. 내가 철학을 바라보는 시각은 버트런드 러셀Bertrand Russell의 시각과 비슷하다. "철학은 우리가 바라는 것만큼 많은 질문에 대답하지 못할 수도 있지만, 적어도 세상을 더 흥미롭게 만드는 질문들을 던지는 힘을 가지고 있다. 철학은 일상의 가장 평범한 것들에서도 표면 아래 숨겨진 신비와 불가사의를 보여준다."⁴⁹³

아이들은 그런 신비와 불가사의를 알아차리는 눈을 가지고 있다. 적어도 아이들이 그런 것에 둔감해지도록 우리가 훈련시키기 전까지는. 당신이 만나는 아이들이 그 신비와 불가사의를 계속 간직하도록 도와주기를 바란다. 그리고 당신 자신을 위해서도 신비와 불가사의를 찾기 바란다.

감사의 글

"아빠, 다음에는 뭘 쓸 거야?" 내가 이 책의 마지막 원고를 넘기고 나서 렉스가 물었다.

"감사의 글을 써야 해." 내가 대답했다.

"행크와 나에 관한 이야기를 쓴 거니까, 우리도 그 글에 나오는 거야?"

그래, 아들아, 너희도 나온단다.

먼저 렉스와 행크에게 커다란 감사를 전한다. 그들에 관한 이야기를 책에 쓰도록 해주고, 마음에 들지 않는 부분이 있는데도 있는 그대로 공개하도록 해줘서 고맙다. 렉스와 행크가 각자의 의견을 기꺼이 밝히고, 내가 독자들에게 그 의견을 소개하도록 해준 것도 고맙다. 렉스와 행크는 이 책의 중요한 저자라 할 수 있다.

사실 내가 두 아이에게 고마워하는 이유는 그보다 훨씬 많다. 렉스와 행크는 나에게 웃음을 준다. 두 아이 덕분에 나는 깔깔 웃고, 생각하게 되고, 철학의 안팎에서 영감을 얻는다. 솔직히 나는 두 아이를 충분히 인정해주지 않았다. 두 아이는 이 책에 소개된 것보다 훨씬 많은 걸 가지고 있다.

렉스는 내가 아는 사람 중에 제일 상냥하고 친절하다. 게다가 남을 웃길 줄도 안다. 내가 어릴 적에 되고 싶었던 아이의 모습이다.

행크는 잘 웃는다. 행크의 웃음은 내가 본 것 중에 최고다. 행크는 언제나 뭔가에 몰두하는데, 항상 좋은 일에만 열중한다. 나는 행크가 영원히 자라지 않으면 좋겠다. 자라더라도 완전히 어른이 되지는 않기를. 우리 모두 내면에 행크 같은 아이를 하나씩 간직하고 있어야 한다.

나는 캠프에 가는 버스 안에서 줄리를 처음 만났다. 그때 줄리는 열일곱, 나는 열여덟이었다. 줄리는 귀엽고 친절했으므로 나는 저녁 식사 시간에 그녀를 찾아갔다. 그건 내 평생 가장 잘한 결정이었다.

줄리는 나의 가장 친한 친구이고 최고의 배우자다. 나는 그녀를 말로 다 표현할 수 없을 만큼 사랑한다. 그녀는 이 책에서 보조적인 역할이지만 그녀를 아는 모든 사람에게는 스타다. 특히 그녀와 같이 사는 행운을 얻은 사람들에게는. 줄리의 격려가 없었다면 나는 이 프로젝트를 시작하지 못했을 것이고, 줄리의 지원이 없었다면 집필을 끝내지 못했을 것이다. 내가 하는 다른 일들도 모두 그런 식이다.

렉스와 행크가 어렸을 적에 줄리와 나는 저녁에 번갈아 아이들을 돌봤다. 하루는 줄리가 아이들 목욕을 시키고, 내가 아이들을 재웠다. 다음 날 저녁에는 역할을 바꿨다. 내가 종신 교수에 지원하게 되면서 그 규칙이 깨졌다. 거의 매일 저녁 나는 시급한 서류를 준비했고 줄리가 목욕과 잠자리를 다 맡았다. 나중에 내가 육아에 복귀했을 때 렉스는 별로 기뻐하지 않았다.

"아빠는 위층에 올라가서 타자나 쳐!" 내가 다시 아이들을 씻기려던 첫날에 렉스가 명령했다. 렉스는 엄마를 원했다. 물론 이해한다. 나도 나보다 줄리를 더 좋아하니까.

몇 년 후에 렉스는 소원을 이뤘다. 나는 자판 앞에서 많은 시간을 보냈고, 밤늦게까지 타자를 치는 날이 많았다. 그래서, 인정하고 싶지 않지만 나는 피곤했고 퉁명스럽게 행동했다. 줄리와 아이들은 나의 그런 행동을 참아주었을 뿐 아니라, 내가 돌아왔을 때도 렉스가 어렸을 적에 했던 것보다 반갑게 맞아주었다. 나는 우리 가족의 일원인 것을 축복으로 생각한다.

에런 제임스는 나에게 우리 아이들이 등장하는 철학책을 써보라고 맨 처음 권한 사람이다. 그가 씨를 뿌리지 않았다면 이 책은 존재하지 않았을 것이다.

몇 년 뒤에 내가 스콧 셔피로Scott Shapiro에게 그 아이디어를 이야기했더니 스콧은 그걸 마음에 들어 했다. 그는 앨리슨 맥킨Alison MacKeen에게 그 이야기를 전했고, 그녀도 좋다고 했다. 앨리슨은 책이 세상에 나오게 하는 방법을 알고 있었다. 나에게 앨리슨은 최적의 출판 대리인이었다. 앨리슨과 파크&파인의 팀원들 모두가 나와 이 책을 열렬히 지지해주었다. 그리고 앨리슨은 훌륭한 친구가 되어줬다. (스콧도 벌써 수십 년째 나와 친구로 지내고 있다.)

나는 지니 스미스 욘스Ginny Smith Younce를 스카이프로 처음 만났다. 우리는 첫 통화에서 이미 사랑에 빠졌다. 지니는 곧바로 이 책에 깊이 공감하고 수없이 많은 개선을 해주었다. 캐럴라인 시드니Caroline Sydney도 마찬가지였다. 두 사람은 반드시 필요한 질문들을 던졌고, 나의 수많은 실수를 고쳐줬다. 그들이 속한 펭귄 출판사의 팀원들 모두가 대단한 실력자였다.

나는 항상 우리 집 위층에서 글을 쓰거나, 미시간 호숫가의 데이비드 올만David Uhlmann과 버지니아 머피Virginia Murphy가 소유한 집에서 글을 썼다. 렉스는 어렸을 적에 그 집을 "집 해변"이라고 불렀는데, 우리는 지금도 그 이름을 사용한다. 집 해변이 혼자 있을 수 있는 공간을 제공하지 않았더라면, 그리고 최고의 친구들인 데이비드와 버지니아의 지지가 없었더라면 나는 이 책을 끝내지 못했을 것이다.

앤절라 선Angela Sun은 자료 조사에 더할 나위 없이 큰 도움을 주고 다양한 주제에 관해 유익한 조언을 제공했다. 그녀가 없었다면 이 책을 집필하는 시간이 두 배로 늘어났을 것이고, 책의 내용도 이만큼 좋지 않았을 것이다.

이렇게 다양한 철학적 질문을 다룬 책을 쓴다는 것은 커다란 도전이었다. 그리고 여러 친구들과 철학자들의 도움이 없었다면 나는 해내지 못했을 것이다.

돈 헤르조그Don Herzog는 내가 쓴 글을 한 글자도 빠짐없이 모두 읽어주었다. 심지어 우리가 의견을 달리하는 부분에도 그의 영향이 깊이 스며들어 있다. 헤르조그는 정말 좋은 동료고 그보다 더 좋은 친구다.

크리스 에서트Chris Essert 역시 원고 전체를 읽어주었다. 그는 나에게 격려가 필요할 때는 격려를 해주고, 격려가 필요하지 않을 때는 고삐를 잡아당겼다. 그의 훌륭한 판단에 늘 감사하는 마음이다.

원고의 일부분에 관해 의견을 제시했거나 중요한 부분에 관해 설명해준 사람들에게도 감사를 표한다. 케이트 안드리아스, 닉 배글리, 데이브 베이커, 고든 벨롯, 세라 버스, 머리 코언, 니코 코넬, 로빈 뎀브로프, 대니얼 프라이어, 메건 퍼먼, 피오나 퍼나리, 대니얼 할버스탬, 제리 허쇼비츠, 줄리 캐플런, 엘런 캐츠, 카일 로그, 앨리슨 맥킨, 게이브 멘들로, 윌리엄 이언 밀러, 세라 모스, 버지니아 머피, 크리스티나 올슨, 에런 올버, 스티브 샤우스, 스콧 셔피로, 니코스 스타브로풀로스, 에릭 스완슨, 로라 터배리스, 윌 토머스, 스콧 와이너, 에코 양카. 이들 모두가, 그리고 내가 잊어버리고 있을 또 다른 사람들이 힘을 보탠 덕분에 이 책은 더 나은 책이 됐다.

항상 전화 한 통만 하면 만날 수 있고 항상 적절한 조언을 해주는 에런 올버와 스콧 와이너에게 특별한 감사를 전한다.

나는 철학자 집안에서 태어나지는 않았다. 하지만 내 말을 진지하게 들어주는 집안에서 어린 시절을 보냈다. 우리 집은 아이들이 '눈에 보이긴 하되 얌전히 있어야만 하는' 집이 아니었다. 우리는 진솔한 대화를 나눴다. 부모님은 내가 반론을 펼쳐도 개의치 않으셨고, 우리 형은 내가 한참 어린데도 나를 동료처럼 대해주었다. 우리 가족들은 내가 철학에 관심을 가지는 걸 의아하게 여기는 것 같았지만, 내가 철학을 계속 해나가는 데는 당연히 가족의 도움이 있었다. 세상 모든 아이들이 나와 같은 행운을 누리길 바란다.

참고문헌

어른을 위한 책

아동과 육아

Gopnik, Alison. *The Philosophical Baby: What Children's Minds Tell Us About Truth, Love, and the Meaning of Life*. New York: Farrar, Straus and Giroux, 2009.

Kazez, Jean. *The Philosophical Parent: Asking the Hard Questions About Having and Raising Children*. New York: Oxford University Press, 2017.

Lone, Jana Mohr. *The Philosophical Child*. London: Rowman & Littlefield 2012.

———. *Seen and Not Heard: Why Children's Voices Matter*. London: Rowman & Littlefield 2021.

Matthews, Gareth B. *Dialogues With Children*. Cambridge, MA: Harvard University Press, 1984.

———. *Philosophy & the Young Child*. Cambridge, MA: Harvard University Press, 1980.

———. *The Philosophy of Childhood*. Cambridge, MA: Harvard University Press, 1994.

Wartenberg, Thomas E. *A Sneetch is a Sneetch and Other Philosophical Discoveries: Finding Wisdom in Children's Literature*. West Sussex, UK: Wiley-Blackwell, 2013.

———. *Big Ideas for Little Kids: Teaching Philosophy Through Children's Literature*. Plymouth, UK: Rowan & Littlefield Education, 2009.

전차 문제

Edmonds, David. *Would You Kill the Fat Man?: The Trolley Problem and What Your Answer Tells Us about Right and Wrong*. Princeton, NJ: Princeton University Press, 2014.

처벌

Murphy, Jeffrie G., and Jean Hampton, *Forgiveness and Mercy*. New York: Cambridge University Press, 1988.

지식

Nagel, Jennifer. *Knowledge: A Very Short Introduction*. Oxford: Oxford University Press, 2014.

의식

Dennett, Daniel C. *Consciousness Explained* Boston: Little, Brown, 1991.

Godfrey-Smith, Peter. *Other Minds: The Octopus, the Sea, and the Deep Origins of Consciousness*. New York: Farrar, Straus and Giroux, 2016.

Goff, Philip. *Galileo's Error: Foundations for a New Science of Consciousness*. New York: Pantheon Books, 2019.

Koch, Christof. *Consciousness: Confessions of a Romantic Reductionist*. Cambridge, MA: MIT Press, 2012.

철학의 역사

Warburton, Nigel. *A Little History of Philosophy*. New Haven, CT: Yale University Press, 2011.

재미있는 철학 이야기

Edmonds, David, and John Eidinow. *Wittgenstein's Poker: The Story of a Ten-Minute Argument Between Two Great Philosophers*. New York: Ecco, 2001.

Holt, Jim. *Why Does the World Exist: An Existential Detective Story*. New York: W. W. Norton, 2012.

James, Aaron. *Assholes: A Theory*. New York: Anchor Books, 2012.

———. *Surfing with Sartre: An Aquatic Inquiry into a Life of Meaning*. New York: Doubleday, 2017.

Setiya, Kieran. *Midlife: A Philosophical Guide*. Princeton, NJ: Princeton University Press, 2017.

아이들을 위한 책

그림책

Armitage, Duane, and Maureen McQuerry. Big Ideas for Little Philosophers series, including titles like *Truth with Socrates and Equality with Simone de Beauvoir*. New York: G.P Putnam's Sons, 2020.

우주

Fishman, Seth. *A Hundred Billion Trillion Stars*. New York: HarperCollins, 2017.

규칙, 그리고 규칙을 어겨도 되는 경우

Knudsen, Michelle. *Library Lion*. Somerville, MA: Candlewick Press, 2006.

무한

Ekeland, Ivar. *The Cat in Numberland*. Chicago: Cricket Books, 2006.

철학적 질문들에 관한 개론서(10대에게 적합)

Martin, Robert M. *There Are Two Errors in The The Title of This Book: A Sourcebook of Philosophical Puzzles, Problems, and Paradoxes*. Peterborough, ON, Canada: Broadview Press, 2011.

아이에게 꼭 사줘야 할 책

Watterson, Bill. *The Complete Calvin and Hobbes* Kansas City, MO: Andrews McMeel Publishing, 2012. 《캘빈과 홉스》는 내가 어릴 적에 철학적 사색을 하게 만들어준 책이다. 지금은 렉스가 이 책을 보고 철학적 사색을 하고 있다. 그리고 이 책은 당연히 재미도 있다. 어른을 위해서나 아이들을 위해서나 이 책보다 나은 철학 입문서는 없다고 생각한다.

웹 사이트

Teaching Children Philosophy (www.prindleinstitute.org/teaching-children-philosophy): 아이들과 철학 이야기를 나누고 싶다면 여기서 자료를 찾아보는 게 제일 좋다. 집집마다 있을 법한 그림책을 이용한 교수법이 실려 있다. 각각의 그림책이 제기하는 철학적 질문들에 관해 간단히 소개하고, 그 책을 읽는 동안 아이에게 던질 수 있는 질문들을 제시한다.

University of Washington Center for Philosophy for Children (www.philosophyforchildren.org): 아이들과 철학 이야기를 나누기 위해 참고하면 좋은 웹 사이트. 그림책을 통한 교수법, 교사들을 위한 수업 계획안, 그리고 학교에서 철학 프로그램을 시작하기 위한 조언이 수록되어 있다. 또 워싱턴 대학교의 아동을 위한 철학 센터에서는 교사와 부모들을 위한 워크숍을 운영한다.

Wi-Phi (www.wi-phi.com): 이 웹 사이트에는 철학의 다양한 주제를 설명하는 짧은 동영상이 많이 있다. 렉스와 나는 그 동영상들을 같이 보는 걸 좋아한다.

팟캐스트

Hi-Phi Nation (https://hiphination.org): 이야기를 중심으로 철학에 관해 말하는 팟캐스트. 성인을 대상으로 한다.

Philosophy Bites (https://philosophybites.com): 저명한 철학자들과 짧게 인터뷰를 한다.

Pickle (www.wnycstudios.org/podcasts/pickle): 미국 공영방송인 WNYC에서 제작한 어린이용 철학 팟캐스트. 방송 기간은 짧았다. 호주에서 만들어진 비슷한 팟캐스트인 *Short & Curly* (https://www.abc.net.au/radio/programs/shortandcurly/)는 방송 회차가 많다.

Smash Boom Best (www.smashboom.org/): 무조건 논쟁을 벌이는 팟캐스트. 어이없는 내용도 있다. 엄밀히 말하면 철학은 아니지만, 행크는 이 팟캐스트를 참 좋아한다.

주

주를 작성할 때는 철학자가 아닌 독자들에게 최대한 유용하게 만들려고 노력했다. 가급적 유료로 열람해야 하는 학술지 논문보다는 자유롭게 접근 가능한 글 또는 동영상을 인용했다. 또한 주들 중 일부에는 누구나 열람 가능한 온라인 백과사전의 링크를 수록했다. 〈스탠퍼드 철학 백과사전(Standford Encyclopedia of Philosophy)〉과 〈인터넷 철학 백과사전(Internet Encyclopedia of Philosophy)〉을 주로 사용했는데, 특히 〈스탠퍼드 철학 백과사전〉은 참고 자료로 훌륭하다. 〈스탠퍼드 철학 백과사전〉에는 독자들이 흥미를 느낄 만한 거의 모든 철학적 주제에 관한 항목이 있다. 학술적인 문헌들을 읽어보고 싶다면 각 항목의 마지막에 제시된 목록을 참조하면 된다.

머리말: 생각하는 사람이 되려면

1   일반적으로 이 문제는 도치된 색채 스펙트럼으로 제시된다. 빨간색이 초록색으로 바뀌는 식으로 180도 도치된 스펙트럼을 생각하면 된다. 이 문제와 그 철학적 함의에 관한 간략한 소개는 다음을 참조하라. Alex Byrne, "Inverted Qualia," *Stanford Encyclopedia of Philosophy* (Fall 2020 edition), ed. Edward N. Zalta, https://plato.stanford.edu/archives/fall2020/entries/qualia-inverted.

2   Daniel C. Dennett, *Consciousness Explained* (Boston: Little, Brown, 1991), 389.

3   로크가 그다음에 했던 설명은 다음과 같다(읽어보면 내가 우리 어머니에게 했던 말과 비슷하다): "왜냐하면 그건 영원히 알려질 수 없기 때문이다. 한 사람의 정신이 다른 사람의 몸속에 들어가서 그 '기관'들이 만들어낸 '모습'을 지각할 수는 없다. 이로써 '개념'도 '이름'도 헷갈릴 일이 전혀 없고, 그 안에 어떤 '거짓'도 없게 된다. '제비꽃'의 '속성'을 지닌 모든 '사물'은 계속해서 그런 '개념'을 생성할 것이고, 그 사람은 그 개념을 '파랑'이라고 부른다. 그리고 '금잔화'의 '속성'을 가진 사물들은 계속해서 '개념'을 만들어내고, 그 사람은 그의 '마음속'에서 그 사물들의 '모습'이 어떻든 간에 항상 그 개념을 '노랑'이라고 부를 것이다. 평소에 그는 그 '모습'을 보고 그의 '편의'에 따라 '사물'들을 구별하고, 그런 구별을 '파랑'과 '노랑'이라는 '이름'으로 표현할 수 있다. 마치 그 두 송이 꽃에서 얻은 '모습' 또는 그의 '마음속 개념'들이 다른 사람들의 '마

음속 개념'들과 정확히 똑같은 것처럼 행동한다." John Locke, *An Essay Concerning Human Understanding*, ed. Peter H. Nidditch (New York: Oxford University Press, 1975), 389.

4   매슈스는 그의 책에서 이 이야기를 소개한다. Gareth B. Matthews, *The Philosophy of Childhood* (Cambridge, MA: Harvard University Press, 1994), 1.

5   우주론적 논증에 관한 개괄은 다음을 참조하라. Bruce Reichenbach, "Cosmological Argument," *Stanford Encyclopedia of Philosophy* (Spring 2021 edition), ed. Edward N. Zalta, https://plato.stanford.edu/archives/spr2021/entries/cosmological-argument.

6   Matthews, *Philosophy of Childhood*, 2.

7   Matthews, *Philosophy of Childhood*, 2.

8   Gareth B. Matthews, *Philosophy & the Young Child* (Cambridge, MA: Harvard University Press, 1980), 37–55.

9   매슈스는 자기 아이들과 나눈 다양한 대화를 *Dialogues With Children* (Cambridge, MA: Harvard University Press, 1984)과 *Philosophy & the Young Child*에 기록했다.

10   Matthews, *Philosophy & the Young Child*, 28-30.

11   Matthews, *Philosophy of Childhood*, 122.

12   Matthews, *Philosophy of Childhood*, 5.

13   Matthews, *Philosophy of Childhood*, 5.

14   Matthews, *Philosophy of Childhood*, 17.

15   Michele M. Chouinard, P. L. Harris, and Michael P. Maratsos, "Children's Questions: A Mechanism for Cognitive Development," *Monographs of the Society for Research in Child Development* 72, no. 1 (2007): 1-129. 쉬나드의 연구에 관한 논의는 다음을 참조하라. Paul Harris, *Trusting What You're Told: How Children Learn From Others* (Cambridge, MA: Belknap Press, 2012), 26-29.

16   Brandy N. Frazier, Susan A. Gelman, and Henry M. Wellman, "Preschoolers' Search for Explanatory Information Within Adult-Child Conversation," *Child Development* 80, no. 6 (2009): 1592-1611.

17   Augustine, *Confessions* 11.14, Matthews, *Philosophy of Childhood*, 13에서 인용.

18   David Hills, Stanford University, Department of Philosophy, 2021년 10월 13일에 접속. https://philosophy.stanford.edu/people/david-hills.

19   협업의 가능성은 다음을 참조하라. Matthews, *Philosophy of Childhood*, 12-18, 그리고 Matthews, *Dialogues with Children*, 3.

20   Matthews, *Philosophy and the Young Child*, 11.

21   제나 모어 론의 책에도 딸에게서 이 질문을 받은 엄마를 만난 이야기가 나온다. (론은 매슈스 다음으로 아이들과 대화를 많이 나눈 철학자라는 칭호를 받아 마땅하다. 론은 아이들과 철학에 관해 수많은 대화를 나누면서 배운 것들을 책으로 펴냈다.) 그녀와 내가 똑같은 엄마를 만났을 가능성도 있다. 만약 그게 아니라면 아이들이 이 질문

에 유독 관심이 많은 것일 수도 있다. 다음을 참조하라. Jana Mohr Lone, *Seen and Not Heard: Why Children's Voices Matter* (London: Rowman and Littlefield 2021), 8.

22 연속 창조 우주론에 관한 간략한 해설은 다음을 참조하라. David Vander Laan, "Creation and Conservation," *Stanford Encyclopedia of Philosophy* (Winter 2017 edition), ed. Edward N. Zalta, https://plato.stanford.edu/archives/win2017/entries/ creation-conservation.

23 Jana Mohr Lone, "Philosophy with Children," *Aeon*, May 11, 2021, https://aeon.co/ essays/how-to-do-philosophy-for-and-with-children.

24 Hobbes, *Leviathan*, ed. A.R. Walker (Cambridge: Cambridge University Press, 1904), 137.

25 Hobbes, *Leviathan*, 84.

1. 권리: 나에겐 탄산음료를 마실 권리가 있어

26 영어에서 can과 may의 상호 교환에 관해서는 다음을 참조하라. "'Can' vs. 'May,'" *Merriam-Webster*, 2021년 7월 5일에 접속. www.merriam-webster.com/words-at-play/when-to-use-can-and-may#.

27 Judith Jarvis Thomson, *The Realm of Rights* (Cambridge, MA: Harvard University Press, 1990), 123.

28 결과주의에 관한 개괄은 다음을 참조하라. Walter Sinnott-Armstrong, "Consequentialism," *Stanford Encyclopedia of Philosophy* (Summer 2019 edition), ed. Edward N. Zalta, https://plato.stanford.edu/archives/sum2019/entries/consequentialism.

29 Ronald Dworkin, *Taking Rights Seriously* (Cambridge, MA: Harvard University Press, 1977).

30 Ronald Dworkin, "Rights as Trumps," in *Theories of Rights*, ed. Jeremy Waldron (Oxford: Oxford University Press, 1984), 153-67.

31 다음을 참조하라. Judith Jarvis Thomson, "The Trolley Problem," *Yale Law Journal* 94, no. 6 (May 1985): 1396.

32 Thomson, "Trolley Problem," 1397.

33 Thomson, "Trolley Problem," 1409.

34 칸트의 도덕철학에 관한 개괄은 다음을 참조하라. Robert Johnson and Adam Cureton, "Kant's Moral Philosophy," *Stanford Encyclopedia of Philosophy* (Spring 2021 edition), ed. Edward N. Zalta, https://plato.stanford.edu/archives/spr2021/entries/kant-moral.

35 '전차 문제'에 대해 제시된 또 하나의 해결책으로 '이중 결과의 원칙(doctrine of double effect)'이 있다. 이 원칙은 혼자 일하던 노동자의 죽음이 예측된 일이긴 하되 의도한 일은 아니라는 사실에 근거한다. 이중 결과의 원칙은 가톨릭 교리에서 낙태 문제에 적용하는 원칙이기도 하다. 이중 결과의 원칙에 따르면, 그 행동이 끼치는 피해

주   521

가 의도한 것이 아닌 경우 때로는 가치 있는 목표를 추구하는 도중에 발생하는 피해를 허용할 수도 있다. 철학 이론에 전차가 최초로 등장한 것도 필리파 풋의 '낙태의 문제와 이중 결과의 원칙'이라는 제목의 논문에서였다. Philippa Foot, "The Problem of Abortion and the Doctrine of the Double Effect," *Oxford Review* 5 (1967): 5-15. 이중 결과의 원칙에 관한 개괄과 그 원칙에 대한 회의적 견해는 다음을 참조하라. Alison McIntyre, "Doctrine of Double Effect," *Stanford Encyclopedia of Philosophy* (Spring 2019 edition), ed. Edward N. Zalta, https://plato.stanford.edu/archives/spr2019/entries/double-effect.

36 Thomson, "The Trolley Problem," 1401-3.

37 Thomson, "The Trolley Problem," 1402.

38 그 차이가 중요하다고 보는 이론에 관해서는 다음을 참조하라. John Mikhail, *Elements of Moral Cognition* (Cambridge: Cambridge University Press, 2011), 101-21.

39 미카일은 이 사고실험을 '남자 떨어뜨리기'라고 부른다. *Elements of Moral Cognition*, 109.

40 전차학을 재미있게 안내하는 문헌으로는 다음을 참조하라. David Edmonds, *Would You Kill the Fat Man?: The Trolley Problem and What Your Answer Tells Us about Right and Wrong* (Princeton, NJ: Princeton University Press, 2014).

41 다음을 참조하라. Judith Jarvis Thomson, "Turning the Trolley," *Philosophy & Public Affairs* 36, no. 4 (2008): 359–74.

42 윌슨의 편지는 다음 글에 수록되어 있다. Thomas Hurka, "Trolleys and Permissible Harm," in F.M. Kamm, *The Trolley Problem Mysteries*, ed. Eric Rakowski (Oxford: Oxford University Press, 2015), 135.

43 Foot, "Problem of Abortion."

2. 복수: 나를 바보 멍청이라고 불렀으니까 복수해도 돼

44 Nadia Chernyak, Kristin L. Leimgruber, Yarrow C. Dunham, Jingshi Hu, and Peter R. Blake, "Paying Back People Who Harmed Us but Not People Who Helped Us: Direct Negative Reciprocity Precedes Direct Positive Reciprocity in Early Development," *Psychological Science* 30, no. 9 (2019): 1273-86.

45 다음을 참조하라. Susan Cosier, "Is Revenge Really Sweet?" *Science Friday*, July 1, 2013, www.sciencefriday.com/articles/is-revenge-really-sweet/; and Eddie Harmon-Jones and Jonathan Sigelman, "State Anger and Prefrontal Brain Activity: Evidence that Insult-Related Relative Left-Prefrontal Activation Is Associated With Experienced Anger and Aggression," *Journal of Personality and Social Psychology* 80, no. 5 (June 2001): 797-803.

46 Homer, *The Iliad*, trans. Peter Green (Oakland: University of California Press, 2015), 18.108-10. 이 책에서 호머가 원래 했던 말은 "증오는 꿀보다 달콤하다"지만, 여기서

증오란 그가 복수를 계획하면서 느끼는 감정이었다.

47 각주의 인용문은 다음을 참조하라. Simon Sebag Montefiore, *Young Stalin* (New York: Vintage Books, 2008), 295.

48 뒤바뀐 역할에 대해서는 다음을 참조하라. William Ian Miller, *An Eye for an Eye* (New York: Cambridge University Press, 2006), 68-69.

49 Rom. 12:19 (King James Version).

50 Aristotle, "Book V: Justice," *Nicomachean Ethics*, trans. C.D.C. Reeve (Indianapolis: Hackett, 2014), 77-97.

51 William Ian Miller, *An Eye for an Eye*, 특히 4장 "The Proper Price of Property in an Eye"를 참조하라.

52 윌리엄 이언 밀러는 다음 책에서 그뷔드뮌드르의 모험담을 소개한다. *Bloodtaking and Peacemaking: Feud, Law, and Society in Saga Iceland* (Chicago: University of Chicago Press, 1997), 1-2.

53 Miller, *Bloodtaking and Peacemaking*, 2.

54 Miller, *An Eye for an Eye*, 101.

55 *Kenton v. Hyatt Hotels Corp.*, 693 S.W.2d 83 (Mo. 1985).

56 밀러의 설명에 따르면, 특정한 부상에 대해 합리적이라고 간주되는 보상은 대개 관습으로 정해져 있었다. 그뷔드뮌드르가 스캬이링그의 손에 대한 배상금 액수를 정할 때는 그런 관습을 무시했다. Miller, *An Eye for an Eye*, 53-54.

57 Miller, *An Eye for an Eye*, 9.

58 Miller, *An Eye for an Eye*, 55.

59 Miller, *An Eye for an Eye*, 55.

60 '생명과 사람의 팔다리를 귀하게 여기지 않는 것'과 각주에 있는 인용문은 다음을 참조하라. Miller, *An Eye for an Eye*, 57.

61 Miller, *An Eye for an Eye*, 54.

62 다음을 참조하라. Pamela Hieronymi, "Articulating an Uncompromising Forgiveness," *Philosophy and Phenomenological Research* 62, no. 3 (2001): 529-55.

63 Hieronymi, "Articulating an Uncompromising Forgiveness," 530.

64 Jeffrie G. Murphy and Jean Hampton, *Forgiveness and Mercy* (New York: Cambridge University Press, 1988).

65 Hieronymi, "Articulating an Uncompromising Forgiveness," 546.

66 다음을 참조하라. Scott Hershovitz, "Treating Wrongs as Wrongs: An Expressive Argument for Tort Law" *Journal of Tort Law* 10, no. 2 (2017): 405-47.

67 이 단락에 소개된 주장은 나의 글에서 가져왔다. "Taylor Swift, Philosopher of Forgiveness," *New York Times*, September 7, 2019, www.nytimes.com/2019/09/07/opinion/sunday/taylor-swift-lover.html.

3. 처벌: 일부러 그런 거 아니니까 난 무죄야

68 응징에 관한 다양한 견해에 관한 개괄로는 다음을 참조하라. John Cottingham, "Varieties of Retribution," *Philosophical Quarterly* 29, no. 116 (1979): 238-46. 응징에 관한 주류의 견해에 회의적인 주장은 다음을 참조하라. David Dolinko, "Some Thoughts about Retributivism," *Ethics* 101, no. 3 (1991): 537-59.

69 Amy Sutherland, *What Shamu Taught Me About Life, Love, and Marriage* (New York: Random House, 2009).

70 Amy Sutherland, "What Shamu Taught Me About a Happy Marriage," *New York Times*, June 25, 2006, www.nytimes.com/2019/10/11/style/modern-love-what-shamu-taught-me- happy-marriage.html.

71 Sutherland, "What Shamu Taught Me About a Happy Marriage."

72 P. F. Strawson, *Freedom and Resentment and Other Essays* (London: Methuen, 1974), 1-25.

73 Strawson, *Freedom and Resentment*, 9.

74 Sutherland, "What Shamu Taught Me About a Happy Marriage."

75 Strawson, *Freedom and Resentment*, 6-7.

76 Joel Feinberg, "The Expressive Function of Punishment," *The Monist* 49, no. 3 (1964): 397-423.

77 Feinberg, "Expressive Function of Punishment," 403.

78 David Hume, *A Treatise of Human Nature* (London: Deighton and Sons, 1817), 106.

79 Strawson, *Freedom and Resentment*, 9.

80 애덤 그랜트는 이런 연구들을 한데 모아놓았다. Adam Grant, "Raising a Moral Child," *New York Times*, April 11, 2014, www.nytimes.com/2014/04/12/opinion/sunday/raising-a-moral-child.html.

81 스트로슨은 이를 다음과 같이 표현했다. "예행연습은 이상하게도 진짜 행동을 조절한다." Strawson, *Freedom and Resentment*, 19.

82 교정적 정의와 응보적 정의에 관한 자세한 설명은 다음을 참조하라. "Treating Wrongs as Wrongs: An Expressive Argument for Tort Law," *Journal of Tort Law* 10, no. 2 (2017): 405-47.

83 샤넬 밀러는 다음의 책에서 성폭행 사건과 그다음에 벌어진 일들을 회상한다. Chanel Miller, *Know My Name: A Memoir* (New York: Viking, 2019).

84 Liam Stack, "Light Sentence for Brock Turner in Stanford Rape Case Draws Outrage," *New York Times*, June 6, 2016.

85 Cal. Penal Code §§ 487-88 (2020).

86 Roy Walmsley, "World Prison Population List," 12th ed., Institute for Criminal Policy Research, June 11, 2018, www.prisonstudies.org/sites/default/files/resources/downloads/wppl_12.pdf.

87 Ruth Bader Ginsburg, "Ruth Bader Ginsburg's Advice for Living," *New York Times*, October 1, 2016, www.nytimes.com/2016/10/02/opinion/sunday/ruth-bader-gins-burgs-advice-for-living.html.

88 Sutherland, "What Shamu Taught Me About a Happy Marriage."

89 Sutherland, "What Shamu Taught Me About a Happy Marriage."

90 Strawson, *Freedom and Resentment*, 10.

4. 권위: "아빠가 하라고 했으니까"는 이유가 아니다

91 다음을 참조하라. Joseph Raz, *The Authority of Law: Essays on Law and Morality*, 2nd ed. (Oxford: Oxford University Press, 2009), 19–20.

92 예를 들어 다음을 참조하라. Joseph Raz, *Ethics in the Public Domain* (Oxford: Oxford University Press, 1994), 341 ("권위를 가진다는 것은 그 대상이 되는 사람들을 다스릴 권리를 가진다는 것이다. 그리고 다스릴 권리에는 복종할 의무가 수반된다"); Robert Paul Wolff, *In Defense of Anarchism* (Berkeley: University of California Press, 1998), 4 ("권위는 명령을 내릴 권리고, 따라서 사람들을 복종시킬 권리가 된다").

93 Wolff, *In Defense of Anarchism*, 4.

94 Wolff, *In Defense of Anarchism*, 12-15.

95 Wolff, *In Defense of Anarchism*, 13.

96 Wolff, *In Defense of Anarchism*, 13.

97 Wolff, *In Defense of Anarchism*, 18-19.

98 Raz, *Authority of Law*, 13–15.

99 Wolff, *In Defense of Anarchism*, 12–13.

100 다음을 참조하라. Scott J. Shapiro, "Authority," in *The Oxford Handbook of Jurisprudence and Philosophy of Law*, ed. Jules L. Coleman, Kenneth Einar Himma, and Scott J. Shapiro (New York: Oxford University Press, 2002), 383-439; and Raz, *Authority of Law*, 3-36.

101 라즈는 이것을 '일반적 정당화 테제(normal justification thesis)'라고 부른다. 다음을 참조하라. Joseph Raz, *Morality of Freedom* (Oxford: Clarendon, 1986), 53. 테제에 관한 대략적 설명과 우려되는 지점들에 관해서는 다음 졸고를 참조하라. Scott Hershovitz, "Legitimacy, Democracy, and Razian Authority," *Legal Theory* 9, no. 3 (2003): 206-8.

102 Raz, *Morality of Freedom*, 56.

103 Raz, *Morality of Freedom*, 74-76.

104 Raz, *Morality of Freedom*, 49-50.

105 Raz, *Morality of Freedom*, 47.

106 라즈의 권위 이론에 대한 나의 비판은 다음 세 편의 논문에 수록되어 있다. Hershovitz, "Legitimacy, Democracy, and Razian Authority," 201-20; and Scott Hershovitz,

"The Role of Authority," *Philosophers' Imprint* 11, no. 7 (2011): 1-19; and "The Authority of Law," in *The Routledge Companion to the Philosophy of Law*, ed. Andrei Marmor (New York: Routledge, 2012), 65-75.

107 졸고 Hershovitz, "Role of Authority," 그리고 스티븐 다월과 켄 히마의 다음 글을 참조하라. Stephen Darwall, "Authority and Second-Personal Reasons for Acting," in *Reasons for Action*, ed. David Sobel and Steven Wall (Cambridge: Cambridge University Press, 2009), 150-51. Ken Himma, "Just 'Cause You're Smarter Than Me Doesn't Give You a Right to Tell Me What to Do: Legitimate Authority and the Normal Justification Thesis," *Oxford Journal of Legal Studies* 27, no. 1 (2007): 121-50.

108 이 단락에서 소개된 견해는 졸고 "Role of Authority"에 자세히 설명되어 있다.

109 Massimo Pigliucci, "The Peter Parker Principle," *Medium*, August 3, 2020, https://medium.com/@MassimoPigliucci/the-peter-parker-principle-9f3f33799904.

110 소유자가 권위를 가지는 역할이라는 주장은 다음을 참조하라. Christopher Essert, "The Office of Ownership," *University of Toronto Law Journal* 63, no. 3 (2013): 418–61.

111 Robert McGarvey, "You Can Be Fired for Your Political Beliefs," *The Street*, April 28, 2016, www.thestreet.com/personal-finance/you-can-be-fired-for-your-political-beliefs-13547984.

112 Roger S. Achille, "Policy Banning Extreme Hair Colors Upheld," Society for Human Resource Management, March 14, 2018, www.shrm.org/resourcesandtools/legal-and-compliance/employment-law/pages/court-report-policy-banning-extreme-hair-colors-upheld.aspx.

113 Elizabeth Anderson, *Private Government: How Employers Rule Our Lives (and Why We Don't Talk about It)* (Princeton, NJ: Princeton University Press, 2017).

114 *Frlekin v. Apple, Inc.*, 2015 U.S. Dist. LEXIS 151937, Anderson, *Private Government*, xix에서 재인용.

115 Stephanie Wykstra, "The Movement to Make Workers' Schedules More Humane," *Vox*, November 5, 2019, www.vox.com/future-perfect/2019/10/15/20910297/fair-workweek- laws-unpredictable-scheduling-retail-restaurants.

116 Achille, "Policy Banning Extreme Hair Colors Upheld."

117 Colin Lecher, "How Amazon Automatically Tracks and Fires Warehouse Workers for 'Productivity,'" *The Verge*, April 25, 2019, www.theverge.com/2019/4/25/18516004/amazon-warehouse-fulfillment-centers-productivity-firing-terminations.

118 다음을 참조하라. Oxfam America, *No Relief: Denial of Bathroom Breaks in the Poultry Industry* (Washington, DC, 2016), 2, https://s3.amazonaws.com/oxfam-us/www/static/media/files/No_Relief_Embargo.pdf, cited in Anderson, *Private Government*, xix.

119 Thomas Hobbes, *Leviathan*, ed. A. R. Walker (Cambridge: Cambridge University Press, 1904), 137.

120 Hobbes, *Leviathan*, 81.

121 Hobbes, *Leviathan*, 84.

122 Hobbes, *Leviathan*, 84.

123 Hobbes, *Leviathan*, 84-89.

124 John Locke, *Two Treatises on Civil Government* (London: Routledge, 1884), 267-75.

125 Locke, *Two Treatises*, 306-7.

5. 언어: 모든 아이는 "빌어먹을"을 능숙하게 말하는 법을 배워야 한다

126 Neil deGrasse Tyson, *Astrophysics for Young People in a Hurry* (New York: Norton Young Readers, 2019), 16.

127 Rebecca Roache, "Naughty Words," *Aeon*, February 22, 2016, https://aeon.co/essays/where-does-swearing-get-its-power-and-how-should-we-use-it.

128 Roache, "Naughty Words."

129 다음을 참조하라. Melissa Mohr, *Holy Shit: A Brief History of Swearing* (New York: Oxford University Press, 2013).

130 Ronald Dworkin, *Taking Rights Seriously* (London: Duckworth, 1978), 73.

131 Richard Stephens, John Atkins, and Andrew Kingston, "Swearing as a Response to Pain," *Neuroreport* 20, no. 12 (2009): 1056-60, 이 연구의 내용은 다음 책에 요약되어 있다. Emma Byrne, *Swearing Is Good for You: The Amazing Science of Bad Language* (New York: W. W. Norton & Company, 2017), 46-48.

132 이 후속 연구들은 공개되지 않았으나, 리처드 스티븐스가 이 연구들의 결과를 요약한 내용이 다음 책에 수록되어 있다. Byrne, *Swearing Is Good for You*, 58.

133 Michael C. Philipp and Laura Lombardo, "Hurt Feelings and Four Letter Words: Swearing Alleviates the Pain of Social Distress," *European Journal of Social Psychology* 47, no. 4 (2017): 517-23. 이 연구의 내용은 다음 책에 요약되어 있다. Byrne, *Swearing Is Good for You*, 61.

134 Byrne, *Swearing Is Good for You*, 120.

135 Byrne, *Swearing Is Good for You*, 21-45.

136 Byrne, *Swearing Is Good for You*, 94.

137 이 장의 논의는 다음 논문의 전개를 따라간다. Gretchen McCulloch, "A Linguist Explains the Syntax of 'Fuck.'" 매컬러가 근거로 삼은 논문들 중 다수는 매컬러의 다음 책에 소개되어 있다. *Studies Out in Left Field: Defamatory Essays Presented to James D. McCawley on the Occasion of His 33rd or 34th Birthday*, ed. Arnold M. Zwicky, Peter H. Salus, Robert I. Binnick, and Anthony L. Vanek (Philadelphia: John Benjamins Publishing Company, 1992).

138 제임스 D. 매콜리의 주장과 그 논문의 배경 이야기를 알고 싶으면 다음을 참조하라. Gretchen McCulloch, "A Linguist Explains the Syntax of 'Fuck,'" *The Toast*, December 9, 2014, https://the-toast.net/2014/12/09/linguist-explains-syntax-f-word.

139 John J. McCarthy, "Prosodic Structure and Expletive Infixation," *Language* 58, no. 3 (1982): 574-90.

140 Byrne, *Swearing Is Good for You*, 37-38.

141 다음을 참조하라. Kristin L. Jay and Timothy B. Jay, "A Child's Garden of Curses: A Gender, Historical, and Age-Related Evaluation of the Taboo Lexicon," *American Journal of Psychology* 126, no. 4 (2013): 459–75.

142 '신성한'과 '불경한'을 대비시킨 사람은 에밀 뒤르켐(Émile Durkheim)이지만, 나는 뒤르켐과는 조금 다른 뜻으로 이 단어들을 사용했다. 뒤르켐의 다음 책을 참조하라. *Elementary Forms of the Religious Life*, trans. Joseph Ward Swain (Mineola, NY: Dover, 2008).

143 존 맥호터(John McWhorter)가 다음 글에서 이런 주장을 펼쳤다. "The F-Word Is Going the Way of Hell," *The Atlantic*, September 6, 2019, www.theatlantic.com/ideas/archive/2019/09/who-cares-beto-swore/597499. 그는 fuck이라는 단어는 이제 욕이 아니게 되어가고 있다고 주장한다. fuck은 빠른 속도로 hell과 같아지고 있다. 그런 단어에 발끈하는 건 아이들뿐이다. 로치의 이론을 확장해서 이런 과정을 '공격성의 탈점증'이라고 부를 수도 있겠다. 우리가 어떤 단어를 많이 말할수록, 우리는 그 단어에 익숙해지고 그 단어의 공격성은 줄어든다.

144 이 논의에 관해서는 다음 글을 참조하라. Geoffrey K. Pullum, "Slurs and Obscenities: Lexicography, Semantics, and Philosophy," in *Bad Words: Philosophical Perspectives on Slurs*, ed. David Sosa (New York: Oxford University Press, 2018), 168-92.

145 Eric Swanson, "Slurs and Ideologies," in *Analyzing Ideology: Rethinking the Concept*, ed. Robin Celikates, Sally Haslanger, and Jason Stanley (Oxford: Oxford University Press, forthcoming).

146 Swanson, "Slurs and Ideologies."

147 Swanson, "Slurs and Ideologies."

148 Swanson, "Slurs and Ideologies."

149 James Baldwin, "The Fire Next Time," in *Collected Essays*, ed. Toni Morrison (New York: The Library of America, 1998), 291.

150 Martin Luther King, Jr., *Letter From the Birmingham Jail* (San Francisco: Harper San Francisco, 1994).

151 Ta-Nehisi Coates, *Between the World and Me* (New York: Spiegel & Grau, 2015).

152 각주와 관련해 다음을 참조하라. Swanson, "Slurs and Ideologies."

153 사용/언급을 구분하는 견해를 더 자세히 알고 싶으면 다음을 참조하라. John McWhorter, "The Idea That Whites Can't Refer to the N-Word," *The Atlantic*, August 27, 2019, www.theatlantic.com/ideas/archive/2019/08/whites-refer-to-the-n-word/596872.

154 Swanson, "Slurs and Ideologies."

6. 젠더: 남자가 여자보다 느리게 뛰면 창피한 거야?

155 각주와 관련해 다음을 참조하라. Emilia Bona, "Why Are Female Athletes Criticised for Developing a 'Masculine' Physique?" *Vice*, July 29, 2016, www.vice.com/en_us/article/pgnav7/why-are-female-athletes-criticised-for-developing-a-masculine-physique.

156 어른들이 실제로 그런 말을 하기도 한다. 여성 스포츠 재단(Women's Sports Foundation)이 진행한 연구에서 부모들의 3분의 1가량이 "스포츠는 여자아이들보다 남자아이들이 잘한다는 통념에 찬성했다". 다음을 참조하라. N. Zarrett, P. T. Veliz, and D. Sabo, *Keeping Girls in the Game: Factors That Influence Sport Participation* (New York: Women's Sports Foundation, 2020), 5.

157 "Senior Outdoor 2019 100 Metres Men Toplist," World Athletics, 2021년 1월 27일에 접속. www.worldathletics.org/records/toplists/sprints/100-metres/outdoor/men/senior/2019.

158 "U18 Outdoor 2019 100 Metres Men Toplist," World Athletics, 2021년 1월 17일에 접속. www.worldathletics.org/records/toplists/sprints/100-metres/outdoor/men/u18/2019.

159 각주와 관련해 다음을 참조하라. Nicholas P. Linthorne, *The 100-m World Record by Florence Griffith-Joyner at the 1988 U.S. Olympic Trials*, report for the International Amateur Athletic Federation, June 1995, www.brunel.ac.uk/~spstnpl/Publications/IAAFReport(Linthorne).pdf; and "Senior Outdoor 100 Metres Women All Time Top List," World Athletics, 2021년 8월 22일에 접속. www.worldathletics.org/records/all-time-toplists/sprints/100-metres/outdoor/women/senior.

160 적어도 집안에서 전해 내려오는 이야기에 따르면 그렇다. 우리가 세계 랭킹의 기록을 추적하지는 못했지만, 베니가 플라이급 타이틀을 차지하기 위해 예선을 치렀다는 뉴스 기사는 있다. 만약 그가 그 대회에서 우승했다면 미짓 올개스트(Midget Wolgast)와 맞붙었을 것이다. 미짓midget(난쟁이)이라는 별명과 달리 그는 베니보다 3센티미터 컸다. 베니는 그 시합에서 져서 기회를 얻지 못했다. 베니가 프로 선수로서 치른 경기의 목록은 다음 링크에서 찾아볼 수 있다. BoxRec, 2020년 1월 17일에 접속함. https://boxrec.com/en/proboxer/431900.

161 세리나는 다음과 같이 덧붙였다. "저는 여성 테니스를 하는 게 좋아요. 저는 오직 여성 테니스만 하고 싶어요. 창피를 당하기는 싫으니까요." Chris Chase, "Serena Tells Letterman She'd Lose to Andy Murray in 'Five or Six' Minutes," *For the Win*, August 23, 2013, https://ftw.usatoday.com/2013/08/serena-williams-playing-men-andy-murray.

162 Sarah Ko, "Off the Rim: The WNBA is Better than the NBA," *Annenberg Media*, September 20, 2019, www.uscannenbergmedia.com/2019/09/20/off-the-rim-the-wnba-is-better-than-the-nba.

163 Michael D. Resnik, E. Maynard Adams, and Richard E. Grandy, "Jane English Memorial Resolution, 1947-1978," *Proceedings and Addresses of the American Philosophical Association* 52, no. 3 (1979): 376.

164 각주와 관련해 다음을 참조하라. Reed Ferber, Irene McClay Davis, and Dorsey S. Williams 3rd, "Gender Differences in Lower Extremity Mechanics During Running," *Clinical Biomechanics* 18, no. 4 (2003): 350–57.

165 Jane English, "Sex Equality in Sports," *Philosophy & Public Affairs* 7, no. 3 (1978): 269-77.

166 English, "Sex Equality in Sports," 270.

167 English, "Sex Equality in Sports," 270.

168 English, "Sex Equality in Sports," 274.

169 Resnik, Adams, and Grandy, "Jane English Memorial Resolution," 377.

170 English, "Sex Equality in Sports," 271.

171 English, "Sex Equality in Sports," 273.

172 "Angela Schneider to Serve as New Director of ICOS," International Centre for Olympic Studies, 2020년 1월 17일에 접속. www.uwo.ca/olympic/news/2019/angela_schneider_to_serve_as_new_director_of_icos.html.

173 Angela J. Schneider, "On the Definition of 'Woman' in the Sport Context," in *Values in Sport: Elitism, Nationalism, Gender Equality and the Scientific Manufacturing of Winners*, ed. Torbjörn Tännsjö and Claudio Tamburrini (London: E & FN Spon, 2000), 137.

174 Schneider, "On the Definition of 'Woman,'" 137.

175 Cindy Boren, "Michael Jordan Pledged $100 Million to Improve Social Justice Because 'This Is a Tipping Point,'" *Washington Post*, June 7, 2020, www.washingtonpost.com/sports/2020/06/07/michael-jordan-pledged-100-million-improve-social-justice-because-this-is-tipping-point.

176 Schneider, "On the Definition of 'Woman,'" 137.

177 Schneider, "On the Definition of 'Woman,'" 134.

178 Melissa Cruz, "Why Male Gymnasts Don't Do the Balance Beam," *Bustle*, August 11, 2016, www.bustle.com/articles/178101-why-dont-male-gymnasts-do-the-balance-beam-this-olympic-event-could-use-a-modern-update.

179 Jason Sumner, "Fiona Kolbinger, 24-Year-Old Medical Student, Becomes First Woman to Win the Transcontinental Race," *Bicycling*, August 6, 2019, www.bicycling.com/racing/a28627301/fiona-kolbinger-transcontinental-race.

180 Angie Brown, "Nursing Mother Smashes 268-mile Montane Spine Race Record," BBC News, January 17, 2019, www.bbc.com/news/uk-scotland-edinburgh-east-fife-46906365.

181 각주와 관련해 다음을 참조하라. Claire Ainsworth, "Sex Redefined," *Nature*, February 18, 2015, www.nature.com/articles/518288a.

182 Sarah Moon and Hollie Silverman, "California Fire Sparked by a Gender Reveal Party Has Grown to More Than 10,000 Acres," CNN, September 8, 2020, www.cnn.com/2020/09/08/us/el-dorado-fire-gender-reveal-update-trnd/index.html.

183 Nour Rahal, "Michigan Man Dead After Explosion at Baby Shower," *Detroit Free Press*, February 8, 2021, www.freep.com/story/news/local/michigan/2021/02/07/harland-cannon-explosion-baby-shower/4429175001.

184 Sandra E. Garcia, "Explosion at Gender Reveals Party Kills Woman, Officials Say," *New York Times*, October 28, 2019, www.nytimes.com/2019/10/28/us/gender-reveal-party-death.html.

185 Jeanne Maglaty, "When Did Girls Start Wearing Pink?" *Smithsonian Magazine*, April 7, 2011, www.smithsonianmag.com/arts-culture/when-did-girls-start-wearing-pink-1370097.

186 트랜스젠더 아동에 관한 연구 현황을 개괄하고 싶다면 다음을 참조하라. Kristina R. Olson, "When Sex and Gender Collide," *Scientific American*, September 1, 2017, www.scientificamerican.com/article/when-sex-and-gender-collide.

187 다음의 예를 참조하라. Talya Minsberg, "Trans Athlete Chris Mosier on Qualifying for the Olympic Trials," *New York Times*, January 28, 2020, www.nytimes.com/2020/01/28/sports/chris-mosier-trans-athlete-olympic-trials.html.

188 각주의 여론조사와 관련해서는 다음을 참조하라. Jeffrey M. Jones, "LGBT Identification Rises to 5.6% in Latest U.S. Estimate," Gallup, February 24, 2021, https://news.gallup.com/poll/329708/lgbt-identification-rises-latest-estimate.aspx.

189 Katherine Kornei, "This Scientist is Racing to Discover How Gender Transitions Alter Athletic Performance—Including Her Own," *Science*, July 25, 2018, www.sciencemag.org/news/2018/07/scientist-racing-discover-how-gender-transitions-alter-athletic-performance-including.

190 Joanna Harper, "Athletic Gender," *Law and Contemporary Problems* 80 (2018): 144.

191 Briar Stewart, "Canadian Researcher to Lead Largest Known Study on Transgender Athletes," CBC News, July 24, 2019, www.cbc.ca/news/health/trans-athletes-performance-transition-research-1.5183432.

192 Joanna Harper, "Do Transgender Athletes Have an Edge? I Sure Don't," *Washington Post*, April 1, 2015, www.washingtonpost.com/opinions/do-transgender-athletes-have-an-edge-i-sure-dont/2015/04/01/ccacb1da-c68e-11e4-b2a1-bed1aaea2816_

story.html.

193 Joanna Harper, "Race Times for Transgender Athletes," *Journal of Sporting Cultures and Identities* 6, no. 1 (2015): 1-9.

194 하퍼의 연구에 대한 반박은 다음을 참조하라. Rebecca M. Jordan-Young and Katrina Karkazis, *Testosterone: An Unauthorized Biography* (Cambridge, MA: Harvard University Press, 2019), 188-89.

195 조던 영과 카케이지스가 쓴 책의 운동경기에 관한 장을 보면 테스토스테론과 스포츠 경기 성적에 관한 연구들 전반을 이해할 수 있다. 다음 책을 참조하라. *Testosterone*, 159-201.

196 Harper, "Athletic Gender," 148.

197 Harper, "Athletic Gender," 148.

198 "Eligibility Regulations for the Female Classification (Athletes with Differences of Sex Development)," International Association of Athletics Federations, May 1, 2019, www.sportsintegrityinitiative.com/wp-content/uploads/2019/05/IAAF-Eligibility-Regulations-for-the-Female-Classi-2-compressed.pdf.

199 Jordan-Young and Karkazis, *Testosterone*, 199.

200 아이비의 원래 이름은 레이철 매키넌(Rachel McKinnon)이었다. 펠프스에 관한 그녀의 주장은 다음을 참조하라. Fred Dreier, "Q&A: Dr. Rachel McKinnon, Masters Track Champion and Transgeender Athlete," *VeloNews*, October 15, 2018, www.velonews.com/news/qa-dr-rachel-mckinnon-masters-track-champion-and-transgender-athlete. 아이비의 이야기를 들어보자. "엘리트 체육을 들여다보면 선수들 하나하나가 자기 종목에서 뛰어난 능력을 발휘하는 데 도움이 되는 일종의 유전적 변이를 가지고 있다. 마이클 펠프스는 관절 구조와 신체 비례 덕분에 물고기처럼 헤엄친다. 그리고 그건 좋은 일이다. 그렇다고 해서 펠프스가 불공평한 경쟁 우위에 있다고 말해서는 안 된다."

201 다음을 참조하라. Rachel McKinnon, "I Won a World Championship. Some People Aren't Happy," *New York Times*, December 5, 2019, www.nytimes.com/2019/12/05/opinion/i-won-a-world-championship-some-people-arent-happy.html.

202 McKinnon, "I Won a World Championship."

203 비슷한 주장으로 다음을 참조하라. Rebecca Jordan-Young and Katrina Karkazis, "You Say You're a Woman? That Should Be Enough," *New York Times*, June 17, 2012, www.nytimes.com/2012/06/18/sports/olympics/olympic-sex-verification-you-say-youre-a-woman-that-should-be-enough.html.

204 이 점에 관해서는 대니얼 할버스탬(Daniel Halberstam)과 엘런 캐츠(Ellen Katz)의 도움을 받았다.

205 Harper, "Athletic Gender," 141.

206 Robin Dembroff, "Real Talk on the Metaphysics of Gender," *Philosophical Topics* 46,

no. 2 (2018): 21-50.

207 다음을 참조하라. Alexis Burgess and David Plunkett, "Conceptual Ethics I," *Philosophy Compass* 8, no. 12 (2013): 1091-1101.

208 '여성'이라는 단어의 의미에 관한 깊이 있는 고찰과 '여성'이라는 단어를 자기 정체성과 일치하는 방식으로 사용하자는 또 하나의 주장에 관해서는 다음을 참조하라. Talia Mae Bettcher, "Trans Women and the Meaning of 'Woman,'" in *The Philosophy of Sex: Contemporary Readings*, 6th ed., ed. Nicholas Power, Raja Halwani, and Alan Soble (Lanham, MD: Roman & Littlefield, 2013), 233-50.

209 Robin Dembroff, "Why Be Nonbinary?" *Aeon*, October 30, 2018, https://aeon.co/essays/nonbinary-identity-is-a-radical-stance-against-gender-segregation.

210 각주와 관련해 다음을 참조하라. S. E. James, J. L. Herman, S. Rankin, M. Keisling, L. Mottet, and M. Anafi, *The Report of the 2015 U.S. Transgender Survey* (Washington, DC: National Center for Transgender Equality, 2016), 44, https://transequality.org/sites/default/files/docs/usts/USTS-Full-Report-Dec17.pdf.

211 다음을 참조하라. Dembroff, "Why Be Nonbinary?" 뎀브로프의 다음 글도 참조하라. "Real Talk on the Metaphysics of Gender," 38. 그는 다음과 같이 썼다. "사람들은 젠더가 자기 정체성에 근거하게 된다면 사회적 기대, 가족 구조, 성행위, 젠더에 근거한 노동 배분을 원만하게 결정하는 사회적 시스템이 엉망이 되고 비효율적으로 바뀔 거라고 걱정한다. 내 사고방식에 따르면 한 남자의 부정 논법(modus tollens)은 한 동성애자의 긍정 논법(modus ponens)과 같다."

212 한 명 이상의 논바이너리 운동선수는 남성 하키와 여성 하키에 둘 다 참가한다. 다음을 참조하라. Donna Spencer, "Non-binary Athletes Navigating Canadian Sport With Little Policy Help," CBC Sports, May 26, 2020, www.cbc.ca/sports/canada-non-binary-athletes-1.5585435.

7. 인종: 내가 저지르지 않은 잘못에 책임을 지라니

213 Brad Meltzer, *I Am Rosa Parks* (New York: Dial Books, 2014).

214 Brad Meltzer, *I Am Martin Luther King, Jr.* (New York: Dial Books, 2016).

215 Brad Meltzer, *I am Jackie Robinson* (New York: Dial Books, 2015).

216 Cathy Goldberg Fishman, *When Jackie and Hank Met* (Tarrytown, NY: Marshall Cavendish, 2012).

217 K. 앤서니 아피아는 다음 글에서 이런 견해의 역사를 추적한다. "Race, Culture, Identity: Misunderstood Connections," in K. Anthony Appiah and Amy Gutmann, *Color Conscious: The Political Morality of Race* (Princeton, NJ: Princeton University Press, 1996), 30-105.

218 Appiah, "Race, Culture, Identity," 68-71.

219 다음의 글이 유익하다. Gavin Evans, "The Unwelcome Revival of 'Race Science,'"

The Guardian, March 2, 2018, www.theguardian.com/news/2018/mar/02/the-un-welcome-revival-of-race-science; and William Saletan, "Stop Talking About Race and IQ," *Slate*, April 27, 2018, https://slate.com/news-and-politics/2018/04/stop-talking-about-race-and-iq-take-it-from-someone-who-did.html.

220 Evans, "The Unwelcome Revival of 'Race Science.'"

221 Paul Hoffman, "The Science of Race," *Discover*, November 1994, 4, Appiah, "Race, Culture, Identity," 69에서 재인용.

222 다음을 참조하라. Douglas L. T. Rohde, Steve Olson, and Joseph T. Chang, "Modelling the Recent Common Ancestry of All Living Humans," *Nature* 431 (2004): 562-66.

223 Scott Hershberger, "Humans Are More Closely Related Than We Commonly Think," *Scientific American*, October 5, 2020, www.scientificamerican.com/article/humans-are-all-more-closely-related-than-we-commonly-think.

224 Hershberger, "Humans Are More Closely Related"에서 재인용.

225 L. Luca Cavalli-Sforza and Marcus W. Feldman, "The Application of Molecular Ge-netic Approaches to the Study of Human Evolution," *Nature Genetics Supplement* 33 (2003): 270.

226 Douglas Rhode, Hershberger, "Humans Are More Closely Related"에서 재인용.

227 이와 반대되는 견해는 다음을 참조하라. Quayshawn Spencer, "How to be a Biolog-ical Racial Realist," in *What Is Race?: Four Philosophical Views*, ed. Joshua Glasgow, Sally Haslanger, Chike Jeffers, and Quayshawn Spencer (New York: Oxford Universi-ty Press, 2019), 73-110. 스펜서는 집단유전학의 연구 결과 인류는 아프리카인, 동아시아인, 유라시아인, 아메리카 원주민, 오세아니아인의 다섯 개 인종 집단으로 나뉜다는 사실이 밝혀졌다고 주장한다. 하지만 그는 이런 구분이 가능하다고 해서 이 집단들이 "사회적으로 중요한 특징(예: 지능, 미모, 도덕성 등)에 차이가 있다"(p. 104)는 뜻은 아니라고도 밝힌다.

228 다음을 참조하라. Ron Mallon, "'Race': Normative, Not Metaphysical or Semantic," *Ethics* 116 (2006): 525-51, Naomi Zack, *Philosophy of Science and Race* (New York: Routledge, 2002), and Appiah, "Race, Culture, Identity."

229 이런 견해에 관한 자세한 설명은 다음을 참조하라. Sally Haslanger, "Tracing the So-ciopolitical Reality of Race," in Glasgow et al., *What Is Race?*, 4-37.

230 W. E. B. Du Bois, *Dusk of Dawn: An Essay Toward an Autobiography of a Race Con-cept* (New Brunswick, NJ: Transaction Publishers, 2011), 153.

231 콰메 앤서니 아피아(Kwame Anthony Appiah)는 "'백인'과 '흑인'이라는 인종 분류는 쌍둥이로 탄생했다"고 말했다. 아피아의 다음 글을 참조하라. "I'm Jewish and Don't Identify as White. Why Must I Check That Box?" *New York Times Magazine*, October 13, 2020, www.nytimes.com/2020/10/13/magazine/im-jewish-and-dont-identify-as-white-why-must-i-check-that-box.html.

232 James Baldwin, "On Being 'White'...and Other Lies," *Essence*, April 1984, 90-92.

233 Brent Staples, "How Italians Became 'White,'" *New York Times*, October 12, 2019, www.nytimes.com/interactive/2019/10/12/opinion/columbus-day-italian-american-racism.html.

234 Staples, "How Italians Became 'White.'"

235 Sally Haslanger, "A Social Constructionist Analysis of Race," in *Resisting Reality: Social Construction and Social Critique* (New York: Oxford University Press, 2012), 298-310; 그리고 그녀의 다음 글도 함께 참조하라. "Tracing the Sociopolitical Reality of Race," 4-37.

236 각주의 인용문은 다음에서 인용했다. Michael Root, "How We Divide the World," *Philosophy of Science* 67, no. 3 (2000), S631–S632.

237 Adam Mann, "Why Isn't Pluto a Planet Anymore?" *Space*, March 28, 2019, www.space.com/why-pluto-is-not-a-planet.html.

238 Science Reference Section, Library of Congress, "Why Is Pluto No Longer a Planet?" Library of Congress, November 19, 2019, www.loc.gov/everyday-mysteries/astronomy/item/why-is-pluto-no-longer-a-planet.

239 각주에 언급된 책은 다음과 같다. Beverly Daniel Tatum, *Why Are All the Black Kids Sitting Together in the Cafeteria? And Other Conversations About Race*, rev. ed. (New York: Basic Books, 2003), 31–51.

240 Neil Bhutta, Andrew C. Chang, Lisa J. Dettling, and Joanne W. Hsu, "Disparities in Wealth by Race and Ethnicity in the 2019 Survey of Consumer Finances," *FEDS Notes*, Federal Reserve, September 28, 2020, www.federalreserve.gov/econres/notes/feds-notes/disparities-in-wealth-by-race-and-ethnicity-in-the-2019-survey-of-consumer-finances-20200928.htm.

241 Jhacova Williams and Valerie Wilson, "Black Workers Endure Persistent Racial Disparities in Employment Outcomes," *Economic Policy Institute*, August 27, 2019, www.epi.org/publication/labor-day-2019-racial-disparities-in-employment.

242 Clare Lombardo, "Why White School Districts Have So Much More Money," NPR, February 26, 2019, www.npr.org/2019/02/26/696794821/why-white-school-districts-have-so-much-more-money.

243 Max Roberts, Eric N. Reither, and Sojung Lim, "Contributors to the Black-White Life Expectancy Gap in Washington D.C.," *Scientific Reports* 10 (2020): 1-12.

244 David R. Williams and Toni D. Rucker, "Understanding and Addressing Racial Disparities in Health Care," *Health Care Financing Review* 21, no. 4 (2000): 75-90.

245 Becky Pettit and Bryan Sykes, "Incarceration," *Pathways* (Special Issue 2017), inequality.stanford.edu/sites/default/files/Pathways_SOTU_2017.pdf.

246 History.com editors, "Tulsa Race Massacre," *History*, March 8, 2018, www.history.

com/topics/roaring-twenties/tulsa-race-massacre.

247 Equal Justice Initiative, "Study Finds Racial Disparities in Incarceration Persist," June 15, 2016, https://eji.org/news/sentencing-project-report-racial-disparities-in-incar-ceration.

248 Chike Jeffers, "Cultural Constructionism," in Glasgow et al., *What Is Race?*, 75.

249 Chike Jeffers, "The Cultural Theory of Race: Yet Another Look at Du Bois's 'The Conservation of Races,'" *Ethics* 123, no. 3 (2013): 422.

250 Jeffers, "The Cultural Theory of Race," 422.

251 Jeffers, "Cultural Constructionism," 74-88.

252 원래 벨은 캐스린 T. 진스(Kathryn T. Gines)라는 이름으로 글을 발표했다. 이 인용문은 그녀의 다음 글에서 가져온 것이다. "Fanon and Sartre 50 Years Later: To Retain or Reject the Concept of Race," *Sartre Studies International* 9, no. 2 (2003): 56.

253 Gines, "Fanon and Sartre," 56.

254 제임스 볼드윈은 "On Being 'White'…and Other Lies"이라는 에세이 91쪽에서 다음과 같이 썼다. "미국은 흰색이 됐다. 그들의 표현대로라면 이 나라에 '정착'했던 사람들은 백인이 됐다. '흑인'의 존재를 부정하고 '흑인'의 예속을 정당화할 필요가 있었기 때문이다. 어떤 공동체도 그런 원칙 위에 세워져선 안 된다. 다시 말하면 어떤 공동체도 대량 학살을 초래하는 거짓말을 토대로 세워져선 안 된다. 피부색이 흰 사람들(예컨대 노르웨이에서 그들은 '노르웨이인'이다)은 백인이 됐다. 가축을 도살하고, 우물에 독을 타고, 아메리카 원주민들을 대량 학살하고, '흑인' 여성을 강간함으로써 백인이 된 것이다."

255 Judith Jarvis Thomson, "Morality and Bad Luck," *Metaphilosophy* 20, no. 3-4 (July/ October 1989): 203-21.

256 다음을 참조하라. David Schaper, "Boeing to Pay $2.5 Billion Settlement Over Deadly 737 Max Crashes," NPR, January 8, 2021, www.npr.org/2021/01/08/954782512/boeing-to-pay-2-5-billion-settlement-over-deadly-737-max-crashes, and Dominic Gates, "Boeing's 737 MAX 'Design Failures' and FAA's 'Grossly Insufficient' Review Slammed," *Seattle Times*, March 6, 2020, www.seattletimes.com/business/boeing-aerospace/u-s-house-preliminary-report-faults-boeing-faa-over-737-max-crashes.

257 W. Robert Thomas, "How and Why Corporations Became (and Remain) Persons Under Criminal Law," *Florida State University Law Review* 45, no. 2 (2018): 480-538.

258 David Enoch, "Being Responsible, Taking Responsibility, and Penumbral Agency," in *Luck, Value, & Commitment: Themes from the Ethics of Bernard Williams*, ed. Ulrike Heuer and Gerald Lang (Oxford: Oxford University Press, 2012) 95-132.

259 Enoch, "Being Responsible," 120-23.

260 Isabel Wilkerson, *Caste: The Origins of Our Discontents* (New York: Random House, 2020), 15-20.

261 Wilkerson, *Caste*, 16.

262 Wilkerson, *Caste*, 16.

263 Frederick Douglass, "The Meaning of July Fourth for the Negro," *Frederick Douglass: Selected Speeches and Writings*, ed. Philip S. Foner (Chicago: Lawrence Hill, 1999), 192.

264 Douglass, "Meaning of July Fourth," 194.

265 Douglass, "Meaning of July Fourth," 195.

266 Douglass, "Meaning of July Fourth," 196.

267 Douglass, "Meaning of July Fourth," 204.

268 2008년 미국 의회는 노예제에 대한 공식 사과문을 발표했다. 그건 좋은 일이다. 하지만 미국 의회 단독으로 미국을 대표해서 행동할 수는 없다. Danny Lewis, "Five Times the United States Officially Apologized," *Smithsonian Magazine*, May 27, 2016, www.smithsonianmag.com/smart-news/five-times-united-states-officially- apologized.

269 Ta-Nehisi Coates, "The Case for Reparations," *The Atlantic*, June 2014, www.theatlantic.com/magazine/archive/2014/06/the-case-for-reparations/361631.

270 Daniel Fryer, "What's the Point of Reparation?" (미출간 원고, 2021년 5월 11일).

271 Stephen H. Norwood and Harold Brackman, "Going to Bat for Jackie Robinson: The Jewish Role in Breaking Baseball's Color Line," *Journal of Sport History* 26, no. 1 (1999): 131.

272 Jackie Robinson and Wendell Smith, *Jackie Robinson: My Own Story* (New York: Greenberg, 1948), 96.

273 Robinson and Smith, *Jackie Robinson*, 96-97.

274 로빈슨은 초대를 거절했다. 그린버그에게 폐를 끼치고 싶지 않아서였다고 한다. 행크 그린버그의 자서전을 참조하라. *The Story of My Life*, ed. Ira Berkow (Chicago: Ivan R. Dee, 1989), 183.

275 Robinson and Smith, *Jackie Robinson*, 96; 그리고 다음을 참조하라. "Hank Greenberg a Hero to Dodgers' Negro Star," *New York Times*, May 18, 1947, https://timesmachine.nytimes.com/timesmachine/1947/05/18/99271179.html.

276 Lenny Bruce, *How to Talk Dirty and Influence People* (Boston: Da Capo Press, 2016), 155.

277 Dana Goodyear, "Quiet Depravity," *New Yorker*, October 17, 2005, www.newyorker.com/magazine/2005/10/24/quiet-depravity.

278 Emma Green, "Why the Charlottville Marchers Were Obsessed with Jews," *The Atlantic*, August 15, 2017, www.theatlantic.com/politics/archive/2017/08/nazis-racism-charlottesville/536928.

279 그리고 유대인이면서 흑인인 사람들은 중간에 끼어서 난처해하곤 한다. Deena

Yellin, "Subjected to Anti-Semitism and Racism, Jews of Color Feel Stuck in the Middle,'" NorthJersey.com, August 27, 2020, www.northjersey.com/story/news/local/2020/08/27/jewish-people-of-color-grapple-with-bigotry-two-fronts/5444526002.

280 Norwood and Brackman, "Going to Bat," 133-34.

281 각주와 관련해 다음을 참조하라. James Baldwin, "Negroes Are Anti-Semitic Because They're Anti-White," *New York Times*, April 9, 1967, https://movies2.nytimes.com/books/98/03/29/specials/baldwin-antisem.html.

282 Ami Eden, "Remembering Jackie Robinson's Fight with Black Nationalists over Anti-Semitism," *Jewish Telegraphic Agency*, April 15, 2013,www.jta.org/2013/04/15/culture/remembering-jackie-robinsons-fight-with-black-nationalists-over-anti-semitism.

283 Jackie Robinson, *I Never Had It Made* (New York: G. P. Putnam's Sons, 1972), 159.

284 행크 그린버그는 자서전에 다음과 같이 기록했다. "재키는 야구의 역사를 통틀어 가장 힘들게 선수 생활을 했다. 나는 어쩌다 유대인으로 태어났고, 야구 선수 중에 유대인은 소수였지만 나는 백인이었고, 어떤 사람들이 짐작했던 바와 달리 뿔을 가지고 있지도 않았다. (…) 그래도 나는 재키 로빈슨에게 동질감을 느꼈다. 내가 그를 응원했던 이유는 나도 그와 똑같은 대접을 받았기 때문이다. 재키만큼 나쁘진 않았지만 사람들은 늘 내가 유대인이라는 사실을 상기시켰고 유대인을 비하하는 표현(sheenie)을 썼다." *Story of My Life*, 183.

8. 지식: 내가 아는지 모르는지도 알 수 없을 때

285 Zhuangzi, *The Complete Works of Zhuangzi*, trans. Burton Watson (New York: Columbia University Press, 2013), 18.

286 René Descartes, *Meditations on First Philosophy: With Selections from the Objections and Replies*, 2nd ed., ed. and trans. John Cottingham (Cambridge: Cambridge University Press, 2017), 15.

287 Descartes, *Meditations on First Philosophy*, 16.

288 Descartes, *Meditations on First Philosophy*, 17.

289 Descartes, *Meditations on First Philosophy*, 19.

290 Descartes, *Meditations on First Philosophy*, 21.

291 모두가 여기에 동의하지는 않는다. 프리드리히 니체(Friedrich Nietzsche)는 데카르트가 발견한 것은 생각이 존재한다는 것이지, 그 생각을 하고 있는 '내'가 존재한다는 건 아니라고 주장했다. 나는 이 점에 관해서는 데카르트의 추론이 탄탄하다고 생각한다. 니체의 의심에 관해서는 그의 다음 저작을 참조하라. *Beyond Good and Evil: Prelude to a Philosophy of the Future*, trans. Helen Zimmern (New York: Macmillan, 1907), 22–25. 데카르트의 입장을 옹호하는 견해로는 다음을 참조하라. Christopher Peacocke, "Descartes Defended," *Proceedings of the Aristotelean Society, Supplementary Volumes* 86 (2012): 109–25.

292 지식에 관한 전통적 견해와 그 견해의 문제점에 관해서는 다음을 참조하라. Jonathan Jenkins Ichikawa and Matthew Steup, "The Analysis of Knowledge," *Stanford Encyclopedia of Philosophy* (Summer 2018 edition), ed. Edward N. Zalta, https://plato. stanford.edu/archives/sum2018/entries/knowledge-analysis.

293 David Edmonds, "A Truth Should Suffice," *Times Higher Education*, January 24, 2013, www.timeshighereducation.com/a-truth-should-suffice/2001095.article.

294 Edmund L. Gettier, "Is Justified True Belief Knowledge?" *Analysis* 23, no. 6 (1963): 121-23.

295 게티어의 글에 대한 가능한 모든 이론과 그 반론들의 문제점에 관해서는 다음을 참조하라. Ichikawa and Steup, "Analysis of Knowledge."

296 Linda Zagzebski, "The Inescapability of Gettier Problems," *Philosophical Quarterly* 44, no. 174 (1994): 69

297 Zagzebski, "The Inescapability of Gettier Problems," 67-68.

298 티머시 윌리엄슨은 다음 책에서 그런 견해를 밝힌다. Timothy Williamson, *Knowledge and Its Limits* (New York: Oxford University Press, 2000).

299 Edmonds, "A Truth Should Suffice."

300 이 이야기는 다음 책에 인용되어 있다. Georges B. J. Dreyfus, *Recognizing Reality: Dharmakīrti's Philosophy and Its Tibetan Interpretations* (Albany, NY: SUNY Press, 1997), 292. 나는 이 이야기(그리고 다음 주석에 나오는 이야기)를 이치카와의 "Analysis of Knowledge"에서 처음 읽었다.

301 피터의 이야기는 다음과 같다. "플라톤이 당신 옆자리에 있고, 당신은 그가 달리고 있다는 사실을 알고 있지만 그를 소크라테스로 잘못 알고 있다고 가정하자. 그래서 당신은 '소크라테스가 달리고 있다'는 확고한 믿음을 가지고 있다. 알아보니 소크라테스는 로마에서 정말로 달리고 있었다. 그래도 당신이 그걸 안다고 할 수는 없다." 이 이야기는 다음 책에 인용되어 있다. Ivan Boh, "Belief Justification and Knowledge: Some Late Medieval Epistemic Concerns," *Journal of the Rocky Mountain Medieval and Renaissance Association* 6 (1985): 95.

302 예컨대 다음을 참조하라. *The Philosopher Queens: The Lives and Legacies of Philosophy's Unsung Women*, ed. Rebecca Buxton and Lisa Whiting (London: Unbound, 2020).

303 Christia Mercer, "Descartes' Debt to Teresa of Ávila, or Why We Should Work on Women in the History of Philosophy," *Philosophical Studies* 174, no. 10 (2017): 2539–55.

304 "Notes and News," *Journal of Philosophy* 75, no. 2 (1978): 114.

305 G. C. Stine, "Skepticism, Relevant Alternatives, and Deductive Closure," *Philosophical Studies* 29 (1976): 249-61.

306 스타인은 '지식'의 의미 변화라는 주장을 일찍부터 옹호했던 것으로 잘 알려져 있다. 하지만 그녀가 최초는 아니었고, 마지막과도 거리가 멀었다. 이 주장에 관한 자

세한 소개는 다음을 참조하라. Patrick Rysiew, "Epistemic Contextualism," *Stanford Encyclopedia of Philosophy* (Spring 2021 edition), ed. Edward N. Zalta, https://plato. stanford.edu/archives/spr2021/entries/contextualism-epistemology.

307 Stine, "Skepticism, Relevant Alternatives, and Deductive Closure," 252.

308 Amy Isackson, "Working to Save the Painted 'Zonkeys' of Tijuana," NPR, August 8, 2013, www.npr.org/2013/08/08/209969843/working-to-save-the-painted-zonkeys-of-tijuana.

309 Stine, "Skepticism, Relevant Alternatives, and Deductive Closure," 256-57.

310 각주와 관련해 다음을 참조하라. Emily Lodish, "Here's Everything You Wanted to Know about Zonkeys, the Great Zebra-Donkey Hybrids," *The World*, April 30, 2014, www.pri.org/stories/2014-04-30/heres-everything-you-wanted-know-about-zonkeys-great-zebra-donkey-hybrids.

311 Stine, "Skepticism, Relevant Alternatives, and Deductive Closure," 254.

312 N. Ángel Pinillos, "Knowledge, Ignorance and Climate Change," *New York Times*, November 26, 2018, www.nytimes.com/2018/11/26/opinion/skepticism-philoso-phy-climate-change.html.

313 그 증거에 관한 개괄적인 설명으로 다음을 참조하라. Renee Cho, "How We Know Today's Climate Change Is Not Natural," *State of the Planet*, Columbia Climate School, April 4, 2017, https://blogs.ei.columbia.edu/2017/04/04/how-we-know-climate-change-is-not-natural.

314 "On Energy, Election Commission, & Education, Sununu Casts Himself as More Pragmatist Than Politician," New Hampshire Public Radio, July 10, 2017, www.nhpr. org/post/energy-election-commission-education-sununu-casts-himself-more-pragma-tist-politician.

315 David Roberts, "Exxon Researched Climate Science. Understood It. And Misled the Public," *Vox*, August 23, 2017, www.vox.com/energy-and-environment/2017/8/23/16188422/exxon-climate-change.

316 Phoebe Keane, "How the Oil Industry Made Us Doubt Climate Change," BBC News, September 20, 2020, www.bbc.com/news/stories-53640382.

317 루트비히 비트겐슈타인은 이를 다음과 같이 표현했다. "즉 우리가 제기하는 질문들과 우리의 의심들은 어떤 문제는 의심을 받지 않는다는 전제에 의존한다. 우리가 가진 질문과 의심들은 그것들을 회전시키는 경첩과도 같다." 비트겐슈타인의 다음 책을 참조하라. *On Certainty*, ed. G. E. M. Anscombe and G. H. von Wright, trans. Denis Paul and G. E. M. Anscombe (New York: Harper & Row, 1975), 44.

318 Pinillos, "Knowledge, Ignorance, and Climate Change."

319 Rich McCormick, "Odds Are We're Living in a Simulation, Says Elon Musk," *The Verge*, June 2, 2016, www.theverge.com/2016/6/2/11837874/elon-musk-says-odds-

living-in-simulation.

320 보스트롬의 주장을 온전히 담고 있는 글로는 다음을 참조하라. Nick Bostrom, "Are You Living in a Computer Simulation?" *Philosophical Quarterly* 53, no. 211 (2003): 243-55. 이 논문과 동일한 가설을 다룬 다른 여러 편의 논문들이 다음 링크에 모여 있다. https://www.simulation-argument.com.

321 보스트롬의 가정들을 내가 약간 단순화했다. 원래 보스트롬이 쓴 글은 다음을 참조하라. Bostrom, "Are you Living in a Computer Simulation?"

322 이러한 의문들은 다음의 글에서 제기된다. James Pryor, "What's So Bad About Living in the Matrix?" in *Philosophers Explore the Matrix*, ed. Christopher Grau (New York: Oxford University Press, 2005), 40-61.

323 David J. Chalmers, "The Matrix as Metaphysics," in *The Character of Consciousness* (New York: Oxford University Press, 2010), 455-78.

324 차머스가 이 혼란을 설명한 글로는 다음을 참조하라. "The Matrix as Metaphysics," 471-72.

9. 진실: 거짓말을 했는데 알고 보니 진짜였다면 그건 거짓말일까?

325 다음을 참조하라. Seana Valentine Shiffrin, *Speech Matters: On Lying, Morality, and the Law* (Princeton, NJ: Princeton University Press, 2014), 12-14.

326 Shiffrin, SpeechMatters, 13-14. 시프린은 이 사례를 다음 글에서 인용했다고 밝히고 있다. Thomas L. Carson, "Lying, Deception, and Related Concepts," in *The Philosophy of Deception*, ed. Clancy Martin (New York: Oxford University Press, 2009), 159-61.

327 내가 시프린의 거짓말에 관한 이론을 단순하게 변형했다. 그녀는 거짓말을 다음과 같이 정의한다(*Speech Matters*, 12). A가 B에게 P라는 명제에 관해 의도적으로 다음과 같이 말한다고 생각해보라.

A는 P를 믿지 않는다. 그리고

A는 A가 P를 믿지 않는다는 사실을 안다. 그리고

A는 B가 P를 A의 믿음을 정확히 대변하는 것으로 받아들이고, 그렇게 대해야 한다는 A의 의도가 객관적으로 드러나는 태도 또는 맥락 속에서 의도적으로 P를 제시한다.

328 다음을 참조하라. Shiffrin, *Speech Matters*, 16.

329 다음을 참조하라. Shiffrin, *Speech Matters*, 16-19.

330 시프린이라면 맥락이 인식론적으로 유예되었지만, 그렇다고 해서 진실을 말할 책임이 면제되지는 않는다고 말할 것이다. 다음을 참조하라. Shiffrin, *Speech Matters*, 16.

331 다음을 참조하라. Shiffrin, *Speech Matters*, 16.

332 다음을 참조하라. Shiffrin, *Speech Matters*, 18.

333 Shiffrin, *Speech Matters*, 33.

334 Shiffrin, *Speech Matters*, 33.

335 Shiffrin, *Speech Matters*, 22.

336 예컨대 다음을 참조하라. Alasdair MacIntyre, "Truthfulness, Lies, and Moral Philosophers: What Can We Learn from Mill and Kant?" (Tanner Lecture on Human Values, Princeton University, April 6 and 7, 1994), 336, https://tannerlectures.utah.edu/_documents/a-to-z/m/macintyre_1994.pdf.

337 Jennifer Saul, "Just Go Ahead and Lie," *Analysis* 72, no. 1 (2012), 3-9.

338 Jennifer Mather Saul, *Lying, Misleading, and What is Said: An Exploration in Philosophy of Language and in Ethics* (Oxford: Oxford University Press, 2012), 72.

339 Saul, *Lying, Misleading, and What is Said*, 72.

340 솔은 몇 가지 예외를 인정하기는 했다. 법정에서 위증을 하는 경우도 그중 하나였다. 다음을 참조하라. Saul, *Lying, Misleading, and What is Said*, 99.

341 Shiffrin, *Speech Matters*, 23.

342 Immanuel Kant, "On a Supposed Right to tell Lies from Benevolent Motives," in *Kant's Critique of Practical Reason and Other Works on the Theory of Ethics*, trans. Thomas Kingsmill Abbott (London: Longmans, Green, 1879), 431-36.

343 Allen W. Wood, *Kantian Ethics* (New York: Cambridge University Press, 2008), 245.

344 Wood, *Kantian Ethics*, 244-48.

345 Wood, *Kantian Ethics*, 249.

346 Wood, *Kantian Ethics*, 249.

347 Wood, *Kantian Ethics*, 249.

348 Wood, *Kantian Ethics*, 249.

349 Wood, *Kantian Ethics*, 249.

350 예컨대 다음을 참조하라. David Leonhardt and Stuart A. Thompson, "Trump's Lies," *New York Times*, December 14, 2017, www.nytimes.com/interactive/2017/06/23/opinion/trumps-lies.html; and Daniel Dale, "The 15 Most Notable Lies of Donald Trump's Presidency," CNN, January 16, 2021, www.cnn.com/2021/01/16/politics/fact-check-dale-top-15-donald-trump-lies/index.html.

351 Dale, "The 15 Most Notable Lies," and Nicholas Fandos, "White House Pushes 'Alternative Facts.' Here are the Real Ones," *New York Times*, January 22, 2017, www.nytimes.com/2017/01/22/us/politics/president-trump-inauguration-crowd-white-house.html.

352 Jim Rutenberg, Jo Becker, Eric Lipton, Maggie Haberman, Jonathan Martin, Matthew Rosenberg, and Michael S. Schmidt, "77 Days: Trump's Campaign to Subvert

the Election," *New York Times*, January 31, 2021, www.nytimes.com/2021/01/31/us/trump-election-lie.html.

353 다음을 참조하라. H. L. A. Hart, *The Concept of Law* (Oxford: Clarendon Press, 1961), 141-47.

354 다음을 참조하라. Paul Boghossian, *Fear of Knowledge: Against Relativism and Constructivism* (Oxford: Clarendon Press, 2006), 52-54. 보고시언은 국제적 상대주의가 그의 글에 제시된 논쟁을 해결하는 데는 도움이 되겠지만, 국제적 상대주의라는 개념은 성립하지 않는다고 생각한다. 상대주의도 사람들이 받아들이는 견해의 종류에 관해서는 상대적이지 않은 사실들을 요구하기 때문이다. 54-56쪽 참조.

355 다음을 참조하라. Ronald Dworkin, "Objectivity and Truth: You'd Better Believe It," *Philosophy and Public Affairs* 25, no. 2 (1996): 87-139.

356 Dworkin, "Objectivity and Truth," 104.

357 Dworkin, "Objectivity and Truth," 105.

358 Dworkin, "Objectivity and Truth," 118.

359 C Thi Nguyen, "Escape the Echo Chamber," *Aeon*, April 9, 2018, https://aeon.co/essays/why-its-as-hard-to-escape-an-echo-chamber-as-it-is-to-flee-a-cult.

360 Nguyen, "Escape the Echo Chamber."

361 Nguyen, "Escape the Echo Chamber."

362 림보가 만든 반향실에 대한 자세한 분석은 다음을 참조하라. Kathleen Hall Jamieson and Joseph N. Cappella, *Echo Chamber: Rush Limbaugh and the Conservative Media Establishment* (New York: Oxford University Press, 2008).

363 Robin DiAngelo, *Nice Racism: How Progressive White People Perpetuate Racial Harm* (Boston: Beacon Press, 2021), 45–47.

364 DiAngelo, *Nice Racism*, 46.

365 DiAngelo, *Nice Racism*, 47.

366 디앤젤로는 아이삭 초티너와의 인터뷰에서 그녀의 목록이 무엇을 의미하는지를 적어도 잠깐은 돌이켜보고, 그녀의 견해의 핵심 주장을 수용하는 사람들 사이에서도 선의의 견해차가 생길 가능성을 인정한다. Isaac Chotiner, "Robin DiAngelo Wants White Progressives to Look Inward," *New Yorker*, July 14, 2021, www.newyorker.com/news/q-and-a/robin-diangelo-wants-white-progressives-to-look-inward.

367 Nguyen, "Escape the Echo Chamber."

368 Nguyen, "Escape the Echo Chamber."

369 Nguyen, "Escape the Echo Chamber."

370 다음을 참조하라. Shiffrin, *Speech Matters*, 16. 여기서 시프린은 정당하게 유예된 맥락에서는 "진실성에 관한 표준적인 가정이 유예된다. 왜냐하면 이런 맥락들은 그 가정이 유예되어야만 달성 가능한 다른 가치 있는 목표를 수행하기 때문이고, 그 유예의 사실과 정당성에 공개적으로 접근할 수 있기 때문이다"라고 말한다. 하지만 시프

린은 나중에 우리가 유예된 맥락 안에 있는지 여부에 관한 모호성은 "예술, 놀이, 사적인 활동, 자기 탐색에 기여할 수도 있다"(p. 43)고도 이야기했다. 따라서 시프린은 첫번째 인용문에서 확인되는 것보다 공개적 접근 가능성이라는 조건에 관해 조금 더 유연한 입장일 수도 있다.

371 Shiffrin, *Speech Matters*, 42.

372 Shiffrin, *Speech Matters*, 42-43.

373 Shiffrin, *Speech Matters*, 24-25.

374 Shiffrin, *Speech Matters*, 24-25.

10. 정신: 엄마가 보는 빨간색이 내가 보는 빨간색과 같은지 모르겠어

375 Peter Tyson, "Dogs' Dazzling Sense of Smell," PBS, October 4, 2012, www.pbs.org/wgbh/nova/article/dogs-sense-of-smell.

376 Stanley Coren, "Can Dogs See Colors?" *Psychology Today*, October 20, 2008, www.psychologytoday.com/us/blog/canine-corner/200810/can-dogs-see-colors.

377 Alison Gopnik, *The Philosophical Baby: What Children's Minds Tell Us about Truth, Love, and the Meaning of Life* (New York: Farrar, Straus and Giroux, 2009), 9–10.

378 Gopnik, *The Philosophical Baby*, 106.

379 아기로 존재하는 것이 어떤 건지에 관한 사실에 입각한 추측은 다음을 참조하라. Gopnik, *The Philosophical Baby*, 125-32.

380 Thomas Nagel, "What Is It Like to Be a Bat?" *Philosophical Review* 83, no. 4 (1974): 438.

381 Nagel, "What Is It Like to Be a Bat?" 439.

382 Nagel, "What Is It Like to Be a Bat?" 439.

383 Tania Lombrozo, "Be Like a Bat? Sound Can Show You the Way," NPR, January 28, 2013, www.npr.org/sections/13.7/2013/01/28/170355712/be-like-a-bat-sound-can-show-you-the-way.

384 키시에 관해서는 다음에 소개되어 있다. Alix Spiegel and Lulu Miller, "How to Become Batman," *Invisibilia* (podcast), produced by NPR, January 23, 2015, www.npr.org/programs/invisibilia/378577902/how-to-become-batman.

385 Nagel, "What Is It Like to Be a Bat?" 442, n. 8.

386 A.J. 에이어는 그걸 다음과 같이 표현한다. "다른 사람이 무슨 생각을 하고 무엇을 느끼는지를 정말로 알려면, 나는 문자 그대로 그 사람의 경험을 공유해야 한다. 그런데 그 사람의 경험을 공유한다는 것의 의미는 내가 그 사람의 경험을 한다는 것이고, 그의 경험을 하려면 내가 그 사람이 되어야 한다. 따라서 나에게 요구되는 건 내가 그 사람이 되는 동시에 나 자신으로 남아 있는 것이다. 그건 모순이다." A.J. Ayer, "One's Knowledge of Other Minds," *Theoria* 19, no. 1-2 (1953): 5.

387 Ayer, "One's Knowledge of Other Minds," 6.

388 이 부분은 차머스의 다음 책의 전개를 따랐다. David J. Chalmers, *The Conscious Mind: In Search of a Fundamental Theory* (New York: Oxford University Press, 1996), 94.

389 Thomas H. Huxley and William Jay Youmans, *The Elements of Physiology and Hygiene* (New York: D. Appleton, 1868), 178.

390 David J. Chalmers, *The Character of Consciousness* (New York: Oxford University Press, 2010), 1-28.

391 René Descartes, *Meditations on First Philosophy with Selections from the Objections and Replies*, rev. ed., trans. John Cottingham (Cambridge: Cambridge University Press, 1996), 50-62.

392 데카르트는 다음과 같이 썼다. "내가 정신과 육체를 따로따로 명료하게 이해할 수 있다는 사실만으로도, 정신과 육체가 별개라는 것을 확신하기에 충분하다. 적어도 신은 정신과 육체를 분리할 수 있지 않은가." *Meditations on First Philosophy*, 54.

393 Descartes, *Meditations on First Philosophy*, 56.

394 다음을 참조하라. Gert-Jan Lokhorst, "Descartes and the Pineal Gland," *Stanford Encyclopedia of Philosophy* (Fall 2020 edition), ed. Edward N. Zalta, https://plato.stanford.edu/archives/fall2020/entries/pineal-gland.

395 엘리자베스의 철학적 업적, 그리고 그녀와 데카르트의 서신 교환에 관해서는 다음을 참조하라. Lisa Shapiro, "Elisabeth, Princess of Bohemia," *Stanford Encyclopedia of Philosophy* (Winter 2014 edition), ed. Edward N. Zalta, https://plato.stanford.edu/archives/win2014/entries/elisabeth-bohemia.

396 양자역학까지 고려하면 이야기가 복잡해질 수도 있지만, 양자역학도 비물질적인 정신이 물질적인 육체의 행동을 유발하는 원리를 설명하지는 못한다. 다음을 참조하라. Chalmers, *Conscious Mind*, 156-58.

397 기계 속 유령이라는 비유는 다음 책에서 빌려왔다. Gilbert Ryle, *The Concept of Mind* (New York: Barnes & Noble, 1950), 15-16.

398 프랭크 잭슨이 '메리의 방' 이야기를 처음 제시한 문헌은 다음과 같다. Frank Jackson, "Epiphenomenal Qualia," *Philosophical Quarterly* 32, no. 127 (1982): 130.

399 정신에 기능적으로 접근하는 이론에 관해서는 다음을 참조하라. Janet Levin, "Functionalism," *Stanford Encyclopedia of Philosophy* (Fall 2018 edition), ed. Edward N. Zalta, https://plato.stanford.edu/archives/fall2018/entries/functionalism.

400 솔 A. 크립키(Saul A. Kripke)는 다음 책에서 이 문제를 이런 틀로 설명한다. *Naming and Necessity* (Cambridge, MA: Harvard University Press, 1980), 153-54.

401 차머스는 다음 책에서 이런 주장들을 자세히 설명하고 자신의 의견을 추가한다. *Conscious Mind*, 94-106.

402 Chalmers, *Conscious Mind*, 276-308.

403 Chalmers, *Conscious Mind*, 293-99.

404 Daniel C. Dennett, *Consciousness Explained* (Boston: Little, Brown, 1991), 398-401.

405 다음을 참조하라. Daniel Dennett, "Quining Qualia," *in Consciousness in Contemporary Science*, ed. A.J. Marcel and E. Bisiach (Oxford: Oxford University Press, 1988), 42-77.

406 Dennett, *Consciousness Explained*, 398.

407 Dennett, *Consciousness Explained*, 389.

408 Dennett, *Consciousness Explained*, 406.

409 Dennett, *Consciousness Explained*, 406, n. 6.

410 Chalmers, *Conscious Mind*, 189-91.

411 의식적 경험이 부수 현상적인 것인가라는 질문에 관해 더 자세히 알고 싶으면 다음을 참조하라. Chalmers, *Conscious Mind*, 150–60.

412 각주의 인용문은 다음에서 가져왔다. Dennett, *Consciousness Explained*, 398.

413 다음을 참조하라. Frank Jackson, "Mind and Illusion," *Royal Institute of Philosophy Supplement* 53 (2003): 251–71.

414 Galen Strawson, *Things That Bother Me: Death, Freedom, the Self, Etc.* (New York: New York Review of Books, 2018), 130-53.

415 Strawson, *Things That Bother Me*, 154-76.

416 Strawson, *Things That Bother Me*, 173.

417 스트로슨은 로버트 라이트(Robert Wright)와의 인터뷰에서 자신의 견해를 설명한다. "What Is It Like to Be an Electron? An Interview with Galen Strawson," *Nonzero*, June 28, 2020, https://nonzero.org/post/electron-strawson.

418 Chalmers, *Conscious Mind*, 277.

419 예를 들어 다음의 글을 보라. Colin McGinn, "Can We Solve the Mind-Body Problem?" *Mind* 98, no. 391 (1989): 346-66.

11. 무한: 우주가 엄청나게 크다고 해서 내가 하찮은 건 아니야

420 렉스가 했던 이야기를 아르키타스가 먼저 했다는 사실을 나에게 알려준 고든 벨롯에게 감사를 표한다.

421 Carl Huffman, "Archyatas," *Stanford Encyclopedia of Philosophy* (Winter 2020 edition), ed. Edward N. Zalta, https://plato.stanford.edu/archives/win2020/entries/archytas.

422 이 내용은 에우데모스(Eudemus)가 아르키타스의 주장을 정리한 글에서 발췌했다. Carl A. Huffman, *Archytas of Tarentum: Pythagorean, Philosopher and Mathematician King* (Cambridge: Cambridge University Press, 2005), 541.

423 Lucretius, *De Rerum Natura*, I.968-979. 이 문제에 관한 논의는 다음을 참조하라. David J. Furley, "The Greek Theory of the Infinite Universe," *Journal of the History of Ideas* 42, no. 4 (1981): 578.

424 Isaac Newton, *Unpublished Papers of Isaac Newton: a Selection from the Portsmouth Collection in the University Library, Cambridge*, ed. A Rupert Hall and Marie Boas Hall (Cambridge: Cambridge University Press, 1962), 133.

425 파르메니데스의 견해에 관한 간략한 설명은 다음을 참조하라. John Palmer, "Parmenides," *Stanford Encyclopedia of Philosophy* (Winter 2020 edition), ed. Edward N. Zalta, https://plato.stanford.edu/entries/parmenides/

426 Simplicius, *On Aristotle's Physics 6*, trans. David Konstan (London: Bloomsbury, 1989), 114, s. 1012.20.

427 아리스토텔레스는 다음과 같이 주장했다. "따라서 제논의 이론은 어떤 것이 유한한 시간 동안 무한한 곳들을 지나가거나, 무한한 대상들과 각각 접촉하기란 불가능하다는 잘못된 가정에서 출발한다. 왜냐하면 길이, 시간, 그리고 연속적인 모든 것을 일반적으로 '무한'이라고 부르는데, 이 '무한'에는 두 가지 의미가 있기 때문이다. 가분성 (divisibility)이라는 측면에서 무한일 수도 있고 극한(extremities)이라는 측면에서 무한일 수도 있다. 따라서 어떤 것이 유한한 시간 동안 양적으로 무한한 것들과 접촉할 수는 없지만, 가분성의 측면에서 무한한 것과는 접촉할 수 있다. 가분성의 측면에서는 시간 역시 무한하기 때문이다. 그래서 우리는 무한한 공간을 지나가는 행위가 점유하는 시간은 유한한 시간이 아니라 무한한 시간이며, 무한한 것들과의 접촉은 수적으로 유한이 아니라 무한한 순간들을 통해 가능하다는 결론에 도달한다." Aristotle, *Physics*, trans. R. P. Hardie and R. K. Gaye (Cambridge, MA: MIT, n.d.), Book 6.2; available at https://www.google.com/books/edition/Physica_by_R_P_Hardie_and_R_K_Gaye_De_ca/A1RHAQAAMAAJ?hl=en&gbpv=1&bsq=1930.

428 Aristotle, *Physics*, Book 8.8.

429 이 부분, 그리고 제논의 역설에 관한 모든 논의는 다음 문헌의 도움을 받았다. Nick Huggett, "Zeno's Paradoxes," *Stanford Encyclopedia of Philosophy* (Winter 2019 edition), ed. Edward N. Zalta, https://plato.stanford.edu/entries/paradox-zeno/.

430 표준으로 받아들여지는 해법과 다른 설명에 관해서는 다음을 참조하라. Bradley Dowden, "Zeno's Paradoxes," *Internet Encyclopedia of Philosophy*, 2020년 11월 8일 접속. https://iep.utm.edu/zeno-par.

431 카를로 로벨리(Carlo Rovelli)는 이 점을 다음 책에서 명료하게 설명한다. *Reality Is Not What It Seems: The Journeyto Quantum Gravity*, trans. Simon Carnell and Erica Segre (New York: Riverhead Books, 2017), 26-28.

432 이 논증에 관해서는 다음을 참조하라. Rovelli, *Reality Is Not What It Seems*, 169-71.

433 듀이의 도덕철학에 관한 개괄적 설명은 다음을 참조하라. Elizabeth Anderson, "Dewey's Moral Philosophy," *Stanford Encyclopedia of Philosophy* (Winter 2019 edition), ed. Edward N. Zalta, https://plato.stanford.edu/archives/win2019/entries/dewey-moral.

434 아마도 철학을 배척하는 과학자로서 가장 유명한 사람은 닐 더그래스 타이슨인

것 같다. 하지만 타이슨의 입장에 동조하는 사람들이 제법 있다. 다음을 참조하라. George Dvorsky, "Neil deGrasse Tyson Slammed For Dismissing Philosophy as 'Useless,'" *Gizmodo*, May 12, 2014, https://io9.gizmodo.com/neil-degrasse-tyson-slammed-for-dismissing-philosophy-a-1575178224.

435 Chris Baraniuk, "It Took Centuries, But We Now Know the Size of the Universe," BBC Earth, June 13, 2016, www.bbc.com/earth/story/20160610-it-took-centuries-but-we-now-know-the-size-of-the-universe.

436 Nick Bostrom, "Infinite Ethics," *Analysis and Metaphysics* 10 (2011): 9-59.

437 힐베르트의 호텔 문제에 관한 쉬운 설명으로는 다음을 참조하라. World Science Festival, "Steven Strogatz and Hilbert's Infinite Hotel," YouTube video, 9:20, January 7, 2015, www.youtube.com/watch?v=wE9fl6tUWhc.

438 Seth Fishman, *A Hundred Billion Trillion Stars* (New York: HarperCollins, 2017).

439 "How Many Stars Are There in the Universe?" European Space Agency, 2020년 11월 8일에 접속. www.esa.int/Science_Exploration/Space_Science/Herschel/How_many_stars_are_there_in_the_Universe.

440 Thomas Nagel, "The Absurd," *Journal of Philosophy* 68, no. 20 (1971): 719; and Thomas Nagel, "Birth, Death, and the Meaning of Life," in *The View from Nowhere* (New York: Oxford University Press, 1986), 208-32.

441 Nagel, "The Absurd," 718.

442 Nagel, "Birth, Death, and the Meaning of Life," 215.

443 Nagel, "The Absurd," 725-26.

444 Sarah Buss, "Some Musings About the Limits of an Ethics That Can Be Applied - A Response to a Question About Courage and Convictions That Confronted the Author When She Woke Up on November 9, 2016," *Journal of Applied Philosophy* 37, no. 1 (2020): 26.

445 Buss, "Some Musings," 21-23.

446 Buss, "Some Musings," 17.

447 Buss, "Some Musings," 21.

448 Buss, "Some Musings," 18.

449 네이글의 설명에 따르면, 우주가 아주 크다는 이유만으로 우리가 우리 자신이 중요하지 않다고 생각해야 하는 건 아니다. 하지만 우주의 크기에 관해 사색해보면 우리 자신에게서 벗어나 스스로가 중요하지 않다는 것을 확인할 수 있다. "The Absurd," 717, 725.

450 또 네이글은 우리의 부조리함 역시 별로 중요하지 않다는 견해에 도달했다. "The Absurd," 727.

12. 신: 숫자는 눈에 보이지 않지만 이 세상에 있잖아

451 이야기의 원문은 다음을 참조하라. John Wisdom, "Gods," *Proceedings of the Aristotelean Society* 45 (1944-1945): 185-206. 플루가 이 원문을 변형해서 만든 이야기는 다음 글에 실려 있다. Anthony Flew, "Theology and Falsification," in *New Essays in Philosophical Theology*, ed. Anthony Flew and Alisdair MacIntyre (New York: MacMillan, 1955), 96-98.

452 Flew, "Theology and Falsification," 96-98.

453 Flew, "Theology and Falsification," 96-98.

454 Ludwig Wittgenstein, *Lectures and Conversations on Aesthetics, Psychology, and Religious Belief*, ed. Cyril Barrett (Berkeley: University of California Press, 1966), 53.

455 Lara Buchak, "Can it be Rational to Have Faith?" in *Probability in the Philosophy of Religion*, ed. Jake Chandler and Victoria S. Harrison (Oxford: Oxford University Press, 2012), 225-27.

456 Blaise Pascal, *Thoughts, Letters, and Minor Works* (New York: P. F. Collier & Son, 1910), 85-87.

457 대략적인 설명은 다음을 참조하라. Alan Hájek, "Pascal's Wager," *Stanford Encyclopedia of Philosophy* (Summer 2018 edition), ed. Edward N. Zalta, https://plato.stanford.edu/archives/sum2018/entries/pascal-wager.

458 윌리엄 제임스도 다음 책에서 파스칼의 내기에 관해 나와 똑같은 우려를 제기했다. *The Will to Believe and Other Essays in Popular Philosophy* (New York: Longmans, Green, 1986), 5.

459 다음을 참조하라. Anselm, *Proslogion*, trans. David Burr in "Anselm on God's Existence," Internet History Sourcebooks Project, January 20, 2021, https://sourcebooks.fordham.edu/source/anselm.asp.

460 가우닐로의 대답은 다음을 참조하라. "How Someone Writing on Behalf of the Fool Might Reply to All This," trans. David Burr in "Anselm on God's Existence," 분석에 관해서는 다음을 참조하라. Kenneth Einer Himma, "Anselm: Ontological Arguments for God's Existence." *Internet Encyclopedia of Philosophy*, 2019년 8월 20일에 접속. https://iep.utm.edu/ont-arg.

461 대략적인 설명은 다음을 참조하라. Graham Oppy, "Ontological Arguments," *Stanford Encyclopedia of Philosophy* (Spring 2020 edition), ed. Edward N. Zalta, https://plato.stanford.edu/archives/spr2020/entries/ontological-arguments.

462 여기서 아인슈타인의 말은 조수였던 에른스트 슈트라우스(Ernst Straus)의 인용으로 소개된다. 슈트라우스의 "Memoir"를 참조하라. in *Einstein: A Centenary Volume*, ed. A. P. French (Cambridge, MA: Harvard University Press, 1979, 31-32.

463 아인슈타인의 의문에 관해서는 다음을 참조하라. Dennis Overbye, "Did God Have a Choice?" *New York Times Magazine*, April 18, 1999, 434, https://timesmachine.

nytimes.com/timesmachine/1999/04/18/issue.html.

464 가능성 있는 답변들을 훑어보며 재미를 맛보고 싶다면 다음을 참조하라. Jim Holt, *Why Does the World Exist: An Existential Detective Story* (New York: W. W. Norton, 2012).

465 J. L. Mackie, "Evil and Omnipotence," *Mind* 64, no. 254 (1955): 200.

466 Mackie, "Evil and Omnipotence," 201-2.

467 각주와 관련해 다음을 참조하라. Mackie, "Evil and Omnipotence," 201.

468 Mackie, "Evil and Omnipotence," 203.

469 다음을 참조하라. Mackie, "Evil and Omnipotence," 206.

470 다음을 참조하라. Mackie, "Evil and Omnipotence," 207.

471 Mackie, "Evil and Omnipotence," 209.

472 '악의 문제'에 관한 라이프니츠의 견해에 관한 설명은 다음을 참조하라. Michael J. Murray and Sean Greenberg, "Leibniz on the Problem of Evil," *Stanford Encyclopedia of Philosophy* (Winter 2016 edition), ed. Edward N. Zalta, https://plato.stanford.edu/archives/win2016/entries/leibniz-evil.

473 볼테르의 비판은 다음 책에 실려 있다. *Candide and Other Stories*, trans. Roger Pearson (New York: Alfred A. Knopf, 1992).

474 Marilyn McCord Adams, "Horrendous Evils and the Goodness of God," *Proceedings of the Aristotelian Society, Supplementary Volumes* 63 (1989): 302–4.

475 Adams, "Horrendous Evils," 300.

476 Adams, "Horrendous Evils," 303.

477 Adams, "Horrendous Evils," 302.

478 Adams, "Horrendous Evils," 302.

479 Adams, "Horrendous Evils," 309-10.

480 Adams, "Horrendous Evils," 307.

481 Adams, "Horrendous Evils," 307-9.

482 애덤스는 이 예시를 로더릭 치점(Roderick Chisholm)에게서 빌려왔다고 밝힌다. Adams, "Horrendous Evils," 299.

483 Adams, "Horrendous Evils," 307.

484 애덤스("Horrendous Evils," 305)는 이런 생각을 영어로 책을 쓴 최초(1300년대 후반 언젠가)의 여성으로 알려진 노리치의 줄리언(Julian of Norwich)에게서 빌려왔다고 밝힌다. 줄리언에 대한 자세한 내용은 다음을 참조하라. "Julian of Norwich," *British Library*, 2021년 5월 1일에 접속. www.bl.uk/people/julian-of-norwich.

485 Adams, "Horrendous Evils," 305.

486 Adams, "Horrendous Evils," 305-6.

487 다음의 대화문은 〈창세기〉 18장에 나오는 아브라함과 신(여호와)의 대화를 약간 변형한 것이다.

맺음말: 우리가 소크라테스가 되는 순간

488 Plutarch, *Plutarch's Lives*, vol. 1, trans. Bernadotte Perrin (London: William Heinemann, 1914), 49.

489 Thomas Hobbes, *The English Works of Thomas Hobbes*, vol. 1, ed. William Molesworth (London: John Bohn, 1839), 136-37.

490 정체성과 예술에 관한 재미있는 탐색을 해보고 싶다면 다음 팟캐스트를 들어보라. Michael Lewis's "The Hand of Leonardo," *Against the Rules* (podcast), https://atrpodcast.com/episodes/the-hand-of-leonardo-s1!7616f.

491 아이들과 철학에 관해 이야기하는 것에 관한 조언과 당신이 던질 수 있는 질문들의 목록이 더 필요하다면 다음을 참조하라. Jana Mohr Lone, *The Philosophical Child* (London: Rowman & Littlefield, 2012), 21-39.

492 Robert Nozick, *Philosophical Explanations* (Cambridge, MA: Belknap Press, 1981), 4.

493 Bertrand Russell, *The Problems of Philosophy* (New York: Oxford University Press, 1998), 6.

옮긴이 안진이

건축과 미술이론을 전공하고 2004년부터 전문 번역가로 활동하고 있다.《주의력 연습》,
《프렌즈》,《지혜롭게 나이 든다는 것》,《시간을 찾아드립니다》,《컬러의 힘》등 다양한
분야의 책을 우리말로 옮겼다.

못 말리게 시끄럽고,
참을 수 없이 웃긴 철학책

초판 1쇄 발행 2023년 6월 8일
초판 4쇄 발행 2023년 12월 7일

지은이 스콧 허쇼비츠
옮긴이 안진이
발행인 김형보
편집 최윤경, 강태영, 임재희, 홍민기, 박찬재
마케팅 이연실, 이다영, 송신아 **디자인** 송은비 **경영지원** 최윤영

발행처 어크로스출판그룹(주)
출판신고 2018년 12월 20일 제 2018-000339호
주소 서울시 마포구 양화로10길 50 마이빌딩 3층
전화 070-5038-3533(편집) 070-8724-5877(영업) **팩스** 02-6085-7676
이메일 across@acrossbook.com **홈페이지** www.acrossbook.com

한국어판 출판권 ⓒ 어크로스출판그룹(주) 2023

ISBN 979-11-6774-104-2 03100

만든 사람들
편집 홍민기 **교정** 고아라 **표지디자인** 양진규 **본문디자인** 송은비 **조판** 박은진